"十二五"职业教育国家规划教材
经全国职业教育教材审定委员会审定

实战型电子商务系列"十二五"规划教材

主编◎商 玮 段 建

网络营销

（第2版）

E-marketing

清华大学出版社
北京

内 容 简 介

本书共分为十个学习项目，分别对营销型企业网站建设、搜索引擎优化、E-mail 营销、博客与微博营销、网络广告营销、视频营销、事件营销、微信营销、论坛营销等其他网络营销方式以及整合营销等进行了详细的介绍。本书注重从实际案例出发，通过对企业真实操作的展示归纳整理出网络营销的技巧与步骤，实用性强。同时，侧重实训与实践，帮助学生在学习之余充分掌握网络营销的实际操作技能。

本书适合作为职业院校电子商务等相关专业在校学生的网络营销教材，也适合企事业单位网络营销在职人员阅读参考。

本书封面贴有清华大学出版社防伪标签，无标签者不得销售。
版权所有，侵权必究。举报：010-62782989，beiqinquan@tup.tsinghua.edu.cn。

图书在版编目（CIP）数据

网络营销/商玮，段建主编. —2版. —北京：清华大学出版社，2015（2022.1重印）
实战型电子商务系列"十二五"规划教材
ISBN 978-7-302-36191-6

I. ①网… II. ①商… ②段… III. ①网络营销-高等职业教育-教材 IV. ①F713.36

中国版本图书馆 CIP 数据核字（2014）第 072638 号

责任编辑：陈仕云
封面设计：刘　超
版式设计：文森时代
责任校对：马军令
责任印制：沈　露

出版发行：清华大学出版社
　　　网　　址：http://www.tup.com.cn, http://www.wqbook.com
　　　地　　址：北京清华大学--学研大厦 A 座　　邮　　编：100084
　　　社 总 机：010-62770175　　邮　　购：010-62786544
　　　投稿与读者服务：010-62776969，c-service@tup.tsinghua.edu.cn
　　　质量反馈：010-62772015，zhiliang@tup.tsinghua.edu.cn
　　　课件下载：http://www.tup.com.cn, 010-62788951-223
印 装 者：三河市铭诚印务有限公司
经　　销：全国新华书店
开　　本：185mm×260mm　　印　张：24.5　　字　数：576 千字
版　　次：2012 年 9 月第 1 版　　2015 年 6 月第 2 版　　印　次：2022 年 1 月第 15 次印刷
定　　价：59.80 元

产品编号：056764-02

丛书编委会

特邀专家：陈 禹 李 琪
主　　任：宋文官
副 主 任：方玲玉 冯英健
秘 书 长：张 磊
委　　员：（排名不分先后）
　　　　　　商　玮（浙江经贸职业技术学院）
　　　　　　段　建（北京博导前程信息技术有限公司）
　　　　　　宋　卫（常州信息职业技术学院）
　　　　　　范小青（浙江经济职业技术学院）
　　　　　　胡宏利（西安文理学院）
　　　　　　邵兵家（重庆大学）
　　　　　　张　利（西安邮电大学）
　　　　　　王冠宁（陕西工业职业学院）
　　　　　　吴洪贵（江苏经贸职业学院）
　　　　　　肖　旭（广州民航职业学院）
　　　　　　盘红华（浙江经贸职业学院）
　　　　　　张仙峰（海南师范大学）
　　　　　　刘四青（重庆工商大学）
　　　　　　李琳娜（海南职业技术学院）
　　　　　　李　艳（太原城市学院）
　　　　　　孟　飞（东营市技师学院）
　　　　　　毕建涛（大连理工大学城市学院）
　　　　　　闫　寒（天津开发区职业技术学院）
　　　　　　王　桃（海南职业技术学院）
　　　　　　宫　强（沈阳市信息工程学校）
　　　　　　许　伟（武汉长江工商学院）
　　　　　　曹　晟（武汉东湖学院）
　　　　　　钟　莹（南宁市第一职业技术学校）
　　　　　　何　牧（南宁市第六职业技术学校）

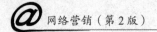

黄　伟（广西职业技术学院）
覃其兴（广西银行学校）
梁春贤（广西卫生职业技术学院）
马继刚（江苏省徐州财经高等职业技术学校）
常　军（淮阴师范学院）
李　丽（江苏省扬州技师学院）
吕成文（江苏财经职业技术学院）
王　彤（浙江育英职业技术学院）
刘东明（中国电子商务协会PCEM网络整合营销研究中心）
史大展（中国投资网）
范　峰（速途网）

本书编委会

主　编　商　玮　段　建

副主编　盘红华　张　磊

　　　　童红斌　邹玉金

参　编　徐慧剑　张　婵　安　刚

丛 书 序

伴随着信息技术的发展，电子商务服务手段不断升级，用户体验不断提升。加上资本力量的推动与引导，电子商务企业间的竞争日益加剧，市场格局不断变化，合作与竞争、利润与规模、细分与平台、综合与垂直、微创新与大颠覆，电子商务企业不断在博弈中选择，在选择中变化。在这种变化中，电子商务专业人才成了企业追逐的热点。

培养适应电子商务发展需要的各类人才是高等院校及培训机构的重要任务，它直接影响到未来经济的发展。然而，目前国内外对于电子商务专业课程体系的研究还处于初级阶段，特别是对于技能型人才培养模式的研究与实际有较大的距离。

因此，本套教材尝试使用案例式教学方法进行细致引导，使学生深入情景之中，将企业实际工作的具体步骤、策划思路以及实施细则呈现出来，既符合电子商务的特质，可以帮助学生举一反三地掌握模块化的专业技能，也能满足实际教学的需要。之所以能有如此多的企业案例加入到本套教材之中，有赖于每年中国互联网协会主办、北京博导前程信息技术有限公司承办的中国网络营销大会的支持。也正是在网络营销大会上，形成了企业与院校交流、沟通、合作的平台与机制，让本套教材的内容更加丰富。

相对于传统案例教学，本套教材的内容组织具有以下特点。

1. 系统性。本套教材经过充分调研与挖掘，对电子商务的运作过程进行了结构优化。从硬件基础到策划、建站、运营、推广，系统涵盖了各个运作细节。

2. 现实性。本套教材以企业实际项目为依托，教材内容组织以企业实际完成的项目作为基点，在复述项目实施的过程中增加教学思考，无论在操作步骤还是具体实施方法上，都能够让学生有所领会。所体现的内容不仅是企业电子商务运作中的实际情况，同时也是对学生思维过程的引导。

3. 实用性。本套教材以实战为基础，以案例为导向，对实训项目进行了改善，使之与案例内容遥相辉映，降低了实训的门槛，但达成的效果并没有打折扣，学生不仅要掌握各项技能，还需要学会团队协作。

本套教材的编写得到了诸多专家、企业家和一线教师的支持，感谢陈禹教授、李琪教授等的帮助，感谢诸多企业愿意分享他们的案例，篇幅所限，企业名称不再一一列举，最后感谢诸位老师的参与和执笔。

虽然经过作者的努力，但教材中难免还会有不足的地方，还望各位读者批评指正，我们愿意将本套教材持续地完善下去，共同推动国内电子商务实践教学的快速发展。

丛书编委会主任 宋文官

第 2 版前言

现代管理学之父、在管理界享有盛誉的思想大师彼得·德鲁克有句名言:"一家企业只有两个基本职能——创新和营销。"营销跟随着创新,有时候还会引导着创新,所以营销必须与时俱进,甚至还要走到时代的前列。一百多年前出现了报纸,报纸广告几乎也就同时诞生了。20世纪后半段,电视成为最主要的媒体,而电视也就成为企业争相占领的营销平台。现在,网络已经取代电视成为新的媒体老大,于是网络也就必然成为新的营销战场。据中国互联网络信息中心报道,网络营销已成为中小企业使用率最高的营销方式。

回溯到 2010 年 6 月,在北京国宾酒店,一年一度的网络营销大会如期而至。在短短的几年时间里,由中国互联网协会主办、北京博导前程信息技术有限公司承办的网络营销大会已成长为国内知名和权威的探讨中国网络营销发展和校企联盟的盛会。会上,包括门户网站、搜索引擎、电子商务、移动互联网、效果营销、视频营销、社会化营销等在内的行业高层,以及网络营销咨询顾问、权威数据研究机构、医药、教育培训等网络营销应用从业人员,纷纷登台亮相,拔"刀"亮"剑",共同分享网络营销典型案例及应用创新经验。坐在台下,看着一张张激情洋溢的面孔,听着一个个鲜活实用的案例,不禁心潮澎湃。作为来自高职院校的代表,以及从事网络营销教学的教师,我们一直在想,如果能将这些最新的网络营销应用成功案例与网络营销创新产品开发成网络营销教学案例,实时应用于高校网络营销教学,岂不是解决目前高校网络营销人才培养瓶颈问题的一剂良方?

幸运的是,当我们将此想法告知北京博导前程信息技术有限公司总裁段建先生时,得到了他的击节赞赏和积极回应。作为国内教学软件行业及网络营销培训领域的领跑者,博导前程一直致力于推进中国电子商务的实践、研究和教学,而且与众多互联网企业有着良好的合作关系,人脉资源丰富。经过热烈的探讨,双方在合作共建"网络营销"课程、共同编著网络营销教材上达成了诸多共识。双方约定,不仅要把网络营销大会上的经典案例开发成教学产品,在不久的将来,还将建立网络营销案例资源库,吸引更多的企业参与到高校的网络营销课程建设中来,将最新的营销成果、工具、方法和技巧上传至资源库中,由高校教师和企业专家合作,将企业案例转化为教学案例,加速企业资源向高校课堂教学的转化,以确保网络营销课程教学的时效性。通过网络营销案例资源库,实现高校和企业的合作。高校在此过程中获取所需教学资源,企业在合作过程中扩大在高校师生中的知名度,培育潜在用户,从而实现双赢。

经过近两年的谋划、碰撞、交流与编写,融汇了校企双方新思维、新理念、新风格的《网络营销》于 2012 年 9 月由清华大学出版社正式出版发行。全书以网络营销典型工作任务为主线,设计了九个项目,基本覆盖了目前企业应用的主流网络营销工具。全书组织结构分为三大模块:模块一为案例学习,通过案例了解营销的过程,学习网络营销实用策略和技巧，为学生提供一个可以模仿的蓝本；模块二为相关知识，主要介绍案例中涉及的关于网络营销领域的理论知识，有助于学生提升理论水平，同时适当介绍一些营销领域内的专业术语和国内外营销经典案例，以拓展学生的知识面；模块三为项目实训，通过设计与案例类似的企业任务，让学生应用相关工具完成网络营销实战，将抽象的理论细化为具体的能力，体现了高职教育的特点。

《网络营销》第1版自出版以来，得到了广大网络营销课程教学一线教师、学生和其他读者的高度评价，编写组深感欣慰。然而，对于互联网来说，变革时刻发生，创新永无止境。当智能终端成为大多数人的标准配置，移动互联网随着人流扩散到现实社会的各个角落，移动营销作为网络营销的一个新的发展方向，展现出了蓬勃的活力和发展潜力。马年春节微信红包的持续火爆，让我们感受到网络营销新的变革方向，也赋予了网络营销课程建设新的使命，我们将更加关注新出现的网络营销工具、方法以及相应的企业优秀案例。

本次修订，一是新增了新的网络营销工具（方法），如微信营销和移动营销，包括相应的学习案例、相关知识和实训项目，修订后全书共十个项目；二是更新第1版中的部分案例，具体涉及的项目有：E-mail营销、微博营销、网络广告营销、视频营销等。通过修订使案例更具有时效性，符合行业、企业的应用前沿。

本书由浙江经贸职业技术学院和北京博导前程信息技术有限公司共同策划、编写。浙江经贸职业技术学院教授商玮和北京博导前程信息技术有限公司总裁段建负责全书的整体设计和统稿。具体编写分工如下：项目一由徐慧剑、张磊编写；项目二、三、四由童红斌、张磊编写；项目五、六由邹玉金、安刚编写；项目七由盘红华、安刚编写；项目八由童红斌、盘红华、安刚编写；项目九由童红斌、张磊编写；项目十由商玮、段建编写。

在本书的编写和修订过程中，中国人民大学教授陈禹、西安交通大学教授李琪、上海商学院教授宋文官、新竞争力总裁冯英健先生提出了许多宝贵建议，在此表示感谢。书中所涉及的企业为本书提供了众多鲜活案例，使我们能在本书中分享它们的经验，在此一并致谢。

本书适合所有对网络营销、电子商务感兴趣，想在网上推广销售的人们，尤其对职业院校电子商务专业学生、企业网站的网络营销人员、希望开始网上销售的传统企业营销人员以及网络服务公司等更具有参考价值。

把思想和经验整理成文字需要更多的思考与斟酌，也是一个不断提升与完善的过程。作为校企合作教材编写的一种新的尝试，本书还存在诸多需改进之处，比如配套资源平台的建设、实训方案的完善等，敬请广大读者批评指正。

"问渠哪得清如许，为有源头活水来"，期盼更多的企业加入到高校网络营销课程建设中来，以确保案例的真实性、时效性和新鲜度。我们相信，有了源头活水的不断注入，高校的网络营销课堂将永葆活力与魅力！

商 玮
2015年3月

目　录

项目一　营销型企业网站建设 1
　　模块一　案例学习 2
　　　　案例一　博星卓越教学实验网 2
　　　　案例二　新竞争力企业网站 32
　　模块二　营销型企业网站相关知识 46
　　模块三　营销型企业网站建设项目实训 51

项目二　搜索引擎优化 57
　　模块一　案例学习 58
　　　　案例一　博星卓越教学实验网网站 SEO 58
　　　　案例二　中国票务在线火车票频道 SEO 81
　　　　案例三　hao123 桥页导航 SEO 86
　　模块二　搜索引擎优化相关知识 88
　　模块三　搜索引擎优化项目实训 96

项目三　E-mail 营销 102
　　模块一　案例学习 103
　　　　案例一　2013 中国网络营销大会参会邀请 E-mail 营销 103
　　　　案例二　FT 中文网邮件订阅 128
　　模块二　E-mail 营销相关知识 136
　　模块三　E-mail 营销项目实训 140

项目四　博客与微博营销 147
　　模块一　案例学习 148
　　　　案例一　博星卓越博客营销 148
　　　　案例二　小米公司微博营销 159
　　模块二　博客与微博营销相关知识 169
　　模块三　博客与微博营销项目实训 176

项目五　网络广告营销 182
　　模块一　案例学习 183
　　　　案例一　周生生网络广告 183
　　　　案例二　乐百氏网络广告 190

案例三　361°特约大运会网络广告 **194**
　　模块二　网络广告营销相关知识 **202**
　　模块三　网络广告营销项目实训 **208**

项目六　视频营销 **211**
　　模块一　案例学习 **212**
　　　案例一　"安儿乐"百万打造幽默小巨星的视频营销 **212**
　　　案例二　曼秀雷敦乐肤洁的视频营销 **222**
　　模块二　视频营销相关知识 **232**
　　模块三　视频营销项目实训 **235**

项目七　事件营销 **237**
　　模块一　案例学习 **238**
　　　案例一　"封杀王老吉"——成功的网络事件营销 **238**
　　　案例二　联想"红本女"——"毁誉参半"的网络事件营销 **251**
　　模块二　事件营销相关知识 **265**
　　模块三　事件营销项目实训 **269**

项目八　微信营销 **272**
　　模块一　案例学习 **273**
　　　案例一　"江淮瑞风S5——华少挑战赛"微信营销 **273**
　　　案例二　中国南方航空微信营销 **286**
　　模块二　微信营销相关知识 **300**
　　模块三　微信营销项目实训 **304**

项目九　其他网络营销方式 **309**
　　方式一　论坛营销 **310**
　　模块一　案例学习 **310**
　　模块二　论坛营销相关知识 **311**
　　模块三　论坛营销项目实训 **313**
　　方式二　问答营销 **314**
　　模块一　案例学习 **314**
　　模块二　问答营销相关知识 **316**
　　模块三　问答营销项目实训 **318**
　　方式三　IM营销 **320**
　　模块一　案例学习 **320**
　　模块二　IM营销相关知识 **322**
　　模块三　IM营销项目实训 **325**
　　方式四　网上促销 **326**

模块一　案例学习 326
模块二　网上促销相关知识 329
模块三　网上促销项目实训 331
方式五　RSS 营销 **332**
模块一　案例学习 332
模块二　RSS 营销相关知识 334
模块三　RSS 营销项目实训 336
方式六　黄页与目录营销 **337**
模块一　案例学习 337
模块二　黄页与目录营销相关知识 339
模块三　黄页与目录营销项目实训 341
方式七　交换链接 **342**
模块一　案例学习 342
模块二　交换链接相关知识 344
模块三　交换链接项目实训 345
方式八　移动营销 **346**
模块一　案例学习 346
模块二　移动营销相关知识 351
模块三　移动营销项目实训 354

项目十　整合营销 356

模块一　案例学习 357
　　案例一　DHC 整合营销 **357**
　　案例二　Dell 网络整合营销 **365**
模块二　整合营销相关知识 373
模块三　整合营销项目实训 375

参考文献 378

项目一 营销型企业网站建设

能力目标

- 能够撰写营销型企业网站策划方案；
- 能够撰写营销型企业网站推广与运营方案；
- 能够熟练使用常见的网站制作工具；
- 能够进行营销型企业网站一般性的建设、运营与推广。

知识目标

- 了解营销型企业网站的相关知识；
- 掌握营销型企业网站建设的相关工具；
- 了解营销型企业网站的评价元素；
- 掌握营销型企业网站的建设方法；
- 掌握营销型企业网站推广与运营的方法。

本项目的工作任务是通过详细分析两个企业网站案例，让学生对营销型企业网站建设有一个深入的认识；通过学生亲自动手实践营销型企业网站的策划、建站、推广等，让学生体验到营销型企业网站建设的整个过程，掌握营销型企业网站建设的方法和技巧。

模块一 案例学习

案例一　博星卓越教学实验网

一、支持企业

北京博导前程信息技术有限公司。其企业 Logo 和博星卓越品牌 Logo 如图 1-1 所示。

（a）北京博导前程信息技术有限公司 Logo　　　（b）博星卓越品牌 Logo

图 1-1　企业 Logo

二、企业背景

北京博导前程信息技术有限公司是国内知名的教学软件研发机构和销售商。其前身为陕西博星卓越资讯有限公司，于 1999 年在西安成立。作为国内著名的教学软件公司，北京博导前程信息技术有限公司为高校提供专业教学软件产品，支持高校实训教学，致力于提升互联网环境下学生的综合竞争力，是国内高校教学软件的领跑者，代表着我国教学软件开发与实验教学研究的最新动向。

三、案例详解

北京博导前程的博星卓越品牌已有教学产品网站（http://www.didida.com），但由于该站点为早期衍生而来的纯静态网站，在内容更新方面十分麻烦。2009 年，为了更广泛地宣传、推广博星卓越教学产品，北京博导前程特建设博星卓越教学实验网（http://www.boxingzhuoyue.com）。博星卓越教学实验网是推广北京博导前程旗下博星卓越品牌软件产品的主要站点，除了对博星卓越系列教学产品宣传介绍、提供教辅材料外，还详细配给了大量贴合产品和教学实际需要的教学资源，是了解博星卓越品牌与教学产品、提高实践教学内容的重要网站。该网站的建设经历了网站分析、网站策划、网站建设、优化推广与监控分析四个阶段。

本案例通过介绍博星卓越教学实验网的建设过程，全面涵盖域名、空间、网站主题、策划、样式规划、内容添加、优化推广、效果监控等层面，剖析营销导向的网站建设的全过程，如图 1-2 所示。

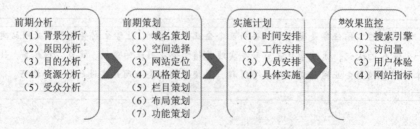

图 1-2　营销型企业网站建设步骤

任务一 博星卓越教学实验网需求分析

1．博星卓越教学实验网实施背景

步入 21 世纪，互联网已经延伸至生活的方方面面，其影响力也逐渐扩大到整个世界。而现代企业也灵敏地认识到了这种现状，纷纷选择用网站来衍生服务。随着网站建设与运营的不断深化与发展，营销导向的企业网站渐渐成为推广企业产品的一大阵地。

企业需求以市场、业务的需求为导向，企业的网站更是需要达到实施营销型网站建设和运营以及帮助企业实现经营获利的目标。同时，经过分析发现，同类竞争对手在营销型网站方面完善程度不够，也为博星卓越教学实验网和品牌产品提供了更多机会。于是，为了让更多的用户了解并购买博星卓越的教学产品，使之服务于更多的学校与学生，博星卓越教学实验网站的建设显得尤为必要。

2．博星卓越教学实验网实施原因

企业时刻以利润最大化为目标，希望能够快速、高效地促进产品销售和品牌知名度的扩大，同时有效地加强与客户的联系，帮助企业成长。建设博星卓越教学实验网可以帮助企业推广和销售产品，实现企业的经营目标计划。

3．博星卓越教学实验网实施资源

北京博导前程经历 10 余年的发展和积累，已获得了业界与技术的双重资源。

（1）系统资源。博导前程拥有高性能配置服务器、虚拟主机空间、邮件群发推广系统、短信群发推广系统、QQ 群营销推广系统、博客论坛营销推广系统等。

（2）技术资源。博导前程拥有众多专业的软件开发工程师、网站开发工程师、美工、SEO 工程师、网站编辑、网站策划、系统管理员、网站运营经理、网络营销总监等高级技术人才。

（3）营销资源。博导前程下辖网络营销部，能够充分运用网络营销手段实现对博星卓越网站的提升与推广。

4．博星卓越教学实验网实施目的

（1）全面展现企业实力与产品，促进产品销售及影响力，年销售 20 万元。

（2）提升企业形象。

（3）增强企业网络沟通能力。

（4）加强客户联系。

5．博星卓越教学实验网实施受众

高校经济管理专业相关教师、行业服务商、渠道商及媒体。

任务二 博星卓越教学实验网项目策划

策划是任何一个网站在动手开发之前必经的重要阶段。没有良好的策划，就无法形成系统的流程，这样一来不论是开发，还是美工、编辑都会丧失目标，无所适从，最终延误进度。

博星卓越教学实验网策划步骤如图 1-3 所示。

1．域名选择

博星卓越教学实验网选择域名为 boxingzhuoyue.com。其中，boxingzhuoyue 为域名的主体，.com 为域名的后缀。

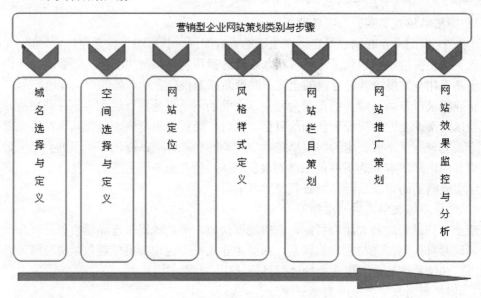

图 1-3　博星卓越教学实验网策划步骤

（1）域名主体：boxingzhuoyue。该段主体是"博星卓越"的全拼，之所以这样选择有如下原因：

① 以品牌全拼为产品站域名，易记、印象深刻。

② 以品牌全拼为产品站域名，和产品品牌统一，容易开展品牌营销、口碑营销。

③ 可以防止品牌被他人假冒、仿效。

但这样做也存在缺点——域名太长，很可能有用户不愿意在地址栏内敲这么多字母。

（2）域名后缀：.com。选择后缀也很重要。首先需要了解后缀有哪些常见分类，分别代表了什么含义。常见的域名后缀包括.com、.cn、.net、.edu、.org、.gov 等。不同的域名后缀代表了不同的含义。博星卓越教学实验网选择了.com 的域名后缀，有如下原因：

① .com 从互联网进入中国以来一直深入人心，便于记忆。

② .com 能够代表企业，若选择.gov、.org 则与企业的身份严重不符。

于是，经过上述两个步骤的融合，博星卓越教学实验网的域名确定为 boxingzhuoyue.com。

域名确定好之后，就可以查询并购买了。互联网上有很多提供域名服务的商家，只要在百度或 Google 上搜索"域名注册"或"域名"就会得到很多结果。企业需要的是性能稳定、服务好的域名供应商，可以直接选择万网；个人注重的是性价比，价格是重要因素，可以选择一些小型的 IDC 进行注册。

2．空间选择

这里所说的空间是一个广义的概念，网站终归是一个个页面，是文件，它们需要放在一个地方。如果域名是名字，是地址，那么存放网站页面的空间就是家。

广义的空间可通过独立服务器、合租服务器和虚拟主机等多种途径获得。

（1）独立服务器。独立服务器可以简单地理解为自己拥有并享有服务器的全部使用权。博星卓越教学实验网是存放在公司自己的服务器上的。之所以选择独立服务器是因为：

① 公司部署的网站越来越多，需要更大的空间来放置网站文件和数据库文件，进行文件的上传下载、FTP 文件系统的部署等。

② 因为公司是软件开发公司，许多开发环境及组件是虚拟主机不能提供的，比如使用 JAVA 开发的教学软件产品需要 Tomcat 环境；ASP.NET 开发的软件产品需要.NET 环境；需要用到的数据库包括 MySQL、SQLServer、Oracle 等。

③ 公司还承担着中国互联网协会网络营销的教学和培训工作，需要部署邮件服务供学员和高校师生进行 E-mail 营销实训使用等。

④ 服务器独享所有资源，在网站的访问速度、同时在线人数、带宽、应用等方面远超过虚拟主机。在网站的数据的完整安全方面也是虚拟主机不能相比的。

考虑到上述原因，公司选择使用独立服务器。购买到独立服务器后，还需要找到相应的网络运营商，如电信、网通、铁通、移动等。一般这些网络运营商下面都有网络带宽资源合作代理，它们可以提供服务器的托管、租用服务。博星卓越因为有独立的服务器，选用了托管的合作方式，把服务器托管在电信机房里，费用合适，自己维护管理方便、安全、放心。

（2）合租服务器。合租服务器，顾名思义就是和别人共同享有服务器的使用权限。关于合租服务器的内容详见本节相关术语。

（3）虚拟主机。虚拟主机就是把一台运行在互联网上的服务器划分成多个"虚拟"的服务器，每一个虚拟主机都具有独立的域名和完整的 Internet 服务器功能。关于虚拟主机的内容详见本节相关术语。

3．网站主题定位

网站主题定位是明确网站到底是干什么的，由做网站的目的衍生而来。

博星卓越教学实验网主要的内容包括：经济管理类专业教育教学软件、各专业实验室解决方案、各专业教育教学资源等。网站主题：重点是宣传经管类专业的教育教学软件产品，次重点是提供教育教学资源。这样定位主题的原因如下。

（1）该主题与企业经营相关。博星卓越系列教学软件为公司的主营业务，以此网站来宣传公司产品，可以促进公司的业务。

（2）该主题与客户需求相关。公司的主要客户为学校、老师、学生，博星卓越教学实验网站提供产品知识、教学案例、资源、实验室方案等，在很大程度上为学校的实验室建设、学校的教育提供了指导和支持。

（3）该主题与网站运作相关。设置这样的主题，可以不断地使网站资源更加全面，内容更加充实，可以集中更多的网络营销资源，共享更多的信息。

4．网站视觉风格策划

习惯会促使人眼对色彩和图片的认知度优先于文字，因此需要在不打破习惯的前提下把握视觉元素的传达。网站视觉方面就包含了 Logo、色彩、文字、分辨率等多个元素。

（1）Logo。Logo 可以简单地理解为一个标识。对用户而言，当他们看到这个标识后能够第一时间识别出该 Logo 所代表的企业。对企业而言，Logo 需要体现出企业的经营理念、文化特色等。

博星卓越的 Logo 设计经过了调研、要素挖掘、设计开发、提案修正、出稿等五个阶段。

① 调研：广泛地联系企业员工、合作伙伴与专业设计人员，就博星卓越主营业务、发

展愿景与企业特色概括出定义性词汇或短语,并按类别区分。如行业类:软件、教育、科技、"国内实验软件领先品牌"、"教育成就梦想、软件引领未来"等;企业文化类:活力、拼搏、激情、昂扬等。

② 要素挖掘:就搜集到的各类词汇或短语进行汇总,并剔除与博星卓越相关性不高的要素,只留下教育、软件和活力三个核心要素。

③ 设计开发:此阶段分为两个环节,首先,根据核心要素充分发挥创意与想象,手绘出来;其次,将手绘转为计算机出图的简单黑白稿,并去除手绘稿件的一些随意性元素。此过程中,博星卓越的 Logo 进行了四种不同的尝试。

- Boxing 的字母变形:原始、直接的拼音字母标识性。
- 软件光盘与书本的抽象结合:前者包含软件,后者引申为教育的象征。
- 博士帽的卡通造型:博士帽构造卡通化,是对教育行业的引申。
- 魔方的抽象造型:魔方需要智慧,智慧引领科技,科技助推教育,教育成就梦想。抽选出魔方的四个模块,前三个平面化,每一个看上去都像俯视的博士帽。

在四种不同的选择中,最终选择了魔方抽象的造型,如图 1-4 所示。

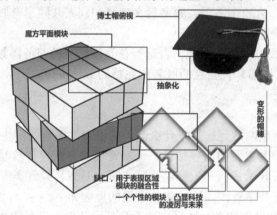

图 1-4 博星卓越 Logo 释义

接下来,在基础图形上添加色彩。根据核心要素的判断,博星卓越的 Logo 会包含如表 1-1 所示的色彩诉求。

表 1-1 博星卓越 Logo 色彩诉求

颜 色	象征/色系	引 申
橙色	活力与华丽的暖色	互联网产业的激荡澎湃
蓝色	稳定、信任、科技的冷色	信息时代的技术革命
绿色	成长、环保的冷色	环保低碳的新潮时尚
黄色	明亮、光辉的暖色	倍速增长的巨大财富

最后,形成目前正在使用的博星卓越品牌 Logo,如图 1-1(b)所示。

(2)色彩。Logo 色块之一的橙色充满了活力与健康、快乐与时尚,容易引起食欲和购买欲。因此,橙色能够成为网站的主色调。当然,任何一个物体没有色彩搭配,浑然一色,都会显得非常单调。橙色优势明显，其缺憾也明显——色彩相对艳丽，易对视觉产生刺激，从而引发视觉疲劳，降低用户浏览网站的时间。故而还需要在主色调外增加辅助色彩。

在辅色方面，博星卓越教学实验网选择了网站配色中可以搭配万色的白色。白色平和，最能够抚平橙色带来的刺激。

（3）文字。这里的文字需要考虑以下几个方面的内容。

① 字体：中文字体多样，对于绝大多数的段落文本来说，传统宋体是最为保守和稳固的字体，且不会因为用户计算机没有预装特定字体而造成页面变形。

② 字号：需根据页面效果图进行调配，段落文字采用 12～14px 便于阅读，标题则选择 16px 较为适宜。

③ 粗细：对于需要重点阅读的标题或文字可选择性地使用加粗，一般文字则不用。

④ 普通文本颜色：由于站点的文字是内容的核心，是用户阅读和理解的关键，需要用户将视觉进行聚焦，因此不能选择特别明亮和刺激的颜色，传统的黑色、深灰色是普通文本的首选。

⑤ 链接悬停文本颜色：链接文字需要吸引用户的点击行为，悬停的文字颜色既要能够在用户随意性地滑动鼠标时吸引用户注意，同时又不能影响用户的阅读，因此，选择跟普通文本对比不强烈的蓝色最为稳妥。

⑥ 单击链接后文本颜色：合适的字体颜色用于告知用户曾经单击过，有迹可循。不需要选择与普通文本对比强烈的颜色引发用户阅读不畅，默认紫色即可。

以上几个方面形成了站点的文字视觉要求，并已在设计中验证了其可行性。

（4）分辨率。800×600 分辨率的使用量在逐年递减，而 1024×768 分辨率的使用量在逐年递增。随着液晶屏幕覆盖范围的扩大，越来越多的用户接受了更大的分辨率，所以博星卓越教学实验网在分辨率的考虑上倾向于 1024×768。

5．网站栏目策划

网站栏目是网站传递内容的核心。一般而言，我们在做任何一个网站前都会形成一定的认知，即网站上要放什么，要给用户展示什么，但对于哪些内容是重点、哪些内容是次重点、哪些内容不重要可能并不明确。这时就要形成栏目，通过栏目来完善内容构思和策略。

博星卓越教学实验网共分为 9 个栏目，每个栏目都有核心且相互关联，共同推广教学产品，如图 1-5 和表 1-2 所示。

图 1-5　博星卓越教学实验网前台拓扑图

表 1-2　网站基本栏目设置

栏目构成	设置原因与栏目价值
关于博星卓越	公司信息是为了让新访问者对公司状况有初步了解，公司是否可以获得用户的信任，在很大程度上取决于这些信息。在此栏目中，会对博星卓越进行介绍，让访问者第一时间对公司、公司的产品有一个大概的了解；同时，在此栏目中设有媒体关注小栏目，以此来增强用户对企业的信任度；另外，还有公司新闻动态、公司大事记、发展历程，通过这样的内容进一步增加浏览者对公司、公司教学产品的认识和信任
产品中心	产品信息应全面反映所有系列和各种型号的产品，对产品进行详细的介绍，除文字之外，可以配备相应的图片等资料。在此栏目中，为了让浏览者更好地了解博星卓越所有的教学产品，需要在每款教学产品中，配合产品的简介、产品特点、产品作用、产品的实验体系、产品功能、产品的功能截图、产品适用课程、产品的操作流程等内容。通过这样比较详细的介绍，让客户在浏览时对产品有了深层次的了解，增强了购买欲望，帮助用户作出购买决策。同时，以产品真实截图的形式，向用户更直观地展示了教学产品，也有助于浏览者、用户对产品产生信任并作出购买决策
服务方案	在"服务方案"栏目中，讲述实验室建设的流程、标准、程序、设置、硬件、软件等知识。这样一方面为学校实验室建设提供了一定的支持和指导，另一方面为学校在实验室建设过程中选择支持设备提供了很好的方案，增强实验室的利用率，使其更具实验性
教学资源	在"教学资源"栏目中，提供了很多经管专业的教学案例，这样在很大程度上吸引了经管学院老师的关注，从而推广了公司及公司的产品
典型用户	在"典型用户"栏目里，会列举一些现有典型客户的名称，一方面增加对浏览者的吸引力，有助于浏览者进行购买判断和辅助客户作出购买决策；另一方面，也在很大程度上增加企业、产品的公信度，更容易让浏览者产生购买动机，促进达成销售
在线试用	在"在线试用"栏目中，提供了在线试用教学软件的服务，可以让用户详细了解教学产品的设计思想以及关联系统的设计思想和衔接机制，让用户深层次体验软件的功能、特点、操作流程等，诠释体验性购买的过程，提高交易概率
实验博客	开设"实验博客"栏目，是为了给更多网络营销的相关人士一个平台，希望更多的人来表达自己对网络营销的看法，共同讨论网络营销的发展、问题与机遇，并且可以对网络营销教育以及网络行业产生一定的营销，推动网络营销行业的发展，促进电子商务、网络营销的教学
售后服务	"售后服务"栏目包含产品选择和使用常识、产品说明书、产品问题解决等，设置该栏目是为了更好地服务客户，及时解决客户存在的问题

6. 网站布局策划

如果说栏目还有些宽泛，那么布局就是实在的部署了。

根据网站栏目，定义首页以及每个栏目页、列表页和内容页的页面布局是一门很有讲究的学问，布局好、用户浏览舒适，用户体验好，则网站整体效果好；反之，则效果不佳。同时，布局设置详细也能帮助美工更好地完成页面的设计与制作。

首页是网站的脸面。绝大多数的访问者都会从这里开始浏览网站。首页布局的原则是从用户出发——一切以用户为中心，多问4个W，即：

- W=What（放什么）。
- W=Why（为什么这么布局）。
- W=Whom（这么布局给谁看）。
- W=What Effect（这么布局能达到什么效果）。

（1）最核心内容（主题）、最能吸引用户（内容）、最能引导用户（链接）为主要内容。

（2）不要放置太多促销广告，除非你的网站能够媲美网易、新浪等门户网站。

（3）设计引导性标志。

（4）不同板块之间要有明显界限。

（5）重点内容或核心内容以加粗或链接形式导入。

（6）明确用户浏览网站习惯，呈现出 Z 形，因此头部、左侧为重，右侧略弱。

了解了以上内容，我们再来看一下博星卓越教学实验网首页的布局，如图 1-6 所示。

栏目页是对企业形象集中展示，增强用户信任的重要方式，博星卓越教学实验网"关于博星卓越"栏目页布局如图 1-7 所示。

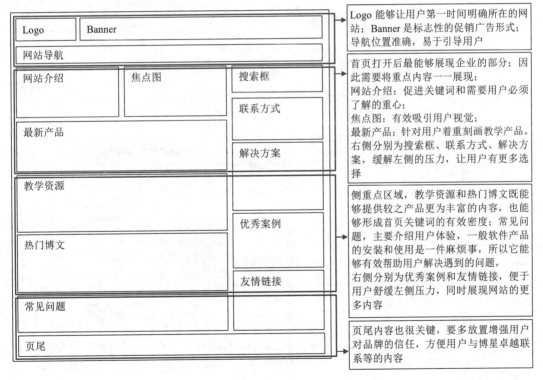

图 1-6　博星卓越网站首页布局及其释义

"关于博星卓越"栏目内容页页面布局策划：内容页是根基页面，也是用户要落脚的最终位置。博星卓越的所有内容页系模板化生成，故而所有的内容页均为图 1-8 所示的布局。

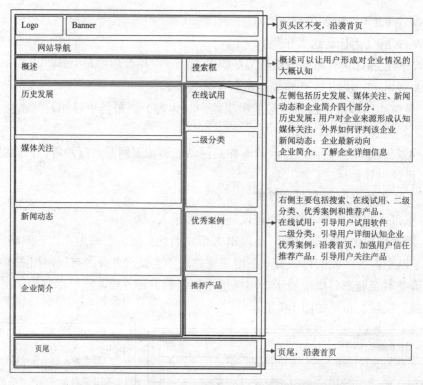

图1-7　博星卓越网站"关于博星卓越"栏目页布局及其释义

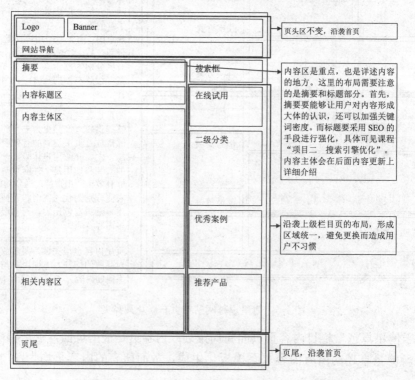

图1-8　博星卓越网站"关于博星卓越"内容页布局及其释义

博星卓越教学实验网"产品中心"栏目页布局策划：产品中心是博星卓越教学实验网的重心。能否紧抓用户，这里是关键，如图1-9所示。

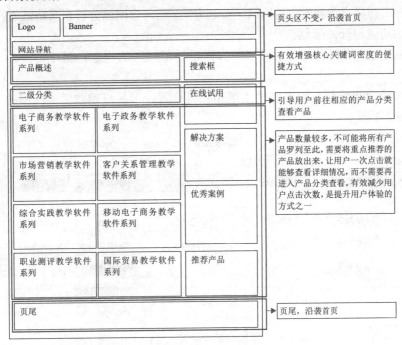

图1-9　博星卓越"产品中心"栏目页布局及其释义

博星卓越教学实验网"产品中心"列表页布局策划：产品列表页用于集中展示当前系列的所有产品，页面释义如图1-10所示。

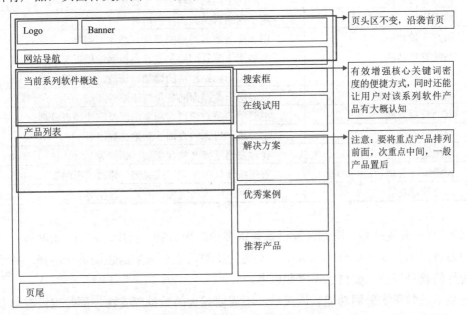

图1-10　博星卓越"产品中心"列表页布局及其释义

其他栏目的栏目页、列表页、内容页布局均与上述相同，不赘述。

在网站布局策划方面，可以使用 Word 或专业工具（如 Visio）进行设计。当策划完毕之后，制作出的《博星卓越教学实验网网站策划方案》需包含网站分析和网站策划的具体内容。

7. 网站功能与开发策划

功能与开发策划包含两个层面：一方面是功能实现的规划；另一方面是网站开发的选择。

（1）网站功能规划。根据网站主题和栏目设置，博星卓越教学实验网的主要功能如图 1-11 和表 1-3 所示。

图 1-11　博星卓越教学实验网后台拓扑图

表 1-3　博星卓越网站功能分析

网站功能	功能描述
内容管理功能	主要用于网站内容更新与管理
博客注册、登录功能	用于网络营销人士注册博客
用户管理功能	用于注册博客用户的管理（增加、删除、改密码等）
系统管理功能	主要用于配置网站参数、更换网站模板等
网站栏目功能	主要用于网站栏目的增加、修改、删除等
数据库管理功能	主要用于数据库的备份与还原
互动管理功能	主要用于用户留言、回复，以及在线调查管理
日志管理功能	主要用于日志的查询、删除、导出等
友情链接功能	管理友情链接（包含添加、删除等）
流量统计管理功能	管理统计代码（启用或关闭、修改、删除等）
广告管理功能	管理网站广告（增加、删除、替换等）

（2）网站开发选择。网站开发语言有很多种，如 ASP、PHP、.NET、JSP 等。这些开发语言各有优劣，需要配合网站大小、所要具备的功能与未来的预期进行选择，并不一定别人说好的就是好的，要自己摸索和思考。

博星卓越教学实验网功能较为简单，不需要强大的数据库支撑，同时也没有复杂的交互行为，故而可以选择 ASP+Access 的方式开发。

8．网站推广策划

营销导向的企业网站较之传统网站而言更具有营销性和攻击性，也就是说，传统网站更倾向于坐等用户上门，而如今以产品为命脉的营销导向的企业网站在坐等的同时也采取主动出击的方式，二者相辅相成。网站推广，让更多用户知晓博星卓越，了解博星卓越，继而选择博星卓越。

那么在策划阶段，就需要了解目前所拥有的技术与渠道，继而定出推广方式的大框架。博星卓越教学实验网主要采用了如下手段进行推广。

（1）SEO。

（2）E-mail 营销。

（3）即时通信营销。

（4）论坛/问答推广。

（5）软文营销。

（6）病毒式营销。

具体内容见任务五。

9．网站效果监控与分析策划

该部分的策划着重于选择合适的效果监测工具。尽管我们可以对服务器 log 文件进行常规分析，但是这样的手段对技术要求较高，且更倾向于查询搜索引擎蜘蛛索引记录和提升 SEO 进度，而对用户体验方面的把关较少。所以，需要选择一款合适的流量监测工具来分析效果。

市面上有多种免费的流量分析工具，包括 51yes、51la、量子横道、CNZZ、百度统计等。博星卓越教学实验网选择了 51yes 作为流量统计工具。使用这种工具，经过简单的注册，填入网站相关信息，便可生成统计代码；再将代码插入到页面之中，便可执行统计。

10．博星卓越教学实验网实施计划

在把所有的技术环节都理清后，就可以按照策划的细节合理安排人员了，以保证在最短时间内保质保量地完成营销型博星卓越教学实验网的建设。预先估算相关人员安排和时间，如表 1-4 所示。

表 1-4 博星卓越网站开发计划

模 块	网站功能	人员配置（4 人）	总计天数
网站前台	效果图设计/切图 DIV+CSS/Table 布局页面制作 JS 幻灯图切换及其他 JS 脚本 Banner 广告条及网站图片	美工（6/工作日）	开发、美工、动画时间重叠，最大为 32 个工作日完成
	GIF 动画、Flash 动画制作	动画（1/工作日）	
网站后台	新闻资讯发布功能	开发（8/工作日）	
	博客注册、登录功能	开发（4/工作日）	
	用户管理功能	开发（3/工作日）	
	系统管理功能	开发（4/工作日）	

续表

模 块	网站功能	人员配置（4人）	总计天数
网站后台	网站栏目功能	开发（3/工作日）	
	数据库管理功能	开发（1/工作日）	
	互动管理功能	开发（3/工作日）	
	日志管理功能	开发（2/工作日）	
	友情链接功能	开发（1/工作日）	
	流量统计管理功能	开发（1/工作日）	
	广告管理功能	开发（2/工作日）	

任务三 博星卓越教学实验网的开发实施

1. URL 定义

（1）关键词与 URL，把关键词融合到 URL 除了给搜索引擎授予权重外，也给访客直接认清站点的 URL 提供了一种方式。

（2）网址的分层不要超过 3 层，即 http://主页/产品大类/具体产品页，这样的分层是很适合搜索引擎抓取的。

（3）使用静态的 URL，好处就是减少站点运行资源，从而提高访问速度，得到搜索引擎的抓取。

（4）更多 URL 相关内容，可参见项目三。

博星卓越教学实验网主要栏目 URL 设计，如表 1-5 所示。

表 1-5 博星卓越教学实验网主要栏目 URL 设计

栏目名称	URL 地址	URL 说明
关于博星卓越	http://www.boxingzhuoyue.com/boxing.html	软件产品叫博星卓越，此词语无英文翻译，故为拼音，"博星卓越"拼音较长，故采用 boxing
产品中心	http://www.boxingzhuoyue.com/product.html	英文 product 的意思就是产品，且该栏目主题就是公司的产品
服务方案	http://www.boxingzhuoyue.com/service.html	英文 service 的中文意思为服务，且该栏目主题为服务方案
教学资源	http://www.boxingzhuoyue.com/ziyuan.html	"资源"的汉语拼音较短，采用英文也可以，且主题为教学资源
典型用户	http://www.boxingzhuoyue.com/anli.html	"案例"的汉语拼音，且该栏目主题为产品用户
在线试用	http://www.boxingzhuoyue.com/zaixian.html	采用"在线"的汉语拼音，且该栏目主题为在线试用
实验博客	http://www.boxingzhuoyue.com/blog/index.html	采用英文 blog，且该栏目主题为博客
售后服务	http://www.boxingzhuoyue.com/shouhou.html	采用"售后"的汉语拼音，且该栏目主题为售后服务

2．页面设计与制作

策划阶段结束后，美工组就可以按照策划方案的要求进行页面设计与制作了。

页面设计与制作阶段需要进行以下几项具体工作。

（1）选用暖色系的橙色、浅黄色与白色制作相关页面。

（2）采用 Div+CSS 编写网页页面。

（3）加入 JS 脚本及相关特效、焦点图、Banner、Flash 等。

（4）使用 IE、火狐等浏览器测试页面的兼容性。

（5）和程序员配合，确认前台相关页面。

设计出的博星卓越教学实验网首页，可以与策划的页面布局相对应，如图 1-12 所示。

博星卓越教学实验网"关于博星卓越"栏目页，如图 1-13 所示。

博星卓越教学实验网"产品中心"栏目页，如图 1-14 所示。

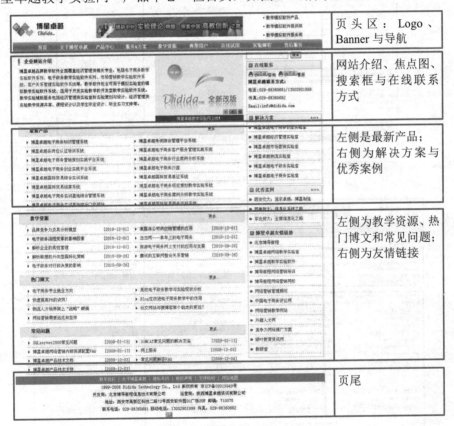

图 1-12 博星卓越首页静态页

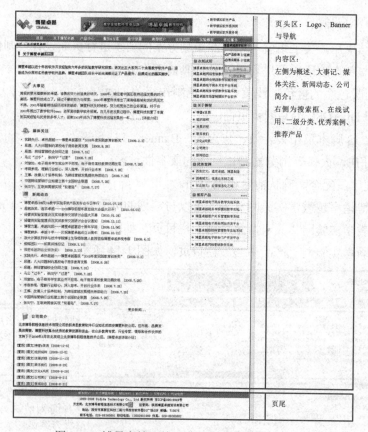

图1-13 博星卓越"关于博星卓越"栏目页静态页

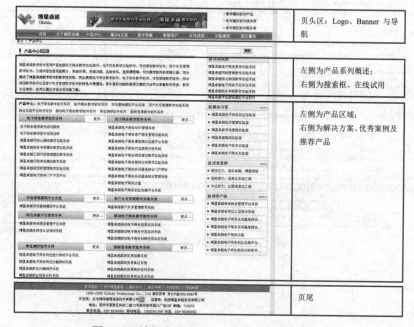

图1-14 博星卓越"产品中心"栏目页静态页

博星卓越的产品详情页，如图 1-15 所示。

图 1-15　博星卓越产品详情静态页

3. 网站功能开发

根据策划方案，完成网站功能模块（前台、后台）的开发，并与页面进行合并。

一般来说，动态网站均由前、后台组合而成。前台，即普通用户可见层；而后台，则是网站管理层所用，其在此模块发布资讯、产品信息等。

如策划阶段所描述的，博星卓越教学实验网采用 ASP+Access 数据库进行开发，这就要求网站开发工程师按照功能模块的需求列表实现每个功能，如表 1-6 所示。

表 1-6　网站功能开发计划

功能模块	描述	完成功能时间	功能负责人
新闻资讯发布功能	完成文章、资讯的上传	8/工作日	赵振龙
博客注册、登录功能	博客注册，博客登录	4/工作日	李扬
用户管理功能	对用户进行操作管理	3/工作日	李迎
系统管理功能	可以对系统的参数进行配置	4/工作日	孔京
网站栏目功能	可以对网站栏目进行管理	3/工作日	风龙
数据库管理功能	设置数据库的连接、备份、还原	1/工作日	孔京
互动管理功能	管理留言与在线调查	3/工作日	孔京
日志管理功能	管理操作日志	2/工作日	李迎
友情链接功能	管理友情链接	1/工作日	风龙
流量统计管理功能	管理流量统计代码	1/工作日	李扬

功能开发完成，类似于一座大楼已经建设完毕，已经具备基本雏形和功能。

4. 内容筹划

当美工设计页面、程序实现功能时，编辑人员需要进行资料的搜集与整理，并按照栏目设置开始规划相应页面的具体内容。一个网站绝不允许上线后出现"光杆司令"（页面空白，什么内容也没有）的情况。

博星卓越教学实验网在此阶段完成了基本内容的筹建，包括企业、产品、售后等具体信息。

任务四　博星卓越教学实验网的网站测试

网站开发完成后不能草率上线，还需要经过严格的测试，以确保网站运作正常，没有影响功能的 BUG。博星卓越教学实验网在开发完成后，共进行了多种测试，其中多项为正式上线前需要完成的，而另外一些，则需要网站在服务器上运行后才能进行测试，如图 1-16 所示。此外，具体测试内容、方法以及博星卓越教学实验网测试结果如表 1-7 所示。

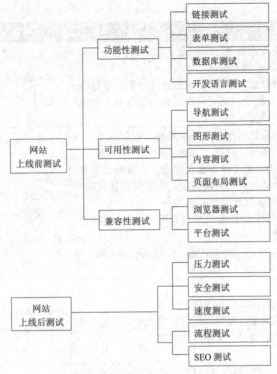

图 1-16　博星卓越网站测试分类

表 1-7　博星卓越教学实验网网站测试一览表

测试类别	测试名称	测试内容	测试方法	测试结果
功能性测试	链接测试	1. 测试所有链接能否按指示的那样确实链接到应该链接的页面 2. 测试所有链接的页面是否存在 3. 保证网站上没有孤立的页面	1. 手工：正式上线前，可通过测试人员人工点击、浏览来判断；或使用 Xenu-s Link Slueth 2. 自动：正式上线后，通过工具实现，如：http://tool.chinaz.com/Links/	有 3 个页面链接指向错误页面
功能性测试	表单测试	测评提交信息的相关内容，如用户注册、登录、找回密码、信息提交、搜索等 1. 测试信息能否提交成功 2. 还要对相关表单的易用性进行把握。比如，大家已经习惯了注册的时候先填用户名、再填密码，如果非要先填密码再填用户名，用户就非常不习惯	手工：通过测试人员人工点击、提交、浏览来判断	无问题
功能性测试	数据库测试	检测信息的存储与调用的过程 1. 查询数值的提取及准确性 2. 调用数值的提取及准确性	手工：通过测试人员人工点击、提交、浏览来判断	无问题
功能性测试	开发语言测试	为了实现更多更好的功能，必要的特殊开发语言，如 JS、Ajax、VBscript 等都会用到，然而使用这些语言实现的功能在不同浏览器或代码书写不规范的情况下都容易产生问题，这就需要对开发语言进行测试	手工：通过测试人员人工点击、提交、浏览来判断	焦点图切换设置存在问题

续表

测试类别	测试名称	测试内容	测试方法	测试结果
可用性测试	导航测试	导航最为直观，位置也非常突出 1. 导航是否直观 2. 网站的主要部分能否通过导航引导过去 3. 导航能否将用户快速地引导到各个区域，且准确无误	手工：通过测试人员人工点击、提交、浏览来判断	无问题
	图形测试	图形测试包括了网站上所有可视化效果，图片、图标、边框、Flash、颜色、字体等 1. 确保每个图形都有用途，不要胡乱堆砌，且尺寸与大小尽量减少，保证页面加载速度 2. 验证页面字体是否统一 3. 验证背景色与字体颜色搭配后的视觉效果 4. 图片格式是否正确，比如 JPG 或 GIF，个别用 PNG 或 PSD 等	手工：通过测试人员人工点击、提交、浏览来判断	8个图片过大，2个图片不清晰，产品中心栏目页边框变形
	内容测试	测试内容添加与上传的过程 编辑器是否可用、附件上传功能及大小、媒体插入效果、文字编辑效果	手工：通过测试人员人工点击、提交、浏览来判断	编辑器上传图片存在问题，容易造成浏览器假死
	布局测试	首页、频道页、栏目页、内容页的页面整体感用户是否舒适、能否凭直觉找到信息，设计风格是否统一	手工：通过测试人员人工点击、提交、浏览来判断	无问题
兼容性测试	浏览器测试	网站在 IE 6/7/8、Firefox Chrome、Opera、World 等主流浏览器中页面显示是否正确，插件功能是否完备	1．手工：通过测试人员人工点击、提交、浏览来判断 2．自动：IE Tester 或 Firefox Fire Bug	IE8 页面布局变形
	平台测试	网站能否跑在 Windows、Linux、UNIX、MAC 等系统上；如果不能，网站是否有最快捷的方式运行在上述系统之中	博星卓越教学实验网安置在企业 Windows 服务器上，此项未测试	
上线后测试	压力测试	1. 网站性能测试（performance testing） 对网站加压以测量网站服务器每秒可以承受的请求的最大值。同时，根据结果找出系统性能受限的原因所在，比如 CPU、内存或是后端系统所造成的反应延迟等 2. 压力测试下的网站稳定性（stability of stress testing） 对网站加压以测量网站服务器在承受多重模拟用户行为的情况下产生的结果，是否造成页面无法打开及用户行为无法继续执行 3. 网站承受能力评估（capacity planning） 通过测试，给出网站承受的最大量级，以及可通过何种方式进行改造与提升	自动：Web Application Stress Tool（Web 应用负载测试工具，WAS）	博星卓越教学实验网可承受 5 000 人同时在线，1 000 人同时注册

续表

测试类别	测试名称	测试内容	测试方法	测试结果
安全测试	安全测试	1. 用户安全：找出各种手段尝试能否登录后台，或者需要登录验证的页面是否可以不登录就查看，以及用户注册的大小写是否敏感，对用户信息的保护、登录多久超时等 2. 网站是否有完备的日志记录 3. 插件及特效代码的安全性，是否存在漏洞	手工：通过测试人员人工点击、提交、浏览来判断	后台语句存在漏洞
速度测试	速度测试	1. 客户端的网速 2. 服务器的速度 3. 服务器处理速度 4. 服务器并发量	自动：通过网上大量的网站速度测试来选择节点对网站进行考量，如 webkaka.com	无问题
流程测试	流程测试	用户浏览—注册—博客—试用的流畅性	手工：通过测试人员人工点击、提交、浏览来判断	无问题
SEO 测试	SEO 测试	1. 网站静态化 2. 网站页面 Meta 标签的可用性与舒适性 3. 网站代码混乱 4. 网站 URL 设计	手工：通过测试人员人工点击、提交、浏览来判断	无问题

测试完毕，将形成系统性的测试报告，分别呈交给开发和美工，供他们根据 BUG 结果进行修改，如图 1-17 所示。

编号	1
URL	http://www.boxingzhuoyue.com/product.html
截图	
错误描述	IE8 下边框变形
修改意见	修改边框在 IE8 下的变形，确保正常
备注	

图 1-17　测试反馈

经过详细测试和不断地修正，博星卓越教学实验网可以进入实际运作阶段。

任务五　博星卓越教学实验网的运营

博星卓越教学实验网正式上线了，如下四个问题又如何解决？
- 用户推广：用户怎么来？
- 网站维护：如何保证用户来到之后的稳定环境？
- 网站运营与管理：用户来了干什么？如何引导用户达到网站目标？

- 目标达成：如何确保网站目标的达成？

1．网站推广

网站推广是网络营销通俗的说法，其手段多种多样。那么使用哪些方法才能更好地达成效果呢？这就需要做一个细致的分析。在分析中要广泛考虑市场环境、企业目前所掌控的资源、人员能力、配给以及主营业务所适应的方式。

首先，博星卓越具备传统营销渠道，经过多年发展业已积累了广泛的客户资源，包括成交与潜在客户的联系方式，其中的手机号码、E-mail 可以充分利用起来。其次，博星卓越下辖网络营销部的人员熟悉网络营销应用方式，具备实施推广的能力。最后，博星卓越的教学软件产品能够通过所有的网络营销手段进行推广，但考虑到企业资金投入与人员配给，最终规划出 SEO、短信营销、E-mail 营销、即时通信营销、论坛/问答推广、软文营销、病毒式营销七种方式。

在营销方式基本确定的前提下，需要完成网站推广方案，所含要点如表 1-8 所示。

表 1-8 博星卓越教学实验网推广方案要点

模 块	子 模 块	模 块 说 明
市场环境分析	行业背景与现状	业界的发展背景、发展现状与竞争对手的营销策略
	产品与受众分析	产品用户的分类以及他们能够获得我方产品的预期渠道
网站推广目标	直接目标	进行网站推广所要达成的直接目标，即促进产品销售、提升网站访问量
	间接目标	进行网站推广所实现的间接目标，如品牌知名度的扩大、客户认可度的提升
推广策略		具体推广手段以及相应手段的具体实施方式、人员配置、计划安排、风险规避
效果预估		在实施推广后所能预期达到的效果
经费预算		实施推广所要花费的资金

（1）SEO。SEO，即搜索引擎优化，还可联想引申至 SEM（搜索引擎营销）。关于 SEO 的方法可参考"项目二　搜索引擎优化"。

（2）短信营销。通过发送短信息的形式将企业的产品、服务等信息传递给手机用户，从而达到营销的目的。可使用短信营销软件或与移动通信服务商合作利用短信网关的方式实施。

① 基本流程：第一步，收集目标对象手机电话号码，按照预先设定好的方法对目标号码进行分类，整理成号码列表；第二步，撰写短信发送内容；第三步，导入短信号码列表进行短信群发；第四步，做好数据统计（发送成功/失败/回复数量），以便分析短信营销推广的效果。

② 优点：推广成本一般，省时省力，能将想要推广的内容瞬间展现给目标对象，具有查看率高、内容印象深刻、短期内见效快、覆盖面广、容易实施的特点。

③ 缺点：每条短信成本在 0.05~0.08 元之间，由于是手机接收，受条件制约不能上网即时实施短信内容，导致收效一般。短信营销方法适用于口碑宣传。

（3）E-mail 营销。E-mail 营销就是通过电子邮件进行营销。关于 E-mail 营销的方法可参考"项目三 E-mail 营销"。

（4）论坛/问答营销。

① 基本流程：第一步，通过订阅关键字或通过自己人提出问题得到需要回答的问题；第二步，回答找到的问题并加上链接或关键字；第三步，检查问答活动的效果。

② 优点：推广成本一般，比较费时费力，但只要完成问答，效果会比较持久。如果百度对自己的东西搜索排名位置靠前，可以吸引更多的流量。若回答或提问中带有链接，也可以直接获得流量。

③ 缺点：百度对带链接的提问或回答审核越来越严格，要通过审核越来越不容易，并且还有被举报封账号的危险。论坛也需要找到定位，即根据受众来通过软文帖子的形式加以营销，但同样存在审核的危险。

其他推广方式的实施内容与原则，请详细学习本书的所有章节。

2．网站维护

如何保障用户享受到最稳定的服务？为了让网站能够长期稳定地运行在 Internet 上，在瞬息万变的信息社会中抓住更多的网络商机，要及时地调整、更新、优化网站（含内容）。

博星卓越教学实验网从如下三个方面实施维护细节。

（1）服务器及相关软硬件的维护，对可能出现的问题进行评估，制定响应时间。

① FTP 定时关闭，防止被利用。

② 密码控制，确保只有 1~2 人知晓服务器远程密码。

③ 权限控制，确保管理员 1 人拥有全部权限。其他访问者仅有浏览权。

（2）数据库维护，有效地利用数据是网站维护的重要内容，因此数据库的维护要受到重视。

① 每周五下午 6 点备份数据库。

② 备份后，使用工具软件查询数据库及结构完整性和被修改记录。

（3）内容的更新和调整。

① 制定内容添加规则和模板。

图 1-18 为博星卓越电子商务教学实验系统详情页。

图 1-18 反映了产品内容详情的设置与更新原则。

首先，列出系统摘要，说明博星卓越电子商务教学实验系统的特性与其他同类产品的优势，以引导用户进一步阅读。

其次，将软件真正的内容通过类别进行清晰的分类。如系统简介、系统特点、系统作用、系统功能、界面截图、适用课程、流程图等，便于用户对产品形成全面的理解。

最后，功能性引导的引入——页尾的更多介绍（导向该类别其他软件列表）、在线试用（引导用户前去试用软件）、在线试用帮助（在线试用的规则和使用）。这里涵盖了对用户行为的分析和理解。当用户系统地浏览完软件产品的介绍之后，倘若有舒适的链接引导用户前往试用，一般用户会试用一下产品，这样会对产品形成有效的助推。

图 1-18 博星卓越电子商务教学实验系统详情页

② 形成内容更新计划，如表 1-9 所示。

表 1-9 网站更新安排与维护

栏 目	内 容	落实人	时 间	备 注
关于博星卓越	该栏目下所有页面内容	张婵	2009.2.1～2009.2.3	体现关键词密度的布局
产品中心	该栏目下所有页面内容	张磊 张婵	2009.2.1～2009.2.10	关键词密度 内容详情
解决方案	所有内容 持续更新	张磊	2009.2.11～2009.2.20	根据市场反馈持续更新
典型用户	所有内容	张磊	2009.2.21～2009.2.28	持续更新的成功客户
在线试用	所有内容	张婵	2009.2.11～2009.2.14	在线试用产品更新与维护
售后服务	所有内容	张婵	2009.2.15～2009.2.20	售后服务种类及内容的完善
实验博客	持续更新	张婵	2009.2.21 至今	持续更新与维护

③ 按计划推进日常工作，并根据实际工作中存在的困难与问题进行调整。

后台管理栏目包括用户管理、系统管理、内容管理、互动管理等。后台截图如图 1-19 所示。

- 用户管理主要是管理网站注册的会员信息。
- 系统管理包括网站参数配置、网站栏目管理、数据库管理等。
- 内容管理包括文章管理、新闻管理、产品管理、广告管理等。

图 1-19　博星卓越教学实验网网站后台

在配置网站运行参数，设置网站栏目分类之后，就可以给网站添加文章了。

博星卓越教学实验网文章的选取以经管类各专业的实验室建设的解决方案、相关教学资源、实验博客文章、以往客户的展示、媒体关注、新闻动态等为主。

博星卓越文章产品的添加在后台进行，如图 1-20 所示。

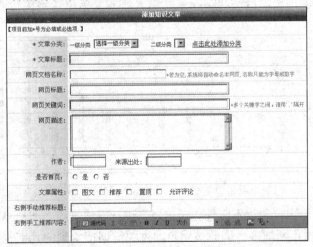

图 1-20　后台产品添加页面

文章添加完成后，点击后台静态页发布，生成前台静态页面就可以了。

在文章内容方面需要注意以下策略。

① 在文章内容的创新上，营销型网站应该多以原创、伪原创的文章来填充网站。

② 在文章内容的类型上，应该多发布能协助营销型企业网站完成经营任务的文章。

③ 在文章内容的编辑上，要多以与网站主题相关的关键词来编写文章内容，规范文章格式。

④ 对于文章内容中出现的关键词、产品名称等要加超链接，链接到相应的产品页面。

博星卓越的网站内容多采用图文并茂的表现形式，在描述产品时，能按照若干个点，采用锚标记，详细描述产品的每一个细节，让访客对产品有一个直观、清晰的认识。

3．网站运营与管理

网站运营是网站存活的关键所在。博星卓越教学实验网主要是企业产品站点，相对于以用户数量为基准的绝对运营站而言，其在运营与管理方面较为简单，主要包含对内的人员管理与安排，对外的用户管理。对内的人员管理与安排，主要表现在分工和工作计划上，对网站而言则是不同账号的权限控制。对外的用户管理，主要表现为用户信息整理、在线试用审批等。

4．目标达成

顾名思义，博星卓越教学实验网在建设前就已经制定了目标，如何达成该目标是运营过程中要牢牢把握的核心。就实现方式而言，主要通过推广、维护等方式。

任务六 博星卓越教学实验网的效果监测与分析

一个成功的营销型企业网站所承载的主要任务是提升订单，同时提升网站的考量条件。但如果一个企业网站的相关指标并不过硬，那么它一定不会带来足够的订单。因此，评判一个企业网站的运营效果主要通过如下几种方式。

1．搜索引擎的收录量

查询网站在各大搜索引擎中的收录量，收录越多，说明这个网站越重要、对搜索引擎越友好、更新周期也越短，自然网站流量就越大。博星卓越教学实验网 2009 年收录量如图 1-21 所示。

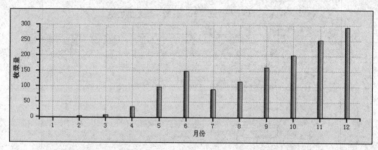

图 1-21 博星卓越教学实验网 2009 年收录量

从图 1-21 可以看出，通过不断地完善信息，进行网络推广，博星卓越教学试验网站在搜索引擎中的收录量不断增多，因此被用户通过关键词搜索到的几率也相应增大，能够获得更多关注量，更好地促进了网络营销的目标。

2．网站日 IP/PV（页面浏览量）等情况

IP 是指在一天之内（00:00～24:00）访问网站的独立 IP 数。一天内相同 IP 地址多次访问只被计算 1 次。

PV 是指 PageView 值，即页面浏览量，用户每次打开网站页面被记录 1 次。用户多次打开同一页面，访问量累计多次。此指标衡量网站访问量情况。

网站的 IP/PV 可以反映出一个网站的访问量和浏览量，了解一段时间内网站的流量状况，有助于企业有的放矢地制订网站运营推广计划。博星卓越教学实验网 2009 年月访问量如图 1-22 所示。

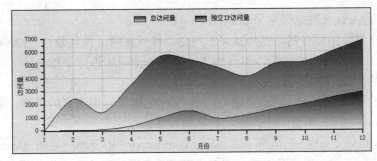

图 1-22　博星卓越教学实验网 2009 年月访问量

通过图 1-22 可以直观地看出，经过长时间的网站运作和推广，博星卓越教学网站的访问量 IP 和 PV 不断上升，网站浏览者不断增多，使更多的相关人士了解到了博星卓越的产品，很好地达到了网络营销的目标。

3．网站外链数及站内友情链接

网站的外链数从一定程度上可以反映这个网站在互联网上的影响力，外链数的多少直接决定网站的 PR 值，网站的外链数越多，说明这个网站越重要，在搜索引擎中的排名也就越好，如图 1-23 和图 1-24 所示。

搜索引擎	百度	谷歌	雅虎	有道
反向链接	1350	98	2863	56

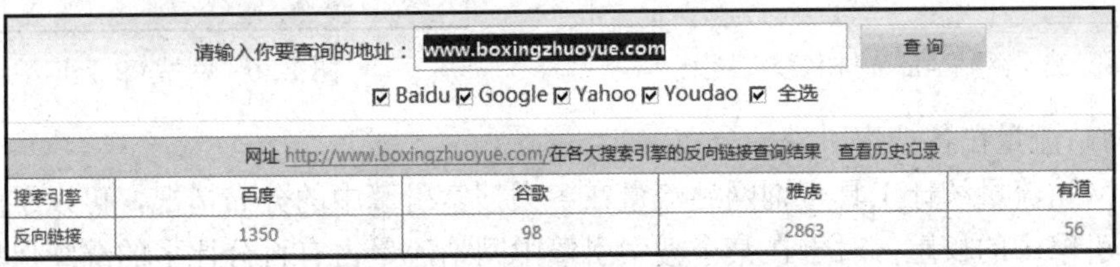

图 1-23　反向链接查询结果

友情链接则是与其他网站建立的互链形态，可以是主动联系寻找并完成互链，或者其他网站来联系你，要求做链接，再完成互链。这样的链接是双向的。尽管这样的链接形态从搜索引擎获得的权重值较低，但也不失为网络营销过程中的“细节”，如图 1-24 所示。

序号	站点/链接地址	百度相关		PR	百度快照	对方链接是否有本站的链接!
		总收录	首页位置			
1	图片链接|wpa.qq.com	65300	-		无百度快照	对方首页可能无法访问!重新检测
2	北京博导前程|www.bjbodao.com	96	1	4	2010-10-2	有反链 链接词：博星卓越教学实验 外链数：9
3	博星卓越网络教学...|www.shixunshi.com	208	1	4	2010-11-14	有反链 链接词：博星卓越教学实验... 外链数：10
4	博星卓越教学实验...|www.didida.com	85	1	5	2010-10-25	有反链 链接词：博星卓越教学实验... 外链数：21
5	博导前程网络营销...|www.bodao.org.cn	648	1	6	2010-11-9	有反链 链接词：博星卓越教学实验... 外链数：37
6	博导前程网络营销...|www.ibodao.com	75	1	4	2010-11-14	有反链 链接词：博星卓越教学实验... 外链数：16

图 1-24　友情链接检索结果

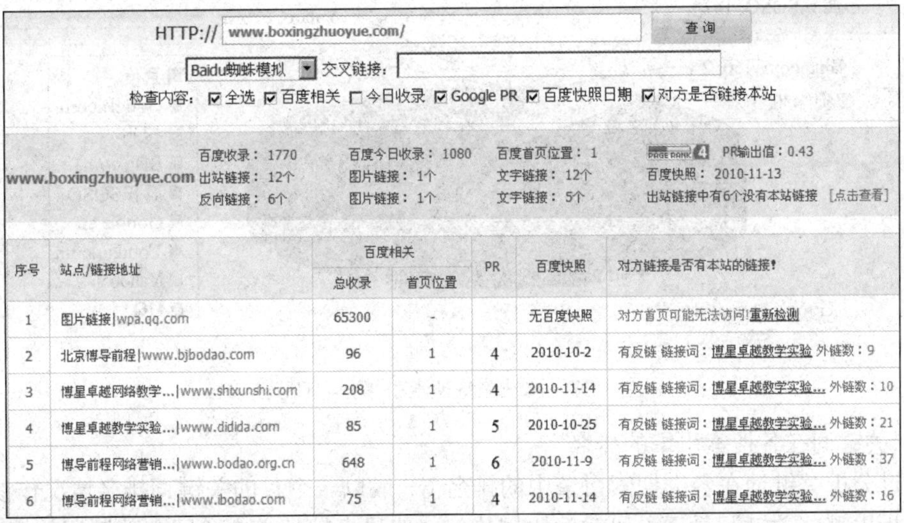

4. 网站的 Alexa（网站排名）和 PR（网站级别）值

Alexa 是一家专门发布网站世界排名的网站，每天在网上搜集超过 1 000GB 的信息，不仅给出多达几十亿的网址链接，而且为其中的每一个网站进行了排名，可以说是当前拥有 URL 数量最庞大、排名信息发布最详尽的网站。

PR 值全称为 PageRank（网站级别），是 Google 用于标识网页的等级、重要性的一种方法，也是 Google 用来衡量一个网站的好坏的重要标准之一。

可以在 cn.alexa.com/siteinfo 和 tool.chinaz.com/ExportPR/查询网站的 Alexa 和 PR 的值。从图 1-25 和图 1-26 中，我们可以看到博星卓越实验教学网的 Alexa 世界排名是 1 793 840；Google 网页重要级指数 PR 值是 4（Google 搜索引擎对于 PR 值大于 3 的网站评价较高）。通过查询网站的 Alexa 和 PR 值，可以对自己的网站的状态有一个了解，进而优化网站，使网站受搜索引擎的欢迎，从而获取更好的排名、更多的流量。

图 1-25　网站 Alexa 排名查询结果

图 1-26　网站 PR 查询结果

5. 网站流量在各搜索引擎的分布

通过网站流量统计工具查询网站流量在各大搜索引擎中的分布情况，可以了解网站在各大搜索引擎中的权重，对于在某个搜索引擎中网站流量占有百分比多的继续保持，对于占有百分比少的应针对性地进行网站优化。从图 1-27 中，我们也可以发现，博星卓越教学实验网的大部分流量来源于百度和 Google 搜索引擎。这两个搜索引擎带给网站的流量占到 90%以上，所以在网络营销这一块，针对搜索引擎的优化，主要做好百度和 Google 就可以了。

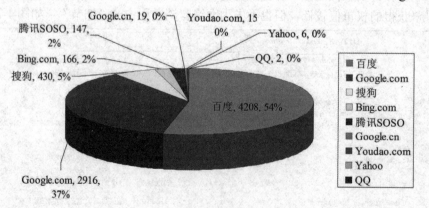

图 1-27　网站流量搜索引擎分布情况

6. 关键词在各搜索引擎的排名

通过分析关键词在各大搜索引擎中的排名（一般以一个月的关键词排名情况作参考），可以分析出哪些关键词最近一段时间比较热门，博星卓越教学实验网和关键词的搜索量及排名都靠前。在今后的网站优化内容上有所侧重，则可以保持此关键词的排名优势。对于排名靠后的关键词以及自己确定还没有做上去的关键词，则可以在优化推广中加大力度。卓越教学实验网和关键词的排名结果如图 1-28 所示。

图 1-28　关键词排名结果

从图 1-28 中可以看出，经过对博星卓越网站不断地完善与推广，其关键词在 Google、百度中相应关键词的排名越来越好。

四、相关术语

1．域名惩罚

域名惩罚，指该域名在前任购买者使用时遭受到搜索引擎的惩罚，如不收录、权重降低等。在购买域名前，需要看看欲购买的域名是否有过惩罚记录。

判断域名惩罚的方法如下。

（1）看是否有收录快照：site:网址。

（2）看历史记录：http://web.archive.org/web/*/http://www.域名.com，如：http://web.archive.org/web/*/http://www.boxingzhuoyue.com。

（3）看网站外部链接：Domain:网址和 Link:网址。

（4）看网址关键词是否被滥用：Inurl:网址名，如 Inurl: boxingzhuoyue；intitle:网址名，如 intitle: boxingzhuoyue。

（5）看网络源信息，查 IP 上绑定的域名：http://whois.webhosting.info/IP 地址/。

2．CI

CI，全称是 Corporate Identity，即企业标识。其中，Corporate 是指一个单位、一个团体、一个企业；Identity 意味着辨识。图 1-29 为 IBM ThinkPad 的 CI。

图 1-29　IBM ThinkPad 系列

3．开发语言

网站开发可使用 ASP、PHP、.NET 和 JAVA 作为开发语言，其对应的地址后缀分别为 asp、php、aspx、jsp。这四种形式各有优劣。

- ASP：入门简单，安全性问题较多。
- PHP：平台无关性很好，开源，功能强大，使用自带的数据库函数时会产生难以移植的问题。
- .NET：提升了安全性，稳定性较好，但跨平台运营较差。
- JSP：安全性高，但开发成本也高。

4．Xenu's Link Slueth

这是一种可在本地使用的网站链接分析工具。下载地址为 http://home.snafu.de/tilman/xenulink.html，如图 1-30 所示。

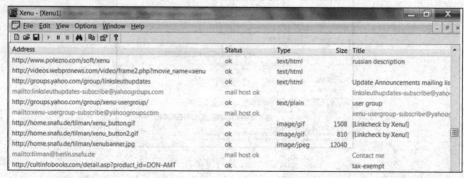

图 1-30　Xenu's Link Slueth

5．WAST

WAST，全称是 Web Application Stress Tool（Web 应用负载测试工具），是微软出品的免费网站压力测试工具，如图 1-31 所示。

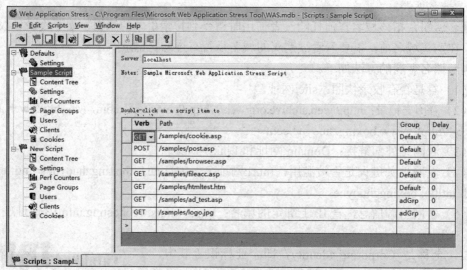

图 1-31　Web 应用负载测试工具

WAST 提供了一种简便的方法模拟大量用户访问目标网站。为了对网站进行负载测试，WAST 可以通过一台或多台客户机模拟大量用户访问 Web 网站的活动。WAST 支持身份验证、加密、Cookies，也能够模拟各种浏览器类型和 Modem 速度。通过该系统的测试，网站管理人员对 Web 服务器的抗压能力有了大概的把握，从而根据实际需要可以进行服务器硬件扩展，同时也为系统设置、软件选择等提供了依据。

五、案例分析

1．案例因素分析

博星卓越教学实验网经历了分析、策划、实施、测试、推广、运营等环节，这些环节也是营销型企业网站的整个流程。下面我们来简要分析一下博星卓越教学实验网的优点与不足。

（1）网站定位。博星卓越教学实验网定位明确，就是促进针对特定受众对主营教学软件产品的销售。在网站投入运作之后，传统强势产品——电子商务、网络营销、市场营销等软件访问量与电话咨询量迅速提升，这表明博星卓越教学实验网在定位方面把握准确。

（2）网站特色。传统企业网站主要将产品营销出去，博星卓越教学实验网不仅要实现"推出去"的目标，还积极倡导"引进来"。区别于其他企业网站，博星卓越设置了教学资源与实验博客两个版面，前者可以方便产品用户对于教学的支撑，后者是通过交流让来访者能够在获取更多价值的同时达到"交换"与分享的目的。

此外，值得一提的是，博星卓越教学实验网并不拘泥于传统软件试用的流程（用户申请—电话验证—等待回复—告知账号—进行试用），而是将试用通俗化，开辟公共账号的概念，方便用户对软件的品读，继而选择博星卓越。

（3）用户体验。

① 页面与频道。博星卓越教学实验网整体色调清新，简单、分类明确是整个网站的设计风格。整站仅有一个 Flash 效果，甚至极少使用颜色对比强烈的图片，目的就是给用户一个舒爽的页面浏览体验。这样，信息成为页面的主体，除了降低眼睛疲劳度以外，还能让用户更快、更轻松地找到所需信息。尽管布局看起来略显死板，但简单明了。

网站的频道规划比较全面，能够方便用户快速地找到产品，且增加了资源与交流的应用手段，阅读性与信息量充实。

② 信息量与更新。博星卓越教学实验网首先确保了企业信息与 45 套产品信息的全面、准确；其次，在教学资源与实验博客中，除了让用户彼此间得到信息的分享以外，还为网站收集到准确的用户数据，以及对产品研发和销售具有参考和市场价值的数据统计。

③ 交流互动。博星卓越教学实验网简化了交流渠道，可以利用实验博客的优势维系用户间的关系，简洁的页面布局使得沟通易如反掌。

（4）网站模式。对于企业网站而言，其盈利的方式并不多，因为它的首要目的是促进线下销售。能够为销售贡献更多的订单和用户才是博星卓越教学实验网的根本目标。随着网站内容的不断丰富，教学产品的不断扩展，博星卓越将会获得越来越多的机会。

（5）网站不足。

① 产品信息量不足，体验有待改善。这里过于狭隘地表现为对文字承载能力的依赖，

而简化了图形等多媒体手段的应用,同时用户体验方面有待提升,需要增强方便用户查询的功能。

② 售后服务功能不完善。在获取用户之后,售后服务就是考验企业产品服务是否到位的重要标准。在这一点上,博星卓越教学实验网售后服务方面需要做一些改进,使文字更加精准、功能更为丰富,不断加强用户的信任感和安全感,获得更多线下的支持。

③ 原创内容的缺失。这主要表现在博星卓越教学实验网的教学资源方面。"教学资源"栏目旨在为用户提供教学产品之外的辅助性的教学内容,如教学实验、授课方法等。但目前栏目内多为转载内容,可读性不强,同时不具有鲜明的特点,无法引发用户的共鸣。

2. 学生互动分析

授课教师和学生们可根据案例内容进行互动讨论,学生可积极提问与案例相关的问题,并可表述个人对本案例的观点,学生之间可以小组形式讨论。教师及时回答学生提出的案例问题,并根据学生讨论结果进行案例分析总结。

案例二 新竞争力企业网站

一、支持企业

深圳市竞争力科技有限公司,其 Logo 如图 1-32 所示。

二、企业背景

图 1-32 深圳市竞争力科技有限公司 Logo

"新竞争力"是深圳市竞争力科技有限公司所拥有的注册商标,也是深圳市竞争力科技有限公司及网络营销管理顾问网站(www.jingzhengli.cn)的简称。深圳市竞争力科技有限公司成立于 2005 年 3 月 28 日,其核心成员是以冯英健(1998 年开始网络营销研究,出版过多部有影响力的网络营销著作,已发表超过 1 000 篇原创专业文章)、胡宝介(2000 年开始外贸网络营销实践研究)等为代表的一批长期从事网络营销实践和系统研究的国内知名网络营销专家。公司定位于网络营销管理顾问,致力于提高中国企业网络营销应用水平,提升互联网环境中企业的综合竞争力。新竞争力网络营销专家团队研究成果众多,网络营销实践经验丰富,为国内外多家著名电子商务网站、Web 2.0 网站和世界 500 强企业提供过不同层面的网络营销咨询和网络营销专业培训服务。

三、案例详解

任务一 新竞争力网站需求分析

1. 新竞争力企业网站实施背景

2005 年,中国网民数量超过 1 亿。互联网经过十几年的发展,逐渐改变了急功近利的价值追求,回归理性,有力地推动了网络营销的健康发展。华尔街对百度等企业的热情,激发了网络营销经营者掘金的热望,鼓励了网络营销的种种探索。E-mail 营销、网络广告、搜索引擎等互联网营销形式再度崛起，各类商务平台营销也进入了能量爆发时代。然而，快速发展的业态并没有催生完备的网络营销服务，各类企业还在 Web 1.0 的时代中徘徊，它们迫切需要有人协助它们实践网络营销这个新兴的事物。

2．新竞争力企业网站实施原因

2005 年，新竞争力成立。作为以网络营销服务为主业务的企业，新竞争力首先需要做的是，利用网络营销的手段为企业自身发展与业务提升创造价值，让更多的企业用户发现新竞争力，并购买、享用网络营销顾问服务，解决企业实际运作过程中的网络营销困惑。

3．新竞争力企业网站实施资源

（1）新竞争力拥有一批长期从事网络营销实践和系统研究的国内知名网络营销专家。

（2）国内外多家著名电子商务网站、Web 2.0 网站和世界 500 强企业的成功案例促成专业的用户群。

（3）优秀的系统与技术资源，专业的研发与营销团队。

4．新竞争力企业网站实施目的

（1）扩大网络营销顾问服务的业务增长。

（2）提高新竞争力研究报告的销售。

（3）提升"新竞争力"的品牌影响力。

5．新竞争力企业网站实施受众

新竞争力企业网站实施受众是欲应用网络营销手段的企业。

任务二　新竞争力网站项目策划

新竞争力网站的建设是为了给公司网络营销管理顾问工作的开展搭建一个平台，以便开展诸如网络营销咨询服务、培训服务、研究报告出售等公司主营业务。

1．域名申请注册

新竞争力网站，在域名的选取上，以公司名称中的"竞争力"的全拼为网站域名，主要有如下原因。

（1）以公司名全拼为网站域名易记、印象深刻。

（2）以公司名全拼为网站域名，和注册商标品牌统一，容易展开品牌营销、口碑营销。

（3）为防止注册商标被他人假冒、仿效。

新竞争力（www.jingzhengli.cn）的域名是通过三五互联（www.35.com）购买的。

2．空间的选择与购置

在网站的建设中，购买了域名后，还需要购买主机空间放置网页文件和数据库文件。公司购买了虚拟主机用来部署公司网站，原因如下。

（1）考虑到公司仅有一个网站，如果购买独立主机服务器的话，每年要负担高昂的宽带费用，大量的宽带资源因闲置而浪费，这样不划算。

（2）2005 年，租一台服务器需要几万元，100MB 的虚拟空间也得一两千元，考虑到性价比因素，最终选择使用虚拟主机。

购买到虚拟主机后，需要绑定注册的 www.jingzhengli.cn 域名，并且把 www.jingzhengli.cn 域名 A 记录或 cname 指向虚拟主机的 IP，等域名解析生效后即可访问。

3. 网站主题

新竞争力网主要的内容包括：提供网络营销的咨询与培训，各类网络营销研究报告出售，对网站访问统计分析等。网站主题是咨询培训、流量分析、研究报告，次重点是网络营销策略、网站推广、网站评价、网站优化。选择这样的主题，主要有如下原因。

（1）与企业经营相关，为公司的主营业务。

（2）与客户需求相关，公司的主要客户为各类企业网站、网络营销爱好者，而新竞争力网提供的网络营销策略、网站推广方案、网站评价诊断、网站优化方案等，在很大程度上为他们提供了指导和支持。

（3）与网站运作相关，设置这样的主题，可以不断地使网站资源更加全面，内容更加充实，可以集中更多的网络营销资源，共享更多的信息。

4. 网站视觉风格策划

（1）Logo。新竞争力Logo从简约、直白的表意出发，符合整个网站讲求的爽朗的营销风格。整个Logo由两部分组成，即上半部分的标志"新竞争力"品牌以及下半部分的既是Slogan（广告口号）又是业务核心的"网络营销管理顾问"，如图1-33所示。

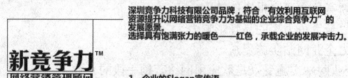

图1-33 新竞争力Logo释义

（2）色彩。由于Logo的红色具有充沛的暖色张力，便于吸引眼球，所以站点重点推介的内容区域会采用红色色调。同时，"网络营销管理顾问"的专业性背景又使得网站色彩不能过分活跃，要体现出顾问的专业性与权威性。在冷色系中，蓝色代表着宁静、平和、稳固，是最佳的选择。因此，新竞争力企业网站确定了以蓝色为主色调，红色为副色调的色彩元素，再辅以干净的白色，使得网站整体亮点突出、宁静平和。在两个冷暖色彩的对比下，全页的色彩对比异常强烈，很容易带动浏览者的激昂情绪。

（3）文字。

- 字体：传统宋体是最为保守和稳固的字体，且不会出现因用户电脑没有预装特定字体而造成页面变形的情况。
- 字号：需根据页面效果图进行调配，段落文字最好采用12～14px，标题则选择16px较为适宜。
- 粗细：可以选择性地使用加粗标注需要重点阅读的标题或文字，一般文字则不用。
- 普通文本颜色：为了方便用户阅读，不能选择特别明亮的颜色，传统的黑色是普通文本的首选。
- 链接文本与链接悬停文本的颜色：这两种文本的颜色与站点主、辅色调一致，前者为蓝色，后者为红色，既饱含对比，又和谐共存。

（4）分辨率。考虑到普通显示器的分辨率，新竞争力企业网站选择了1024×768的分辨率。

5. 网站栏目设置

对新竞争力来说，最主要的服务对象是需要网络营销服务的企业网站。企业网站的主要需求是咨询培训、研究报告、流量分析、网站诊断、网站优化等。新竞争力综合企业、网络营销爱好者的需求，再结合公司主营业务，特别设置了网络营销策略、网站推广方案、网站评价诊断、网站优化方案、流量分析、咨询培训、研究报告、新竞争力博客等栏目，而且每一个栏目名称都是非常有竞争价值的关键词。具体设置如图 1-34 和表 1-10 所示。

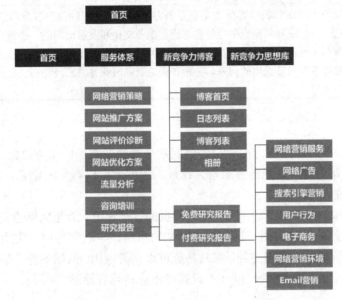

图 1-34　新竞争力企业网站前台拓扑图

表 1-10　新竞争力企业网站栏目设置

栏目构成	设置原因与栏目价值
网络营销策略	网络营销是公司级的营销策略，网络营销系统性很强，不仅需要企业多个部门协调工作，也涉及企业营销活动各个层面。网络营销由各项具体网络营销活动组成，如网络品牌、网站建设、网站推广、网上销售等，这些活动是相互关联的，如果缺乏总体网络营销策略的指导，即使在各项分立的网络营销活动中都投入大量资源，网络营销的整体效果仍然会大打折扣
网站推广方案	网站推广对网络营销效果的重要性在网络营销界已达成共识，因此网站推广已经成为网络营销的基本内容之一。网站推广是一个系统工程，理想的网站推广应该是企业总体经营效果的提升，而不仅仅表现在网站访问量的增加上
网站评价诊断	网站专业性评价分析是网络营销管理的重要内容之一。只有对一个网站做出评价，才能对症下药
网站优化方案	网站的优化在网络营销中所起的作用不容小觑，一个没有优化过的网站不能称为网站。网站优化表现在以下方面： 1. 可以在搜索引擎中获得好的排名 2. 可以获得更多的流量 3. 可以给访客更好的用户体验 4. 可以提高转化率

续表

栏 目 构 成	设置原因与栏目价值
流量分析	专业的网站访问统计分析报告对网络营销的价值,正如专业的财务分析报告对企业经营策略的价值。网站流量分析可以指导网络营销工作
咨询培训	由于大量企业网站在进行网络营销实践时需要咨询或提供培训服务,特提供这个栏目。咨询培训是公司的重要运营项目
研究报告	出于目标人群的需要和公司自身的需要,网站中包含的公司网络营销研究报告、专著和深度研究文章众多,可以出售给需要的企业获取效益
新竞争力博客	新竞争力网络营销博客频道是新竞争力网络营销管理顾问与客户和读者交流的重要渠道之一,也是展示新竞争力经营思想、企业文化和发展动向的一个窗口。新竞争力将通过博客(网志)的形式与客户分享更多的网络营销知识资源,回答开展网络营销顾问咨询服务中客户常提出的问题,分析和评论互联网业界的发展动态,展现新竞争力人的智慧和风采

6. 网站布局

新竞争力网站在网站建设方面充分考虑到网络营销效果的应用与价值。

(1) 保持网站内容、信息的有效性,在很大程度上可以赢得浏览者、客户的信任,对宣传公司业务有很大帮助。

(2) 采用简单、高效的页面,保证网站网页的打开速度,避免因网速问题而流失用户。

(3) 保证网站简单、易用,这就要求网站的布局和导航更方便、实用。

(4) 网站注册和用户推出方便,网站功能可以正常使用,网站的每个链接都非常有效。

(5) 在浏览者浏览页面的时候,不设置弹出窗口或者浮动广告。

7. 建站技术

随着互联网技术的发展,建站技术也越来越多样化。企业网站的建设不再停留在静态页面上,更多的是融入了动态网站开发技术。

新竞争力网站采用常用的动态网站技术 ASP.NET+SQLServer 开发。ASP.NET+SQLServer 技术搭建速度快,安全性能好,同时网站维护比较方便。网站功能模块如图1-35和表1-11所示。

图1-35 新竞争力企业网站后台拓扑图

表 1-11　新竞争力企业网站功能模块设置

网 站 功 能	功 能 描 述
新闻资讯发布功能	主要用于网站内容更新
博客注册、登录功能	用于网络营销人士注册博客
用户管理功能	用于注册博客用户的管理（增加、删除、改密码等）
系统管理功能	主要用于配置网站参数、更换网站模板等
网站栏目功能	主要用于网站栏目的增加、修改、删除等
数据库管理功能	主要用于数据库的备份与还原
互动管理功能	主要用于用户留言、回复，以及在线调查管理
日志管理功能	主要用于日志的查询、删除、导出等
友情链接功能	管理友情链接（包含添加、删除等）
流量统计管理功能	管理统计代码（启用或关闭、修改、删除等）
广告管理功能	管理网站广告（增加、删除、替换等）

8．即时通信工具

新竞争力即时通信工具在网络营销方面表现得不是太好，打开网站，并没有看到即时通信工具，如常见的 QQ、TQ、53KF 等，这在网络营销实施方面是不利的。即时通信工具的运用在 Web 2.0 营销型企业网站中显得尤为重要，它是连接网站访客与网站的重要桥梁，对于提高网站流量的转化率有很大的帮助。

9．用户交互功能

新竞争力网站的用户交互功能主要采用 Web 2.0 分享与评论的功能，既能够快捷地将内容传播出去，又可以促成企业与用户之间交互，如图 1-36 所示。

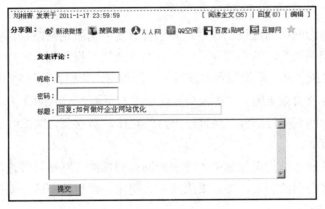

图 1-36　网站用户交互功能

10．进度计划表

在把所有的技术环节都理清楚后，按照策划的细节合理安排人员，以保证在最短时间内保质保量地完成营销型新竞争力网站的建设。预先估算相关人员安排和时间，如表 1-12 所示。

表 1-12　新竞争力网站开发进度表

模块	网站功能	人员配置（4 人）	总计天数
网站前台	效果图设计/切图 Div+CSS/Table 布局页面制作 JS 幻灯图切换及其他 JS 脚本 Banner 广告条及网站图片	美工（6/工作日）	开发、美工、动画时间重叠，最久为 32 个工作日完成
网站后台	GIF 动画、Flash 动画制作	动画（1/工作日）	
网站后台	新闻资讯发布功能	开发（8/工作日）	
网站后台	用户管理功能	开发（3/工作日）	
网站后台	系统管理功能	开发（4/工作日）	
网站后台	网站栏目功能	开发（3/工作日）	
网站后台	数据库管理功能	开发（1/工作日）	
网站后台	互动管理功能	开发（3/工作日）	
网站后台	日志管理功能	开发（2/工作日）	
网站后台	友情链接功能	开发（1/工作日）	
网站后台	流量统计管理功能	开发（1/工作日）	
网站后台	广告管理功能	开发（2/工作日）	
网站后台	博客注册、登录功能	开发（4/工作日）	

任务三　新竞争力网站的开发实施

在明确新竞争力网站的建设主题后，要求首页要突出表现网络营销咨询服务、研究报告出售、网络营销培训等网站主营业务，并且网站从栏目设置到内容都要表现出企业经营的特色。在开发实施之前，从策划到实施做了全部部署，策划人员规划出网站布局及栏目，美工按照策划设计首页效果图，切图人员为前台静态页面，ASP.NET 开发人员写网站后台管理部分以及前台购买支付部分。经过一个月的制作，新竞争力网站终于上线了。

1. 网站结构图

在新竞争力的网站结构图策划中，考虑到网站的性质、网站打开速度、用户体验、网站易使用性等诸多方面的因素，决定采用简洁、明快、框架清晰的布局方式。整体结构如图 1-37 和图 1-38 所示。

2. URL 策略

URL 不仅关乎一个访问所带来的被记忆度，同时也反映在搜索引擎的收录方面。表 1-13 为新竞争力网站 URL 策略。

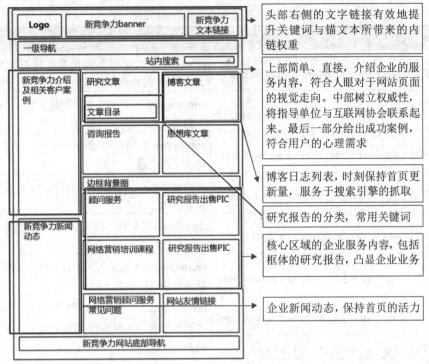

图 1-37 新竞争力首页结构图及其释义

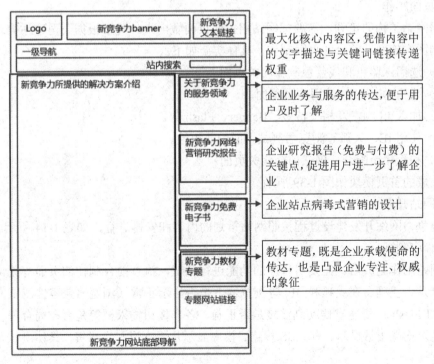

图 1-38 新竞争力内容页结构图

表 1-13　新竞争力网站 URL 策略

样 目 名 称	URL 地址	URL 说明
网络营销策略	http://www.jingzhengli.cn/celue.htm	celue.htm（"策略"的拼音全拼），也可以为 yingxiao，较符合栏目名称主题
网站推广方案	http://www.jingzhengli.cn/tuiguang.htm	tuiguang.htm（"推广"的拼音全拼），栏目名称主题为推广
网站评价诊断	http://www.jingzhengli.cn/pingjia.htm	pingjia.htm（"评价"的拼音全拼），符合栏目名称表达的主题
网站优化方案	http://www.jingzhengli.cn/youhua.htm	youhua.htm（"优化"的拼音全拼），符合栏目名称表达的主题
流量分析	http://www.jingzhengli.cn/fenxi.htm	fenxi.htm（"分析"的拼音全拼），主题为流量分析，较能符合
咨询培训	http://www.jingzhengli.cn/peixun.htm	peixun.htm（"培训"的拼音全拼），符合栏目名称咨询培训的主题"培训"
研究报告	http://www.jingzhengli.cn/baogao.htm	baogao.htm（"报告"的拼音全拼），符合栏目"研究报告"的着重点"报告"
新竞争力博客	http://www.jingzhengli.cn/blog/	博客目录/blog/

3．页面制作

根据网站结构的策划，需要把网站相关的页面做出来。美工根据公司建站需求以及策划的结构图实施网站前台的页面制作。具体实施如下。

（1）选用深蓝色和浅蓝色制作相关页面。

（2）采用 Div+CSS 编写网页页面。

（3）加入 JS 脚本及相关特效、Banner、Flash 等。

（4）使用 IE、火狐等浏览器测试页面的兼容性。

（5）和程序员配合，确认前台相关页面。

所完成的首页模块如图 1-39 所示。

4．网站开发

新竞争力网站开发建设过程按照网站策划的内容和安排进行，如表 1-14 所示。

5．程序测试

在网站制作完成后，需要对程序的功能进行测试，检查前台制作的页面有无错位、各栏目链接是否正确、在火狐和 IE 等浏览器下是否显示正常（浏览器兼容性测试）、各种 Banner 和 Flash 广告条宣传动画链接是否正确、各个按钮输入框等是否布局合理、各个页面浏览是否均能正常显示、有无 JS 报错、模块显示是否变形和走样等。具体测试办法可以参考案例一。

项目一　营销型企业网站建设

图 1-39　新竞争力企业网站首页

表 1-14　网站功能开发计划

功能模块	描述	完成功能时间	功能负责人
文章发布功能	完成文章、咨询的上传	3/工作日	王古同
博客注册、登录功能	博客注册，博客登录	4/工作日	李扬
用户管理功能	对用户进行操作管理	3/工作日	王古同
系统管理功能	可以对系统的参数进行配置	4/工作日	孔京
网站栏目功能	可以对网站栏目进行管理	3/工作日	凤龙
数据库管理功能	设置数据库的连接、备份、还原	1/工作日	孔京
站内搜索	可快速对站内文章进行查找	3/工作日	孔京
在线支付功能	支持在网站购买物品	5/工作日	赵振龙
日志管理功能	管理操作日志	2/工作日	王古同

任务四　新竞争力网站优化与推广

在新竞争力网站建设完成后，需要对网站做自身优化，一般包括网站关键词优化、网站结构优化、网站代码优化、网站内容优化。具体优化细节可参见"项目二　搜索引擎优化"。而在诸多推广策略中，根据自身的特性与服务内容，新竞争力选择了更侧重稳定性

41

的口碑营销以及持久性和扩散性极好的病毒式营销、活动营销。

1. 口碑营销

作为国内领先的网络营销咨询与顾问公司，新竞争力更看重品牌价值带来的长久稳定。口碑营销具有无可比拟的客户识别与认同感，能够在保持品牌竞争力的同时为企业带来源源不断的客源，从而使企业名声在客户群内自发传播，降低推广成本，提升企业的核心业务价值，故而新竞争力非常注重客户的期望与体验，并将此分解在项目分析、提案、执行等环节，换得客户的信任和支持。

2. 病毒式营销

新竞争力开始专注国内网络营销行业发展的时期，各类企业对网络营销的认知度还没有如今这么高，甚至很多指导性、实践性的网络营销系统方法在互联网上的讲述都不那么准确和常见。新竞争力及时地把握住这一缺失，公司的专家与骨干本着为企业、行业服务的原则，通过 Word、PPT 等多种利于传播的形式，对外免费公布各类网络推广方法、实施细则以及行业研究报告，在普及网络营销知识的同时也将新竞争力的业务、技术传播出去，从而使用户自发地形成传播源，持续不断地放大新竞争力的影响力。

3. 活动营销

活动营销是指通过举办某个活动来达到推广的目的的一种网络营销的方法。考虑到国内电子商务专业学生缺乏实践的问题，新竞争力积极地举办了"网络营销能力秀"活动，在帮助学生理解和应用网络营销的同时，也非常好地达到了企业宣传推广的目的。活动吸引了上百名教师关注，上千名学生参与，让大家对新竞争力这个品牌也有了很深的认识和了解。活动举办前，新竞争力网站每天的 IP 为 1 000 左右，活动举办后，网站每天的访问 IP 为 2 000 左右。由此可见，活动推广在企业网站的营销活动中是多么重要。

任务五　新竞争力营销实施效果评测分析

1. 搜索引擎收录量

网站在各大搜索引擎中的收录量越多，说明这个网站越重要、对搜索引擎越友好、更新周期越短，自然网站流量也就越大了。新竞争力网站在各大搜索引擎中的收录数量如图 1-40 所示。

网址 http://jingzhengli.cn/在各大搜索引擎的收录查询结果　查看历史记录						
搜索引擎	百度	谷歌	雅虎	搜搜	有道	必应	搜狗
收录数量	1570	1620	7750	1490	1240	1700	1812

图 1-40　新竞争力网站搜索引擎收录数量

2. 网站的 IP/PV

网站的 IP/PV 可以反映出一个网站的访问量和浏览量，帮助企业了解一段时间内网站的流量状况，从而有的放矢地制订网站运营推广计划。新竞争力网站周访问量如图 1-41 所示。

日均 IP 访问量[一周平均]	日均 PV 浏览量[一周平均]
≈ 13,800	≈ 19,320

图 1-41　新竞争力网站周访问量

3. 网站外链数及站内友情链接

网站外链数直接决定网站的 PR 值，外链数越多，说明这个网站在互联网上越有影响力，在搜索引擎中的排名也就越好。网站外链数的查询地址为 http://tool.chinaz.com/Seos/Links.aspx。此外，站内友情链接的建立也能够影响网站的综合网络营销。尽管是相互的，在导出链接的同时也能够获得足够的反向链接，如果反向链接的权重高于导出链接，那么对于网站就具有了价值。图 1-42 所示是确定站点链接是否完成了指向新竞争力的反向链接。

图 1-42 新竞争力链接一览图

4. 网站 Alexa 和 PR 值

新竞争力网站的 Alexa 和 PR 值如图 1-43 所示。从中我们可以得出此网站的 Alexa 流量排名在 10 万名以内，网站 PR 值为 5，Google 权重很高。

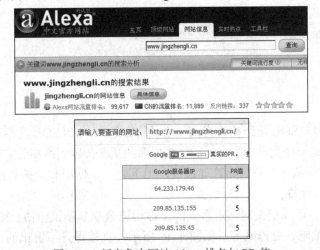

图 1-43 新竞争力网站 Alexa 排名与 PR 值

5. 关键词在各搜索引擎的排名

新竞争力的多个关键词在百度、Google 的排名情况如图 1-44 所示。

图 1-44　新竞争力关键词在百度、Google 的排名情况

从图 1-45 我们可以看出，新竞争力的关键词优化完成度还不够，部分关键词在搜索引擎中排名靠后。

图 1-45　新竞争力部分关键词排名不佳

四、相关术语

1. MS SQL

MS 指的是微软，SQL 是结构化查询语言。结合起来，MS SQL 是指微软的 SQL Server 数据库服务器。它是一个数据库平台，提供数据库的从服务器到终端的完整的解决方案，其中数据库服务器部分是一个数据库管理系统，用于建立、使用和维护数据库。

2. 社会化网络标签

通过分享标签，可以把在网站上看到的某篇资讯分享到新浪微博、搜狐微博、人人网、QQ 空间、百度 i 贴吧、豆瓣网等，如图 1-46 所示，直接提升了资讯的分享范围和网站的流量。

图 1-46 分享标签

五、案例分析

1. 案例因素分析

总体来看,新竞争力网站在用户交互性、IM 即时通信、用户体验方面还可以继续提高改进;全站生成静态页面,在网站布局、结构、搜索引擎的友好度方面做得不错;网站主题明显,突出了网站主营业务,如研究咨询报告、网站运营顾问服务、网络营销培训等。

(1)网站定位。新竞争力网站定位明确,切合企业主营产品的需要。由于新竞争力提供的并非实物产品,而是帮助企业网站摆脱无访问、无流量、无排名、无订单的困惑的网络营销顾问服务,所以在关键词和主营业务上,新竞争力网站已经满足了需求。

(2)网站特色。新竞争力网站深入了解服务项目,并通过简洁的栏目划分将不同的内容传递出来。策略研究、方案销售、网站诊断、流量分析等严格按照项目进行区分,且清晰地描述服务内容、流程、基本报价与联系方式。

另外,新竞争力也开辟了博客这一交互平台,不但能够将研究成果免费公布,传递新竞争力的企业价值与魅力,还能与客户交流和沟通。

(3)用户体验。

① 页面与频道。新竞争力网站采用深沉的蓝色为主要色调,辅以靓丽的红色,除了体现出企业内敛、沉静、果敢与细致的性格外,还透露出在网络营销领域上的热情与关注。频道划分明确、清晰,充分地将企业主营服务一一展现。

② 信息量与更新。信息承载方面,新竞争力并不急于在服务产品上经常更换,注重的是在清晰地介绍产品的基础上更好地去完善 FAQ 与售后服务,这才能充分体现出企业的认真与细心。同时,新竞争力也善于运用对行业的了解,经常在博客中公布研究成果和部分颇有价值的研究理论与方法,使得新竞争力在网络营销行业内不但获得用户的青睐,也获得了同行的认可。

(4)交流互动。新竞争力善于使用最新的交互手段,充分利用了新浪微博的价值与传播面,将企业本身与微博这一新型传播手段紧密结合起来,使得粉丝数量日益提升,企业品牌效果与服务传递也日趋广泛。

(5)网站模式。新竞争力网站是对线下网络营销服务的线上延伸,它抓住了网络营销这一营销手段的优势,将顾问、咨询、培训、分析、方案等线下方式充分展现出来,抢先占据行业优势,获得了更多的线下机会。同时,新竞争力抓住了学校教学,"网络营销能力秀"活动不仅满足了院校学生对于实践机会的需求,同时也扩大了品牌影响力。

(6)网站不足。

① 产品信息量充足,可以尝试二次分类。有关网络营销方面的信息量非常大,有原创性质的,也有转载的,可以尝试对信息进行再整合,便于用户的检索与阅读。

② 博客活力有待提升。目前博客内容价值较高,然而活跃性有所欠缺,可以通过具有讨论性的话题来提高用户的参与度,提升新竞争力博客的活力。

2. 学生互动分析

授课教师和学生们根据案例内容进行互动讨论，在讨论过程中，学生要积极提出与案例相关的问题，并表述个人对本案例的看法，对于学生提出的问题教师要及时回答；另外，还可以组织学生之间以小组形式讨论，由教师根据学生讨论结果进行案例分析总结。

模块二　营销型企业网站相关知识

一、域名

1. 域名的概念

域名是企业、政府、非政府组织等机构或者个人在域名注册商那里注册的名称，是互联网上企业或机构间相互联络的网络地址。域名由若干部分组成，包括数字和字母。一个公司如果希望在网络上建立自己的主页，就必须取得一个域名。域名是上网单位和个人在网络上的重要标识，起着识别作用，便于他人识别和检索某一企业、组织或个人的信息资源，从而更好地实现网络上的资源共享。域名在虚拟环境下，除了具有识别功能外，还可以起到引导、宣传、代表等作用。

2. 域名的层次

域名分为顶层（Top-Level）、第二层（Second-Level）、子域（Sub-Domain）等。通常域名格式为：四级域名.三级域名.二级域名.顶级域名。

域名级别越低，所代表的指向就越具体，级别越高则越通用。顶级域名决定着一个完整域名的类别归属和所属管理机构。顶级域名分为几种类型，分别是.com（商业性的机构或公司）、.org（非营利的组织、团体）、.gov（政府部门）、.mil（军事部门）、.net（从事Internet相关的网络服务的机构或公司）、.edu（学校等教育机构）。

由于国际资源有限，各个国家、地区在域名最后加上了国家标识段，如中国为.cn、日本为.jp、英国为.uk等。一般来说，大型的或有国际业务的公司或机构的域名中不使用国家代码。这种不带国家代码的域名也叫国际域名。在这种情况下，域名的第二层就是代表一个机构或公司的特征的部分，如IBM.com中的IBM。对于具有国家代码的域名来说，代表一个机构或公司的特征的部分则是第三层，如ABC.com.jp中的ABC。

3. 域名的一般命名规则

由于Internet上的各级域名是分别由不同机构管理的，所以各个机构管理域名的方式和命名域名的规则也有所不同。但域名的命名也有一些共同的规则，如下所述。

（1）.com域名命名规则。域名中只能包含以下字符：

① 26个英文字母。

② "0，1，2，3，4，5，6，7，8，9"十个数字。

③ "-"（英文中的连词号）。

域名中字符的组合规则：

① 在域名中，不区分英文字母的大小写。

② 一个域名的长度是有一定限制的。

（2）.cn 域名命名规则。遵照域名命名的全部共同规则。2012 年 5 月 29 日 0 点之后，.cn 域名向自然人开放注册。此外，不得使用或限制使用以下名称。

① 注册含有"CHINA"、"CHINESE"、"CN"、"NATIONAL"等单词的域名须经国家有关部门（指部级以上单位）正式批准。

② 公众知晓的其他国家或者地区名称、外国地名、国际组织名称不得使用。

③ 县级以上（含县级）行政区划名称的全称或者缩写，注册时需获得相关县级以上（含县级）人民政府正式批准。

④ 行业名称或者商品的通用名称不得使用。

⑤ 他人已在中国注册过的企业名称或者商标名称不得使用。

⑥ 对国家、社会或者公共利益有损害的名称不得使用。

二、虚拟主机

1. 虚拟主机的定义

虚拟主机是在网络服务器上划分出一定的磁盘空间供用户放置站点、应用组件等，并提供必要的站点功能、数据存放和传输功能。虚拟主机，也叫"网站空间"，就是把一台运行在互联网上的服务器划分成多个"虚拟"的服务器，每一个虚拟主机都具有独立的域名和完整的 Internet 服务器（支持 WWW、FTP、E-mail 等）功能。虚拟主机是网络发展的福音，极大地促进了网络技术的应用和普及。同时虚拟主机的租用服务也成了网络时代新的经济形式。虚拟主机的租用类似于房屋租用。虚拟主机的优势在于许多用户共同租用一台服务器，费用分摊下来，每个用户只需要花几百块钱就可以部署自己的网站。这样大大节省了购买机器和租用专线的费用，同时不必为使用和维护服务器的技术问题担心，更不必聘用专门的管理人员。缺点是分享一台服务器，在 CPU 占用、IIS 数、带宽方面受限。所以虚拟主机只适合于中小型企业网站使用。

虚拟主机数据中心如图 1-47 所示。

图 1-47 虚拟主机数据中心

2. 虚拟主机的优势

（1）相对于购买独立服务器，使用虚拟主机可大大降低网站建设的费用，为普及中小型网站提供了极大便利。

（2）利用虚拟主机技术，可以把一台真正的主机分成许多"虚拟"的主机，每一台虚拟主机都具有独立的域名和 IP 地址，具有完整的 Internet 服务器功能。

(3) 网站建设效率高。如果自己购买服务器,从购买到安装操作系统和应用软件需要较长的时间,而租用虚拟主机通常只需要几分钟的时间就可以开通。

(4) 使用虚拟主机,用户不必担心在使用和维护服务器时出现的技术问题无法解决,更不必聘用专门的服务器管理人员。

(5) 虚拟主机的低成本、高利用率迅速吸引了中小企业。为适应我国进入 WTO 后日益激烈的国际商业竞争环境,大多数企业都加快了对投资小、收益快的网上交易平台的应用,加大了电子商务、企业上网等信息化建设的力度,而虚拟主机建站已成为提高企业竞争力的重要手段。

3. 虚拟主机的缺点

(1) 某些功能因受到服务商的限制而不能使用,如可能耗用系统资源的论坛程序、流量统计功能等。

(2) 网站设计需要考虑服务商提供的功能支持,如数据库类型、操作系统等。

(3) 某些虚拟主机的网站访问速度过慢,对于网站的正常访问会产生不利影响。这可能是由虚拟主机提供商将一台主机出租给数量众多的网站,或者服务器配置等方面的原因造成的,这个问题用户自己无法解决。

(4) 有些服务商对网站流量有一定限制,这样当网站访问量较大时将无法正常访问。

(5) 一般虚拟主机为了降低成本不给用户的网站注册独立的 IP 地址,这样就无法用 IP 地址直接访问网站(因为同一个 IP 地址有多个网站)。

三、静态/动态网站

1. 静态网站

静态网站是指全部由 HTML 代码格式页面组成的网站,所有的内容包含在网页文件中。网页上也可以出现各种视觉动态效果,如 GIF 动画、Flash 动画和滚动字幕等。

静态网站特点如下。

(1) 每个静态网页都有一个固定的网址,文件名均以 htm、html、shtml 等为后缀。

(2) 静态网页一经发布到服务器上,无论是否被访问,都是一个独立存在的文件。

(3) 静态网页的内容相对稳定,不含特殊代码,因此容易被搜索引擎检索到;尤其是以 html 为后缀的网页更加适合搜索引擎优化。

(4) 由于不需通过数据库工作,所以静态网页的访问速度比较快;静态网站没有数据库的支持,在网站制作和维护方面工作量较大。

现在流行的 CMS 都支持静态网页,虽然静态网页容易被搜索引擎收录并且能够提高访问速度,但需要占用较大的服务器空间,因为程序在生成 html 类型的网页时占用的服务器资源特别多,建议在服务器空闲的时候进行此类操作。

2. 动态网站

动态网站是指通过数据库和编写程序架构的网站。网页一般是以 asp、jsp、php、aspx 等为后缀的。

四、营销型企业网站

1. 营销型企业网站的定义

营销型企业网站,是根据企业产品的市场定位,着重于从网络营销的角度来制作的网站。这种网站能够使企业网站的整体架构与搜索引擎的特点相符合,从而让企业网站在搜索引擎的搜索中获得比较好的排名,给企业带来直接的业务与利润。

2. 营销型企业网站的功能

电子商务是未来企业主要的商业运营方式,而建立网站是企业通向电子商务的第一步。同时,企业网站是企业进行形象宣传、产品展示推广、与客户沟通、信息互动的阵地,所以企业建立自己的网站有利于树立自己的网上品牌,对企业的长远发展,企业文化和企业品牌的建设都有非常重要的意义。营销型企业网站有如下功能。

(1)企业形象宣传功能。企业在电子商务网站中可通过自己的 Web 服务器、网络主页(home page)和电子邮件(E-mail)在全球范围内宣传企业形象和发布各种商品信息,而用户使用网络浏览器可以迅速找到所需的商品信息。与其他各种广告形式相比,在网上做广告的成本最为低廉,而给顾客的信息量却最为丰富。

由于网站每天 24 小时面向全世界开放,而且在中国,网络宣传的对象通常是 20~35 岁、有较高学历和较高收入的人,而这些人现在是社会的中坚力量,未来一二十年仍将是社会的中坚力量,所以网络宣传效果非常好。

(2)信息编辑功能。企业在电子商务网站中不仅可以用文字、图片、动画等方式宣传自己的产品,而且可以介绍企业信息和企业领导、发布企业新闻、公布公司业绩、提供售后服务、介绍产品技术等。网站上的信息更新比任何传统媒介都快,通常只需几分钟,从而使企业在最短的时间内发布最新的消息。

(3)咨询洽谈功能。企业在电子商务网站中可借助非实时的电子邮件(E-mail)、新闻组(news group)和实时的讨论组(chat)来了解市场和商品信息、洽谈交易事务,如有进一步的需求,还可用网上的白板会议(Whiteboard Conference)、公告板(BBS)来交流即时的信息。网上用于咨询和洽谈的工具提供了多种方便的异地交谈形式,使人们的交流不受限制。

另外,网上的资料 24 小时向用户开放,用户只要使用电子商务网站提供的信息搜索与查询功能,就可以在电子商务数据库中轻松而快捷地找到所需的信息。

(4)网上商品订购功能。企业在电子商务网站中通过 Web 服务器电子邮件的交互传送实现用户在网上的订购。通常会在商品介绍的页面上提供十分友好的订购提示信息和订购交互式表格,并通过导航条引导客户填写订购单。当客户填完订购单后,系统回复确认信息单表示订购信息已收悉。电子商务的客户订购信息采用加密的方式,使客户和商家的商业信息不会泄露。

(5)网上支付功能。企业在电子商务网站中实现网上支付是电子商务交易过程中的重要环节。用户可采用信用卡、电子钱包、电子支票和电子现金等多种电子支付方式进行网上支付,采用电子支付的方式节省了交易的开销。电子账户交易的网上支付由银行、信用卡公司及保险公司等金融单位提供的电子账户管理等金融服务来完成,用户的信用卡号或银行账号是电子账户的标志。用户认证、数字签名、数据加密等技术措施的应用保证了电子账户操作的安全性。

（6）用户信息管理功能。在电子商务网站中，企业通过用户信息管理系统可以对网上交易活动全过程中的人、财、物，用户及本企业内部的各方面进行协调和管理，实现个性化服务。

（7）服务传递功能。在电子商务网站中，企业通过服务传递系统将客户所订购的商品尽快地传递到已订货并付款的客户手中。对于有形的商品，服务传递系统会对本地和异地的仓库在网络中进行物流的调配并通过快递系统完成商品的发送；对于无形的信息产品如软件、电子读物、信息服务等，服务传递系统则立即从电子仓库中将商品通过网络直接传递到用户端。

（8）销售业务信息管理功能。企业在电子商务网站中通过销售业务信息管理系统，可以及时地收集、加工处理、传递与利用相关的数据资料，并使这些信息有序而有效地流动起来，为组织内部的 ERP、DSS、MIS 等管理系统提供信息支持。

由于商务模式不同，该功能包括的内容也是有区别的。例如，分公司销售业务管理功能包括订单处理、销售额统计、价格管理、货单管理、库存管理、商品维护管理、用户反馈等；经销商销售业务管理功能应包括订单查询和处理、进货统计、应付款查询等；配送商销售业务管理功能应包括库存查询、需求处理、收货处理、出货统计等。

3. 营销型企业网站具备的特点

（1）以帮助企业实现经营目标为网站建设的目标。营销型企业网站的建设一定是为了满足企业的某些方面的网络营销功能。比如以客户服务为主的企业网站营销功能，以销售为主的企业网站营销功能，以国际市场开发为主的企业网站营销功能，这些都是以实现企业的经营目标为核心，从而通过网站来实现其网站营销的价值的。

（2）良好的搜索引擎表现。企业网站另一个重要功能是网站推广功能，而搜索引擎是目前网民获取信息最重要的渠道，如果企业网站无法通过搜索引擎进行有效推广，那么这个企业网站的营销性从一定程度上来讲会大打折扣，所以营销型企业网站必然要解决企业网站的搜索引擎问题，即做好搜索引擎优化的工作。在营销型企业网站解决方案中，搜索引擎优化工作是基础和长期的工作，在企业网站的策划阶段乃至企业网络营销的战略规划阶段就已经开始了，并且贯穿于企业网站的整个运营过程。

（3）良好的客户体验。企业网站最终面对的是潜在客户与客户，或者说是与本公司业务有关联的任何组织和个人。如何提升企业网站的客户体验是营销型企业网站必须考虑的重要问题。客户体验在现代营销中无处不在，比如在电话营销中、面对面营销中和在设计企业业务流程时都不得不重视客户体验，那么企业网站作为一个直接面对市场主体的窗口更需要重视其客户体验。客户体验又是一个无法量化的指标，更多的时候是不同受众的感觉。我们一般从这几个方面来评价一个具备良好客户体验的营销型企业网站：易用性（网站的基础标准：速度、安全、兼容性以及导航等）、网站的沟通性（对于特殊用户群体的定制，企业网站应该具备的交互与沟通功能）、网站的可信度（与传统信息的一致以及站内信息的一致，信赖程度等）、易于传播（分享是网络营销中价值转换率最高的一种模式）。

（4）重视细节。细节本是客户体验中一个重要的元素，由于其非常重要，所以我们单独将其作为营销型企业网站的一个特点。在营销型企业网站的流程制定、内容维护、网站管理等方面都需要注意细节问题。

（5）网站监控与管理。营销型网站的另一个特点是网站本身的监控功能与管理功能，简单来说就是网站需要加一段流量监测的代码，更多的管理特点就不多做介绍了。

模块三　营销型企业网站建设项目实训

一、实训流程

本实训流程如图 1-48 所示。

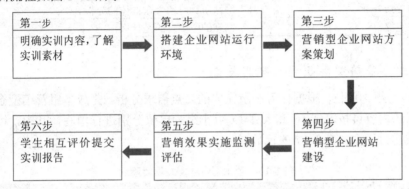

图 1-48　营销型企业网站实训流程

二、实训概述

本实训为营销型企业网站建设实训。学生以小组为单位，在实训教师的指导下，将教师指定的企业作为本实训的主要内容，完成站点的需求分析、网站策划、网站设计与开发。教师可以按照实训项目开始课程，也可以自定义企业。

三、实训素材

（1）服务器空间资源、电脑 XP 平台。

（2）免费三级域名、网站运行环境 IIS、相关网站设计制作工具。

四、实训内容

实训目标：搭建网上花店的网站。

喵鸣猫鲜花店是一个立足于网络，以鲜花为商品的专业型花店平台。为亲朋好友送去心意已成一种时尚，网上鲜花店快捷方便，为大众所喜爱。建设网上花店，一方面，可以提高花店品牌的知名度；另一方面，可以获得更多的顾客，为花店带来更多的利益。

教师在实训课前为班级学生分配好相应的小组空间与域名。

任务一　营销型企业网站需求分析

（1）以小组为单位，在实训教师的指导下，确定企业网站的方向，即要为哪个企业搭建营销型企业网站。

（2）对该企业进行分析和研究，完成企业网站行业分析、市场分析、受众分析等内容，并确定网站定位。

（3）可按表 1-15 进行填写，填写完毕提交给实训教师。

表 1-15 营销型企业网站需求分析

小组名称/成员	分　析
企业名称	小组所承担的企业的名称
企业所属行业	小组所承担的企业归属的行业
企业产品市场分析	小组所承担的企业目前产品或企业的市场情况
企业网站行业分析	该企业网站的行业分析
网站受众分析	网站所针对的受众群体的分析
网站定位	网站的主要目的是什么

任务二　营销型企业网站项目策划

（1）以小组为单位，根据任务一所完成的站点需求分析，完成本组营销型企业网站的策划方案。该内容可按表 1-16 和表 1-17 以小组为单位分别进行填写，其中，可按建设网站的时间安排自行添加表 1-17 的行数。

表 1-16 营销型企业网站项目策划

小组名称/成员	分　析
网站名称	给出网站名字
网站定位	网站针对谁，主要目的是什么
域名分析	对于该网站，域名将如何选择，为什么
空间选择	网站打算放在什么地方，为什么
风格分析	网站主色调是什么，辅色是什么，为什么这样设置
栏目设置	网站有哪些栏目以及设置这些栏目的原因
首页页面	以 Word/图片或其他形式，勾勒出所涉及的网站首页
栏目页页面	以 Word/图片或其他形式，勾勒出所涉及的网站栏目页
内容页页面	以 Word/图片或其他形式，勾勒出所涉及的网站内容页
其他页面	以 Word/图片或其他形式，勾勒出所涉及的网站其他页面
网站功能设置	网站会有哪些功能，这些功能的作用
网站推广	网站推广的初步想法是什么，何种渠道
网站效果监控	网站选择哪种数据监控工具，需要分析哪些数据，目的是什么

表 1-17 建设网站的时间安排表

时　间　段	负　责　人	需要完成的内容	产　出

（2）将表 1-16 和表 1-17 提交给实训教师。

任务三 营销型企业网站设计与开发

（1）使用建站工具，在服务器上完成站点配置。

（2）为网站选择合适的界面模板。

（3）完成网站信息的初步修改。

① 网站顶部编辑与设计：网站名称、Meta 标签（标题、描述、关键字）、各频道或栏目等。

② 网站底部编辑与设计（导航栏、友情链接及企业简介等）。

（4）栏目编辑与设置。

（5）对其他栏目内容进行完善与调整。

① 网站内容的编辑与设计。

② 对网站产品信息进行完善，包括产品类别、产品详情、售后服务等内容。

（6）网站静态化。

任务四 营销型企业网站测试

（1）按照课程中讲述的方法，各小组对本组网站进行常规测试，测试内容包括：链接测试、表单测试、导航测试、图形测试、页面布局测试、内容测试、浏览器兼容性测试等。

（2）使用工具，完成压力测试、速度测试等。

（3）完成网站测试报告，按表 1-18 填写，可按问题的数量自行增减编号数。

表 1-18 营销型企业网站测试报告

编　　号	1
URL	填入粗无页面的 URL
截图	插入存在问题的页面或局部页面截图
错误描述	错误问题的描述
修改意见	用何种办法来解决上述错误
备注	
编　　号	2
URL	填入粗无页面的 URL
截图	插入存在问题的页面或局部页面截图
错误描述	错误问题的描述
修改意见	用何种办法来解决上述错误
备注	

（4）将测试报告发送给实训教师，并按照测试的结果对各组站点进行完善。

任务五 营销型企业网站的运营与维护

（1）各小组为各自网站添加所有内容。

（2）合理分配小组人员各自的工作任务，保持站点内容持续更新。

（3）运用所学的其他网络营销手段对站点进行推广。

（4）按照课程中的方法，为站点增加统计代码，并确保统计功能的正确使用。

（5）将网站 URL 提交给百度。

任务六　营销型企业网站的效果监测与分析

（1）网站收录/PR 查询。

① 各小组保持站点的日常更新，定时查询网站在百度的收录量。查询语法：site:站点域名。boxingzhuoyue.com 在百度的网站收录量如图 1-49 所示。

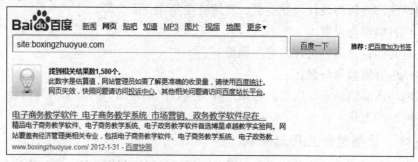

图 1-49　boxingzhuoyue.com 网站收录量

② 使用工具来批量检索。如站长工具（http://www.flashplayer.cn/keywords/），使用结果如图 1-50 所示。

图 1-50　站长工具

（2）网站访问数据。各小组通过统计代码与站点数据，按天来查询网站的如下数据：IP、PV、访问来路、访问比率、人均浏览量。

（3）关键词排名。

① 通过在百度中的关键词检索，来记录关键词排名。如在百度中检索"电子商务教学软件"，查询网站的这个关键词的自然排名，如图 1-51 所示。

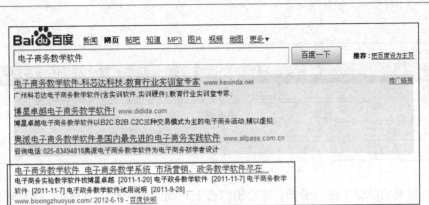

图 1-51　电子商务教学软件排名

从图 1-51 可以看出，boxingzhuoyue.com 在"电子商务教学软件"这个关键词的搜索结果中的自然排名为第一。

② 使用工具来快速、批量查询站点关键词在百度中的排名。如站长工具（http://www.flashplayer.cn/keywords/），使用结果如图 1-52 所示。

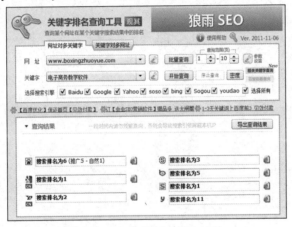

图 1-52　网站关键词排名结果

（4）整理汇总数据，并形成分析报告。

① 形成数据表格，可按表 1-19 填写。

表 1-19　网站数据统计

网站数据统计				
指标/时间				
IP				
PV				
人均浏览量				
访问来路				
来路地址	Baidu	Google	Sogou	Soso
访问量 IP				

续表

访问比率				
关键词排名				
关键词	Baidu		Google	
	上周	本周	上周	本周
关键词一				
关键词二				

② 在数据的基础上进行分析，即给出综合上升或下降的原因及理由，以及解决问题的对策。

③ 以月为单位，形成月分析报告，每月月底发送给实训教师。

项目二　搜索引擎优化

能力目标

- 能够进行简单的网站搜索引擎优化分析；
- 能够编写不同页面 Meta 标签（Title、Keywords 和 Description）；
- 能够确定网站/页面关键词并进行优化；
- 能够重构、优化网站/网页结构；
- 能够实施提升关键词排名的常见措施；
- 能够熟练使用常规的搜索引擎语句和 SEO 工具；
- 能够监控网站搜索引擎优化的效果。

知识目标

- 了解搜索引擎的概念、分类、基本原理和重要性；
- 熟悉搜索引擎优化的概念；
- 掌握关键词优化的概念和优化方法；
- 了解网站关键词部署与 SEO 的要素；
- 掌握搜索引擎优化的常用方法。

本项目的工作任务是以"项目一　营销型企业网站建设"所构建的网站为对象，实施搜索引擎优化（SEO）。通过项目实践，让学生体验 SEO 的过程，掌握 SEO 的基本法则、核心要点及技巧，并理解其重要作用与价值。

模块一 案例学习

案例一　博星卓越教学实验网网站 SEO

一、支持企业

北京博导前程信息技术有限公司。

二、企业背景

企业背景见项目一中的介绍。

三、案例详解

随着网络的快速发展，互联网已经成为一个崭新的集商务、沟通、信息发布、信息交换等于一体的综合平台。如何有效地抓住和获取网络信息，赢得商机，已经成为当代企业必须要解决的问题。北京博导前程信息技术有限公司作为教学软件的研发者和销售商，对网络信息进行收集、整理和挖掘，能有效地促进和拓展公司的产品研发和业务。因此，对公司旗下博星卓越教学实验网实施搜索引擎优化与营销是必然之举。

任务一　博星卓越教学实验网 SEO 实施分析

1．实施原因

（1）博星卓越产品的核心关键词在搜索引擎中的自然排名不占优势。

（2）博星卓越教学实验网站点结构不合理，冗余代码沉积过多。

（3）通过互联网渠道了解到产品的用户及网络咨询少，订单转换率不足，无法有效地促进销售。

2．实施目标

SEO 经过多年的发展与完善已经全面步入 Web2.0 时代。如今，业界普遍认为通过 SEO 除了要获取靠前的排名，更重要的是提高造访网站的用户转换成为客户的几率。然而做任何事情都不能盲目地干，没有目标的执行既让人无法对工作结果进行评定，也会让人失去工作的热情。因此，博星卓越教学实验网实施 SEO 要达到以下几个目标。

（1）3 个月内，至少 5 个核心关键词在 Baidu 的自然排名在前 3 页内，在 Google 的自然排名在前 3 页内。

（2）半年内至少 3 个核心关键词在 Baidu 的自然排名在首页前 3 位，在 Google 的自然排名在首页前 3 位。

（3）3 个月内网站 PR 值上升至 4。

（4）第一年促进产品销售额 20 万元。

3．实施计划

SEO 是一项系统且琐碎的工作，许多实施的内容在网站正式上线之前就必须蕴含其中（如域名的选取、网站结构及层级等，详见项目一）。此外，SEO 的效果也处于随时波动的状态，需要根据搜索结果进行调整。表 2-1 仅为 SEO 计划实施的进度安排。

表2-1 博星卓越教学实验网 SEO 计划

时间	工作内容	产出	人员安排
2009.02.02～2009.02.10	关键词定位分析	用户搜索行为 网站核心关键词 长尾关键词 普通关键词	张磊
2009.02.12～2009.02.16	网站框架优化分析	网站框架优化方案	张磊
2009.02.17～2009.03.02	网站页面优化分析	网站页面优化方案	张磊
2009.03.03～2009.03.07	优化实施	实施结果	张婵
2009.03.08 至今	效果监测与分析、调整	调整方案	张磊

任务二 博星卓越教学实验网 SEO 实施策划

1．关键词（Keywords）定位分析

关键词定位，简单而言就是希望哪些关键词通过 SEO 手段之后能够在搜索引擎中获得优势排名。明确了这一点，才能有针对性地完成关键词分析的 5 块内容。

（1）框定范围，形成关键词表单。博星卓越教学实验网的主要内容是宣传介绍博星卓越系列教学产品，包含 8 个系列共 45 套软件，其中电子商务系列、电子政务系列、市场营销系列以及客户关系管理等 4 个系列是目前的热销产品，且在众多软件中综合实力较强，更能获得用户的青睐，故而着力打造这些软件的优势排名更能对产品销售产生直接效果。

明确了这一点，意味着对关键词的选择范围已经有了大概的界定。但这个界定依然模糊不清，因为每套产品的名称都可以作为关键词，同时每套产品的名称还可衍生多个关键词，表 2-2 所示为部分电子商务系列教学产品关键词。

表2-2 电子商务系列教学软件关键词一览表

产品类别	产品全称	直接关键词	联想关键词（_表示拆分）	数量总计
电子商务系列	博星卓越电子商务教学实验系统	电子商务教学系统 电子商务教学实验系统	电子商务教学软件 电子商务_教学 电子商务_教学系统 电子商务_教学软件 电子商务_教学实验_软件	7

续表

产品类别	产品全称	直接关键词	联想关键词（_表示拆分）	数量总计
电子商务系列	博星卓越网络营销教学实验系统	网络营销教学系统 网络营销教学实验系统	网络营销教学软件 网络营销_教学 网络营销_教学系统 网络营销_教学软件 网络营销_教学 网络营销_教学实验_软件	8
	博星卓越电子商务网站开发平台	电子商务网站开发	电子商务_开发_系统 电子商务网站_开发_系统 电子商务_网站开发_系统 电子商务_网站开发平台	5

由表 2-2 可见，3 个教学产品就能够衍生出至少 20 个关键词。倘若将 4 个热销系列的 30 套产品的关键词罗列完毕将汇总出 200 余个关键词。这么多关键词岂是一个网站或网站首页能够容纳得下的？因此需要做一个初步的筛选来明确每套产品的核心关键词。

（2）明确核心关键词。如何来明确每套产品的核心关键词呢？简单地说，就是要站在用户的角度来思考。那么，博星卓越系列教学产品的用户又是谁？又如何站在用户的角度？不妨设想一下，你就是某高校电子商务专业的教师或实验室主任。现在，为了推进教学效果的全面提升，提高学生的动手能力，学校出资购买一款性价比较高的电子商务教学软件。你从什么渠道来了解？抛开进行招标活动，你是否会求助于互联网？那么打开了百度或 Google，你又用什么样的关键词来检索？

这就是"换位思考"的核心，也只有掌握了这个核心，才能把 SEO 做得有的放矢，而不是盲目堆砌。当然，上述只是一个假设，真实情况是你并不是实验室主任或高校教师。那么是否有便捷的方法来帮你定位呢？

方法自然是有的。还是以"博星卓越电子商务教学实验系统"为例。

① 打开 Google，不需要输入全称，仅抽取一部分，如"电子商务教学"进行检索。搜索引擎将联想出以"电子商务教学"为核心的关键词列表，如图 2-1 所示。

图 2-1 Google 关键词联想

这样，与"博星卓越电子商务教学实验系统"最为贴切的关键词——电子商务教学软件就出炉了。Google 绝不会莫名其妙地放这些关键词在列表中，能够进入这个列表的都是被 Google 验证为被经常性地搜索的热门关键词。换句话说，就是经过 Google 的统计，每天会有很多人检索这个关键词，所以它才会被推荐出现在列表中。

② 打开 Google 关键词检测工具（https://adwords.google.com/select/KeywordToolExternal），输入"电子商务教学软件"，获得的结果如图 2-2 所示。

图 2-2 Google 关键词搜索情况

通过百度推广也可以进行关键词检测。打开百度推广页面（http://e.baidu.com/），注册成为用户即可享受关键词检索的功能。输入"电子商务教学软件"，得到结果，如图 2-3 所示。

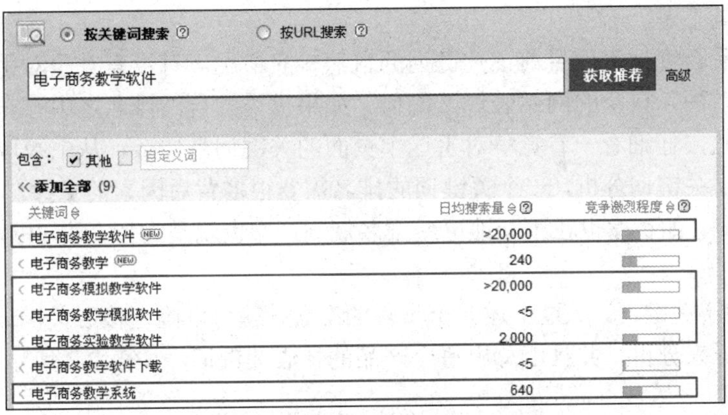

图 2-3 百度对关键词日搜索量的展示

通过百度推广，不仅能够截获到平均每天有多少用户在检索"电子商务教学软件"这个关键词，而且还能够帮助我们了解如"电子商务模拟教学软件"、"电子商务实验教学软件"这类关键词的检索量。尽管在检索量上后者会比前者低一些，还需要通过竞争分析来进行判断，但不失为一种方法。

通过判断关键词在搜索引擎中的表现，是否就能够敲定"电子商务教学软件"作为"博星卓越电子商务教学实验系统"产品的核心关键词了呢？答案是否定的。

③ 竞争分析。通过 Google 或百度的关键词查询能够分析出相应关键词的检索量，可能有很多，那么该如何进一步确定？比如，如图 2-3 所示，百度中"电子商务教学软件"的日均搜索量大于 20 000 次，然而竞争激烈程度也是较高的，换句话说就是还有其他商家通过关键词竞价来购买"电子商务教学软件"，争夺该关键词优势排名。

面对这样的情况，"电子商务教学软件"该不该作为核心关键词之一呢？

首先，看看百度有多少人选择了这个关键词来做竞价排名。检索结果如图 2-4 所示。

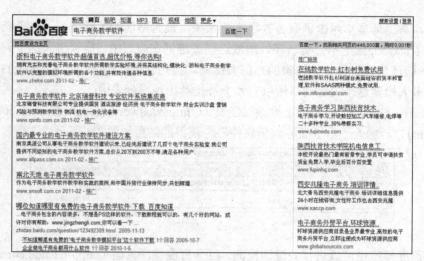

图 2-4　百度关键词检索结果一览

抛开右侧明显的广告位不谈,在搜索结果页面内有四家做了"电子商务教学软件"的竞价排名,数量不多。

其次,看看百度搜索后目前该关键词的自然排名情况,有没有竞争对手以及是哪些具体的页面排在前面,自身的网站表现又如何。如果优秀的自然排名之中存在竞争对手的网站,那么打开它,仔细看一看竞争对手这个页面的关键词是什么,从中吸取经验。当然我们现在讲的只是关键词分析,一个关键词的排名需要很多背后因素的支撑,不能简单对待。同时,搜索引擎,如百度也在不断地更新排名规则,这也就是为什么说 SEO 是个长期、琐碎的工作。

④ 确定核心关键词。经过上述三个步骤的准备,就可以确定核心关键词了。对于每套产品都能够这样来分析,并且汇总出每个产品的核心关键词,如表 2-3 所示。

表 2-3　根据分析汇总出直接关键词

产品类别	产品全称	直接关键词
电子商务系列	博星卓越电子商务教学实验系统	电子商务教学软件 电子商务教学系统
	博星卓越网络营销教学实验系统	网络营销教学软件 网络营销教学系统
	博星卓越电子商务网站开发平台	电子商务网站开发 电子商务网站开发系统

(3) 明确普通关键词。在明确了每套产品的核心关键词后,就要落实普通关键词。

普通关键词分为间接关键词和长尾关键词两种,可以理解为与核心关键词相比,其重要性低一些的关键词,但也不要忽视了普通关键词的作用。它虽然不能够带来最有效和最直接的用户,但能够起到长时间保持网站更多优秀排名的作用。试想一下,如果竞争对手只在 2 个核心关键词上具有优势,而博星卓越却在 1 个核心关键词和 20 个普通关键词上排名优秀,那么谁被用户搜索到的几率更大?谁的访问量会更高?谁的潜在用户更多?

间接关键词，多为核心关键词的拆分和重新组合。以"博星卓越电子商务教学实验系统"为例，其核心关键词为"电子商务教学软件"、"电子商务教学系统"，可拆分为博星卓越、电子商务、教学、软件、系统 5 个词语。除了"博星卓越"这个品牌词语外的 4 个词语，又可组成"电子商务教学-软件"，"电子商务-教学软件/系统"，"电子商务-教学-软件/系统"。

除了"电子商务教学软件"和"电子商务教学系统"外，图 2-3 中所示的"电子商务模拟教学软件"、"电子商务实验教学软件"的检索量也不少，可作为间接关键词。同时，亦可使用上面的办法再进行拆分和组合。

那么，如何确定长尾关键词呢？

长尾关键词的延伸性和稳定性非常高，较之竞争激烈和不稳定的核心关键词而言，其优势也是非常明显的。比如，某旅行社网站主营业务是三亚酒店预订和三亚旅游线路。通过上面的学习，想必你一定会在第一时间想到"三亚旅游"、"三亚酒店预订"这些关键词。然而当利用百度或 Google 工具进行关键词分析后，一盆冷水泼了下来。这些关键词实在太热了——竞价排名多，自然排名也有很多人在争夺。在势单力薄的情况下，想跟这么多人竞争，冲出重围的几率就比较低了。不过，利用搜索引擎我们还能够联想出其他的短语——三亚蜈支洲旅游、三亚旅游游记……这些关键词竞争程度不高，搜索量也不少。它们就是核心关键词外的长尾关键词。

还是以"博星卓越电子商务教学实验系统"为例。其核心关键词为"电子商务教学软件"、"电子商务教学系统"，间接关键词为"电子商务-教学软件/系统"、"电子商务教学"。根据这些词组又能延展出什么？电子商务专业除了需要配套的教学实验软件外，老师作为用户还会检索什么？可能有电子商务教学经验、电子商务教学大纲、电子商务教学计划、电子商务实验、电子商务实训方案、电子商务就业、电子商务专业就业等。如此而言，"博星卓越电子商务教学实验系统"的长尾关键词就可确定不少了，如电子商务教学经验、电子商务专业就业、电子商务专业教学等。但这些长尾关键词一定要与产品本身或核心关键词形成联系，比如明明是博星卓越电子商务教学实验系统，已经定义了这一属性，如果强加上"电子商务专业就业"这样的关键词，就是与内容不相符，不可能产生良好的效果。

2．关键词（Keywords）部署分析

上面是关键词的分析办法和思路，但别忽视了一点，所有的关键词都要基于页面本身。可别出现做出的明明是介绍苹果的页面，偏偏确定"香蕉的种植"为核心关键词的情况。所以，给出了方法和思路还不够，还要搞清楚对象。

另外，上面是以教学产品详情页为例，然而一个企业网站不可能只有产品介绍，还会有很多的辅助页面。因此，关键词部署分析还要应用同样的方法把网站所有常规页面的关键词都定义出来。也就是说，如果一个网站分为首页、频道页、栏目页、列表页、内容页等多个层级的话，那么关键词要分析到每个常规页面。因为这些常规页面相对于经常更新动态的页面而言，变动不会太大。一旦成型，所要做的只是根据排名情况，进行调整。

那么对博星卓越教学实验网而言，就是要运用上述的分析方法，将首页、栏目页、列表页、产品内容页等页面的关键词定义出来，如表 2-4 所示。

表 2-4　博星卓越各栏目关键词列表

二级页面	三级页面	关　键　词
首页		电子商务教学软件，电子商务教学系统，电子政务教学软件，教学软件，市场营销教学软件，博星卓越教学实验网
关于博星卓越		博星卓越，品牌教学软件，博星卓越团队，教学软件，教学软件产品，实验教学，模拟教学软件，博星卓越教学实验网
	荣誉资质	荣誉资质，博星卓越，教学软件，博星卓越教学实验网
	组织结构	组织结构，博星卓越，教学软件，博星卓越教学实验网
	发展历程	发展历程，博星卓越，教学软件，博星卓越教学实验网
	联系我们	联系方式，博星卓越，教学软件，博星卓越教学实验网
	文化风采	员工风采，企业文化，博星卓越，教学软件，博星卓越教学实验网
	公司简介	企业简介，博星卓越，教学软件，博星卓越教学实验网
	新闻动态	新闻动态，企业动态，博星卓越，教学软件，博星卓越教学实验网
产品中心	电子商务系列教学软件	博星卓越，教学软件，实验软件，教学实验软件，模拟教学软件，电子商务教学软件，电子政务教学软件，物流，国际贸易教学软件
		电子商务教学软件，电子商务教学实验系统，博星卓越教学实验网
	电子商务教学实验系统	电子商务教学软件，电子商务教学系统，电子商务教学实验系统，电子商务教学，博星卓越教学实验网
	网络营销教学实验系统	网络营销教学软件，网络营销教学系统，网络营销教学实验系统，网络营销教学，博星卓越教学实验网
	电子商务案例分析	电子商务案例分析软件，电子商务案例分析系统，电子商务案例分析，博星卓越教学实验网
	电子商务实训基地综合门户	电子商务实训基地综合门户，电子商务实训基地综合门户系统，电子商务实训基地，博星卓越教学实验网
	动态添加	动态添加	动态添加过程中不断分析、探索、确定
服务方案		实验室建设方案，解决方案，实验室建设，电子商务实验室建设方案，电子政务实验室建设方案，物流实验室建设方案，市场营销实验室建设方案，网络营销实验室建设方案，经济管理实验室建设方案
	电子商务创业实验室方案	
	动态添加	动态添加	动态添加过程中不断分析、探索、确定
教学资源		教学资源，市场营销教学，电子商务教学，经济管理教学，物流教学，电子政务教学，博星卓越教学实验网
	电子商务教学资源	电子商务教学资源，电子商务教学，电子商务教学实验，博星卓越教学实验网

续表

二级页面	三级页面	关 键 词
教学资源 电子政务教学资源		电子政务教学资源，电子政务教学，电子政务教学实验，博星卓越教学实验网
市场营销教学资源		市场营销教学资源，市场营销教学，市场营销教学实验，博星卓越教学实验网
国际贸易教学资源		国际贸易教学资源，国际贸易教学，国际贸易教学实验，博星卓越教学实验网
动态添加	动态添加	动态添加过程中不断分析、探索、确定
典型用户		成功案例，典型用户，博星卓越，博星卓越教学实验网
在线试用		在线试用，试用下载，博星卓越教学软件，博星卓越教学实验网
实验博客 动态添加	动态添加	动态添加过程中不断分析、探索、确定
售后服务		售后服务，客户服务，博星卓越客服，博星卓越教学实验网

综上所述，通过上面的方法和手段，便能成功确定出博星卓越教学实验网所有页面的关键词。当然，如今的网站都是动态生成的，对于那些更新量较大的栏目如教学资源，无法直接预先定义出关键词，就需要编辑人员在发布时确定。

3．标题（Title）定位与部署分析

确定了关键词，后面还有两项要基于关键词展开的工作。其中一项就是标题定位。如图 2-5 所示，图中方框内的即是该页面的标题。页面代码为<title>电子商务教学软件_电子商务教学系统_市场营销、政务教学软件尽在博星卓越教学实验网</title>。

图 2-5 标题的位置

标题与关键词类似，以短语的形式描述出页面的重点内容。由于搜索引擎的蜘蛛（Spider）在检索页面的时候首先抓取到的结果便是标题，因此，在 SEO 过程中标题也占有重要地位。

那么标题该如何确定？

首先，当所有常规页面关键词确定后，标题的大范畴其实就已经定下了。比如博星卓越教学实验系统的核心关键词为"电子商务教学软件"、"电子商务教学系统"，标题再怎么扑朔迷离也绝对不会超出电子商务教学软件这个范围。

其次，把关键词摆在前面，而后用"_"（下划线）连接起品牌名和网站名称。这个方法对除了首页外的所有页面均适用。为什么要这样设定？因为搜索引擎一般对标题的前14个字节（7个汉字）会给予更高的权重。以博星卓越电子商务教学实验系统为例，这个产品页的标题就可定义为"博星卓越教学实验系统_博星卓越_博星卓越教学实验网"。倘若反着来，将所有页面（除首页）的标题定义为"博星卓越教学实验网_博星卓越_博星卓越教学实验系统"，那么当蜘蛛抓取网站页面时就会发现有很多标题的前几个字节都是一模一样的页面。如果页面数量非常多，那么蜘蛛很有可能将其判定为相同页面。一旦形成这样的"第一印象"，蜘蛛可能就不会继续抓取页面了。

再次，查看博星卓越教学实验网的首页（http://www.boxingzhuoyue.com）的标题，可以看到"电子商务教学软件_电子商务教学系统_市场营销、政务教学软件尽在博星卓越教学实验网"的结果。选择这样的方式是将核心产品在标题中"加重"处理。难道这样的方式不算作弊？不算。一方面，搜索引擎对标题索引的最大字符数限制是255个字符，因此，不超过255个字符即可；另一方面，在这个数量范围内去优化标题，只要标题和内容有密切联系，不出现无关词语，是没有问题的。如果在这个页面上强加"赵本山"、"同桌的你"这类很热门，但跟页面内容没有任何关系的词语，这个页面将会成为搜索引擎打击的标靶。

此外，标题中的相关词连接选用"_"（下划线）还是"-"要区别看待。在英文词语中，"-"的确是一些词语的分隔符，并且在Google中也较为常见。倘若要重点针对Google或其他国外搜索引擎，"-"是个不错的选择。但国内绝大多数的用户都采用"_"来分隔多个词语，如百度、腾讯网。还有一些网站采用"|"来分隔，这个间隔符在实际中表现得并不好，不推荐使用。

最后，标题与关键词一样，在保持独立页面独立标题的同时还要避免出现以下问题。

（1）虽然标题可以在255个字符范围内，但也不要太长。因为在搜索结果页中，标题显示的长度是有限的，如果长度超过了搜索引擎显示的极限，就会被省略号代替，如图2-6所示。这样，用户虽然搜索到了网站，却很可能因为标题真正的内容并没有第一时间显示出来（被省略号替代）而没有单击链接。

图2-6 标题被省略号所替代

（2）标题一定要与页面内容相关且不同。万不可出现完全相同的情况，或如图2-7所示，全部都是New Page或Untitled，即便优化做得再好，也很难有好的排名。

（3）不要轻易、频繁地变更标题。如果频繁地改变标题，那么搜索引擎会认为网站在作弊，或者网站在频繁地更换内容。这样，搜索引擎就会对网站失去兴趣，从而采取不索引的措施。

4．描述（Description）定位与部署分析

与关键词息息相关的另一项就是描述。描述即用简短的话语来说明页面的内容，表现在搜索引擎中，如图 2-8 所示。

2012年伦敦奥运会_腾讯奥运_腾讯网
2012年7月28日到8月12日，第30届夏季奥运会将在英国伦敦举行，28日凌晨3时12分在奥林匹克体育场举行开幕式。腾讯网将进行24小时全程直播和视频点播，全方位报道...
2012.qq.com/ 2012-7-5 - 百度快照

图 2-8　页面描述的表现形式

描述并不是在浏览器中所显示的网页的一部分，其影响力局限在提升搜索引擎排名以及吸引用户的点击上。

以博星卓越电子商务教学实验系统为例，页面描述的设置如图 2-9 所示，即用一段话将该页面的内容，也就是博星卓越电子商务教学实验系统描述清晰。要注意，描述是一段语句连贯的内容，而不是把关键词堆在一起。同时，在这段描述里，必须包含关键词，其出现次数不用太多，但一定要有。

```
6 <meta name="description" content="博星卓越电子商务教学实验系统作为传统的电子商务
  教学软件，通过模拟以B2C、B2B、C2C三种交易模式为主的电子商务活动及虚拟银行、物流
  中心等电子商务环境，使学生感受到电子商务的商业化应用过程，直观理解电子商务原理，
  了解一般应用过程，将实验业务与教学管理有机结合，从而满足电子商务教学网络化的需要
  ，完成教学的认知性和验证性实验任务。" />
```

图 2-9　博星卓越电子商务教学实验系统页面描述，内含关键词

此外，描述与关键词、标题一样，要做到每个页面都有独立的描述，同时不要重复。还要注意以下问题。

（1）不要复制别人的描述，要原创。

（2）简洁明了，不要描述很长一段话却说不到重点。

（3）搜索引擎对于描述的展现数量是有限制的，跟标题一样，写得太长了会被省略号所替代，所以不要太长。

（4）尽量不要把关键词堆到这里，最好形成一段语句通畅的文字。

前面讲述的关键词、标题和描述组成了 SEO 中 Meta 标签三要素。

5．网站代码分析与策划

网站代码，顾名思义，讲的是代码的问题。每一个页面在我们的眼中是由五颜六色的图片和缤纷多样的内容构成的，然而在搜索引擎的蜘蛛看来其实无非是一行行的代码。而代码的优化除了可以在网站正式上线之后进行调整外，更多的是要在网站开发过程中形成有效的积累。

在网站代码方面，博星卓越教学实验网做了如下工作。

（1）在代码书写中，要求减少空格、默认属性代码、注释语句、空语句等不必要的代码，同时加强代码之间的连贯性，减少代码量。目的是让搜索引擎的蜘蛛抓取页面的时候更流畅。

（2）严格控制页面大小，确保页面在 100KB 之内，宗旨就是越小越好。试想，一个 200KB 的页面和一个 10KB 的页面，在相同网速下哪个打开速度更快？用户希望尽快看到页面内容，搜索引擎的蜘蛛也一样。

（3）确保代码闭合完整，注意图片宽、高的设置，文字颜色与属性的设置，图片注释的设置等，让搜索引擎的蜘蛛检索到最完整的页面。

（4）尽量减少使用 JS，不使用 Frame。

（5）不含有隐藏的代码、覆盖代码，减少了弹窗代码以及会隐藏的滑动条。

（6）采用 Div+CSS 进行布局。

6．网站框架分析与策划

框架优化分为针对搜索引擎的目录结构的优化和既针对搜索引擎又针对用户的布局优化。

（1）目录结构。探讨网站目录结构主要从三个方面入手，即目录深度、目录命名和页面属性。

① 目录深度。由于目录结构的外部表现方式是 URL。URL 可以简单地理解为地址栏里输入的地址，如 http://www.boxingzhuoyue.com/product.html。URL 就像你的家庭地址一样，如果你家的地址变更了，朋友找不到你；如果 URL 变更了，则搜索引擎也找不到相应的网页，结果就是原本这个页面有很好的关键词排名，或者用户以前能打开这个页面，而现在一切都是泡影。因此，这项工作更多的是在网站上线以前就明确下来。它与网站的域名联系紧密。

以博星卓越电子商务教学实验系统为例，在浏览器中访问到该页面，地址栏中的 URL 为 http://www.boxingzhuoyue.com/product/shangwu/133.html。其中，www.boxingzhuoyue.com 是域名，或者可以认为就是首页或根目录；133.html 是博星卓越电子商务教学实验系统的表现页面。中间还包含了 product 和 shangwu 两个层级。总体上，这个 URL 就构成了如图 2-10 中的层层递进的关系。

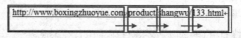

图 2-10　页面 URL 的递进表现

网站的目录结构应该越简单越好，扁平化的结构是 SEO 的首选，因为深度越复杂，被搜索引擎蜘蛛快速检索到的几率也就越小。企业网站目录结构深度最好控制在 3 层，最多 4 层。

② 目录的命名。如果碰巧关键词和竞争者的 SEO 的关键词完全相同，目录命名很可能成为制胜的法宝。先举一个 SEO 的例子，在百度中搜索 SEO，截取其中自然排名较好的一个结果，如图 2-11 所示。

图 2-11　页面 URL 中包含关键词的价值

在图 2-11 中我们发现，在最后一行的 URL 中，SEO 被明显加粗了，这也是用 SEO 这个关键词来命名的关键所在，即能吸引用户注意。

再回过头来看博星卓越电子商务教学实验系统这个页面的 URL（http://www.boxingzhuoyue.com/product/shangwu/133.html），它其实表现得并不优质，至少在目录结构命名方面该页面就没有充分利用关键词。英文 product 是"产品"的意思，shangwu 又是"商务"的拼音。它们的重要价值是传递出了"产品"和"商务"这两个内容。如果 URL 与产品本身的关键词建立起联系，那么在搜索引擎中的表现也就不言而喻了。

那么，URL 的目录该怎么命名呢？

常见的命名形式有中文、英文、无规则、拼音四种。博星卓越电子商务教学实验系统恰恰选择了英文+拼音混用的办法。

首先说最普通的形式——中文，从直观上感觉它最应该契合搜索的结果，我们在百度上搜索"电子商务"，结果如图 2-12 所示。

图 2-12 包含中文的 URL 命名方法

在图 2-12 中，我们看到"电子商务"这个关键词被加粗。然而经过分析，虽然百度支持对中文结构的收录，但并不是所有的搜索引擎都支持，而且搜索引擎对中文结构的 URL 表现并不友好，至少目前不友好。

其次来看英文形式。如果是术语性、专业性的内容、产品，针对的是国外用户，并且优先选择的搜索引擎是 Google，那么英文是首选，否则请选用拼音。

接下来看无规则形式。什么叫无规则的 URL 命名？如图 2-13 所示，从 URL 来看，很难明白 zypg 是什么意思，这样的命名方式不推荐使用。

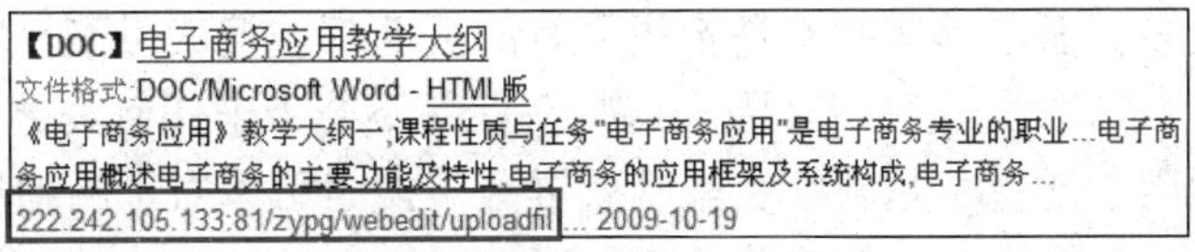

图 2-13 无规则 URL 命名

最后再来看拼音形式。比如，百度曾经做过一个广告，就是唐伯虎给"我知道你不知道我知道"加标点。有人说它是用来嘲笑 Google 不懂中文的，其实它说明了在国内做 SEO 时 URL 命名方面的核心——巧用拼音。

拼音命名 URL 最好保证是全拼，如图 2-14 所示。

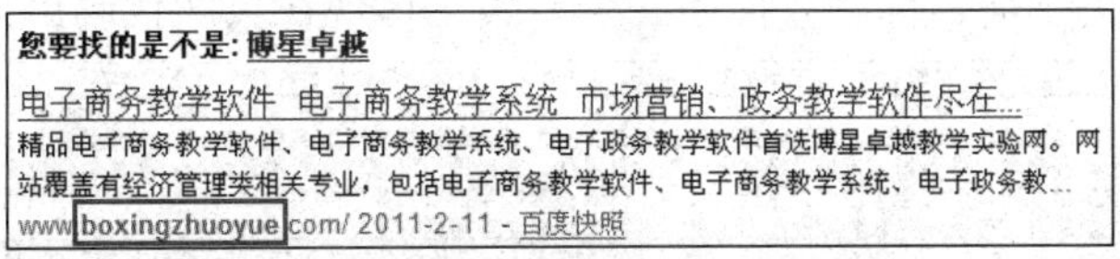

图 2-14 博星卓越首页 URL 拼音命名

另外，不要使用拼音首字母缩写的形式，比如 wlyx，这样的命名对 SEO 而言是没有任何价值的。如果全拼太长，不便于记忆，可以考虑缩写或选择英文。

③ 页面属性。看一看每个页面的后缀名，很可能就有 index.html、index.htm、index.asp、index.php、index.aspx、index.jsp 等。这既反映出页面的属性，同时也传递出了开发网站所采用的语言的相关信息。

然而，并不是所有属性的页面都可以被搜索引擎很好地抓取到，如 Google 就曾明确表示过，虽然其他形式的页面搜索引擎也可以抓取，但它们更偏好于 html 这样的静态页。这也就是为什么做企业网站一定要进行网站静态化的原因，也就是为什么将诸如 http://www.boxingzhuoyue.com/product/shangwu/113.asp?id=19 这样的 URL 静态化为 http://www.boxingzhuoyue.com/product/shangwu/113.html 的原因。将网站静态化既可以满足搜索引擎对静态页面的偏爱，也可以使 URL 结构简洁、高效。

博星卓越教学实验网为用 ASP+Access 数据库开发的动态网站，必须具备所有页面静态化的功能。

（2）布局优化。布局优化需要将建站过程中使用到的全部细节如布局、布局模块分布、颜色搭配、字体等从用户体验的角度予以确认，既要针对搜索引擎，也要针对网站用户。

在针对搜索引擎方面，布局的调整要保证站点核心内容模块处于页面布局中的第一屏，能够让搜索引擎的 Spider 很方便地抓取到。

而针对网站用户方面，则更多地要从用户体验优化（User Experience Optimization，UEO）出发，包括布局的常规模块、序列、颜色、内容是不是用户所需，且是否符合用户的操作习惯。比如，经过多年互联网操作，用户已经默认网站的 Logo 会在页面左上角，此时如果打破常规，非要将 Logo 部署在右上角，会让用户感觉别扭，而对网站印象不佳。

7. Nofollow 策划

Nofollow 是一个 html 标签的属性值。它的出现为网站管理员提供了一种方式，即告诉搜索引擎"不要追踪此网页上的链接"或"不要追踪此特定链接"。

一个网站有很多页面，其实并不是希望所有的页面都被搜索引擎抓取，比如网站后台的所有页面、网站 CSS 样式文件等，因为这些文件并不会带来任何关键词上的价值，反而很容易被黑客所利用。博星卓越教学实验网就屏蔽了搜索引擎对于网站后台、样式以及功能性页面的抓取，尽可能将最有价值的内容呈现出来。

任务三 博星卓越教学实验网 SEO 的实施

进行了关键词分析、标题和描述的内容策划，博星卓越教学实验网的常规页面就确定完毕了。接下来就要围绕关键词展开具体的实施。

1. Meta 标签的导入

Meta 标签包括关键词、标题与描述三个要素，体现在页面代码上如图 2-15 所示。

```
7  <title>电子商务教学软件 电子商务教学系统 市场营销、政务教学软件尽在博星卓越教学实验网</title>
8  <meta name="description" content="精品电子商务教学软件、电子商务教学系统、电子政务教学软件
   首选博星卓越教学实验网。网站覆盖有经济管理类相关专业，包括电子商务教学软件、电子商务教学系统、
   电子政务教学软件系列、市场营销教学实验软件系统、客户关系管理实验软件系统，教学软件包含可用于
   模拟实验室的模拟教学实验软件系统、适用于开发实验教学的开发型教学实验软件系统。如果你需要电子商
   务教学软件、电子政务教学软件欢迎你登陆博星卓越教学实验网。" />
9  <meta name="keywords" content="电子商务教学软件,电子商务教学系统,电子政务教学软件,教学软件,
   市场营销教学软件,博星卓越教学实验网" />
```

图 2-15 博星卓越首页 Meta 标签

一般来说，网站开发人员会在开发过程中为每个可发布内容的页面提供填入 Meta 标签的功能，如图 2-16 所示。

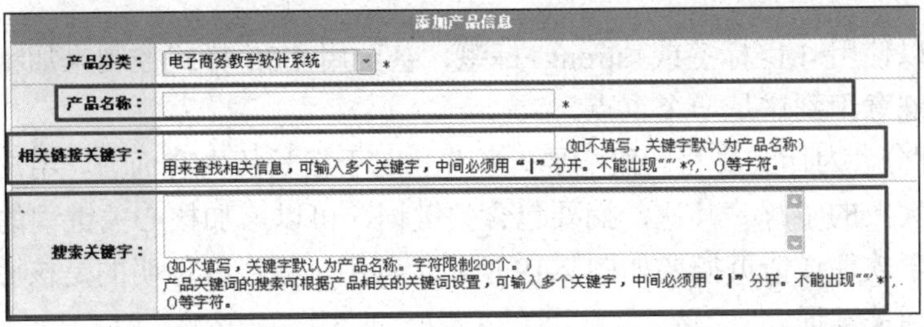

图 2-16 博星卓越后台 Meta 标签写入功能

在图 2-16 中，将 Meta 标签按照分析汇总出的关键词、标题和描述添加进去。添加时一定要注意，除了要重视前面所说的每个要素的注意事项外，多个关键词之间要用英文逗号","隔开。Meta 标签在代码中的表现形式如图 2-15 所示。

当然，即便网站本身不具备这样的功能，也可以先添加内容，之后通过对页面源代码进行修改的方式实现。

2．内容添加

围绕关键词，要给每个页面添加相应的内容，这里分为两个方面。

（1）较固定的常规内容，在博星卓越教学实验网中，就是指"关于博星卓越"栏目的所有页面、"产品中心"栏目的所有页面、"教学资源"栏目的栏目页与列表页、"解决方案"与"成功案例"栏目的所有页面以及"在线试用"与"售后服务"栏目的内容。

以博星卓越电子商务教学实验系统为例，其内容页表现为产品标题、内容摘要和产品详情三个方面，如图 2-17 所示。

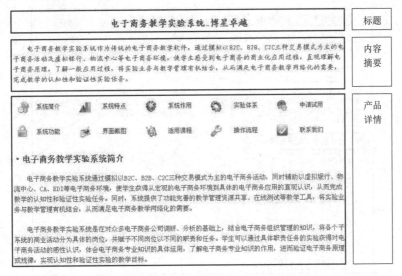

图 2-17 博星卓越电子商务教学软件详情页

① 标题部分。使用产品的全称，用户在第一时间就能够知道自己看的是什么。在页面代码中的体现如图 2-18 所示。

63   <h1>电子商务教学实验系统_博星卓越</h1>

图2-18 标题对<h1>标签的运用

注意，可以使用<h1>标签或<strong>标签，甚至用CSS样式控制来加粗显示标题，让搜索引擎的蜘蛛意识到这是一个重点。

② 摘要部分。为什么要写一段摘要？首先，对于很长的内容而言，用户能够通过摘要对产品有一个大致的了解。其次，摘要包含关键词，可以增加核心关键词的密度。博星卓越电子商务教学软件详情页摘要如图2-19所示。其中，粗线框标明的是核心关键词，而细线框内的是普通关键词。

电子商务教学实验系统作为传统的电子商务教学软件，通过模拟以B2C、B2B、C2C三种交易模式为主的电子商务活动及虚拟银行、物流中心等电子商务环境，使学生感受到电子商务的商业化应用过程，直观理解电子商务原理，了解一般应用过程，将实验业务与教学管理有机结合，从而满足电子商务教学网络化的需要，完成教学的认知性和验证性实验任务。

图2-19 博星卓越电子商务教学软件详情页摘要

③ 内容部分。在网站内容方面，要本着为用户负责的态度来介绍软件产品，让用户通过阅读内容能够明确地了解产品的性能、功能，必要时可以采用截图、视频或者其他方式来形象地描述产品，使用户对产品更加了解，这是最重要的。做SEO是为了什么？最终目的只有一个——让用户购买。即便页面SEO做得再好，核心关键词排名再高，如果页面没有实质内容，用户也不一定会买。要知道购买产品的只会是面对着电脑屏幕的人，而不是搜索引擎。

遵从了上述原则，再来看内容部分能够采用哪些SEO的手法。如图2-20所示，内容区既要增加核心关键词的密度，又要增加普通关键词的密度，同时加粗核心关键词或使用<h1>标签。

- 电子商务教学实验系统简介

    电子商务教学实验系统通过模拟以B2C、B2B、C2C三种交易模式为主的电子商务活动，同时辅助以虚拟银行、物流中心、CA、EDI等电子商务环境，使学生获得从宏观的电子商务环境到具体的电子商务应用的直观认识，从而完成教学的认知性和验证性实验任务。同时，系统提供了功能完善的教学管理资源共享、在线测试等教学工具，将实验业务与教学管理有机结合，从而满足电子商务教学网络化的需要。

    电子商务教学实验系统是在对众多电子商务公司调研、分析的基础上，结合电子商务组织管理的知识，将各个子系统的商业活动分为具体的岗位，并赋予不同岗位以不同的职责和任务。学生可以通过具体体职责任务的实验获得对电子商务活动的感性认识，体会电子商务专业知识的作用，进而验证电子商务原理或规律，实现认知性和验证性实验的教学目标。

- 电子商务教学实验系统特点

    完整的电子商务类型

    全面的电子商务环境

    灵活的分组支持并行和串行实验安排

    强大的多系统生成功能提供教学必须的竞争趣味性

    纯JAVA增强系统效率

- 电子商务教学实验系统作用

图2-20 页面内容中对SEO理念的应用

关键词密度要保持在2%~8%。意思是，如果内容共有1 000字，那么关键词的数量要在20~80个。密度不能超过8%，因为如果关键词密度过高，很容易被搜索引擎判定为恶意堆砌（Spam）关键词。在这里要说明一点，不同的搜索引擎对堆砌的敏感度不同，从高到低依次为 Google—百度—Sogou—iAsk—Yahoo！。

虽然增加关键词密度会让用户阅读起来并不那么流畅，但至少不会影响用户对产品本身的了解，所以这个方法是绝大多数企业网站都会使用的 SEO 手段。

（2）对于需要及时更新和不断添加的内容，如"教学资源"栏目，就需要在添加的第一时间意识到以下三点。

① 所添加的内容是否与产品相关，是否能够吸引潜在客户或增加产品销售量。比如，博星卓越教学实验网如果在"教学资源"栏目内添加罗纳尔多退役的资讯，会对产品本身构成什么价值吗？答案当然是"不会"。

② 所添加的内容中，是否有可以实施 SEO 的条件。比如，能否形成有效的关键词密度，能否在可用关键词的前提下做内部链接。

③ 内容的表达，这是软文写作方面的要求。

掌握了上面两个原则，对于内容更新方面将会有的放矢。

3．链接建设

链接建设包含内部链接和外部链接两部分内容。

（1）内部链接，是指同一网站内的链接关系，如图 2-21 所示，即为页面内部链接的布局。

图 2-21　页面内部链接的布局

内部链接能够有效地串联起网站的所有页面，让原本简单的树形结构形成网状。这对搜索引擎和用户都有好处。

链接是搜索引擎的蜘蛛爬行并抓取页面的重要途径。对搜索引擎而言，内部链接为搜索引擎的蜘蛛提供了更多的途径来让它们沿着链接的路径最广泛地抓取页面。同时，链接在搜索引擎中的权重大于前面所说的加粗或<h1>标签，所以要重视链接的使用。

对用户而言，内部链接为用户提供了方便的指向和更多的浏览方式，能够串联起用户想要了解的内容。比如每个网站都会有的导航，再如博星卓越数字实验网除了介绍博星卓越电子商务教学实验系统外，还添加了电子商务等其他软件产品，让用户有更多选择。

（2）外部链接，分为导出链接（正向/单向链接）和导入链接（反向链接）。

导出链接是指网站或者页面中指向别的网站的链接，是正向/单向的，也被称为正向/单向链接。导出链接会导致网站的权重流向其他网站。如图 2-22 所示，方框内的链接所链接的对象可不是 www.boxingzhuoyue.com 之下的，用户一旦单击链接，就会进入别的网站。

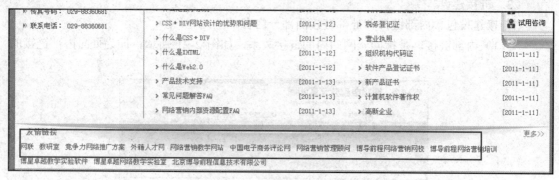

图 2-22　导出链接的位置与作用

导入链接是指其他网站或页面中指向自己的网站的链接，也称反向链接。导入链接会提供很高的权重，也是影响网站在搜索引擎中的排名的重要因素之一。这也是为什么有那么多的网站会到处寻求反向链接的原因。

一般情况下，网站需要一部分导出链接，但导出链接的数量可以在一定程度上小于导入链接的数量。合理的导出链接既是你的网站和其他网站做链接的砝码，又是网站获得排名优势的必要条件。

在这里可以再强调一下友情链接：友情链接是一个互链。比如网站 A 和网站 B 建立了友情链接，对于网站 A 而言，它增加了一个指向网站 B 的导出链接，但同时也获得了来自网站 B 的导入链接。

4．其他

设计 SEO 是一项涉及网站方方面面的工作，会从网站前期建设一直延续至后期运营，甚至我们所有的课程内容中涉及的网络营销的各种手段都可算作 SEO 的一部分。

任务四 博星卓越教学实验网 SEO 效果监测

做任何一项工作都要有结果，做 SEO 更要看结果。因为一切的成效都会在结果中显现出来，同时制作出的效果也是 SEO 下一步工作的风向标。

博星卓越教学实验网 SEO 效果主要从三个方面评价，包括搜索引擎表现、网站流量和实际效益。

1. 搜索引擎表现

搜索引擎表现，是 SEO 效果最直观的体现，包括关键词排名、网站收录量、链接数量、PR 与 SR 四个方面。

（1）关键词排名。通过实施 SEO，博星卓越教学实验网在关键词排名上取得了良好的成绩，如图 2-23（a）、图 2-23（b）和图 2-23（c）所示。

(a) "电子商务教学软件"自然排名在百度的表现

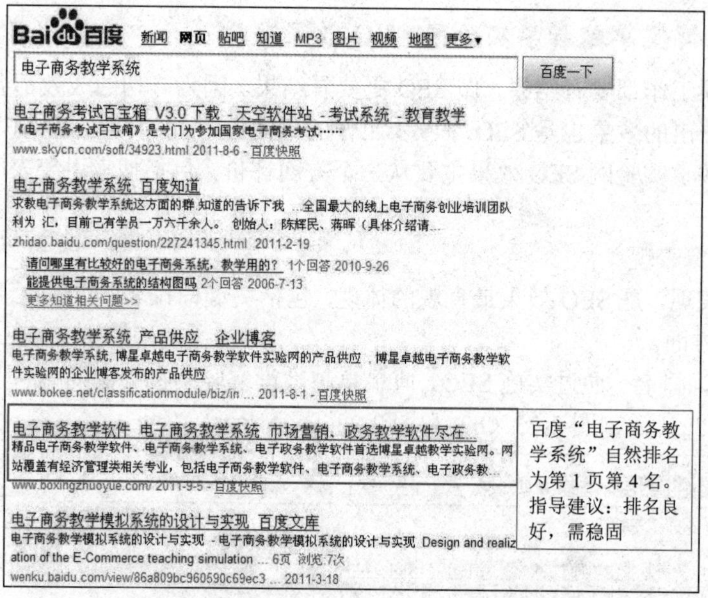

（b）"电子商务教学系统"自然排名在百度的表现

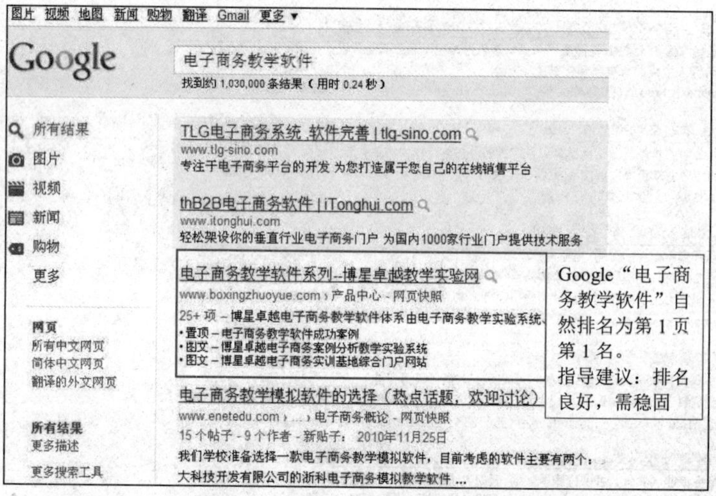

（c）"电子商务教学软件"自然排名在 Google 的表现

图 2-23　博星卓越教学实验网关键词的排名

其他关键词的排名结果（自然排名）如表 2-5 所示。

表 2-5　关键词排名情况

关　键　词	百　　度	Google
电子商务教学系统	第 1 页第 4 名	第 1 页第 3 名
电子政务教学软件	第 1 页第 2 名	第 1 页第 4 名
电子政务教学系统	第 1 页第 2 名	第 1 页第 1 名
市场营销教学软件	第 1 页第 4 名	第 1 页第 1 名

在关键词排名查询方面，博星卓越教学实验网主要采用了如下两种方式。

① 手动查询。即在搜索引擎中手动输入关键词，查看排名情况。

② 自动查询。网上有许多提供关键词排名查询服务的网站，如 http://tool.cnzz.com，同时也有一些工具软件可用于快捷高效地查询，如 http://www.flashplayer.cn/ keywords/。此类工具能够方便地查询到多个关键词的排名情况。

（2）网站收录量。网站收录量表现出网站受搜索引擎喜爱的程度，但收录量局限于现有网页的数量。如一个网站总页面有 200 个，在搜索引擎收录量方面表现到极致，也不过被独立收录 200 页。不过，收录量是进行下一步更新工作的依据。

在网站收录量方面，博星卓越教学实验网表现一般，如图 2-24 所示，这也就要求我们在下面的工作中提升有效的网站页面数。

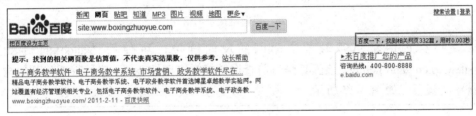

图 2-24　博星卓越在搜索引擎中的收录量

网站收录量可用以下两种方式进行查询。

① 手动查询。在搜索引擎中输入 site:www.boxingzhuoyue.com，即可得到收录详情页，如图 2-25（a）和图 2-25（b）所示。

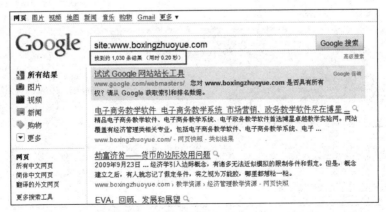

（a）

（b）

图 2-25　搜索引擎收录量查询

② 自动查询。网上有许多提供收录量查询服务的网站，如 http://tool.cnzz.com，同时也

有一些工具软件可用于快捷高效地查询,如 http://www.flashplayer.cn/ webmaster-toolbox/。此类工具能够快捷地查询网站在搜索引擎中的收录量。

(3) 链接数量。前面讲了反向链接的价值和作用。在这方面,博星卓越教学实验网表现良好,如图 2-24 所示。从中我们可以看出,百度收录的反向链接数量较多,这也是在百度相应关键词排名良好的重要因素。

反向链接同样可以使用手动与自动查询两种方式。

① 手动查询。在搜索引擎中输入 link:www.boxingzhuoyue.com 来进行查询。

在 Google 和百度之中使用这种表达式所查询出的链接包含了内部和外部的所有链接。在 Google 中的查询结果如图 2-26 所示。

图 2-26　反向链接查询语句

如果想查询博星卓越教学实验网的反向链接,可使用 Yahoo! 的站长工具 http://sitemap.cn.yahoo.com/。该工具是目前查询链接最准确的工具,它能够明确列出导出和导入链接的数量,如图 2-27 所示。

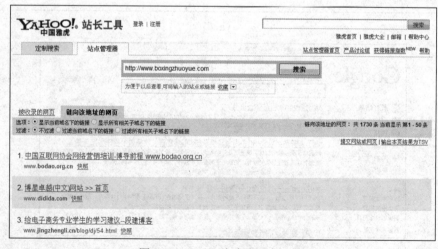

图 2-27　Yahoo!中查询反向链接

② 自动查询。网上有许多提供查询服务的网站,如 http://tool.cnzz.com,还有一些工具软件可用于快捷高效的查询,如 http://www.flashplayer.cn/webmaster-toolbox/。此类工具

能够快速地查询网站的反向链接数量。

（4）PR 与 SR。PR 是 Google 推出的页面权重定级指标，满级是 10，分值越高，意味着 Google 判定的该页面的重要性也就越高，同时，PR 在一定程度上影响着关键词在 Google 中的排名。传统意义上认为 PR 的分值是 Google 根据网站的反向链接而定的，其实更准确的说法应该是反向链接是决定 PR 值的重要指标，但绝非唯一。

SR 是搜狗仿 PR 推出的具有中国意味的页面等级值。SR 分数越高，重要性也就越高，它会影响网站在搜狗中的排名。

博星卓越教学实验网得到的 PR 值为 4。根据反向链接数量来看，表现平平，是下一步工作中需要提升的内容。博星卓越教学实验网取得的 SR 值为 3，还需要跟进和努力，如图 2-28 所示。

图 2-28　网站在 PR 与 SR 方面的表现

2．网站流量

SEO 会使得关键词排名提升，页面对搜索引擎的友好性大大提高，网页被收录的数量得到提升，从而获得更多用户的访问。

博星卓越教学实验网在经过充分的 SEO 之后，网站流量也大幅增加，如图 2-29 所示。

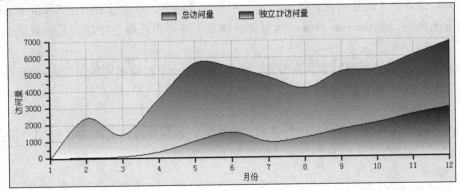

日 IP 稳定在：100+ PV：300+

月 IP 稳定在：2000+PV：5000+

图 2-29　网站流量统计

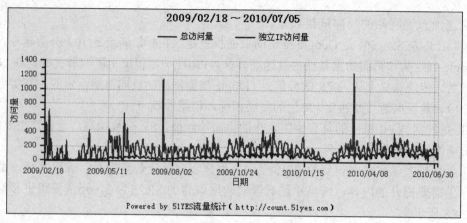

图 2-29　网站流量统计（续）

目前网站的日均访问量 PV 为 165.28，月均访问量 PV 为 4 581.89，从网站建成上线至今总访问量为 82 474。

3．实际效益

2010 年，共有 43 826 名用户造访网站，30%的用户带有目的地浏览具体产品，19%的用户通过网站与博星卓越取得联系进行具体沟通，最终在 2010 年内实现 32 万元的销售效益。

综上所述，经过本次实施 SEO，博星卓越教学实验网已达到既定的目标。

四、相关术语

1．PR 值

Page Rank，即网页的级别技术，用来表现网页等级的一个标准，级别分别是 0～10，是 Google 用于评测一个网页"重要性"的一种方法。

2．SR 值

Sougou Rank，即网页评级，它是搜狗衡量网页重要性的指标，不仅考察了网页之间的链接关系，也考察了链接质量、链接之间的相关性等特性，是计算机根据 Sogou Rank 算法自动计算出来的，值 0～100 不等。网页评级越高，该网页在搜索中越容易被检索到。

3．PV 值

Page View，即页面浏览量或点击量，通常是衡量一个网络新闻频道或网站甚至一条网络新闻的受关注度的主要指标。

4．反向链接

反向链接是在目标文档内部进行声明。换言之，常规链接在文档 A 中标明"指向文档 B"，而反向链接则在文档 B 中要求"使文档 A 指向我"。

5．Spam

Spam，即堆砌，尤其指关键词堆砌。

6．蜘蛛

它指搜索引擎索引网页的机器人/程序。

五、案例分析

1．案例因素分析

对于 SEO 案例的分析，其实更多地要基于来自效果的监控。如果效果不好，一切的努力就等于 0。

（1）排名。博星卓越教学实验网通过上述 SEO 手段的实施，在短期内取得了核心关键词的优势排名。然而，随着搜索引擎算法和排名机制的调整，博星卓越的排名并没有得到良好的保持，在调整之中波动较为明显。主要原因为面对搜索引擎的调整，博星卓越教学实验网没有做出积极的应对，稳固排名的手法使用得不够全面，比如反向链接的稳定建设与增长，关键词密度的增加或降低，包含关键词的资源的发布等。

（2）URL。博星卓越教学实验网对 URL 的定义很简单，选择了"英文+拼音"的方式，同时对根目录采用了系统自定义的数字形式，没有充分地将关键词体现在 URL 之中。

（3）Meta 标签。博星卓越教学实验网不同页面的关键词还需要根据排名情况进一步调整，需要剔除不重要的长尾关键词，并提升页面核心关键词的准确性，避免堆砌的嫌疑。

（4）配套 SEO 手法的进一步跟进。企业网站的 SEO 不仅仅是从网站自身，还需要根据竞争程度加以外部方式的辅助，比如博客。在这一点上，尽管博星卓越教学实验网开辟了相应的推广博客，然而这些博客的利用价值并没有完全凸显，包括企业动态、产品动态以及对产品本身的内容建设都需要加强。

（5）图片注释的缺憾。博星卓越教学实验网中不少图片缺乏注释，降低了被搜索引擎图片搜索到的几率，同时也淡化了包含该图片的页面对关键词的体现。

综上所述，在本时期的 SEO 中，博星卓越教学实验网已基本实现了目标和效果，但在后期稳定方面还需要下工夫。

2．学生互动分析

授课教师和学生可根据案例内容进行互动讨论，学生可积极提出与案例相关的问题，并可表述个人对本案例的观点，学生之间可以小组形式讨论。教师及时回答学生提出的案例问题，并根据学生讨论结果进行案例分析总结。

案例二　中国票务在线火车票频道 SEO

一、支撑企业

中国票务在线北京总公司，公司 Logo 如图 2-30 所示。

图 2-30　中国票务在线 Logo

二、企业背景

中国票务在线，作为全国最大的票务公司，是两大国际化平台（票务技术平台和票务营销平台）的统一体。中国票务在线（piao.com.cn）是世界华语访问量排名第一的专业票务网站，因突出成长性获得联想投资，是中国票务产业唯一同时拥有自主知识产权技术平台、全国共售国际化营销平台并同时领军的网站。经过长期不懈的努力，中国票务在线已经建立了集互联网电子商务平台、客户服务呼叫中心和配送中心、大客户业务直销团队、二级分销网络和战略合作伙伴于一体的全方位的营销网络体系，并正在逐步建立集 B2C、B2B、C2C 模式于一体的交易平台，形成一整套多元化的信息商务服务。为了方便用户出行，中国票务在线开通了火车票频道，可供用户使用车票、列车时刻查询以及车票转让求购等服务。

三、案例详解

任务一　中国票务在线火车票频道 SEO 实施分析

1．实施原因

（1）火车票频道核心关键词自然排名优势不明显，关键词导入流量低。

（2）代码结构不合理，使得站点收录提升缓慢，页面权重低。

2．实施目标

中国票务在线火车票频道准备打造成国内知名的集火车票查询、火车票求购转让、列车时刻查询于一体的最佳的平台，在本次 SEO 后达到如下目标。

（1）提升"火车票"、"二手火车票"等核心关键词的自然排名至搜索结果第一页。

（2）提升"区域+火车票"等普通关键词的自然排名。

（3）通过火车票频道服务来增强"中国票务在线"的品牌知名度。

任务二　中国票务在线火车票频道 SEO 实施策划

1．目标关键词及目标用户分析

在百度和 Google 两个主流搜索引擎上调查有关"火车票"的相关搜索关键词，各关键词相对比率如图 2-31 所示。

序号	关键词	相对比率
1	火车票查询	
2	火车票转让	
3	深圳火车票	
4	北京火车票	
5	订火车票	
6	火车票网	
7	上海火车票	
8	广州火车票	
9	火车票预订	
10	二手火车票	

图 2-31　票务相关关键词对比率

由用户行为可以分析出，用户在不同阶段的搜索是不同的。

前期，"火车票预订"之类的关键词搜索量较大，在这个阶段，用户需要的是提供车票预订服务的票点信息。中期，区域类组合关键词如"北京火车票"需求量增大，在这个阶段,用户有目的地开始按照区域查询车票信息。后期,"转让火车票"和"求购火车票"搜索量变大,从行为上分析,越到后期,通过正常途径买到车票的几率越低。

2. 关键词确定

火车票频道的内容主要包括:用户发布的车票转让/求购信息、车票团购信息、查询功能等。综合分析这些信息内容,我们归纳了几类关键词:火车票求购、火车票转让、转让火车票、求购火车票、某地到某地的火车票等。为了让关键词更明确,我们使用了"区域+车票"这样的组合关键词。网站内容分析的作用就在于找出网站应该建立但仍未建立的新关键词以满足用户的搜索需求。

综合以上内容,总结出这次网站优化所针对的几类关键词。

(1) 热门通用词:火车票、火车票查询、二手火车票——面向前期。

(2) 区域组合词:北京火车票、上海火车票、广州火车票——面向中期。

(3) 直接需求词:火车票转让、火车票求购、转让火车票、求购火车票——面向后期。

(4) 精准搜索关键词:某地到某地的火车票、某个车次的火车票。

3. 网站内容结构诊断

网站内容结构诊断是网站优化前期的重要准备工作,只有先知道网站目前存在什么问题,才能快速、有针对性地改进网站。

在全面分析火车票频道的链接结构、网页布局设计、关键词分布、网页模板之后,我们找出了网站对搜索引擎不友好的原因,主要有以下几个方面。

(1) 网页标题文字过长,缺乏重点性与突出性,未能体现每个网页中所包含的重点信息。

(2) 网站内部链接结构不合理,网页之间缺乏关联性,内容页缺乏合理的导航,以致用户不知道如何返回上级页面。

(3) 网页中最有价值的信息内容编排不合理,导致广告信息突出而信息内容不突出,使用户对网页价值产生怀疑。

(4) 导出链接设置缺乏规划。

(5) 资源利用不到位,未发挥主站和其他频道的资源优势。

(6) 缺少网站地图,不利于搜索引擎对网页的抓取,影响网页收录数量。

4. 网站用户体验措施

(1) 优化用户操作。将国内几个主要城市的始发火车票查询结果以链接的形式提供给用户,用户只需单击即可在不同城市之间进行搜索结果的切换,而无需在搜索前输入复杂信息;同时,使各级城市之间产生关联性,对提升"区域+火车票"这类关键词的排名很有益处。

(2) 加强搜索功能。减少用户搜索时必须输入的条件项,做到可以便捷地提供搜索结果,提升用户的满意度。

(3) 满足不同上网习惯的用户。可能部分网民更喜欢论坛模式而非网站模式,于是我们在票网论坛(http://club.piao.com.cn)开设了火车票交易板块,并在火车票频道首页链接了论坛中的部分求购/转让的帖子,使火车票论坛板块与火车票频道互通,将链接的作用发挥到最大。

任务三　中国票务在线火车票频道 SEO 的实施

1．频道 URL 优化

旧频道使用的 URL 是 http://www.piao.com.cn/train。为了突出专业，提高记忆度与权重，新频道 URL 定义为二级域名 http://train.piao.com.cn/。采用二级域名，有利于在搜索引擎中提升火车票频道的收录量，同时也有利于其他页面对该页面的权重导入。

2．网页标签优化

对火车票频道首页的 Meta 标签进行优化，让关键词和描述更加准确。

（1）页面关键词。使用的页面关键词包括：火车票、火车票查询、订火车票、北京火车票、上海火车票、火车票预订、广州火车票、二手火车票、转让火车票、求购火车票、网上订票。

（2）页面描述。中国票务在线火车票频道的页面描述为：提供火车票网上查询，火车票转让、火车票求购信息，北京、上海、广州火车票转让和求购以及火车票团购信息。

3．网页内部链接优化

在频道所有内页中添加导航链接，使网页之间互链互通。

火车票详情页：火车票网 > 火车票详情。

火车票查询页：火车票网 > ***火车票查询（***处为动态显示区域，可以填入城市名，如北京、上海、广州）。在频道内所有页面添加指向查询页的链接（内页以图片链接形式体现）。

4．网页展示内容优化

（1）重新设置火车票信息显示条数，根据不同参数，显示更多区域关键词。

（2）进入火车票信息的链接锚文本设计为：火车票详情。

5．整合网站资源

利用自身资源优势，在票网论坛、飞机票频道、搭车频道添加火车票频道的链接，形成以票为主题的链接群。

6．网站链接广泛度优化

在网站链接广泛度建设上，采用了三种策略。

（1）友情链接：设置链接交换原则，并与一些高质量的网站交换链接，以提升网站权重。

（2）网站合作：通过栏目合作、广告位交换、合作链接的方式与中小型论坛、网站达成链接上的合作。

（3）软文推广：在各个相关平台发布软文，增加曝光度和外部链接。

7．制作网站地图

分类制作 XML 格式和 HTML 格式网站地图，XML 格式网站地图提交给 Google 可以加快对网页的抓取速度；HTML 格式网站地图提交给 Google 可以加快 Google 对重要页面的索引。

任务四　中国票务在线火车票频道 SEO 效果监控

经过对中国票务在线网站整站优化后，火车票频道最高日访问量达到 60 390 独立 IP，平均每个用户访问 7 个网页左右。从铁路资讯文章的点击情况看，资讯文章、加开列车、FAQ 为 PV 增长做了很大贡献。

直接输入网址访问的用户占总量的 20.3%，说明用户对火车票频道的认知度较高，并对网站优化后的信息组织方式和链接导航感到满意，这也说明在用户体验方面的优化取得了很好的效果。网站优化后主要关键词排名情况如图 2-32 所示。

普通或长尾关键词也取得不错的效果，排名情况如图 2-33 所示。

图 2-32　关键词排名情况　　　　　　图 2-33　普通及长尾关键词排名情况

中国票务在线火车票频道经过整体的网站优化之后，网站流量得到大幅度提升并创造了该频道历史最高流量，网站主要关键词和长尾关键词也在 Google 和百度搜索引擎上获得了优势排名，产品经过优化改造在方便了用户的同时也增强了用户对网站的认可和信任感，可以说，中国票务在线通过搜索引擎营销大大提升了品牌知名度。

四、案例分析

中国票务在线火车票频道的 SEO 已经实现了基本 SEO 的步骤，并获得了一定的成效。

1. SEO 的实施安排

中国票务在线火车票频道尽管已经重视了 SEO 但程度不够，主要关注了频道首页，而非整个频道。火车票资讯的内容页上并没有尝试进行 SEO，在一定程度上选择性放弃了长尾关键词的好来源，这也是下次完善的重点。

2. 排名

普通与长尾关键词，如某地到某地的火车票，在未经指定 SEO 的条件下取得了意想不到的效果，的确也稳固提升了网站的访问情况，但此类关键词一方面搜索量并不大，另一方面针对面过窄，容易在逢年过节前后获得高流量的支撑，而在日常生活中获得的流量则比较少。

由于火车票频道首页经过了较为充分的 SEO，故而在一些较热的核心关键词如火车票、火车票查询、某地火车票等方面，在未采用竞价排名的方式的情况下能够获得自然排名前 10 的成绩，还是值得肯定的。

3．URL

火车票频道首页采用了二级域名的表现形式，使得频道在搜索引擎的收录量上大幅提升，但在火车票资讯方面，所有的资讯还采用了原始动态形式，如 http://train.piao.com.cn/article.asp?id=4282&classid=3，非常不利于收录，权重自然也不高，这样会无法利用大量的尽管冷门但排名稳固的关键词。

同时，该频道下的二级栏目同样也没有静态化，容易使内部页面排名存在危机，很可能在下一次搜索引擎的排名更新中，本次 SEO 的成果就付之一炬了。

4．功能实现

火车票频道的功能较为完善，但不够细致，用户体验度虽取得良好效果但并不完美。比如在 Firefox 浏览器下，页面错位、火车票转让功能存在 VB 错误等，需要引起重视并进行修改。

综上所述，中国票务在线火车票频道的 SEO 进行得还不够完备，尽管取得了一定的成绩，但面对日新月异的搜索引擎更新，很容易排名下降，故而如何提升稳固排名是下一步 SEO 的重心。

资料来源：http://wenku.baidu.com/view15b5104f54693daef5ff73d07.html

案例三　hao123 桥页导航 SEO

一、支撑企业

百度网络科技公司，hao123 网址之家的 Logo 如图 2-34 所示。

图 2-34　hao123 网址之家的 Logo

二、企业背景

hao123 网址之家——专业权威的网址导航，是一个及时收录包括音乐、视频、小说、游戏等热门分类的优秀网站，与搜索完美结合，提供最简单、便捷的网上导航服务，是数千万网民选择使用的上网主页。2004 年 8 月 31 日，百度出资 5 000 万元人民币，外加部分百度股权，成功收购 hao123。现在的 hao123 是全国最重要的网址导航之一。

三、案例详解

hao123 被百度收购以后，曾经有一段时间，惨遭 Google 封杀。很多评论认为，Google 此举是针对百度的竞争之举，但从搜索引擎的天条来看，hao123 确有违规之处。

Google 网站管理员指南在质量指南中曾明确指出：请不要专门针对搜索引擎创建"桥页"，或使用其他联属计划这类原创内容很少或几乎没有原创内容的俗套（Cookie Cutter）方法。

根据 Google 打击 Spam 作弊网站所确立的标准看，认定网站是否有 Spam 嫌疑，主要看该网站是否有"隐藏文本或隐藏链接"、"与网页内容无关的关键词"、"过渡页"、"专门针对搜索引擎制作的桥页"、"大量重复内容的页面或站点"等类似于黑帽 SEO 的内容。而像 hao123 这样的分类网址网站，不可避免地会出现这些情况。其页面并无实质内容，均为指向各个网站的链接，即便是进行了诸如生活、休闲等分类，但犹如链接农场（页面全部是链接的集合）一般的情况依然如此。因此，hao123 被 Google 按照 Spam 作弊封杀掉也很正常。

此外，hao123 为扩大流量，就必须根据社会热点不断地增加热门链接，而在自己的网站上不添加任何有关的实际内容，主要都是链接。在 Google 看来，这就是典型的违背天条。

最终，hao123 选择了百度而淡化了 Google。

到目前为止，www.hao123.com 也仅仅只被 Google 收录了 900 多页，作为东家的百度的收录量却是其 2 倍之多。

四、相关术语

1. 桥页

桥页也叫过渡页，是指一个页面打开之后会自动（或手动）转向别的页面。

2. 黑帽 SEO

笼统地说，所有使用作弊手段或可疑手段的，都可以称为黑帽 SEO，如垃圾链接、隐藏网页、桥页、关键词堆砌等。黑帽 SEO 就是作弊的意思，黑帽 SEO 手法不符合主流搜索引擎发行方针的规定。其获利的主要的特点就是短、平、快，为了短期内的利益而采用作弊的方法；同时，随时可能因为搜索引擎算法的改变而面临惩罚。黑帽 SEO 主要包含以下手段：博客链接群发、留言本/论坛链接群发、链接工厂、隐藏链接、假链接、网页劫持、镜像。

3. 白帽 SEO

它是与黑帽 SEO 相反的优化手段，顾名思义，就是坦白明了，表露在外面，是一种公正的手法，是使用符合主流搜索引擎发行方针规定的 SEO 手法。它一直被业内认为是最佳的 SEO 手法，是在为了避免一切风险的情况下进行操作的，所以避免了与搜索引擎发行方针发生任何的冲突，也被认为是 SEO 从业者的最高职业道德标准。

4. 链接农场（Link Farm）

链接农场起源于 1999 年，是指有人将网站做成了一个养殖场，专门用于搜集网站和交换链接提升 PageRank（PR 值），而没有或很少有实质性的对用户有用的内容。

五、案例分析

1. 案例因素分析

选择完成一款网址导航性质的网站的初衷是为了方便用户，却违背了搜索引擎的原则。搜索引擎喜欢具有实质内容的网站，因此，选择这条路就意味着放弃搜索引擎，而需要广大用户的支持。

这么说搜索引擎对网址导航网站就设定了绝路吗？也不尽然。随着 hao123 在 Google 中的失利，聪明的站长学会了对网站进行整合统计来摘掉这项"被作弊"的帽子。如对网址进行再分类，且每项分类都有概述和针对不同网站的简单点评，以丰富页面内容，继而从程序的角度迎合搜索引擎的偏好，提高网站在搜索引擎中的权重和收录量。

虽然 hao123 在 SEO 方面有所失利，但它提供了一个可参考的案例，让我们了解了链接堆砌所产生的后果。

2．学生互动分析

在此，老师可以根据教学的情况，和同学一起探讨以下问题。

（1）剖析案例中 hao123 被 Google 屏蔽的原因。

（2）总结黑帽 SEO 的方法。

（3）探讨黑帽 SEO 对 Web 安全、搜索引擎的影响。

资料来源：http://bbs.kesion.com/forumthread-521021.html

模块二　搜索引擎优化相关知识

一、搜索引擎的历史

在互联网发展初期，信息查找比较容易。然而随着互联网爆炸性的发展，信息查找越来越难，为满足大众信息检索的需求，专业搜索网站便应运而生了。第一个搜索引擎是 1990 年由蒙特利尔大学学生 Alan Emtage 发明的 Archie。当时，由于大量的文件散布在各个分散的 FTP 主机中，查询起来非常不便，因此 Alan Emtage 想到了开发一个可以以文件名查找文件的系统，于是便有了 Archie。Martin Koster 于 1993 年 10 月创建了 ALIWEB，它是 Archie 的 HTTP 版本。ALIWEB 不使用"机器人"程序，而是靠网站主动提交信息来建立自己的链接索引，类似于现在我们熟知的 Yahoo!。

最早的现代意义上的搜索引擎出现于 1994 年 7 月。当时 Michael Mauldin 创建了大家现在熟知的 Lycos。同年 4 月，斯坦福（Stanford）大学的两名博士生——David Filo 和美籍华人杨致远（Gerry Yang）共同创建了超级目录索引 Yahoo!，并成功地使搜索引擎的概念深入人心。从此搜索引擎进入了高速发展时期。

随着互联网规模的急剧膨胀，现在搜索引擎之间开始出现了分工协作，并有了专业的搜索引擎技术和搜索数据库服务提供商。比如，国外的 Inktomi（已被 Yahoo!收购），它本身并不是直接面向用户的搜索引擎，但向包括 Overture（原 GoTo，已被 Yahoo!收购）、LookSmart、MSN、HotBot 等在内的其他搜索引擎提供全文网页搜索服务。国内的百度也属于这一类。

二、搜索引擎分类

1．全文搜索引擎

全文搜索引擎是名副其实的搜索引擎，国外具有代表性的有 Google、Fast/All The Web、AltaVista、Inktomi、Teoma、WiseNut 等，国内著名的有百度。它们都是从互联网上提取各个网站的信息（以网页文字为主），然后建立数据库。当用户使用搜索引擎时，它们从数据库中检索与用户查询条件匹配的相关记录，然后按一定的排列顺序将结果返回给用户，因此它们是真正的搜索引擎。

2．目录索引

目录索引是按目录分类的网站链接列表。用户完全可以不用进行关键词查询，仅靠分类目录就可找到需要的信息。目录索引中最具代表性的莫过于大名鼎鼎的 Yahoo!，其他著名的还有 Open Directory Project（DMOZ）、LookSmart、About 等。国内的搜狐、新浪、网易搜索也都属于这一类。

3．元搜索引擎

元搜索引擎在接受用户的查询请求时，同时在其他多个引擎上进行搜索，并将结果返回给用户。著名的元搜索引擎有 InfoSpace、Dogpile、Vivisimo 等，中文元搜索引擎中具有代表性的是搜星搜索引擎。在搜索结果排列方面，有的直接按来源引擎排列搜索结果，如 Dogpile；有的则按自定的规则将结果重新排列组合，如 Vivisimo。

三、搜索引擎的工作原理

了解搜索引擎的工作原理对我们日常搜索应用和网站提交推广都会有很大帮助，搜索引擎的工作原理如图 2-35 所示。

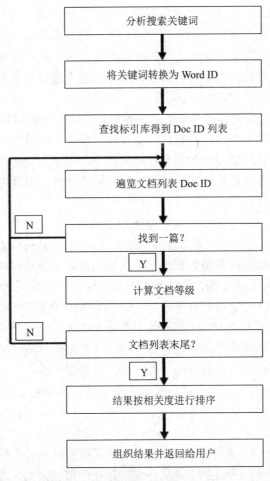

图 2-35　搜索引擎的工作原理

1．全文搜索引擎的工作原理

全文搜索引擎的自动信息搜集的方式分两种。一种是定期搜索，即每隔一段时间（比如 Google 一般是 28 天），搜索引擎主动派出蜘蛛程序，对一定 IP 地址范围内的互联网站进行检索，一旦发现新的网站，它就会自动提取网站的信息和网址加入自己的数据库。另一种是提交网站搜索，即网站拥有者主动向搜索引擎提交网址，搜索引擎在一定时间内（2 天到数月不等）定向地向网站派出蜘蛛程序，扫描网站并将有关信息存入数据库，以备用户查询。

当用户以关键词查找信息时，搜索引擎会在数据库中进行搜寻，如果找到与用户查找的内容相符的网站，便采用特殊的算法——通常根据网页中关键词的匹配程度，出现的位置、频次、链接质量等——计算出各网页的相关度及排名等级，然后根据关联度高低，按顺序将这些网页链接返回给用户。

2．目录索引的工作原理

目录索引，顾名思义就是将网站分门别类地存放在相应的目录中，因此用户在查询信息时，可选择关键词搜索，也可按分类目录逐层查找。

目录索引的工作原理与全文搜索引擎不同。首先，全文搜索引擎属于自动网站检索，而目录索引则完全依赖手工操作。用户提交网站后，目录编辑人员会亲自浏览该网站，然后根据一套自定的评判标准甚至编辑人员的主观印象，决定是否接纳该网站。

其次，全文搜索引擎收录网站时，只要网站本身没有违反有关的规则，一般都能收录成功。而目录索引对网站的要求则高得多。

再次，在网站收录到全文搜索引擎的数据库中时，我们一般不用考虑网站的分类问题，而被收录到目录索引的列表中时则必须将网站放在一个最合适的目录里。

最后，搜索引擎中各网站的有关信息都是从用户网页中自动提取的，所以用户拥有更多的自主权；而目录索引则要求必须手工另外填写网站信息，而且还有各种各样的限制。

3．搜索引擎三定律

（1）第一定律：相关性定律。当用户输入检索词时，搜索引擎会先去找那些检索词在文章（网页）中出现频率较高的，位置较重要的，再加上一些对检索词本身常用程度的加权，最后排出一个结果来（检索结果页面）。早期的搜索引擎结果排序都是基于第一定律的，如 Infoseek、Excite、Lycos 等，它们基本上是沿用了网络时代之前学术界的研究成果，把主要精力放在处理大访问量和大数据量上，对相关性排序没有突破。

（2）第二定律：人气质量定律。科学引文索引的机制，通俗地讲，就是谁的论文被引用次数多，谁就被认为是权威，论文就是好论文。这个思路移植到网上就是哪个网页被链接次数多，哪个网页就被认为是质量高、人气旺。被链接次数，再加上相应的链接文字分析，就可以用在搜索结果的排序上了。这就引出了搜索引擎的第二定律——人气质量定律。根据这一定律，搜索结果的相关性排序，并不完全依赖于词频统计，而是更多地依赖于超链分析。

（3）第三定律：自信心定律。GoTo 最早实践了搜索引擎的自信心定律。以前的搜索引擎都是靠 CPM 来收费的，而 CPM 是从传统广告业借鉴过来的，没有考虑网络媒体的即时性、交互性、易竞价的特点，并且竞价排名和点击收费是为网站拥有者直接提供销售线索,而不是传统意义上的广告宣传,所以 CPM 收费模式并不适用于搜索引擎。自信心定律一改过去搜索引擎靠 CPM 收钱的尴尬局面,开创了真正属于互联网的收费模式。

四、搜索引擎技术及趋势

随着因特网的迅猛发展、Web 信息的增加,用户要在信息海洋里查找到所需信息,就像大海捞针一样,搜索引擎正是为了解决这个"迷航"问题而出现的技术。搜索引擎以一定的策略在互联网中收集、发现信息,对信息进行理解、提取、组织和处理,并为用户提供检索服务,从而起到信息导航的目的。搜索引擎提供的导航服务已经成为互联网上非常重要的网络服务,搜索引擎站点也被美誉为"网络门户"。搜索引擎技术因而成为计算机工业界和学术界争相研究、开发的对象。本节旨在对搜索引擎的关键技术进行简单的介绍。

1. 性能指标

我们可以将 Web 信息的搜索看作一个信息检索问题,即在由 Web 网页组成的文档库中检索出与用户查询相关的文档。所以我们可以用衡量传统信息检索系统的性能参数——召回率(Recall)和精度(Precision)衡量一个搜索引擎的性能。

召回率是检索出的相关文档数和文档库中所有的相关文档数的比率,衡量的是检索系统(搜索引擎)的查全率;精度是检索出的相关文档数与检索出的文档总数的比率,衡量的是检索系统的查准率。对于一个检索系统来讲,召回率和精度不可能两全其美:召回率高时,精度低;精度高时,召回率低。所以常常用 11 种召回率下 11 种精度的平均值(即 11 点平均精度)来衡量一个检索系统的精度。对于搜索引擎系统来讲,因为没有一个搜索引擎系统能够收集到所有的 Web 网页,所以召回率很难计算。目前的搜索引擎系统都非常关心精度。

影响一个搜索引擎系统的性能的因素有很多,最主要的是信息检索模型,包括文档和查询的表示方法、评价文档和用户查询相关性的匹配策略、查询结果的排序方法和用户进行相关度反馈的机制。

2. 主要技术

一个搜索引擎由搜索器、索引器、检索器和用户接口四个部分组成。

(1)搜索器。搜索器是一个计算机程序,日夜不停地运行。它要尽可能多、尽可能快地收集各种类型的新信息,还要定期更新已经收集过的旧信息,以避免死链接和无效链接。目前有两种收集信息的策略。

① 从一个起始 URL 集合开始,顺着这些 URL 中的超链(Hyperlink),以宽度优先、深度优先或启发式方式循环地在互联网中发现信息。这些起始 URL 可以是任意的 URL,但常常是一些非常流行、包含很多链接的站点(如 Yahoo!)。

② 将 Web 空间按照域名、IP 地址或国家域名划分,每个搜索器负责一个子空间的穷尽搜索。搜索器收集的信息类型多种多样,包括 HTML、XML、Newsgroup 文章、FTP 文件、字处理文档、多媒体信息等。

搜索器的实现常常用分布式、并行计算技术,以提高信息发现和更新的速度。商业搜索引擎的信息发现可以达到每天几百万个网页。

（2）索引器。索引器的功能是理解搜索器所搜索的信息，从中抽取出索引项，用于表示文档以及生成文档库的索引表。

索引项有客观索引项和内容索引项两种：客观索引项与文档的语意内容无关，如作者名、URL、更新时间、编码、长度、链接流行度（Link Popularity）等；内容索引项是用来反映文档内容的，如关键词及其权重、短语、单字等。内容索引项又可以分为单索引项和多索引项（或称短语索引项）两种。对于英文来讲，单词之间有天然的分隔符（空格），单索引项比较容易提取；对于中文等连续书写的语言，必须进行词语的切分，所以多索引项容易提取。

在搜索引擎中，一般要给单索引项赋予一个权值，以表示该索引项对文档的区分度，同时用来计算查询结果的相关度。使用的方法一般有统计法、信息论法和概率法。短语索引项的提取方法有统计法、概率法和语言学法。

索引表一般使用某种形式的倒排表（Inversion List），即由索引项查找相应的文档。索引表也可能要记录索引项在文档中出现的位置，以便检索器计算索引项之间的相邻或接近关系（Proximity）。

索引器可以使用集中式索引算法或分布式索引算法。索引算法对索引器的性能有很大的影响。当数据量很大时，索引器必须实现即时索引（Instant Indexing），否则跟不上信息量急剧增加的速度。一个搜索引擎的有效性在很大程度上取决于索引器的质量。

（3）检索器。检索器的功能是根据用户的查询在索引库中快速检出文档，进行文档与查询的相关度评价，对将要输出的结果进行排序，并实现某种用户相关性反馈机制。

检索器常用的信息检索模型有集合理论模型、代数模型、概率模型和混合模型四种。

（4）用户接口。用户接口的作用是输入用户查询的内容、显示查询结果、提供用户相关性反馈机制。主要的目的是方便用户使用搜索引擎，高效率、多方式地从搜索引擎中得到有效、及时的信息。用户接口的设计和实现使用人机交互的理论和方法，以充分适应人类的思维习惯。

用户输入接口可以分为简单接口和复杂接口两种。简单接口只提供用户输入查询串的文本框；复杂接口可以让用户对查询进行限制，如逻辑运算（与、或、非）、相近关系（相邻、NEAR）、域名范围（如.edu、.com）、出现位置（如标题、内容）、信息时间、长度等。目前一些公司和机构正在考虑制定查询选项的标准。

3．发展趋势

搜索引擎已成为一个新的研究和开发领域。因为它要用到信息检索、人工智能、计算机网络、分布式处理、数据库、数据挖掘、数字图书馆、自然语言处理等多领域的理论和技术，所以具有综合性和挑战性。又由于搜索引擎有大量的用户，有很好的经济价值，因此，目前搜索引擎的研究、开发十分活跃，并出现了很多值得注意的动向。

（1）十分注意提高信息查询结果的精度，提高检索的有效性。

用户在搜索引擎上进行信息查询时，并不十分关注返回结果的多少，而是看结果是否和自己的需求吻合。当用户进行查询时，传统的搜索引擎动辄返回几十万、几百万篇文档，用户不得不再在结果中筛选。目前出现了几种解决查询结果过多的问题的方法：一是通过各种方法获得用户没有在查询语句中表达出来的真正意图;二是用正文分类(Text Categorization)技术将结果分类,使用可视化技术显示分类结构,用户可以只浏览自己感兴趣的类别;三是进行站点类聚或内容类聚,减少信息的总量。

(2)基于智能代理的信息过滤和个性化服务。

信息智能代理是另外一种利用互联网信息的机制。它使用自动获得的领域模型(如 Web 知识、信息处理、与用户兴趣相关的信息资源、领域组织结构)、用户模型(如用户背景、兴趣、行为、风格)知识进行信息收集、索引、过滤(包括兴趣过滤和不良信息过滤),并自动地将用户感兴趣的、对用户有用的信息提交给用户。

(3)采用分布式体系结构提高系统规模和性能。

搜索引擎的实现可以采用集中式体系结构和分布式体系结构,两种方法各有千秋。但当系统规模到达一定程度(如网页数达到亿级)时,必然要采用某种分布式方法,以提高系统性能。搜索引擎的各个组成部分,除了用户接口之外,都可以进行分布:搜索器可以在多台机器上相互合作、相互分工进行信息发现,以提高信息发现和更新的速度;索引器可以将索引分布在不同的机器上,以减小索引对机器的要求;检索器可以在不同的机器上进行文档的并行检索,以提高检索的速度和性能。

(4)重视交叉语言检索的研究和开发。

交叉语言信息检索是指用户用母语提交查询,搜索引擎在多种语言的数据库中进行信息检索,返回能够回答用户问题的所有语言的文档。如果再在搜索引擎中加上机器翻译功能,返回结果可以用母语显示。

五、搜索引擎网络蜘蛛及网页算法

1. 网络蜘蛛爬行原理和抓取策略

网络蜘蛛爬行原理和抓取策略如图 2-36 所示。

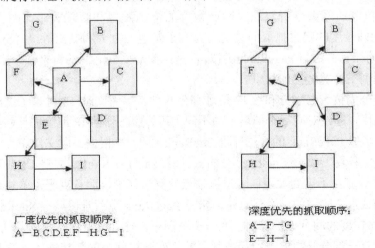

图 2-36 网络蜘蛛爬行原理和抓取策略

如果把互联网比喻成一个蜘蛛网,那么 Spider 就是在网上爬来爬去的蜘蛛。网络蜘蛛通过网页的链接地址来寻找网页,即从网站某一个页面(通常是首页)开始,读取网页的内容，找到网页中的其他链接地址，然后通过这些链接地址寻找下一个网页，这样一直循环下去，直到把这个网站所有的网页都抓取完为止。

在抓取网页的时候，网络蜘蛛一般有两种策略：广度优先和深度优先。由于不可能抓取所有的网页，有些网络蜘蛛对一些不太重要的网站设置了访问的层数。例如，在图2-36中，A为起始网页，属于0层，B、C、D、E、F属于第1层，G、H属于第2层，I属于第3层。如果网络蜘蛛设置的访问层数为2的话，则网页I是不会被访问到的。这也就是在有些网站上一部分网页能够在搜索引擎上搜索到，另外一部分不能被搜索到的原因。所以，扁平化的网站结构设计有助于搜索引擎抓取其更多的网页。

2. 网页分析算法

网页分析算法可以归纳为基于网络拓扑、基于网页内容和基于用户访问行为三种类型。

（1）基于网络拓扑的网页分析算法。它是指基于网页之间的链接，通过已知的网页或数据，来对与其有直接或间接链接关系的对象（可以是网页或网站等）做出评价的算法。这种算法又分为网页粒度、网站粒度和网页块粒度三种。

① 网页（WebPage）粒度的网页分析算法。PageRank和Hits算法是最常见的链接分析算法，两者都是通过对网页间链接度的递归和规范化进行计算，而得到每个网页的重要度评价的。PageRank算法虽然考虑了用户访问行为的随机性和Sink网页的存在，但忽略了绝大多数用户访问时带有目的性这一事实，即忽略了网页和链接与查询主题的相关性。针对这个问题，Hits算法提出了两个关键的概念：权威型网页（Authority）和中心型网页（Hub）。

基于链接的抓取的问题是相关页面主题团之间的隧道现象，即很多在抓取路径上偏离主题的网页也指向目标网页，局部评价策略中断了在当前路径上的抓取行为。参考文献[21]提出了一种基于反向链接（BackLink）的分层式上下文模型（Context Model），用于描述指向目标网页一定物理跳数半径内的网页拓扑图的中心（Layer0为目标网页），将网页依据指向目标网页的物理跳数进行层次划分，从外层网页指向内层网页的链接称为反向链接。

② 网站粒度的网页分析算法。网站粒度的资源发现和管理策略比网页粒度的更简单、有效。网站粒度的爬虫抓取的关键之处在于站点的划分和站点等级（SiteRank）的计算。SiteRank的计算方法与PageRank类似，但是需要对网站之间的链接做一定程度的抽象，并在一定的模型下计算链接的权重。

网站划分分为按域名划分和按IP地址划分两种。参考文献[18]讨论了这部分的内容。在分布式结构中，通过对同一个域名下的不同主机、服务器的IP地址进行站点划分，构造站点图，利用类似PageRank的方法评价SiteRank。同时，根据不同文件在各个站点上的分布情况，构造文档图，结合SiteRank分布式计算得到DocRank。文献[18]证明，利用分布式的SiteRank计算，不仅大大降低了单机站点的算法代价，而且克服了单独站点对整个网络覆盖率低的缺点。附带的一个优点是，常见PageRank造假难以欺骗SiteRank。

③ 网页块粒度的网页分析算法。在一个页面中，往往含有多个指向其他页面的链接，这些链接中只有一部分是指向主题相关网页的，或根据网页的链接锚文本表明其具有较高的重要性。但是，在PageRank和Hits算法中，没有对这些链接作区分，因此常常给网页分析带来广告等噪声链接的干扰。在网页块级别（Block Level）进行链接分析的算法的基本思想是通过VIPS网页分割算法将网页分为不同的网页块（page block），然后对这些网

页块建立 page to block 和 block to page 的链接矩阵,分别记为 Z 和 X。于是 在 page to page 图上的网页块级别的 PageRank 为 Wp=X×Z;在 block to block 图上的 BlockRank 为 Webs=Z×X。

已经有人实现了网页块级别的 PageRank 和 Hits 算法,并通过实验证明,效率和准确率都比传统的对应算法好。

(2)基于网页内容的网页分析算法。基于网页内容的分析算法指的是利用网页内容(文本、数据等资源)特征进行的网页评价。网页的内容从原来的以超文本为主,发展到后来的以动态页面(或称为 Hidden Web)数据为主,后者的数据量约为直接可见页面数据(PIW,Publicly Indexable Web)的 400~500 倍。再加上多媒体数据、Web Service 等各种网络资源形式日益丰富,基于网页内容的分析算法也从原来的较为单纯的文本检索方法,发展为涵盖网页数据抽取、机器学习、数据挖掘、语义理解等多个方面的综合型方法。

根据网页数据形式的不同,将基于网页内容的分析算法归纳为以下三类:
① 针对以文本和超链接为主的无结构或结构很简单的网页;
② 针对从结构化的数据源(如 RDBMS)动态生成的页面,其数据不能直接批量访问;
③ 针对的数据介于第一和第二类数据之间,具有较好的结构,其显示遵循一定的模式或风格,且可以直接访问。

六、SEO 流程

SEO 流程是一个循环渐进的过程,前期先通过对网站产品或市场的定位分析来确定关键词,并对网站代码、网站结构等方面进行优化、网站分析、页面内容导入;然后通过 SEO 手段优化并进行对应的跟踪性效果监测,查看网站流量、内部链接、搜索引擎表现;最后利用 SEO 工具进行关键词分析,并再次进行优化。整个 SEO 流程是将网站结构与内容链接和布置有机地串联起来,最终实现网站自然排名靠前,网站浏览量增加,促进网站宣传和业务发展的目标。SEO 流程图如图 2-37 所示。

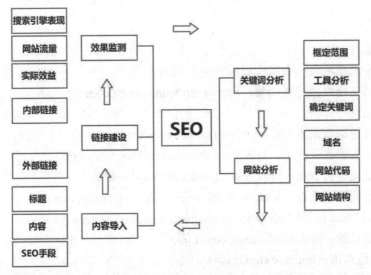

图 2-37　SEO 流程

模块三　搜索引擎优化项目实训

本实训项目要求学生以项目一中的营销型网站作为 SEO 的主要对象及内容，以小组的形式进行 SEO 实施分析、实施策划、具体实施及效果监控等一系列操作，通过实训掌握 SEO 和 SEM 的相关方法和技巧。

一、实训流程

SEO 实训流程如图 2-38 所示。

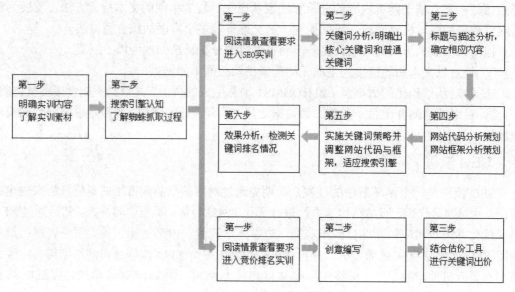

图 2-38　SEO 实训流程

二、实训素材

1．实训素材

（1）各小组在项目一中所完成的营销型网站。

（2）博导前程模拟搜索引擎：http://search.jiaoyanshi.com/。

2．实训工具

（1）百度近期收录查询：http://tool.chinaz.com/baidu/。

（2）搜索引擎收录查询：http://tool.chinaz.com/Seos/Sites.aspx。

（3）关键词排名查询：http://tool.chinaz.com/KeyWords/。

（4）关键词密度查询：http://tool.chinaz.com/Tools/Density.aspx。

（5）页面 Meta 信息检测：http://tool.chinaz.com/Tools/Density.aspx。

（6）死链检测：http://tool.chinaz.com/Links/。

（7）PR 值查询：http://pr.chinaz.com/。

（8）SEO 关键词查询工具：http://www.flashplayer.cn/keywords/。

（9）SEO 站长工具：http://www.flashplayer.cn/webmaster-toolbox/。

三、实训内容

实训一　搜索引擎模拟实训

任务一　将网站提交至搜索引擎

（1）学生通过教师设置的学生账号，在学生端登录，进入博导前程模拟搜索引擎，结果如图 2-39 所示。

图 2-39　博导前程模拟搜索引擎

（2）单击"网站提交"超链接，进入网站登录页，填入网站首页 URL 和验证码，单击"提交网站"按钮，如图 2-40 所示。

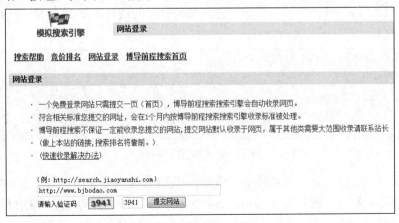

图 2-40　提交网站

任务二　查看提交的网站

（1）在搜索引擎首页单击"后台查看"，进入搜索引擎后台管理。

（2）登录搜索引擎后台，默认账号为admin，密码为admin888，如图2-41所示。

图2-41 登录后台

（3）选择"网友操作管理"——网友提交网址，查看是否已经提交成功，若出现提交网站，则表示提交成功，如图2-42所示。

ID	地址	提交时间	IP	操作
6	http://www.bjbodao.com	2010-11-27 15:44:03	127.0.0.1	修改 删除
3	http://www.job0772.cn	2009-09-03 17:02:27	113.15.83.82	修改 删除
2	http://www.hao123.com	2009-09-03 11:06:24	127.0.0.1	修改 删除

第一页 上一页 下一页 最后一页 当前第1页 共1页 共3个记录

图2-42 查看、管理提交的网站

任务三 蜘蛛抓取网站页面

（1）选择"蜘蛛管理"——登录，进入蜘蛛管理的后台，如图2-43所示，学生可看到蜘蛛抓取过程。

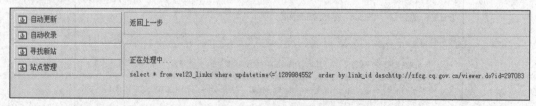

图2-43 蜘蛛管理后台

（2）选择"站点管理"，如图2-44所示。找到之前刚提交的网址，单击更新。

（3）进行更新后，蜘蛛程序对站点进行抓取，并计算、更新网站的QP值。该QP值是根据当前网站的PR、SR以及关键词密度等综合计算的权重值。这项权重将影响站点在相应关键词中的排名。如图2-45所示。

图 2-44　站点管理

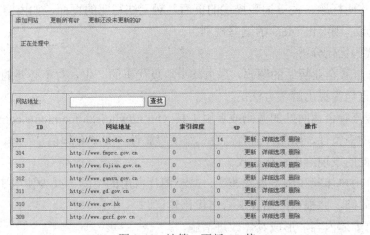

图 2-45　计算、更新 QP 值

实训二　　SEO 实训

任务一　SEO 实施分析

（1）各小组已经完成了项目一所搭建的网站，并已经将站点提交至百度。

（2）列出目前站点在百度中的收录量、关键词排名以及相关数据指标（日均 IP/PV/浏览深度等）。

（3）列出实施 SEO 的主要目标。

任务二　SEO 实施策划

1. 重新定义关键词

（1）整理站点现有的关键词列表。

（2）明确站点或产品的核心关键词列表。

(3) 在核心关键词之外，明确站点还可能包含的普通关键词列表。

(4) 确定核心与普通关键词后，明确站点可能包含的长尾关键词列表。

2．关键词部署策划

(1) 确定一级与二级页面的关键词部署。

(2) 确定内容页面的关键词部署规则。

3．页面 Title 策划

(1) 确定一级与二级页面的 Title 设定规则。

(2) 确定内容页面的 Title 设定规则。

4．页面 Description 策划

(1) 确定站点页面的 Description 设定规则。

(2) 确定一级与二级页面的 Description 内容。

5．形成必要的 Meta 文档

列出能够写明标题、关键词和描述的页面。对无法写明的页面，如内容页需要随着内容的更新来确定，则给出 Meta 的编写规则。

6．网站代码优化分析

(1) 打开查看企业网站的源码，尽量减少垃圾代码的产生，对不必要的空格、默认属性代码、注释语句等提出解决办法。

(2) 打开查看企业网站的源码或者用工具（http://whois.domaintools.com/）进行检测，查看页面代码的完整性，如图片需有高度、宽度等属性，文字有颜色、字体、大小等属性，并针对网站在此的表现给出优化建议。

(3) 提升用户体验和浏览加载速度，减小图片占用的空间，减少使用 JS 的次数，减少网页加载的时间，并根据网站表现给出优化建议。

(4) 汇总上述内容，形成具体改进措施。

7．框架与目录结构优化分析

(1) 从目录深度、目录命名以及页面属性三个方面检测网站是否具有需要完善的地方，并给出修改意见。

(2) 检查网站是否已经静态化，且静态化页面在目录结构与命名方面是否贴合，是否具有可改良的环节，并给出具体修改的办法。

(3) 汇总上述内容，形成网站框架与目录结构优化措施。

任务三　SEO 的实施

按照策划方案，重新设计并部署关键词，优化代码并修改、完善网站结构与框架。

任务四　SEO 的效果监控与分析

1．形成数据监控与分析的汇总文档

以月为单位，在月底形成数据监控与分析的汇总文档，包含如下内容。

(1) 网站核心关键词、普通关键词与长尾关键词在百度中的排名。

(2) 网站在百度和 Google 中的收录量。

（3）网站的反向链接数量与质量。
（4）网站友情链接的数量与对象。
（5）从网站统计代码汇总网站访问量、日 IP/PV 及浏览深度等。
2．思考并分析汇总文档
（1）所进行过的 SEO 对站点的关键词排名、收录与访问量有何种影响。
（2）如果没有，又需要做何种尝试来提升排名。

实训三　竞价排名

任务一　创意编写

在模拟搜索引擎竞价排名系统之中，学生根据创意编写规则及相关要求，针对关键词进行合理的创意编写，让自己的关键词出现在竞价排名之中，吸引更多潜在客户关注，达到更好的推广效果。

在创意编写方面首先要考虑到这段创意与关键词的匹配度，其次需要重点考虑创意内容为用户提供服务，能够让用户产生兴趣，一定要迎合用户的需要，并间接性地解决用户的问题，当然也可以适当加入诱导文字。如图 2-46 所示，完成创意的内容编写。

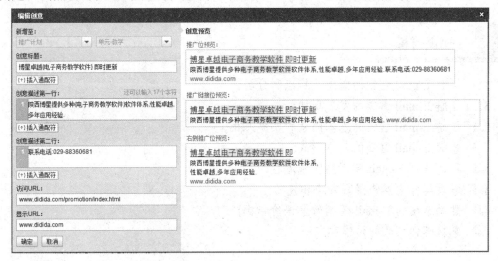

图 2-46　编写创意

任务二　关键词出价

对于当前竞价排名的关键词，学生首先要确定该关键词的竞争态势和平均出价，在此基础上根据平均价格合理出价。随后，在模拟搜索引擎之中进行搜索，确认自己的关键词已经出价成功，进入竞价排名。继而，可以相互点击，在模拟搜索引擎竞价排名系统之中查询点击数、消费金额等。

项目三　E-mail 营销

 能力目标

- 能够设计较合理、具有一定创意的 E-mail 营销实施方案；
- 能够根据 E-mail 营销的目的获取有效的外部列表和内部列表；
- 能够设计、撰写邮件内容；
- 能够熟练地使用邮件群发系统；
- 能够对 E-mail 营销的效果进行监控和评估；
- 能够独立完成一次完整的 E-mail 营销活动；
- 能够通过邮件订阅各种信息。

 知识目标

- 了解 E-mail 营销的概念、特点和分类；
- 了解 E-mail 营销的发展现状；
- 了解 E-mail 营销的基本因素和实施基础；
- 掌握 E-mail 营销的基本形式；
- 熟悉许可 E-mail 营销的实施流程；
- 掌握邮件内容的撰写方法和技巧；
- 熟悉常用的 E-mail 营销效果评价指标；
- 掌握邮件订阅的过程和方法。

> 本项目的工作任务是使用北京博导前程信息技术有限公司开发的邮件群发系统，以博星卓越网络营销教学实验系统或教研室网站为营销内容，实施 E-mail 营销。通过项目实践，让学生掌握 E-mail 营销的步骤、方法与技巧。

模块一 案例学习

案例一 2013中国网络营销大会参会邀请 E-mail 营销

一、支持企业

北京博导前程信息技术有限公司。

二、企业背景

北京博导前程信息技术有限公司是国内知名的教学软件研发、销售商。它是中国互联网协会授权的专业网络营销培训机构，下辖研发中心、营销中心、网络营销部及培训事业部四个部门。北京博导前程前身为陕西博星卓越资讯有限公司，于1999年在西安成立。作为国内著名的教学软件公司，北京博导前程信息技术有限公司为高校提供专业教学软件产品，支持高校实训教学，致力于提升互联网环境下学生的综合竞争力，是国内高校教学软件的领跑者，代表着我国教学软件开发与实验教学研究的最新动向。经过十余年的发展与积累，北京博导前程信息技术有限责任公司业已成为国内教学软件行业及网络营销培训领域的领跑者，其每年所承办的中国网络营销大会经过多年累积也已成长为国内知名的行业盛会。

三、案例详解

作为国内网络营销行业盛会的2013中国网络营销大会已于北京召开。会议受到了行业与高校的广泛欢迎。大会开幕前，为了全面提升大会的影响力与号召力，扩大参会人群，网络营销大会组办方实施了多样化的网络营销手段，E-mail 营销作为网络营销方式之一对本届大会起到了重要的宣传作用。本案例详细分解细化2013中国网络营销大会参会邀请 E-mail 营销。

任务一 策划 E-mail 营销方案

E-mail 营销方案的策划按照以下步骤实施，如图3-1所示。

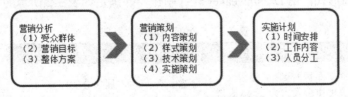

图3-1 E-mail 营销方案策划步骤

1. 营销分析

营销分析的第一步是目标客户的定位，按照此次大会的目的及北京博导前程信息技术有限公司的经营业务，确定大会的受众群体如下。

(1)中国高校的电子商务、网络营销老师。按照北京博导前程信息技术有限公司的经营业务及大会探讨的议题,教师是本次大会的主要受众群体。

(2)行业企业。作为一场网络营销界的盛会,在历届网络营销大会参会人员中IT类、软件类以及网络信息类企业所占比例较大,因此本届大会也同样会邀请他们参会。

(3)对网络营销大会进行跟踪报道的媒体等。媒体公关对于一场盛会的支持至关重要,将在舆论宣传等方面扩大大会的影响力。

2013中国网络营销大会拟定总参与人数为2 000人,为了全面提升大会影响,增加报名参与人数,至少需要有专业教师(650人)、行业企业(450家)及传统、网络媒体(80家)报名参与。客观而言,无法通过邮件确保用户的参与,还需要线下的积极配合,所以根据千封邮件转换率,需要万级邮件列表予以支撑。同时,在邮件内容设计与页面效果方面,需要针对不同用户量体裁衣,计划性地分批次、阶段地投递,才能事半功倍地体现E-mail营销的价值。

2. 营销策划

(1)内容策划。依据上述分析,E-mail营销要体现出特色与价值,需要目的明确且思路清晰。根据每个阶段营销目标效果以及受众群体利益关注点的不同,在邮件内容呈现方面,要有所不同,针对特点,有的放矢。具体内容策划如表3-1所示。

表3-1 不同受众邮件内容策划

受众人群	需求特点	内容呈现
教师	1. 了解最新行业动态 2. 行业领导指导意见 3. 学术界嘉宾最新成果 4. 与企业接触,合作	大会背景、最新进展、参与方式、会费、与会嘉宾(企业、教育界)、观点与议题、大会与教学的联系与价值
行业企业 厂商、服务商、渠道商	1. 行业嘉宾思考与成果 2. 采集、捕捉行业商机 3. 讨论、分享行业模式	大会背景、最新进展、与会行业嘉宾、嘉宾观点与演讲主题
媒体	1. 与会嘉宾及其观点 2. 大会特色与亮点	大会背景、特色亮点、最新进展、与会行业嘉宾及其观点与演讲主题

(2)样式策划。为了囊括更多的内容及呈现出美观得体的样式,本届大会E-mail页面将采用html的形式,用Dreamweaver软件制作,并满足如表3-2所示的需求。

表3-2 E-mail页面样式策划

类别	要求	原因
Logo	1. 设计大会Logo 2. 突出协会及大会Logo表现	加深用户对本届大会的印象
色彩	蓝色、绿色等静谧色系	与大会专题保持一致,营造本届大会深入思考的氛围
字号/字体	12~14px/宋体	邮件于用户邮箱呈现,篇幅有限。宋体为常规字体,易接受
图片	1. 突出表现大会开幕时间与主题 2. 重点推荐焦点事件	图片较之文字更能够吸引注意,须将最值得传播的内容加以表述

（3）技术支持。为了保证大会 E-mail 营销的顺利进行，需要准确、高效的技术手段和工具予以支持。

在本次 2013 中国网络营销大会 E-mail 营销过程中，使用到博导前程自主研发的邮件群发系统，以实现对目标 E-mail 群体发送邮件的过程，并能够对发送过程和结果实施监控，掌握送达率、阅读率、失败率等必要指标。

（4）实施策划。策略性地循序渐进有利于层层递进引导用户加深对本届大会的印象，提示大会最新进展，促进用户报名参会，具体实施过程如表 3-3 所示。

表 3-3　E-mail 营销实施过程策划

发送批次	受众	主要内容传递	目的
第一阶段	教师	大会背景 大会时间 大会邀请函 案例征集活动	提升中国网络营销大会知名度，传递本届大会基本信息
第二阶段	教师、行业企业	大会概况 大会最新进展 大会邀请函 案例征集活动	提升中国网络营销大会知名度，及时播报大会筹备状态与大会特色、亮点，增加大会报名人数
第三阶段	教师、行业企业、媒体	大会议程 大会地点 大会参会细则	落实大会议程、与会嘉宾及参会注意事项

3．进度计划书

根据上述模块的策划结果，制定出进度计划书，并落实到人，按照时间各司其职，逐步进行，如表 3-4 所示。

表 3-4　E-mail 营销进度计划书

时间	所属阶段	主要工作内容	产出	执行部门/执行人
2013/6/01～2013/6/10	前期准备	内外部邮件列表获取	内部、外部邮件列表 Excel/Csv/Txt	网络营销部张婵 营销中心蒋小瑜
		内容规划与整理	3 个版本的邮件内容（邀请函、页面内容）	网络营销部张磊
2013/6/06～2013/6/13		邮件样式设计	3 个版本的 html 邮件页面	网络营销部张磊
2013/6/16～2013/6/30	第一阶段	针对行业/教师/媒体第一批次邮件发送	第一批次发送结果	网络营销部张婵
2013/7/01～2013/7/30	第二阶段	针对行业/教师第二批次邮件发送	第二批次发送结果	网络营销部张婵
2013/8/01～2013/8/20	第三阶段	针对行业/教师第三批次邮件发送	第三批次发送结果	网络营销部张婵
2013/8/28～2013/8/30	效果分析	E-mail 营销主体完毕，对效果进行分析	2013 中国网络营销大会 E-mail 营销效果分析	网络营销部张婵

任务二 搜集整理邮件列表

邮件列表的搜集整理按照图 3-2 所示的步骤实施。

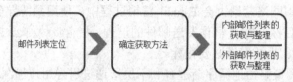

图 3-2 邮件列表搜集整理过程

1. 邮件列表定位

中国网络营销大会作为全国网络营销业界的盛会,依据营销分析,面向的对象有:

(1) 中国高校的电子商务、网络营销专业的老师。

(2) 从事电子商务、网络营销的相关企业人士。

(3) 对网络营销大会进行跟踪报道的媒体等。

2. 对于不同受众,需要不同的方式获得相关的 E-mail 地址。

(1) 针对高校老师,由市场部门获取。市场部门经过多年的积累,已经有很多相关的 E-mail 地址,可以作为内部邮件列表。

(2) 针对电子商务、网络营销的业内人士,通过搜索引擎搜索特定的关键词,或者登录网络营销、电子商务行业的黄页,进行 E-mail 地址搜集,作为网络营销大会 E-mail 营销的外部列表。

(3) 对于网络媒体 E-mail 地址获取,直接登录相应的网站,进行 E-mail 地址的查找。

3. 内部邮件列表的获取与整理

中国网络营销大会 E-mail 营销的内部邮件列表直接从企业自身获取。由营销中心营销总监助理汇总整理出日常所联系的产品客户、意向客户以及潜在客户的邮件地址列表,提交给网络营销部工作人员,再由网络营销部工作人员将列表分区域整理(由于博导前程研发的教学软件销售市场遍布全国,营销中心也是分多个销售区域管理,因此发送邮件也务必考虑各区域的不同需求分别发送)。如图 3-3 所示,建立便于邮件发送的表格,以序号、姓名、邮件地址为主要类别。

	A	B
1	姓名	电子邮件地址
2	妮	x551402@126.com
3	石	h900@.163.com
4	东	a212@163.com
5	杰	ldhmdy@163.com
6	向东	w_xian@126.com
7	亦悠	q_jingguan@163.com
8	宁	h3311_cn@sina.com
9	莉雅	f720525@163.
10	丽娜	f@xjtu.edu.cn
11	雪	zhu@mail.xjtu.edu.cn
12	杰	f918@163.com
13	升	owz@163.com
14	朔	z1997@126.com
15	涛	y@xaufe.edu.cn
16	雪松	f831@sohu.com
17	芮珊	swoik@sohu.com
18	巧娟	g1978@snut.edu.cn
19	盛鑫	z882003@yahoo.com.cn
20	雀佳	z1yhq@sohu.com

图 3-3 内部邮件列表

4．外部邮件列表的获取

外部邮件列表需要通过自行搜集的方式获取。

（1）各地代理商、网络营销企业邮件列表的获取。获取范围包含全国各省会城市的各代理商（Google、百度、阿里巴巴、慧聪等的各地代理商）、网络营销/SEO/建站公司。目标是按省份汇总成 E-mail 列表，具体工作由博导前程网络营销部工作人员执行。

可以直接通过百度或输入关键词如"北京阿里巴巴代理商或者网络营销公司"进行搜索，其中百度和 Google 的代理商可直接在其代理商页面找到，搜集完后汇总并整理好传给邮件发送人员。如图 3-4 所示为百度代理商页面。

图 3-4　百度代理商页面

整理好的邮件列表如图 3-5 所示。

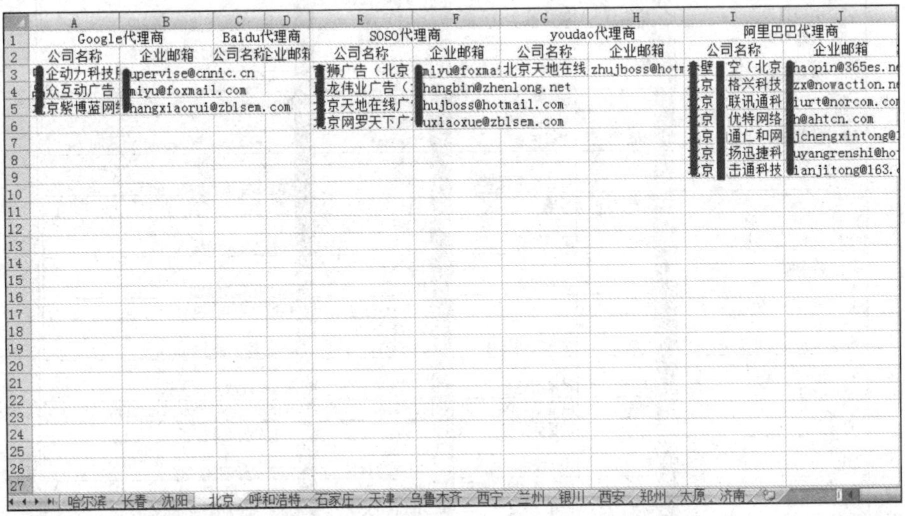

图 3-5　各地代理商、网络营销企业邮件列表

（2）媒体公关、行业企业邮件列表的获取。本届大会的媒体联系全部由博导前程北京

商务部联系获取。由于北京地区媒体及公关公司较多，联系方便快捷，而且北京商务部日常积累的媒体资源也较多，所以此项任务直接交由北京商务部工作人员联系。最终所汇集的媒体公关邮件列表包括：网络媒体、纸媒、公关公司、广告公司、咨询顾问公司、专栏作家以及影视传媒等。图3-6 为网络媒体邮件列表，图3-7 为各地媒体记者邮件列表汇总。

图3-6　网络媒体邮件列表

图3-7　各地媒体记者邮件列表

行业企业类邮件列表的获取同样由博导前程北京商务部负责完成，他们有历届会议的旧客户资源积累，可以再通过电话联系获取一些新客户的联系方式。最终行业企业类邮件列表分类汇总表如图 3-8～图 3-10 所示。图 3-8 为网络信息类企业邮件列表，图 3-9 为软件类企业邮件列表，图 3-10 为 IT 类企业邮件列表。

图 3-8 网络信息类企业邮件列表

图 3-9 软件类企业邮件列表

	A	B	C	D	E	F	G	H
1	姓名	职务	公司名称	电话	传真	电子邮件	公司地址	邮编
2	吴伟	掌上设备事业部 副总经理	联想集团有限公司	(010)2988888转185 手机13801298701	(010)2987196	uanwei@legend.com	北京市海淀区上地信息产业基地创业东路29号	100085
3	余文革	助理总裁QDI事业部总经理	联想集团有限公司	(755)955888转806	(755)983600	uwgb@legend.com	深圳市高新技术产业园区（南区）高新南一道、联想研发中心	518057
4	陈宇清	商用市场部笔记本市场推广经理	联想集团有限公司	(010)2876894	010)8287660~33	henyqa@legend.com	北京市海淀区上地创业路6号 通信：中国北京8688信箱	100085
5	贾旸	笔记本电脑事业部/总经理	联想集团有限公司	(010)2876894	010)8287660~33	iayang@legend.com	北京市海淀区上地创业路6号 通信：中国北京8688信箱	100085
6	杨季	品牌推广部业务规划处消费业务主管	联想集团有限公司	(010)2876007	010)8287660~33	angji@legend.com	北京市海淀区上地创业路6号 通信：中国北京8688信箱	100085
7	小宇	品牌推广部	联想集团有限公司	(010)2876105	010)8287660~33	unyu@legend.com	北京市海淀区上地创业	

图 3-10 IT 类企业邮件列表

任务三 制作邮件内容

依据营销策划与分析，按照内容策划与样式策划的思路来分别撰写邮件内容，设计邮件页面，传递不同主题，以期实现既定阶段目标。

邮件内容撰写注意事项：内容应清晰明了，语言简练，避免繁冗复杂。

邮件页面设计注意事项：框架简洁，色泽清爽，重点突出。

1. 第一阶段邮件内容制作

图 3-11 为第一阶段邮件内容页面的整体效果图，左侧区域为教师版，右侧区域为企业版，各图位说明如下。

（1）页头区，包含 Logo、宣传图及导航。

（2）焦点区，包含页面第一屏重点新闻报道和 GIF 焦点图位。

（3）内容主体区，包含大会邀请函内容部分。

（4）嘉宾区，包含重要的参会嘉宾名单。

（5）内容扩展区，包含历届网络营销大会专题链接和网络营销应用网站链接。

（6）页尾区，包含页尾合作伙伴 Logo 和大会组委会联系方式。

项目三 E-mail 营销

图 3-11　第一阶段邮件内容页面整体效果图

以下是对第一阶段邮件内容制作的详细说明。

图 3-12 所示的邮件页面是第一阶段发送的第一屏效果图（企业版）。第一屏内容主要包括页头 Logo 的内容（大会时间和导航栏链接）、大会开幕的新闻内容、媒体报道（新浪报道、一大把报道）、大会案例征集的宣传（GIF Banner）、右下角的本届大会的网络营销品牌评选活动报道。由于此时大会才刚开始筹备，这里的主要内容就以最初的新闻报道为主，案例征集是重头，所以将 GIF 焦点图作重点推介。

图 3-12　第一阶段邮件内容页面第一屏效果图（企业版）

在第一阶段制作邮件内容时，教师版与企业版两者的邮件内容主要区别在于大会邀请函内容的构成上。图 3-13 所示为第一阶段发送给高校教师的邮件中的大会邀请函。此处内容主要从教师的角度出发，将他们希望看到或者希望了解的内容积极呈现出来。大会邀请函内容中包含本届大会的意义，本届大会的规格、内容、亮点以及本届大会的价值，重点凸显了本届大会有关高校教学以及学术动态方面的内容。

图 3-14 所示为第一阶段发送给行业渠道商/服务商企业的邮件中的大会邀请函。由于企业需求的不同，此处无论是大会的意义、大会的规格和亮点以及大会的价值都凸显出了行业渠道商所希望获取的内容，如行业专家最新报告、企业案例分享、行业新商机以及新模式等。

尊敬的老师：

您好！

中国网络营销大会自2008起已连续成功举办五届，众所期待的2013中国网络营销大会将于**2013年7月21-23日再聚北京**。中国网络营销大会是全国规模最大的互联网实战营销及营销教育盛典，今年的大会将以**网络营销行业从业人员的素质培养**为切入点，共同推进从业人员行业素质标准制定，挖掘315后网络营销规范化及高校电子商务专业人才培养，将企业的创新营销理念与大专院校进行对接，推进校企合作。

2013网络营销大会邀请的嘉宾

- 网络营销行业专家
- 互联网行业高层
- 权威数据研究机构
- 品牌广告主
- 4A公司
- 国内深谙网络营销教学的高校教授

2013网络营销大会主要内容及亮点

大会议程为两天，将分别进行中国互联网职业能力培养与教育发展论坛与2013中国网络营销大会两大会议程。

中国互联网职业能力培养与教育发展论坛将突出展现校企合作成果及行业与实践教学对接，为进一步推进校企合作提供新的思路与契机；网络营销大会则从行业角度出发，邀请行业企业探寻国内网络营销规范化发展。

2013网络营销大会价值

- 国内互联网及电子商务行业最新动态、热点分析与发展趋势
- 行业领导意见与学术专家专业研究成果分享
- 近距离与企业接触，获得一手合作机会（联合培训、企业资源、专业建设、实训设计与广泛的校企联盟）

2013网络营销大会专题：http://www.bodao.org.cn/2013.html

我们期待着您的参与！

附件下载：2013中国网络营销大会通知.jpg
　　　　　2013中国网络营销大会邀请函.jpg
　　　　　2013中国网络营销大会回执表.doc

如您有相关疑问要咨询或报名参会请及时与我们取得联系！

联系方式

边　蕾　　联系电话：029-88360681 / 手机：18629553130 / E-mail：bianl@bjbodao.com
童婷婷　　联系电话：029-88360681 / 手机：18629315536 / E-mail：tongtt@bjbodao.com

2013中国网络营销大会组委会
2013年6月19日

图 3-13　大会邀请函（教师版）

尊敬的企业负责人：

您好！

中国网络营销大会自2008起已连续成功举办五届，众所期待的2013中国网络营销大会将于**2013年7月21-23日**冉聚**北京**。中国网络营销大会是全国规模最大的互联网实战营销及营销教育盛典，今年的大会将以**网络营销行业从业人员的素质培养**为切入点，共同推进从业人员行业素质标准制定，挖掘315后网络营销规范化及高校电子商务专业人才培养，将企业的创新营销理念与大专院校进行对接，推进校企合作。

2013网络营销大会邀请的嘉宾

- 网络营销行业专家
- 互联网行业高层
- 权威数据研究机构
- 品牌广告主
- 4A公司
- 国内深谙网络营销教学的高校教授

2013网络营销大会主要内容及亮点

大会议程为两天，将分别进行中国互联网职业能力培养与教育发展论坛与2013中国网络营销大会两大会议议程。

中国互联网职业能力培养与教育发展论坛将突出展现校企合作成果及行业与实践教学对接，为进一步推进校企合作提供新的思路与契机；网络营销大会则从行业角度出发，邀请行业企业探寻国内网络营销规范化发展。

2013网络营销大会价值

- 国内互联网及电子商务行业最新动态、热点分析与发展趋势
- 行业领导意见与学术专家专业研究成果分享
- 近距离与企业接触，获得一手合作机会（联合培训、企业资源、专业建设、实训设计与广泛的校企联盟）

2013网络营销大会专题：http://www.bodao.org.cn/2013.html
我们期待着您的参与！

附件下载：2013中国网络营销大会通知.jpg
　　　　　2013中国网络营销大会邀请函.jpg
　　　　　2013中国网络营销大会回执表.doc

如您有相关疑问要咨询或报名参会请及时与我们取得联系！

联系方式

边　蕾　联系电话：029-88360681 / 手机：18629553130 / E-mail：bianl@bjbodao.com
童婷婷　联系电话：029-88360681 / 手机：18629315536 / E-mail：tongtt@bjbodao.com

2013中国网络营销大会组委会
2013年6月19日

图3-14　大会邀请函（企业版）

图 3-15 所示为第一阶段所发送邮件内容页面中剩下的第三屏（见图 3-15（a））和页尾部分（见图 3-15（b））。此处包括的内容有参会嘉宾名单，历届会议链接、网络营销应用网站，合作伙伴以及大会组委会的联系方式。这些内容在发送给教师和行业服务商时没有区别，都是将目前参会嘉宾名单和合作伙伴展示出，一方面通过名人效应紧抓眼球，通过名人观点吸纳关注；另一方面力求合作伙伴凸显大会实力，让收到邮件的教师们和行业服务商们有所了解。

2013网络营销大会部分嘉宾名单：
娄勤俭：工业和信息化部副部长
高新民：中国互联网协会副理事长
孙永革：中国互联网协会综合部部长
李 琪：教育部电子商务专业教学指导委员会副主任
陈 进：教育部电子商务专业教学指导委员会副主任
姜旭平：清华大学市场营销系教授
陈 禹：中国人民大学信息学院教授
瞿彭志：国家"十五"、"十一五"网络营销、精品课程负责人
于 扬：易观国际CEO
阮京文：艾瑞咨询集团联合总裁兼首席运营官
吕伯望：正旺咨询CEO
郎春晖：易观国际助理总裁
冯英健：著名网络营销专家 深圳竞争力科技公司 总裁
赵 旭：网络营销实践专家，国内著名网络营销渠道服务商--世纪辰光创始人，董事长
段 建：中国互联网协会网络营销培训管理办公室常务副主任
范 锋：速途网总裁
周洪美：正望咨询副总裁兼首席统计师、电子商务博士。
樊春晖：正望咨询电子商务高级咨询顾问，正望E-Tailing项目总监
唐亦之：易观国际分析师
陈寿运：易观国际分析师

2013中国网络营销大会组委会
2013年6月19日

(a) 第一阶段邮件内容页面第三屏

图 3-15 第一阶段邮件内容页面

(b) 第一阶段邮件内容页面页尾部分

图 3-15 第一阶段邮件内容页面（续）

2．第二阶段邮件内容制作

图 3-16 所示为第二阶段邮件内容页面的整体效果图，同样分两版页面，左侧区域为教师版，右侧区域为企业版。其页面布局同样分为六部分，即页头区、焦点区、内容主体区、嘉宾区、内容扩展区、页尾区。

图 3-17 所示为第二阶段邮件内容的第一屏，与第一阶段第一屏的内容的主要区别在于：

（1）此处新闻报道部分重点介绍大会内容，包括大会背景、网络营销案例征集、大会特色亮点内容。原因：经过第一批次邮件的发送，本届网络营销大会的基础性铺垫已达成，需有的放矢，着重刻画会议的内容。

（2）将起初 GIF 焦点图的"2013 年度最佳网络营销品牌评选活动启动"更换为"2013 网络营销大会快报"。原因：第一时间播报会议筹备情况，便于用户了解大会进展。

图 3-18 所示为发送给教师的第二阶段邮件邀请函内容。与第一阶段相比，第二阶段发送的内容能够着重突出本届网络营销大会的核心内容，将最具价值的亮点呈现出来，如大会的核心思想、会议目标、会议亮点，从教师角度阐述本次大会对教学的指导与帮助。

图 3-19 所示为第二阶段邮件发送给企业的邀请函内容。与发送给教师的邀请函相比，其区别在于：在大会邀请函内容末尾附注大会的具体时间，突出显示"立即报名、了解大会详情、查看大会议程"的链接。由于此时的大会议程已经确定，大会的专题页面也已完善。希望各行业代理商、服务商单击链接访问大会专题页，能够全面了解大会的相关内容，从而达到营销效果。

项目三 E-mail 营销

图 3-16 第二阶段邮件页面整体效果图

图 3-17　第二阶段第一屏效果图

图 3-18　第二阶段邮件邀请函内容（教师版）

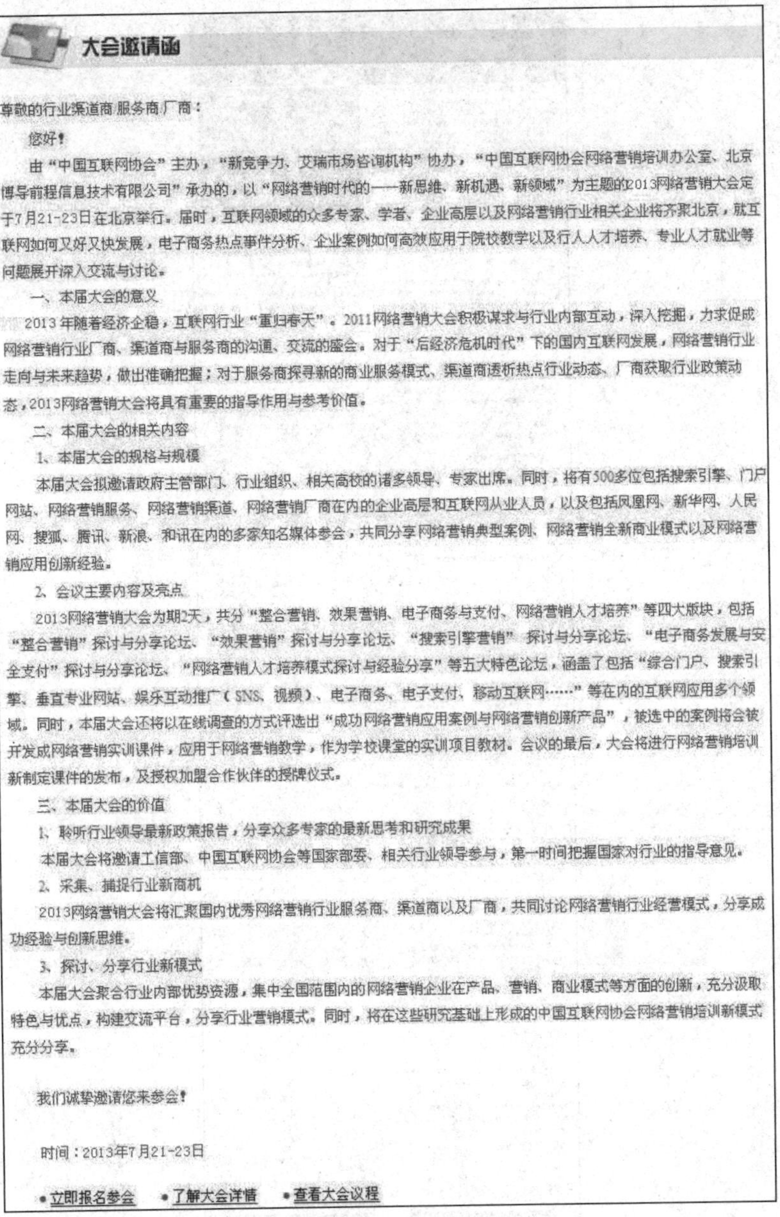

大会邀请函

尊敬的行业渠道商/服务商/厂商：

您好！

由“中国互联网协会”主办，“新竞争力、艾瑞市场咨询机构”协办，“中国互联网协会网络营销培训办公室、北京博导前程信息技术有限公司”承办的，以“网络营销时代的——新思维、新机遇、新领域”为主题的2013网络营销大会定于7月21-23日在北京举行。届时，互联网领域的众多专家、学者、企业高层以及网络营销行业相关企业将齐聚北京，就互联网如何又好又快发展，电子商务热点事件分析、企业案例如何高效应用于院校教学以及行人人才培养、专业人才就业等问题展开深入交流与讨论。

一、本届大会的意义

2013 年随着经济企稳，互联网行业“重归春天”。2011网络营销大会积极谋求与行业内部互动，深入挖掘，力求促成网络营销行业厂商、渠道商与服务商的沟通、交流的盛会。对于“后经济危机时代”下的国内互联网发展，网络营销行业走向与未来趋势，做出准确把握；对于服务商探寻新的商业服务模式、渠道商透析热点行业动态、厂商获取行业政策动态，2013网络营销大会将具有重要的指导作用与参考价值。

二、本届大会的相关内容

1、本届大会的规格与规模

本届大会拟邀请政府主管部门、行业组织、相关高校的诸多领导、专家出席。同时，将有500多位包括搜索引擎、门户网站、网络营销服务、网络营销渠道、网络营销厂商在内的企业高层和互联网从业人员，以及包括凤凰网、新华网、人民网、搜狐、腾讯、新浪、和讯在内的多家知名媒体参会，共同分享网络营销典型案例、网络营销全新商业模式以及网络营销应用创新经验。

2、会议主要内容及亮点

2013网络营销大会为期2天，共分“整合营销、效果营销、电子商务与支付、网络营销人才培养”等四大版块，包括“整合营销”探讨与分享论坛、“效果营销”探讨与分享论坛、“搜索引擎营销” 探讨与分享论坛、“电子商务发展与安全支付”探讨与分享论坛、“网络营销人才培养模式探讨与经验分享”等五大特色论坛，涵盖了包括“综合门户、搜索引擎、垂直专业网站、娱乐互动推广（SNS、视频）、电子商务、电子支付、移动互联网……”等在内的互联网应用多个领域。同时，本届大会还将以在线调查的方式评选出“成功网络营销应用案例与网络营销创新产品”，被选中的案例将会被开发成网络营销实训课件，应用于网络营销教学，作为学校课堂的实训项目教材。会议的最后，大会将进行网络营销培训新制定课件的发布，及授权加盟合作伙伴的授牌仪式。

三、本届大会的价值

1、聆听行业领导最新政策报告，分享众多专家的最新思考和研究成果

本届大会将邀请工信部、中国互联网协会等国家部委、相关行业领导参与，第一时间把握国家对行业的指导意见。

2、采集、捕捉行业新商机

2013网络营销大会将汇聚国内优秀网络营销行业服务商、渠道商以及厂商，共同讨论网络营销行业经营模式，分享成功经验与创新思维。

3、探讨、分享行业新模式

本届大会聚合行业内部优势资源，集中全国范围内的网络营销企业在产品、营销、商业模式等方面的创新，充分汲取特色与优点，构建交流平台，分享行业营销模式。同时，将在这些研究基础上形成的中国互联网协会网络营销培训新模式充分分享。

我们诚挚邀请您来参会！

时间：2013年7月21-23日

•立即报名参会 •了解大会详情 •查看大会议程

图 3-19 第二阶段邮件邀请函内容（企业版）

第二阶段邮件内容页面中，在嘉宾区呈现出一定变化。随着会期的日益临近，确认出席会议的嘉宾也日渐增多。对于企业而言，行业领袖们的出席及他们颇有价值的议题与观点无疑是带动企业参会的重要因素。因此，在第二阶段的嘉宾区内，着重突出行业精英，争取最大化地吸纳企业参会。此外，在页尾区内增加新的合作伙伴，突显出实力与品位。内容扩展区方面，没有变化。

3．第三阶段邮件内容制作

图 3-20 所示为第三阶段邮件内容页面的整体效果图（教师版）。其页面布局同样分为六部分，即页头区、焦点区、内容主体区、嘉宾区、内容扩展区、页尾区。

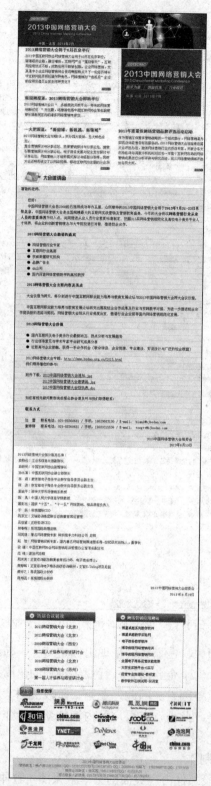

图 3-20 第三阶段邮件内容页面整体效果图（教师版）

图 3-21 所示为本届大会前的最后一批邮件的第一屏内容。相对于前两批邮件的第一屏内容的主要区别在于以下三个方面。

（1）页头区 Logo 的改变，保持与大会专题效果一致。

（2）考虑到大会的进展，所以将原先的新闻报道中的"大会背景"和"案例征集"换为大会的最新报道："15 天倒计时：2013 中国网络营销大会筹备顺利"和"2013 中国网络营销大会报名火热进行"。主要目的在于让收件人看到大会目前的进展，广泛地吸引更多受众报名参会。

（3）此时大会案例征集已告结束，大会在推广阶段，主要是与新浪微博合作推广。因此，将 GIF 焦点图替换为大会官方微博 Banner，一方面显示出网络营销大会对于网络营销应用的选择；另一方面争取通过最新 Web 2.0 形式将本届大会传播出去，同时号召"粉丝"关注本次会议。

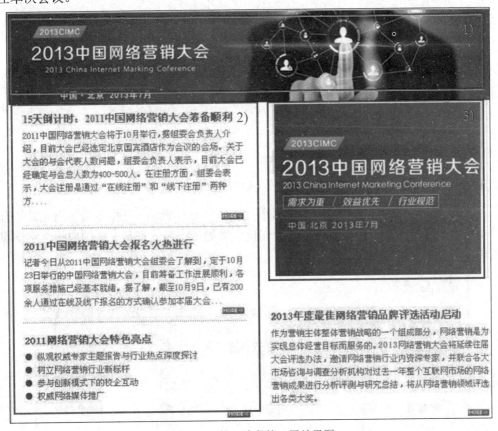

图 3-21　第三阶段第一屏效果图

图 3-22 所示为本届大会前最后一批邮件的邀请函内容。考虑到大会开幕时间临近，此时不管是教师还是行业服务商等最想看到的就是会议议程，因此在该邮件邀请函中就重点列出了会议议程。尾部另附上大会的官方微博地址，吸引更多受众单击查看大会的最新报道。

大会邀请函

尊敬的老师：

您好！

由“中国互联网协会”主办，“新竞争力、艾瑞市场咨询机构”协办，“中国互联网协会网络营销培训办公室、北京博导前程信息技术有限公司”承办的，以“网络营销时代的——新思维、新机遇、新领域”为主题的2011网络营销大会定于7月21-23日在北京举行。届时，互联网领域的众多专家、学者、企业高层以及网络营销行业相关企业将齐聚北京，就互联网如何又好又快发展，电子商务热点事件分析、企业案例如何高效应用于院校教学以及行人人才培养、专业人才就业等问题展开深入交流与讨论。

会议议程（全天 09:00-18:00）

08:30 签到

09:00 大会开幕

09:00-09:30 主办方领导致词

09:30-11:30 重要嘉宾主题演讲

11:30-12:00 颁奖典礼

13:00 签到

13:30-15:00 精准与效果营销新思维(高端论坛)

15:00-16:30 移动互联网营销发展(高端论坛)

16:30-18:00 网络营销时代的整合营销(高端论坛)

我们欢迎您来参会！

详情请访问：http://www.bodao.org.cn/2011.html

中国互联网协会网络营销培训：http://www.bodao.org.cn

2013中国网络营销大会官方微博：http://t.sina.com.cn/cnem

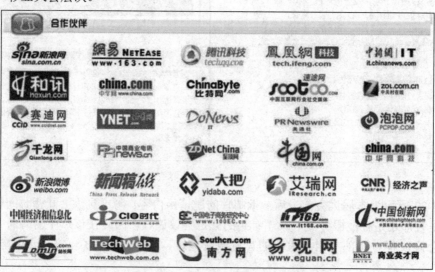

图 3-22　第三阶段邮件邀请函内容

图 3-23 所示为本届大会前第三阶段邮件中的合作伙伴板块。从中可以看出此时的合作伙伴相比第一阶段和第二阶段邮件中的合作伙伴增加了很多，都是一些国内知名网络媒体和机构，彰显大会层次。

图 3-23　第三阶段邮件合作伙伴板块

任务四 发送邮件

邮件发送的步骤如图 3-24 所示。

图 3-24　邮件发送的步骤

1. 选择 E-mail 发送系统

在本次 E-mail 发送过程中，使用的是博导前程自行开发的邮件群发系统，并没有使用第三方邮箱服务商。若使用第三方邮箱服务商，如网易邮箱，在发送量大的情况下它们会屏蔽动态 IP 所发的信件，这样会给邮件发送带来不便。采用自行开发的邮件群发系统来收发邮件就不会出现被屏蔽的问题，而且在邮件发送后还可以很便捷地统计出发送成功和失败的数量以及发送失败的原因。

2. 实施邮件群发的具体过程

（1）导入邮件地址。首先新建联系组（如陕西省电子邮件），然后将该组的邮件地址全部导入地址簿。在"收件人"一栏中添加该组邮件列表，如图 3-25 所示。单击"完成"按钮后，该组的邮件地址就完全显示在"收件人"栏中，如图 3-26 所示。

图 3-25　选择邮件列表（组）

（2）设定邮件主题。在图 3-26 所示的"主题"栏中，填入"尊敬的＿＿＿，欢迎您来参加 2013 网络营销大会"。此处邮件主题的确定主要从以下三点考虑。

① 主题要凸显本次邮件发送意向，作为邮件第一页要让用户知道该邮件的核心内容是什么；

② 主题要加尊称，表示出对教师、媒体及服务商的尊敬，并且要体现出邀请参会的意思；

③ 主题中不能加营销性质的词语以免客户反感。

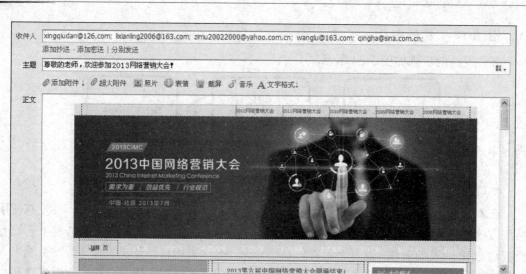

图 3-26 导入邮件列表

（3）置入邮件内容。单击邮件群发系统中的"源代码"按钮，将制作好的邮件页面源代码粘贴于内容区，再次单击"源代码"按钮将显示制作好的 html 页面内容，如图 3-26 所示。

（4）发送邮件。检查收件人地址、邮件主题填写是否正确，邮件页面显示是否正常，确认准确无误，单击"发送"按钮，发送邮件。完成邮件发送的全过程。

任务五　效果监控与评估

表 3-5 所示为此次大会 E-mail 营销效果的评价指标及具体数据。

表 3-5　评价指标

	大会专题页访问量（IP）		大会专题页访问量（PV）		关键词搜索量（百度）		关键词搜索量（Google）	
获取和保持用户资源	前	后	前	后	前	后	前	后
	日均310	日均750	日均350	日均830	日均155	日均426	日均102	日均290
邮件信息传递	发送邮件总量		邮件发送总次数		送达率		失败率	
	51 000		5		84%		16%	
用户信息接受	发送邮件总量		邮件查看率		邮件阅读率			
	51 000		96%		91%			
用户回应评价	大会专题用户注册量		大会专题媒体注册量		电话咨询量		新浪官方微博关注/粉丝量	
	前	后	前	后	前	后	前	后
	105	225	40	85	83	226	166	480

1. 获取和保持用户资源

这里的用户资源变化主要体现在大会专题页访问量的变化和搜索引擎搜索量的变化。

如表 3-5 所示，在实施邮件营销前大会专题页日均 IP 为 310，实施后日均 IP 增加到 750；百度关键词搜索量从之前的 155 增加到了 426；Google 关键词搜索量从之前的 102 增加到了 290。从这些数据可明显看出此次邮件营销的实施提高了网络营销大会专题页的访问量，扩大了网络营销大会在全国的影响力。同时，博导前程官方网站及旗下博星卓越系列教学软件相关网站的访问量也有所提升。

2．邮件信息传递

邮件信息传递主要体现在邮件送达率和失败率的统计数据。如表 3-5 所示，本次邮件发送总量为 51 000 封，发送总次数为 5 次，分别为发送至教师群 3 次，媒体群 1 次，企业服务商 1 次。与表 3-3 相比，教师群在三个阶段均包含在内，企业服务商和媒体分别在第二、三阶段发送。

查看邮件群发系统发送日志可看到，若系统提示的发送信息为"OK"，则邮件发送成功，同时系统对发送成功的邮件地址和总数量作出统计，如图 3-27 所示。本次邮件营销发送成功的邮件数量为 42 800 封，送达率为 84%，意味着在所发送的列表中共有 84%的用户收到了邮件。同时，在会议进行过程中，随机与 50 名参会人员进行跟踪沟通，用户悉数表明收到邮件，且打开阅读。

图 3-27　邮件发送成功界面

统计失败率需要统计的是邮件发送失败的数量。查看邮件群发系统发送日志可看到，如图 3-28 所示，若提示发送信息为"ERROR"，即该邮件发送失败，还可以查看导致邮件发送失败的原因。本次邮件发送中发送失败的总数量为 8 200 封，发送失败率为 16%。

图 3-28　邮件发送失败界面

将邮件发送失败原因和邮件发送失败的总数量做出 Excel 统计表格，如图 3-29 所示。分析发送失败原因，避免下次出现同样的错误，从而可以提高日后群发邮件的送达率。统计数据可以用于本次邮件营销的效果分析并供日后再次实施邮件营销参考。

图 3-29　邮件发送失败 Excel 统计表

3．用户对信息的接收

用户对信息的接收主要从邮件的查看率和阅读率得以体现。邮件发送完毕后查看并统计出用户对邮件的查看率为 96%、邮件阅读率为 91%，如表 3-5 所示。从统计出的邮件查看率和阅读率数据来看，本次邮件营销基本已达到预期效果。用户单击查看了邮件，并阅读了相关页面，60%的阅读人群打开并阅读了大会专题页面，大幅增加了大会专题页的访问量，同时提高了本届网络营销大会的知名度，从而达到了本次邮件营销的目标之一。

4．用户回应评价

在本次邮件营销中，用户回应主要表现在：大会注册报名人数的增加，支持媒体的增加，电话咨询人数的增加以及新浪官方微博粉丝的增加。如表 3-5 所示，用户注册量由之前的 105 增加到了 255，媒体注册量由之前的 40 增加到了 85。电话咨询大会情况及教学软件的用户从市场部反馈的数据来看，由之前的 83 人增加到 226 人。从市场部了解到在大会开幕前后共有将近 3 000 人报名参会或者电话咨询大会情况及软件产品的情况。通过以上效果即可看出本次邮件营销的实施使网络营销大会的参与人数明显增加，同时也提升了博导前程旗下博星卓越教学软件产品的知名度。

四、案例分析

1. 案例因素分析

就本次大会的邮件营销而言，已经完成了一个完整的邮件营销过程，阶段性、递进性与系统性得到了充分的体现。然而，由于大会的时效性，邮件营销的持续性转换并没有完全凸显出来。

（1）前期准备。本次大会邮件营销前期策划准备得比较全面，充分利用起了各方面关系和以前的积累。会议定位的领域独特，有效地将E-mail前期的列表整理降到最低，便于工作人员将重点放在后期的内容策划与发送上。

在内容准备方面，虽然具有阶段性，然而没有调研教师这一受众群体对于E-mail的查阅理解度与接受度，故而有可能造成效果的偏差。E-mail营销也是营销，首先就要了解用户，然后才能把产品推荐给用户，如何准确抓住用户的需求和心理是促进营销成效的重要元素之一。其次，对同一类用户的再分类，能够提升营销的魅力。不同人对待营销的看法不同，需要的内容也不同，如果第一次是泛泛而言，那么第二次就可以尝试个性化。最后，准备的细节很大程度上会影响后续工作的进度，准备越充分，细节考虑得越周到，后续工作进展越顺利。

（2）发送效果。只有从结果中才能看出营销的成败。从本次营销的效果来看，还存在如下问题：

首先，本次邮件营销并没有对E-mail地址进行分析，不同的邮件服务商有不同的针对性，因此需要采取不同的策略来保障邮件的送达率。如Gmail相对于国内邮箱而言，会较为严格，发送户要在主题和内容方面进行谋划，使之更符合Gmail的偏好；而网易、腾讯的邮箱对垃圾邮件的管理较为严格，这就需要设定测试收件人来取消垃圾邮件的标识，提高营销邮件的送达率；新浪、搜狐的邮箱能力一般，基本的营销信息均可传达。

其次，本次营销的失败率高达16%，这就需要对失败的原因进行分析，确定是邮件群发软件设置存在问题，还是一次发送数量过高导致邮箱服务商对发送邮件服务器IP的识别出现问题。

最后，在邮件内容方面设置得略显复杂。团购之所以会红，是因为一次只专注一件事，聚焦度非常高。那么面对这样的会议，就需要抓住不同阶段的唯一亮点进行宣传，以此来提高营销的效果。

当然，从参会人数和关注度而言，本次邮件营销还是起到了一定作用。与传统会议邀请的方式相比，不但节约了成本，还扩大了会议的覆盖范围，对2013中国网络营销大会起到了重要作用。

2. 学生互动分析

授课教师和学生们可根据案例内容进行互动讨论，学生可积极提问与案例相关的问题，并可表述个人对本案例的观点，学生之间可以小组形式讨论。教师及时回答学生提出的案例问题，并根据学生讨论结果进行案例分析总结。

案例二　FT 中文网邮件订阅

一、支持企业

FT 中文网，其 Logo 如图 3-30 所示。

FT中文网

图 3-30　FT 中文网 logo

二、企业背景

FT 中文网是英国《金融时报》集团旗下唯一的中文商业财经网站，旨在为中国商业精英和决策者们提供每日不可或缺的商业财经新闻、深度分析以及评论。FT 中文网依据英国《金融时报》遍布全球的丰富的报道资源，深入分析对中国经济和全球商业具有影响力的重大事件、并揭示事件的来龙去脉，以真正富有国际视野的权威报道而闻名，成为中国高级管理人员"必读"的商业财经资讯网站。为了满足用户的需求，加快用户获取信息速度，FT 中文网推出了邮件订阅服务。

三、案例详解

通过学习 FT 中文网邮件订阅的设计与订阅邮件的发送、数据统计，帮助学生了解和掌握邮件订阅的过程、思路与方法。

任务一　邮件订阅的项目分析

1．邮件订阅功能实施的原因

FT 中文网经过多年的发展已经成长为国内财经新闻、深度分析以及评论的重要信息来源，内容翔实而丰富。然而，随着互联网的发展和用户碎片化时间的积累，越来越多的 FT 中文网用户不愿意每日经历"打开网站—浏览标题—详细阅读"的烦琐过程，时间紧张、工作繁忙的他们希望 FT 中文网能够简化并尽可能地优化信息组织和呈现的方式与内容。

E-mail 自诞生之日起便是互联网的代表，也是商业人士每天必须使用的互联网工具，同时，邮件订阅的过程也已经非常成熟。FT 中文网推出的邮件订阅服务不仅能有效地实现信息聚合和推送的目的，也可以极大地提高 FT 中文网用户获取信息的效率，而且这些信息经过了再加工，所蕴含的价值量更大。

2．邮件订阅功能实施的目的

（1）满足用户需求，提高信息获取效率。

（2）增强用户黏性，提升网站流量。

（3）增加新用户。

任务二　邮件订阅的项目策划

1．邮件订阅功能入口

相对于主动投递的邮件，订阅邮件显得更"被动"一些，但采用这种方式获得的用户信息较之前者更加准确，且更符合许可 E-mail 营销的前提。

那么在页面的什么位置提供邮件订阅的入口更贴近用户的需要？FT 中文网的首页如图 3-31 所示。

图 3-31　FT 中文网首页截屏

FT 中文网首页共分为七个部分，主要分成了头条、新闻/分析、观点/专栏、视频与互动、专题报道等信息模块。按照"Z 形"用户浏览顺序，头条、新闻/分析、观点/专栏等 FT 中文网有别于其他财经站点的核心区域不能也不会发生显著变化，必须使网页用户在第一时间获得价值信息。而过长的页面承载了非常大的信息量，使得超过 70%的首次造访的用户不会浏览到页尾，黏性用户由于访问惯性已经能够顺利找到自己热衷的信息区。倘若加在页尾，无法引起大量用户的注意，更无法引导他们使用。这就使得在首页部署邮件订阅入口并不容易。倘若将入口刻意添加在业已成熟的信息区，会造成信息浏览断裂并产生与区域信息不一致的陌生感。

因此，需要找到既能够引起用户注意，又不影响用户信息浏览的连贯性的，且能吸纳更多用户使用邮件订阅服务的位置来部署功能入口。注册页面能够很好地实现此要求，如图 3-32 所示。

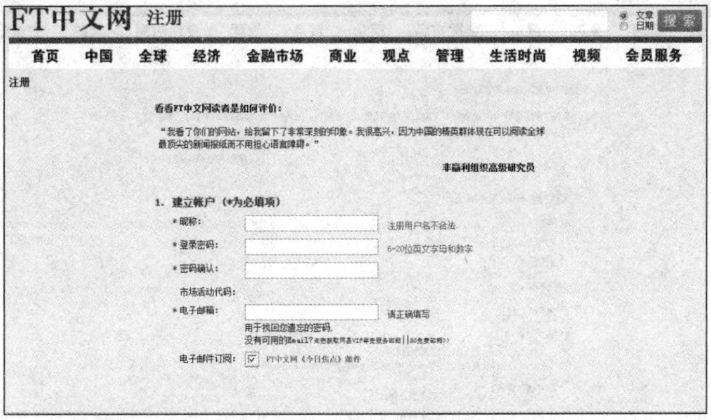

图 3-32　FT 中文网注册页邮件订阅入口

此外，对于在邮件订阅功能上线前就已经注册成为 FT 中文网的老用户而言，也需要为他们提供享用新功能服务的入口。于是，在用户登录后的控制中心中给出了"邮件订阅"的功能项，如图 3-33 所示。

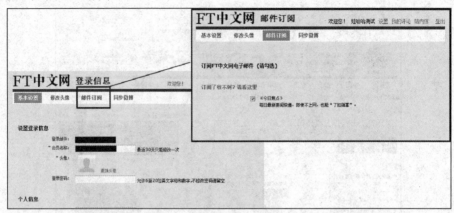

图 3-33　FT 中文网用户中心"邮件订阅"功能

2. 邮件订阅内容策划

确定了入口，即意味着用户能够按照流程操作成为邮件订阅者了，接下来便需要在邮件订阅的实施目的的指导下确定该给订阅用户如何呈现内容、呈现哪些内容。

由于有《金融时报》传统媒体作为网站内容支撑源，FT 中文网每日资讯的更新频率非常高，新闻、深度分析、观点碰撞、专题、专栏与互动话题的多样性内容共同构成了网站繁荣的信息链。面对这样的情况，订阅邮件虽然也足以应对，但信息太多，又无法通过一封订阅邮件全部展示出来，而且还会存在前一天的内容隔天就会"下架"而恰恰此内容并非讲求"绝对时效性"的新闻的问题，这就会使部分用户无法充分享用到网站提供的"财经大餐"。因此，我们及时地调整了思路，扩大了原邮件订阅的种类，即由原有的《今日焦点》扩充为三个类别，分别是《今日焦点》、《午后速递》、《周五文摘》，最大化地展示信息，如图 3-34 所示。

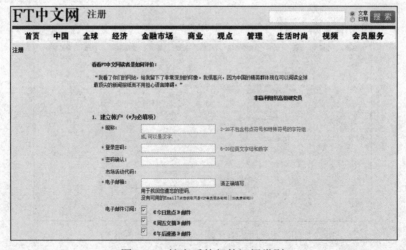

图 3-34　扩充后的邮件订阅类别

解决了上述问题，下面就需要分别考虑这三类订阅邮件要提供哪些内容及其投递时间了，同时，为每种邮件固定一个 URL，以便无法在邮件内正常查看内容的用户可以直接通过 URL 访问到邮件的静态页，如表 3-6 所示。

表 3-6　订阅邮件类别、内容与投递时间

邮件类别	邮件内容	投递时间
今日焦点	0:00～8:00 的站点更新内容 内容原则：要闻头条/关注度高/价值高/易引发讨论 URL：daily.html	每日 8:00～9:00 时间分析：绝大多数的站点受众会在 8:30～9:00 上班，而开始上班的半个小时内是无法进入工作状态的，此时间送达财经快讯贴合需要
午后速递	9:00～12:00 的站点更新内容 内容原则：关注度高/价值高/易引发讨论 URL：pm.html	每日 13:00～14:00 时间分析：一般来说 14:00～14:30 会开始下午的工作，同时由于有了上午的积累，下午将会比较忙碌。13:00～14:00 正是午间休息时间，用户较为空闲
周五文摘	周日～周五 12:00 站点内容 内容原则：一周之内的汇总，要闻/关注度高/价值高 URL：weekly.html	每周五 16:00～17:00 时间分析：周末临近下班的时段，用户的心思很少会在工作上，而且周末时间充裕，故此时投递符合用户需求

3．邮件订阅页面策划

针对不同的订阅邮件版本，需要设计不同的邮件页面。

（1）《今日焦点》。其订阅邮件页面布局如图 3-35 所示。

（2）《午后速递》。其订阅邮件页面布局如图 3-36 所示。

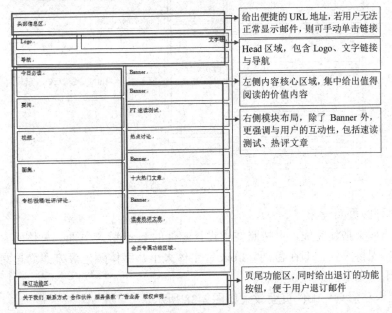

图 3-35　《今日焦点》订阅邮件页面布局

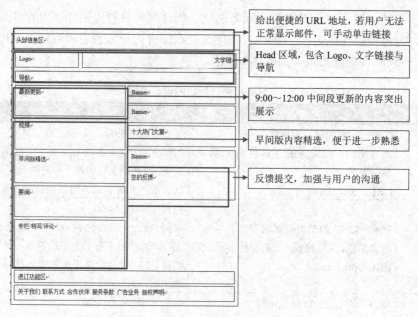

图 3-36 《午后速递》订阅邮件页面布局

（3）《周五文摘》。其订阅邮件页面布局如图 3-37 所示。

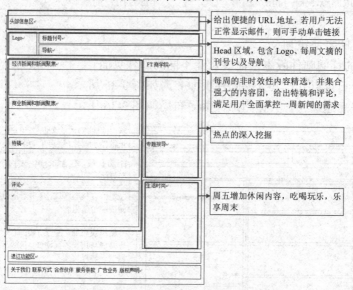

图 3-37 《周五文摘》订阅邮件页面布局

4. 邮件订阅页面设计

基本布局框架搭建完成，可按照要求设计邮件的 html 静态页面。总体而言，邮件静态页需要与网站保持一致，即在色调、Logo、字体大小、字体颜色等方面均与网站无差别，有助于维持用户浏览的统一识别感。

（1）《今日焦点》邮件页面效果如图 3-38 所示。

（2）《午后速递》邮件页面效果如图 3-39 所示。

图 3-38 《今日焦点》邮件页面效果

图 3-39 《午后速递》邮件页面效果

（3）《周五文摘》邮件页面效果如图 3-40 所示。

图 3-40　《周五文摘》邮件页面效果

5. 邮件订阅页面模板

将上述三种类型的订阅邮件作为模板，由于具有固定的 URL，每次发送前将网站最新内容替换掉原有内容即可，同时备份原有邮件内容。

任务三　订阅邮件的发送

订阅邮件更符合许可 E-mail 营销的核心，因此不需要过多关注 E-mail 地址的收集、整理与分类，只需要按照既定时间，将提前准备好的邮件内容发送出去即可。

FT 中文网邮件订阅系统通过前台 E-mail 地址的提交，将 E-mail 地址传递到后台的订阅列表中，系统通过群发邮件，把邮件投递到订阅者邮箱中。FT 中文网网络邮件订阅群发系统如图 3-41 所示。

图 3-41 FT 中文网网络邮件订阅群发系统

FT 中文网网络邮件订阅群发系统的设置及邮件查看步骤如下。

（1）单击左侧菜单栏中的"发信设置"，填写 smtp 等信息，单击"提交"按钮，如图 3-42 所示。

图 3-42 发信设置

（2）单击左侧菜单栏中的"订阅列表"，查看订阅的邮件列表，如图 3-43 所示。FT 中文网网络邮件订阅群发系统按照订阅的邮件列表发送邮件。

图 3-43 查看订阅列表

（3）用户登录个人的邮箱，在订阅邮件组中查看是否收到 FT 中文网的邮件，如图 3-44 所示。

图 3-44 接收订阅邮件

（4）用户查看订阅的邮件内容，如图 3-45 所示。

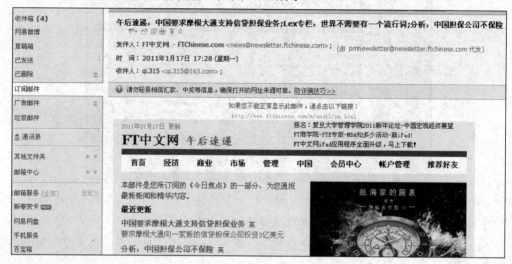

图 3-45　查看订阅邮件

四、案例分析

1. 案例因素分析

邮件的订阅是要经历"信息传递—用户确认—信息确认—订阅成功"的过程，也只有在这样的过程之中才能尊重用户的权利，也是对"许可"这一行为所带来的用户体验的全面提升。

在此，FT中文网的日常期刊订阅严格遵守了许可的过程，尽管在步骤上增加了两项，需要用户多选择两次，但是满足了用户自主选择的需要，同时也给予了用户一段评判的时间。

不过，在发送过程中并不需要设定太多。由于订阅是经过确认的行为，在标题设置方面只要与用户所订阅的内容相吻合即可。

内容则是本邮件订阅的重心。如果内容不够分量，价值不足以吸引用户，那么很容易造成用户在一次订阅之后流失。故而，在内容设定方面要与不同的邮件定位相一致，将FT中文网中的头条以及容易引发讨论、争议、纠结的内容安置在内，完全由内容来主导用户，继而促进网站本身的利益。

2. 学生互动分析

方法同项目一的案例一。

资料来源：http://www.ftchinese.com/m/corp/faq.html#5_1

模块二　E-mail 营销相关知识

一、E-mail 营销的含义

E-mail 营销是在用户事先许可的前提下，通过电子邮件的方式向目标用户传递有价值的信息的一种网络营销手段。

二、E-mail 营销发展概况

现在普遍认为，E-mail 营销诞生于 1994 年，不仅是因为 1994 年发生的"律师事件"，而且是因为对于 E-mail 营销的研究让人们对此具有了系统的了解和认可，将 E-mail 营销的概念进一步推向成熟，从而促使"许可营销"理论的诞生。

自电子邮件诞生到 E-mail 营销的应用，经历了一段比较长的时期，并且逐渐形成了一些被广泛认可的行业规范。但到目前为止，E-mail 营销的应用也并没有完全规范化，不仅相关的法律法规不是很完善，而且企业在应用 E-mail 营销时也存在很大的误区。这在很大程度上制约了 E-mail 营销价值的发挥，也造成了很多的混乱。正确认识 E-mail 营销及其方法，是非常重要的。许可 E-mail 营销的应用状况总体上还不够理想，在很大程度上是因为企业对 E-mail 营销的理解不够深入，但是 E-mail 营销的潜力巨大，只要运用合理，必将在企业营销中发挥重要作用。

图 3-46 所示是艾瑞咨询所提供的 2010 年美国企业营销方式评选结果，其中电子邮件营销排名第一。

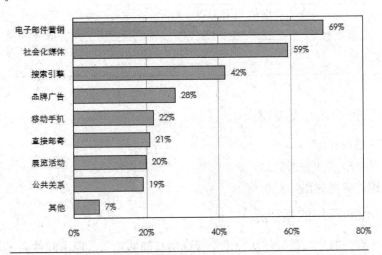

注：N=1000，样本来源于网上随机抽样的美国企业领导者。

图 3-46　2010 年美国企业营销方式评选结果

三、E-mail 营销的分类

（1）按是否经过用户许可分类：许可 E-mail 营销和未经许可的 E-mail 营销。

（2）按照 E-mail 地址资源的所有权分类：内部列表 E-mail 营销和外部列表 E-mail 营销。一般重视网络营销的企业都有自己的内部列表。表 3-7 对两种 E-mail 营销的形式的功能和特点进行了比较。

（3）按照营销计划分类：临时性的 E-mail 营销和长期 E-mail 营销。

（4）按照 E-mail 营销的功能分类：顾客关系 E-mail 营销、顾客服务 E-mail 营销、在线调查 E-mail 营销和产品促销 E-mail 营销。

（5）按照 E-mail 营销的应用方式分类：经营型 E-mail 营销和非经营型 E-mail 营销。

表 3-7　外部列表 E-mail 营销和内部列表 E-mail 营销的比较

主要功能和特点	内部列表 E-mail 营销	外部列表 E-mail 营销
主要功能	顾客关系、顾客服务、品牌形象、产品推广、在线调查、资源合作	品牌形象、产品推广、在线调查
投入费用	相对固定，取决于日常经营和维护费用，与邮件发送数量无关，用户数量越多，平均费用越低	没有日常维护费用，营销费用由邮件发送数量、定位程序等决定，发送数量越多费用越高
用户信息程序	用户主动加入，对邮件内容信任程度高	邮件为第三方发送，用户对邮件的信任程度取决于商家的信用、企业自身的品牌、邮件内容等因素
用户定位程序	高	取决于服务商邮件列表的质量
获得新用户的能力	用户相对固定，对获得新用户效果不显著	可针对新领域的用户进行推广，吸引新用户能力强
用户资源规模	需要逐步积累，一般内部类标用户数量比较少，无法在很短时间内向大量用户发送信息	在预算许可的情况下，可同时向大量用户发送邮件，信息传播覆盖面广
邮件列表维护和内容设计	需要专业人员操作，无法获得专业人士的建议	服务商专业人员负责，可对邮件发送、内容设计等提供相应的建议
E-mail 营销效果分析	由于是长期活动，较难准确地评价每次邮件发送的效果，需要长期跟踪分析	由服务商提供专业分析报告，可快速了解每次活动的效果

四、E-mail 营销的三个基本要素

（1）基于用户许可。

（2）通过电子邮件传递信息。

（3）传递的信息对用户有价值。

五、开展 E-mail 营销的基础条件

（1）邮件列表的技术基础：从技术上保证用户能够加入、退出邮件列表，并实现对用户的资料的管理，以及邮件发送和效果的跟踪等功能。

（2）用户 E-mail 地址资源的获取：在用户资源加入到邮件列表的前提下，获得足够多的用户 E-mail 地址资源，是 E-mail 营销发挥作用的必要条件。

（3）邮件列表的内容：营销信息通过邮件传递给客户，邮件的内容对用户有价值才能引起用户的关注。

六、开展 E-mail 营销的一般过程

开展 E-mail 营销的过程，也就是将有关营销信息以电子邮件的形式传递给用户的过程。为了将信息发送到目标用户电子邮箱，首先应该明确向哪些用户发送这些信息、发送什么信息，以及如何发送信息。开展 E-mail 营销主要包括以下步骤。

（1）制订 E-mail 营销计划，分析目前所拥有的 E-mail 营销资源。

（2）决定是否利用外部列表投放 E-mail 广告，如果利用外部列表要选择合适的外部

列表服务商。

（3）针对内部和外部邮件列表分别设计邮件内容。

（4）根据计划向潜在用户发送电子邮件信息。

（5）对 E-mail 营销活动的效果进行分析总结。

图 3-47 中描述了 E-mail 营销的一般过程。

图 3-47　E-mail 营销的一般过程

七、E-mail 营销效果评价指标

在 E-mail 营销过程中，通过对一些指标进行监测和分析，不仅可以用来评价 E-mail 营销的效果，还可以通过这些信息发现 E-mail 营销过程中的问题，从而对 E-mail 营销活动进行适当的控制。

1. E-mail 营销的评价指标体系

（1）获取和保持用户资源阶段的评价指标。这类指标主要包括有效用户总数、用户增长率、用户退出率等。要获得这些指标，需要对每次发送的邮件列表进行统计，获得有关数据。

（2）邮件信息传递评价指标。在 E-mail 营销过程中，用来描述信息传递的指标有"送达率"和"退信率"，在每次邮件发送后，对发送的情况进行分析、跟踪，对退信的情况进行技术处理，以保证信息能发送给用户。

（3）用户接收信息的过程的指标。当信息通过 E-mail 发送给用户后，用户对信息的接收过程可以用开信率、阅读率、删除率等指标来描述。

（4）用户回应评价指标。E-mail 营销的最终结果将通过用户的表现反映出来，用户的回应指标主要有直接收益、点击率、转化率、转信率等。

2. E-mail 营销的有效性分析

目前，E-mail 营销效果的评价体系还不是很完善，有些指标的获取还很困难。评价内部 E-mail 营销和外部 E-mail 营销的营销效果的方式通常有所不同。对于内部 E-mail 营销来说，由于它是长期的、连续的活动，E-mail 营销的有效性并不是通过一两次的活动可以准确评估的，通常采取定性的分析方法。

外部 E-mail 营销的有效性主要体现在以下几个方面。

（1）邮件可以送达尽可能多的目标用户电子邮箱。

（2）反应率指标不低于行业平均水平。

（3）获得的直接收益大于投入的费用，或者达到了期望的目标。

同时，外部列表 E-mail 营销还可以获取其他的效果，如网站访问量的变化、对产品或专业服务的附带宣传效果。

内部列表 E-mail 营销的有效性主要体现在以下几个方面。

（1）稳定的后台技术保证。

（2）获得尽可能多的用户加入列表。

（3）保持 E-mail 营销资源稳步增加。

（4）信息送达率高，尽可能减少退信数量。

（5）邮件内容获得用户认可，有较高的阅读率。

（6）邮件格式获得用户认可。

（7）获得用户信任并产生高的回应率。

（8）用户资源对企业有长期营销价值。

（9）在多方面发挥作用，综合应用效果好。

在实际中，由于企业资源、行业特征、企业经营情况等因素的差异，可能一部分企业的 E-mail 营销的效果没有达到预期，并在开展了一段时间后没有改变，各种监测指标无法令人满意，这说明 E-mail 营销是不成功的，可以根据实际的情况进行分析总结，对 E-mail 营销进行优化。

模块三　E-mail 营销项目实训

本项目实训要求学生以博星卓越网络营销教学实验系统或者教研室网站作为 E-mail 营销的主要内容，以小组团队的形式，通过策划 E-mail 营销方案，收集 E-mail 营销列表，设计制作 E-mail 内容，以博导前程 E-mail 群发系统为工具，实施邮件发送、效果监控等一系列操作。目的在于让学生通过实训掌握 E-mail 营销的相关方法和技巧。

一、实训流程

E-mail 营销实训流程如图 3-48 所示。

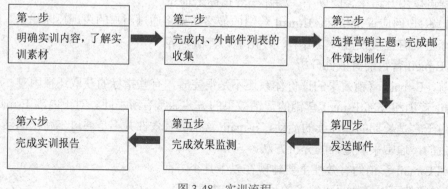

图 3-48　实训流程

二、实训素材

以博星卓越网络营销教学实验系统或者教研室网站作为 E-mail 营销的主要内容。

1. 博星卓越网络营销教学实验系统

博星卓越网络营销教学实验系统,以功能模块的方式把网络营销的工具、方法以及营销网站建设等作为素材提供出来,让学生在老师的安排下使用这些素材,解决设定的问题或达到设定的目标,通过这样的过程让学生体验、应用和学习网络营销的知识、技能和技巧。同时,系统提供跟踪学生解决问题的过程,对结果进行考核评价的功能。系统功能按学习层次分为基本技能训练功能集和网站综合营销实验功能集。教学采用虚实结合、局域网和互联网结合的方式,不同营销工具和方法的综合应用目标决定了营销课程训练的结合方式和结合程度。

(1) 了解软件详情:http://www.didida.com/cpzx/s3.htm。

(2) 软件在线试用:http://www.shixunshi.com/E-marketing.html。

(3) 软件试用账号。教师用户名:试用教师;密码:123123。学生用户名:试用学生1;密码:123123。或者登录 http://www.shixunshi.com/soft/z-wlyxs.html 查看更多。

(4) 软件使用说明书:http://www.jiaoyanshi.com/软件升级/指导书新/博星卓越网络营销教学实验系统/博星卓越网络营销教学实验系统/博星卓越网络营销教学实验系统使用说明书.doc。

(5) 软件实验指导书:http://www.jiaoyanshi.com/软件升级/指导书新/博星卓越网络营销教学实验系统/博星卓越网络营销教学实验系统/博星卓越网络营销系统实验指导书.doc。

2. 教研室网站

教研室网站创建于 2009 年,是专业教学资源性网站,为经管类专业的教师提供丰富的教学资源,包括多样化的教学案例、各个高校的教学大纲和教学计划、大量的教学论文、教学课件以及教学实验、教学网站,全面涵盖了电子商务、电子政务、物流、市场营销、国际贸易以及工商管理等领域,以便教师在授课前、授课时不再盲目地寻找,而是在"教研室"中拿己所需。

教研室分为新闻资讯、电子商务、电子政务、综合物流、市场营销、工商管理、国际贸易、教研室社区八个频道,每个频道包含政策规范、行业动态、教学计划、教学大纲、教学论文、教学案例、教学课件等栏目。

教研室网址:http://www.jiaoyanshi.com。

三、实训内容

任务一 策划 E-mail 营销方案

(1) 小组成员根据此次 E-mail 营销实训的要求进行 E-mail 营销分析,熟悉实训所提供的相关素材,确定目标受众群体、营销目标和营销方案。

(2) 根据 E-mail 营销目标效果以及受众群体的利益关注点,在邮件内容呈现、表现形式、实施过程等方面,进行详细的策划。

（3）制订进度计划书，明确工作内容与人员分工。

任务二 收集整理邮件列表

按照 E-mail 营销分析收集整理目标受众群体邮件列表。

（1）内部邮件列表：收集周围同学的 E-mail 地址作为内部邮件列表。

（2）外部邮件列表：针对不同的营销主题，收集相应的用户的邮件地址。

（3）汇集成表。列出邮件地址、用户身份及选择其作为邮件受众的原因，填入表 3-8。

表 3-8 邮件列表

序　号	邮件地址	身　份	原　因	备　注

任务三 制作邮件内容

制作邮件内容步骤如下。

（1）依据营销主题的不同，分析并构思邮件内容，勾勒页面布局。

（2）根据布局，制作邮件 html 静态页面。

（3）邮件内容文字描述。

（4）设计邮件标题。

（5）保存制作完成的 html 静态页面。

制作邮件内容过程的要点包括以下三个方面。

1．html 静态页面的三种实现手段

（1）用博导前程邮件营销工具中的内容编辑器（见图 3-49），通过表格设计框架，再在表内置入图片、Flash 及文字内容，作为邮件。

图 3-49 内容编辑器

（2）使用 Dreamweaver 或其他网页制作工具，完成 html 静态页面的设计。既可通过 Div+Css 的方式实现，也可以采用 Table 搭建框架。用 Dreamweaver 制作 html 静态页面的步骤如下。

① 打开 Dreamweaver，新建空白基本页面。

② 切换至布局模式，勾勒页面框架。

③ 根据框架，提升页面效果，置入图片、Flash、边线等美化内容，并完善页面文字。

④ 保存页面。

制作过程如图 3-50 所示。

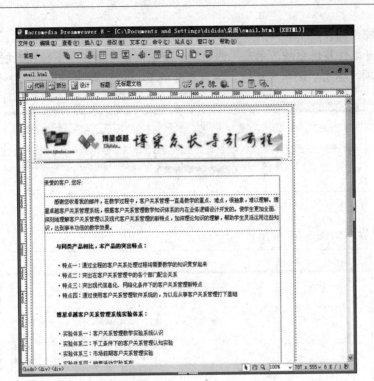

图 3-50　使用 Dreamweaver 制作邮件 html 静态页面

（3）下载博星卓越网络营销教学实验系统中已有的 html 邮件模板，修改后作为本次实训的模板，模板如图 3-51 所示。

图 3-51　html 静态页面模板

2．邮件内容的呈现形式与编辑事项

（1）言简意赅，重点突出，具备营销效果。

（2）内容明确，语言精练，切中要害，阅读流畅，且具备阅读价值。

3．邮件标题撰写事项

好的邮件标题是成功的一半。标题应醒目灵活，切忌广告性质太明显，应突出邮件核心内容，引导用户查看。

任务四　发送邮件

发送邮件的步骤主要有导入邮件列表，填入邮件标题，导入邮件内容，选择发送模式与编码和发送。

发送邮件过程的要点包括以下三个方面。

1. 导入邮件列表

（1）打开邮件发送系统，单击"通讯录"按钮，在"操作"下拉列表框中选择"导入 csv 文件"选项，单击"浏览"按钮，导入相应的 E-mail 地址文件，如图 3-52 所示。

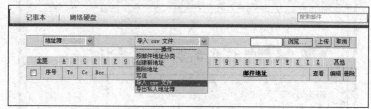

图 3-52　导入 csv 文件

导入完成界面如图 3-53 所示。

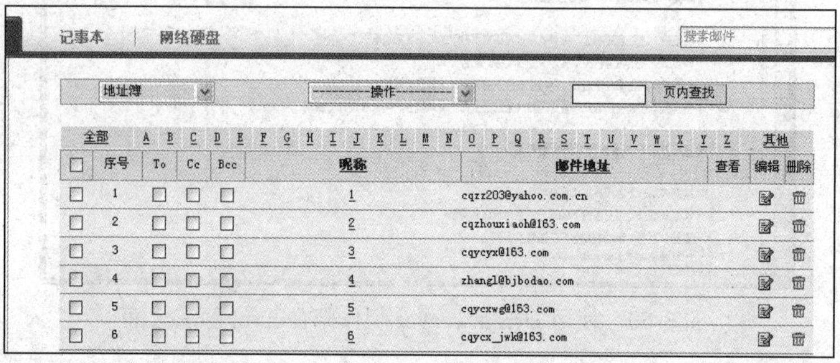

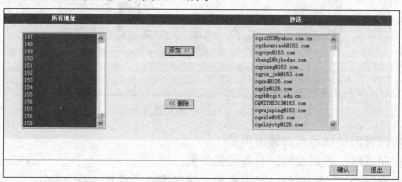

图 3-53　导入邮件列表完成界面

（2）单击"写信"按钮，然后单击"添加抄送"按钮，再单击"添加"按钮，将页面左侧的 E-mail 地址导入到右边，如图 3-54 所示。

图 3-54　添加抄送

（3）单击"确认"按钮，将所有邮件导入抄送地址栏中。随后，在收件人地址栏内即可看到所有收件人邮件地址，如图 3-55 所示。

图 3-55　邮件地址添加到收件人地址栏

2. 导入邮件内容

将制作完成的 html 静态页面打开，将页面的内容复制到 E-mail 群发系统的编辑器中，这样就导入了邮件的内容,如图 3-56 所示。

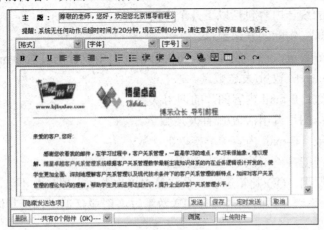

图 3-56　导入邮件内容

3．选择发送模式与编码

邮件发送模式有紧急、普通、缓慢三种,实验中选择普通即可;可以从共享文件中添加附件,可以进行发送保存,也可以进行定时发送。

任务五　效果监控与评估

效果监控与评估主要完成以下工作:查看邮件发送状况,统计邮件发送情况,形成邮件发送 Excel 统计表和对统计结果进行分析。

效果监控与评估过程的要点主要包括以下两个方面。

1．查看邮件发送状况

(1) 查看邮件群发系统"已删除"选项,检查 E-mail 是否发送成功,如图 3-57 所示。

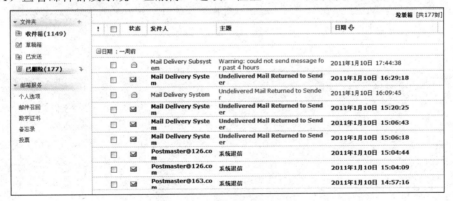

图 3-57　查看已删除选项

(2) 在"收件箱"和"已删除"选项中,统计发送失败的 E-mail 的数量。

(3) 查看 E-mail 内容的 html 页面的统计代码,可以看出有多少人打开了发送的 E-mail 邮件(在编写 html 文档过程中,可以通过图片、链接内置统计代码,来实现对 E-mail 内容中的图片、链接的统计。通过对 E-mail 图片的统计,可以计算发送的 E-mail 打开次数;对链接的统计,可以计算 E-mail 内容的阅读次数)。

2. 形成邮件发送 Excel 统计表

Excel 统计表的统计内容包括以下几个方面。

（1）发送数量：实际的发送数量。

（2）发送失败数量：在"收件箱"和"已删除"中统计出发送 E-mail 失败的数量。

（3）失败率：失败数量/发送数量。

（4）打开次数：E-mail 内容图片的调用次数。

（5）打开率：图片调用次数/邮件发送数量。

（6）阅读次数：E-mail 内容的链接单击次数。

（7）阅读率：链接单击次数/发送数量。

（8）失败的原因：QQ 邮箱过多，系统最大接收人数设置参数不当，系统发送延时时间参数设置不当，系统在短时间内并行发送数量过多造成延迟，以及其他原因。

项目四 博客与微博营销

能力目标

- 能够撰写合适的网络营销博客文章;
- 能够实施博客/微博营销的策划;
- 能够监控和评估博客/微博营销效果;
- 能够熟练使用博客/微博的各项功能;
- 能够运用各种网络营销工具推广博客/微博。

知识目标

- 了解博客/微博的概念、特点;
- 了解博客/微博营销的概念、本质以及博客写作人群的类型;
- 熟悉博客/微博营销的优势、常见形式以及博客文章的写作技巧;
- 掌握博客/微博营销的实际操作方法、博客营销效果分析的方法;
- 熟悉博客/微博的常用功能。

本项目的工作任务是通过博客、微博完成对特定产品或服务的营销。项目要求学生在特定的网络平台开设博客、微博,撰写博文,实施博客与微博营销。通过项目实践,让学生掌握博客营销的步骤、方法与技巧。

模块一 案例学习

案例一　博星卓越博客营销

一、支持企业

北京博导前程信息技术有限公司。

二、企业背景

北京博导前程信息技术有限公司是国内知名的教学软件研发机构和销售商。其前身为陕西博星卓越资讯有限公司，于1999年在西安成立。作为国内著名的教学软件公司，北京博导前程信息技术有限公司为高校提供专业教学软件产品，支持高校实训教学，致力于提升互联网环境下学生的综合竞争力，是国内高校教学软件的领跑者，代表着我国教学软件开发与实验教学研究的最新动向。博星卓越系列教学软件是北京博导前程的主要产品，包含8个系列共45套软件，其中电子商务系列、电子政务系列、市场营销系列以及客户关系管理等系列是目前的热销产品，且在众多软件中综合实力较强。为此，2009年2月，博星卓越教学实验网应运而生，用于宣传介绍博星卓越系列教学产品，促成用户购买。

三、案例详解

互联网应用手段愈发多样，网络营销便是其中之一。博客营销作为网络营销的重要组成部分，历来是实施效果好、实施成本低的绝佳方式。北京博导前程信息技术有限公司，作为教学软件研发机构和销售商，对网络信息进行了收集、整理和挖掘，这对公司产品和业务具有很好的促进和拓展作用。因此，对公司旗下的博星卓越教学实验网站和教学产品实施博客营销是必然之举。

任务一　博客营销分析

1. 实施原因

相对而言，博客营销成本低、入门门槛低、操作简单，有利于取得长远利益和培养忠实用户。博星卓越教学软件经过多年发展虽然已经成功累积了较多的客户，但面对巨大的市场仍需不断扩大品牌和产品的知名度。此外，博星卓越教学软件创始人段建早前在自己的博客中发表了一系列有关电子商务教学和电子商务学生就业问题的思考文章，引起了电子商务专业师生和研究人员的广泛关注，并有多个教师主动联系了解了博星卓越教学软件产品，这让博导前程看到了博客营销的重要影响力以及能够带来的价值。

2. 实施目的

（1）为博星卓越的产品站增加反向链接，提升产品页面权重及访问量。

（2）占有更多的核心关键词优势排名。

（3）提升博星卓越品牌知名度。

3. 实施计划

博客营销强调持之以恒，需要细心、耐心地维护。虽然要根据执行过程中的效果进行不断的改变和调整，但需要在计划范畴之内，如表 4-1 所示。

表 4-1 博星卓越博客营销实施计划

实施阶段	主要任务	具体内容	落实人	时间段
第一阶段	选择博客平台	分析并确定使用网易、搜狐、百度空间、和讯网、企博网、畅享网、博客网的博客平台	张磊	2009.5.12
第二阶段	注册博客	填写各个博客平台注册信息，完善博客信息，加友情链接网址	张婵	2009.5.13
第三阶段	内容选题	内容选定在经管类专业教学资源及与教学相关的话题，知识范围包括电子商务、电子政务、市场营销、物流等教学软件涉及专业科目	张磊	2009.5.13～2009.5.14
第四阶段	内容写作	定期撰写原创博文和伪原创博文，在文章中的恰当位置加入与教学软件相关的关键词，且语意顺畅	张婵	2009.5.15 至今
第五阶段	发布博文	在编辑的博客文章中加入所选关键词链接，指向博星卓越教学软件产品页，并附注原创或转载说明链接。发布后定期观察其阅读量	张婵	2009.5.15 至今
第六阶段	日常维护与跟踪	持续地进行博客日常更新与维护，并根据数据分析营销效果，转变营销策略	张婵	2009.5.16 至今

4. 营销博客的类别选择

企业以营销为目标所开通的博客不同于个人的博客，除了传播自身之外，还需要考虑产品营销、反向链接以及对品牌的促进作用等问题。在此，企业博客可运用独立博客与第三方博客平台两种方式来实施。

所谓独立博客，是指利用自身或独立博客程序所搭建的在域名、功能、架构等方面具有完全掌控能力的博客，较之博客平台具有更自由、更强大的特点，能够实现 URL 自定义、绑定顶级域名、便捷的功能扩展等突出优势。独立博客可通过 WordPress、PJblog、Zblog 等程序实现或完全自主开发。不过，与免费博客平台提供的服务相比，独立博客需要耗费大量的时间在程序搭建和完善上，也正是因为如此，博星卓越产品的博客营销没有选择运用独立博客来实现。

目前拥有用户量最多的博客平台主要集中在四大主流门户网站——新浪、网易、腾讯和搜狐，除门户网站另有部分受企业欢迎的博客平台，用户量也日趋上升，如企博网、畅享网、百度空间、博客网等。随着互联网的迅猛发展，在全国数亿的网民中，拥有博客的人数成倍地增加。如图 4-1 所示，截至 2008 年 12 月底，在中国 2.98 亿网民中拥有博客的网民比例达到 54.3%，用户规模为 1.62 亿人。其中，博客人群的分布上，年龄主要集中在 20～39 岁，职业主要集中在教育/学生、IT 人员中，学历主要集中在本科及以上学历，高中生群体上升较快。

虽然这些博客没有独一无二的 SEO 优势，但它们胜在快速高效，且依托背后强大的网站平台能够更容易地获取权重。

图 4-1　博客人群属性分布

考虑到时间、人力与成本，博星卓越教学软件的博客营销实施，决定选择使用博客平台。首先开通主流门户网站的博客，如新浪、网易、搜狐；同时为了扩大在国内企业间的品牌影响力，开通深受企业欢迎的博客平台，如百度空间、企博网、畅享网、和讯博客以及博客网。具体如表 4-2 所示。

表 4-2　博客平台及其选择原因

博客平台	选择原因
新浪博客	主流门户网站，日访问量高，注册用户量多，热门话题多
网易博客	主流门户网站，日访问量高，注册用户量多，热门话题多
搜狐博客	主流门户网站，日访问量高，注册用户量多，热门话题多
百度空间	百度搜索友好，排名具有优势，注册用户人群多，访问量高
企博网	百度、Google 搜索排名靠前，注册企业用户较多，访问量高
畅享网	百度、Google 搜索排名靠前，注册企业用户较多，访问量高
和讯博客	百度、Google 搜索排名靠前，注册经济类企业用户较多
博客网	百度、Google 搜索排名靠前，注册企业用户群多

选择在三大主流门户网站——新浪、网易、搜狐注册博客，博客地址分别 http://blog.sina.com.cn/iduanj、http://ibodao.blog.163.com、http://boxingzhuoyue.blog.sohu.com。

选择在深受企业欢迎的博客平台——企博网、畅享网、百度空间、博客网、和讯博注册博客，博客地址分别为 http://boxingzhuoyue.co.bokee.net、http://blog.vsharing.com/boxingzhuoyue/、http://hi.baidu.com/boxingzhuoyue、http://boxingzhuoyue.bokee.com 和 http://boxingzhuoyue.blog.hexun.com。

使用的博客展示效果如图 4-2 所示。

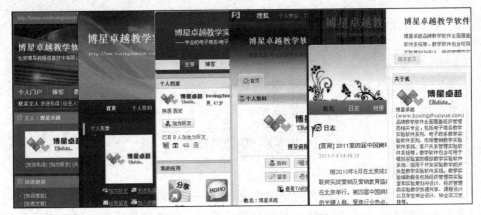

图 4-2　博星卓越企业博客示意图

任务二　注册博客

1. 注册流程

选择好博客平台后，进行博客注册。

博客注册的流程类同于一般注册流程，填写用户名、密码等信息，这里就不细讲了。需要强调的是博客名称和个性域名的选择。在填写昵称和博客名称时，务必将企业名称或需要推广的产品品牌注明。比如博星卓越注册的网易博客：博客名称为博星卓越教学实验软件，账户昵称为博星卓越，个性域名选择品牌名称的全拼 boxingzhuoyue。

这样的操作一方面从用户角度考虑，可让来访者一目了然地看到我们的品牌名称；另一方面从搜索引擎角度考虑，对搜索引擎友好，易于宣传品牌。

2. 博客设置

注册好博客后，需将博客信息设置完善，包括企业简介、头像的选择、关注信息的类别、友情链接的添加等。在企业网站中，一般企业简介的内容都较长，而在博客中的企业简介不允许过长，这就需要考虑哪些内容应该放置、哪些无须放置。比如在网易博客中，企业简介内容浓缩为："博星卓越科技有限公司成立于 1999 年 10 月，是国内著名的教学软件公司，拥有近十年的软件开发和六年多的实验教学研究探索经验。博星卓越为高校提供教学软件产品，支持高校实验教学，致力于提高我国高校教学实验水平，提升互联网环境下学生综合竞争力，是国内高校教学软件的领跑者，代表着我国教学软件开发与实验教学研究的最新动向。"内容中主要说明企业的概况、企业的主营产品和在行业内的影响力，便于来访网友了解企业的情况。

此外，头像的选择也很重要。作为企业的推广博客，最佳选择是企业的 Logo。设置了关注信息类别之后基本就确定了博客所关注的行业范围。比如，博星卓越的推广博客在关注信息类别中就选择了教育行业和互联网行业。

在博客设置中，应特别注意友情链接的添加，既可添加自己要推广的网站链接，也可和较友好的网站交换链接，增加访问量。我们将博导前程旗下所有网站都加到博客的友情链接中，这样在增加外链的同时，还可提高彼此间的互访量，如图 4-3 所示。

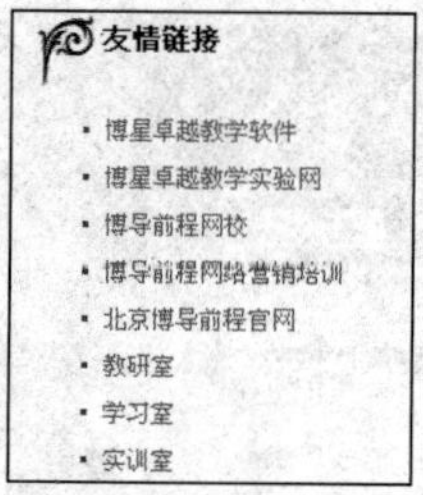
友情链接
· 博星卓越教学软件
· 博星卓越教学实验网
· 博导前程网校
· 博导前程网络营销培训
· 北京博导前程官网
· 教研室
· 学习室
· 实训室

图 4-3　增加友情链接

任务三　内容编辑

博客注册完成后，则进入博客营销的重要环节——内容编辑，即进行日志写作。

博客营销终归是一种营销手段，目的是推广产品，促进产品销售。博星卓越各大博客目的明确，其日志内容的范围也已被清晰划定——软件产品涉及范围内的行业资讯、产品研发、企业动态以及产业热点，即电子商务、电子政务、市场营销、综合物流等专业科目，与所做的教学软件产品关键词紧密结合。

博文可分为转载类、原创类以及伪原创类。

1．转载类日志

适合转载的文章一定是那些在网站上浏览量高、转载量高、主题吸引人的文章，且一定要与企业服务或产品有相关性，如图 4-4 所示。

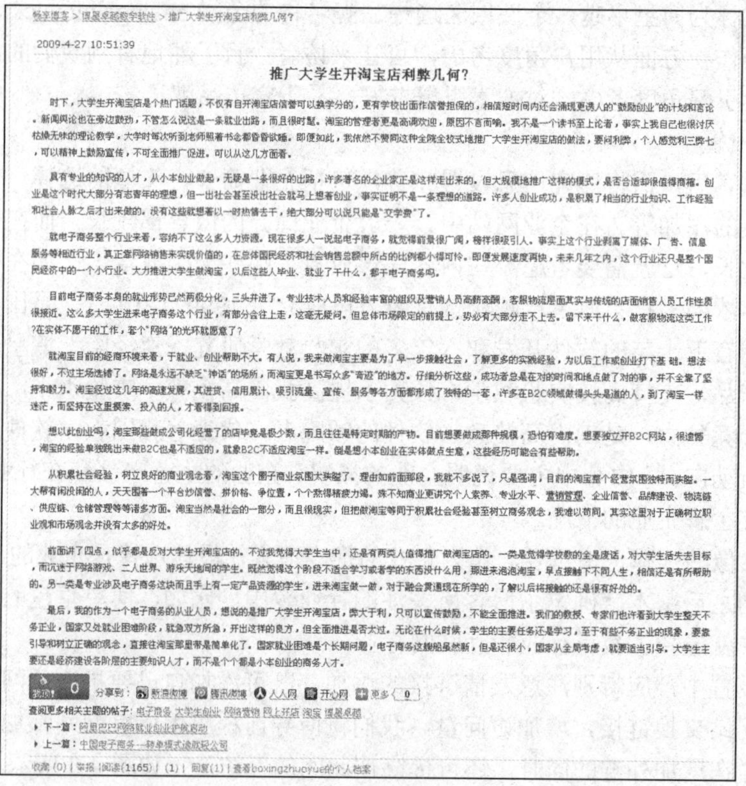

畅享博客 > 博星卓越教学软件 > 推广大学生开淘宝店利弊几何？

2009-4-27 10:51:39

推广大学生开淘宝店利弊几何？

时下，大学生开淘宝店是个热门话题，不仅有自开淘宝店信誉可以换学分的，更有学校出面作信誉担保的，相信短时间内还会涌现更诱人的"鼓励创业"的计划和言论。新闻舆论也在旁边鼓劲，不管怎么说这是一条就业出路，而且很时髦。淘宝的管理者更是高调欢迎，原因不言而喻。我不是一个读书至上论者，事实上我自己也很讨厌枯燥无味的理论教学，大学时每次听到老师照着书念都昏昏欲睡。即便如此，我依然不赞同这种全院全校式地推广大学生开淘宝店的做法，要问利弊，个人感觉利三弊七，可以精神上鼓励宣传，不可全面推广促进。可以从这几方面看。

具有专业的知识的人才，从小本创业做起，无疑是一条很好的出路，许多著名的企业家正是这样走出来的。但大规模地推广这样的模式，是否合适却很值得商榷。创业是这个时代大部分有志青年的理想，但一出社会甚至没出社会就马上想着创业，事实证明不是一条理想的道路。许多人创业成功，是积累了相当的行业知识、工作经验和社会人脉之后才出来做的。没有这些就想着以一时热情去干，绝大部分可以说只能是"交学费"了。

就电子商务整个行业来看，容纳不了这么多人力资源。现在很多人一说起电子商务，就觉得前景很广阔，榜样很吸引人。事实上这个行业剥离了媒体、广告、信息服务等相近行业，真正靠网络销售来实现价值的，在总体国民经济和社会销售总额中所占的比例都小得可怜。即便发展速度再快，未来几年之内，这个行业还只是整个国民经济中的一个小行业。大力推进大学生做淘宝，以后这些人毕业、就业了干什么，都干电子商务吗。

目前电子商务本身的就业形势已然两极分化，三头并进了。专业技术人员和经验丰富的组织及营销人员高薪高酬，客服物流层面其实与传统的店面销售人员工作性质很接近。这么多大学生进来电子商务这个行业，有部分会往上走，这毫无疑问。但总体市场限定的前提上，势必有大部分走不上去。留下来干什么，做客服物流这类工作?在实体不愿干的工作，套个"网络"的光环就愿意了？

就淘宝目前的经商环境来看，于就业、创业帮助不大。有人说，我来做淘宝主要是为了早一步接触社会，了解更多的实践经验，为以后工作或创业打下基 础。想法很好，不过主场选错了。网络是永远不缺乏"神话"的场所，而淘宝更是书写众多"奇迹"的地方。仔细分析这些，成功者总是在对的时间和地点做了对的事，并不全靠了坚持和毅力。淘宝经过这几年的高速发展，其进货、信用累计、吸引流量、宣传、服务等各方面都形成了独特的一套，许多在B2C领域做得头头是道的人，到了淘宝一样迷茫，而坚持在这里摸索、投入的人，才看得到回报。

想以此创业吗，淘宝那些做成公司化经营了的店毕竟是极少数，而且往往是特定时期的产物。目前想要做成那种规模，恐怕有难度。想要独立开B2C网站，很遗憾，淘宝的经验单独跳出来做B2C也是不适应的，就象B2C不适应淘宝一样。倒是想小本创业在实体做点生意，这些经历可能会有些帮助。

从积累社会经验，树立良好的商业观念看，淘宝这个圈子商业氛围太狭隘了。理由如前面那段，我就不多说了，只是强调，目前的淘宝整个经营氛围独特而狭隘。一大帮有闲没闲的人，天天围着一个平台炒信誉、拼价格、争位置，个个熬得精疲力竭。殊不知商业更讲究个人素养、专业水平、营销管理、企业信誉、品牌建设、物流链、供应链、仓储管理等等诸多方面。淘宝当然是社会的一部分，而且很现实，但把做淘宝等同于积累社会经验甚至树立商务观念，我难以苟同。其实这里对于正确树立职业观和市场观念并没有太多的好处。

前面讲了四点，似乎都是反对大学生开淘宝店的。不过我觉得大学生当中，还是有两类人值得推广做淘宝店的。一类是觉得学校教的全是废话，对大学生活失去目标，而沉迷于网络游戏、二人世界、游乐天地间的学生。既然觉得这个阶段不适合学习或者学的东西没什么用，那进来泡泡淘宝，早点接触下不同人生，相信还是有所帮助的。另一类是专业涉及电子商务这块而且手上有一定产品资源的学生，进来淘宝做一做，对于融会贯通现在所学的，了解以后将接触的还是很有好处的。

最后，我的作为一个电子商务的从业人员，想说的是推广大学生开淘宝店，弊大于利，只可以宣传鼓励，不能全面推进。我们的教授、专家们也许看到大学生整天不务正业，国家又处就业困难阶段，就急双方所急，开出这样的良方，但全面推进是否太过。无论在什么时候，学生的主要任务还是学习，至于有些不务正业的现象，要靠引导和树立正确的观念，直接往淘宝那里带是简单化了。国家就业困难是个长期问题，电子商务这艘船虽然新，但是还很小，国家从全局考虑，就要适当引导。大学生主要还是经济建设各阶层的主要知识人才，而不是个个都是小本创业的商务人才。

推荐 0　分享到：新浪微博　腾讯微博　人人网　开心网　更多 0

查阅更多相关主题的帖子：电子商务 大学生创业 网络营销 网上开店 淘宝 博星卓越

▶ 下一篇：阿里巴巴网络就业创业护航启动

▶ 上一篇：中国电子商务--转单模式造就级公司

收藏 (0) | 举报 |阅读(1165) | (1) | 回复(1) | 查看boxingzhuoyue的个人档案

图 4-4　转载博文

该篇文章选择了时下较为热门的话题"大学生开网店的利弊"。文章主要从大学生职业定位、电子商务行业概况、淘宝的经商环境以及社会经验四个角度对此话题展开了利弊分析。如此热门的话题分析，触及了大学生就业、电子商务创业、电子商务专业学生实训等各方面的内容，带来较高的访问量也是必然的。

2．原创类日志

一般来说，原创文章编写流程为：

（1）确定内容范围。

（2）选择关键词。

（3）文章写作。

（4）文章编辑修改。

内容范围已经确定，关键词也要选择恰当。博星卓越在每篇日志中，都固定了几个对产品推广有利的关键词，如电子商务教学、电子政务教学、市场营销教学、综合物流教学等，和博星卓越教学实验网的 SEO 关键词匹配，便于用户检索。

在博星卓越的推广博客中，原创文章则为一些企业新闻、新产品的系统简介、经管类专业教学问题的探讨、有关企业新产品的发布会、经管类专业研讨会、一年一度的网络营销大会。这些以专题形式呈现，便于读者集中浏览。

以下分四个方面来说明博星卓越通过原创日志所进行的营销行为。

（1）2010 中国网络营销大会专题报道——意图明确的推广日志。图 4-5 为网易推广博客中所发的《2010 中国网络营销大会专题报道》，将专题报道发布在博客中，一方面为了提升大会的知名度，另一方面在博文中增加指向大会专题页的反向链接，会带来更好的效果。

图 4-5　网易推广博客中所发的《2010 中国网络营销大会专题报道》

本篇报道集中放入了大会的日程安排、大会演讲嘉宾 PPT 以及大会新闻报道，并将内容中的关键词"2010中国网络营销大会"链接至大会专题页。很多想获取大会资料,尤其是演讲PPT的老师或学生可以随即下载查看。还有一部分人为了了解大会更多的内容而进入大会专题页,从而为大会专题页带来不少访问量,同时增加了大会专题页的反向链接。一般图文显示的文章,会更吸引读者的眼球,为了给读者留下深刻印象,文章中添加图片是必不可少的。在一般的博客平台中,编辑器较为完备,选择插入图片,并添加图片说明即可。

(2)《给电子商务专业学生的学习建议》——具有自身价值与潜力的推广日志。图4-6为段建先生网络营销博客中一篇较受欢迎的原创文章。该篇文章在内容上以"给电子商务专业学生学习的建议"为主题来阐述个人对电子商务专业的理解和认识,并为电子商务专业学生学习提供了很好的建议。该篇文章发布在2006年,当时诸多老师和学生对电子商务专业还较为茫然且不知如何下手去学,作者很好地抓住了当时电子商务教学的困境,为很多学生提出了不错的学习建议。从图中可以看到,该篇文章的点击量达到29 177,回复量是120,如此受欢迎就是因为在内容选题上的成功。由于该博客受关注度高,一些访问博客的老师也开始关注作者本身及其从事的工作,从而关注到博星卓越电子商务教学软件,这就是博客营销的魅力所在。因此,一篇博客文章的内容选题从根本上决定了博客营销的成败。只有有价值、有亮点的文章才会带来意想不到的收获。另外,不能只为营销而营销,那样只会徒劳无功,要以潜移默化的方式达到"无声胜有声"的营销效果。

图4-6 段建网络营销日志之一

（3）《网络营销：SEO 不再火热》——面向 SEO 的推广博文。图 4-7 所示为博星卓越针对其产品所发布的一篇原创博文《网络营销：SEO 不再火热》，原文链接为 http://hi.baidu.com/boxingzhuoyue/blog/item/b97f075990fa59d69d82044b.html。

网络营销：SEO不再火热

2009-06-05 08:55

据最新调查报告指出，在全北美一年的SEO支出只有14亿美元。据SEMPO：2008年度北美广告主搜索引擎营销支出数据，2008年度北美搜索营销开支为134亿美元，2009年预计上升到147亿美元，长期预测到2013年搜索营销开支达261亿美元。

在2008年度：付费排名的广告支出占88%（约$119亿美元），自然排名优化支出占11%（约$14亿美元），搜索引擎营销技术支出占1.1%（约$1.4亿美元）。需要注意的是：SEO的支出，较2006年的11.8%出现下降。

从这份调查报告中我们不难看出，SEO所对应的自然排名优化支持仅占11%，这样的比例相对于在中国火热了多年的SEO显然没有平衡。是否说明了SEO已经不再火热？品灼认为，的确如此。伴随着SEO的明朗化不再神秘，随便找一个混迹于互联网行业略有几年而且为人聪明的人都能够把SEO说个一二三，要知道SEO只是网络营销诸多手段中的一种，而不是全部。许多中小企业主在“SEO神话”的光辉照耀下过分倚重SEO的做法已经OUT。我们目前应理性地看待SEO，如果说要作为日后的职业发展或者个人兴趣，那么还可以，倘若作为一个网站的兴衰成败之根本，显然本末倒置了。

此外，网络营销是全方面的整合行为，从最初的网站策划到日后的网站运营，从网站广告投放到竞价排名、软文推广、产品演示、互联网消费心理研究、电子商贸等一系列错综复杂方式都需要在网络营销加以应用甚至创新。最后，我们很容易从这份报告中看出，钱才是左右万物的主宰，而不是单纯地SEO。有些资源、知识以及技术只需要简单了解，没有必要做为专门主攻的知识领域。SEO就是这样一种没有必要过多挺进的领域，倘若单纯冒进发展SEO是不可能成为一家成功的公司，因为在中国而言SEO根本没有强大的市场基础，稍微有一些资金的人和企业，会考虑“用钱去砸广告”，“钱生钱”永远是经营的主调，除非经营遭遇困境或出于战略考虑，很少有人会采取“免费”的方式来实施营销，实践证明，总是过多考虑“怎么不花钱”的人和企业，不仅没有长远发展可言，反而大多都是陷入困境、或需要日日反复劳作的小经营者，这种思维局限不突破，发展——很难。

因此，我们最后得到一个结论：SEO没有那么神秘，SEO也没有那么神奇。倘若你固若金汤，富可敌国的话，干嘛守着SEO不放，而不是把广告打在Sina上？

图 4-7　网络营销：SEO 不再火热

本篇文章的写作目的主要表现在两个方面：一方面为网络营销教学软件详情页增加反向链接；另一方面则是揭示 SEO 的作用与价值，供用户学习。文章整体的创作构思如下：首先点题，即为什么 SEO 不再火热了，并以数据来支撑观点；然后解释说明 SEO 只是网络营销手段之一，并非全部；最后强调网络营销是全方位的整合行为，而非单纯的 SEO，内容中加入了关键词——网络营销，同时增加了关键词的密度。

作者在本篇文章中选择在“网络营销、营销”这两个关键词上加链接指向网络营销教学软件详情页，即为增加反向链接的表现。

（4）其他类型的博文。在博星卓越的博客营销过程中，日志的类型远不止这些，还有其他类型的原创博文，如紧贴经管类专业师生关心的话题——就业问题分析、专业实践等教学类文章。

在这些博文的写作中，基本都注意到了语句流畅，用词恰当，避免出现因关键词的密度太大或多次出现企业或产品名称让读者生厌等问题。

不过，原创日志除了要具备上述的营销意识之外，更要有价值。这里的价值更多地体现在日志内容的含金量上，也就是说读者阅读后能够有所收获，这样才是一篇完美的博客营销文章。

3．伪原创文章

伪原创文章则是把一篇文章进行再加工，使搜索引擎认为其是一篇原创文章，从而提高网站权重。在博星卓越的推广博客中，对于伪原创文章的编辑，主要在于标题的修改和文章首尾内容的编辑修改。伪原创文章选择范围相对较广，可在网上搜索访问量或转载量较高、比较有价值的有关教学、就业等类型的文章，对其进行编辑修改之后即可发布，相对省时省力。

图 4-8 为《西安交通大学电子商务专业培养计划》，此篇就是作者将在网上搜索到的

转载量和需求量较高的文章,在文章首尾稍作文字修改或将语句前后置换之后发布在博客上的。如图 4-8 中首段所示,在首部加"本篇是西安交通大学的电子商务专业培养计划,以供各高校电子商务教学参考"。另外,选择适当的内容加入其中,并可以在内容中需要的关键词上加链接。修改之后的文章发布在博星卓越的博客上便于用户在查找时检索到该博客,这也就是在运用有价值的教学资源来推广自己的博客。对于伪原创文章的编辑包括标题的修改和内容的修改,修改方法将在后面的案例知识点中详细说明,同学们可参考具体的操作方法来编辑修改。

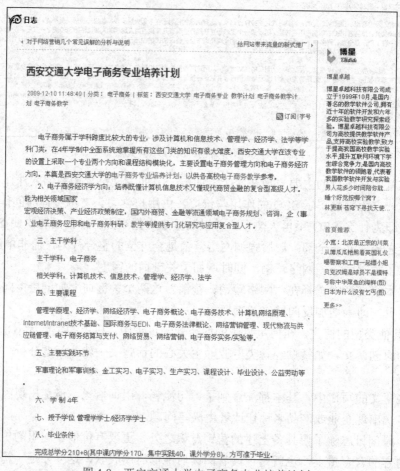

图 4-8　西安交通大学电子商务专业培养计划

博客文章的写作主要把握住一点——向读者提供有价值的信息。只有给读者提供的信息有价值,才能达到潜移默化的营销效果,带来潜在客户。写好的博客文章还需要整体浏览,编辑修改,切忌出现错别字,影响企业形象。注意检查语句是否流畅、段落衔接是否得当、用词是否恰当等,检查无误即可发布博客文章。

任务四　发布文章

在发布博客文章时,要注意一些细节问题的把握,如关键词(keywords)、描述(description)、标签(tag)的设置和文字链接的添加。

（1）一般博客平台中会有关键词或标签以及描述内容的设置，这几个要素基本决定了你的博客文章搜索引擎优化的效果。图 4-9 为博星卓越要在网易博客上发布的文章《博星卓越电子商务网站运营实践系统》的标签内容，由于本篇文章为电子商务网站运营实践系统的产品简介内容，所以将网站运营、电子商务教学软件以及博星卓越作为标签内容。标签主要选择用户日常检索频率较高、与自己的产品相关的词语。标签的设置可以很好地体现在搜索引擎的搜索上，其在引导读者来访博客方面起到了重要作用，所以在标签的设置上一定要斟酌好用哪些词语。

图 4-9　日志标签设置

与关键词和标签同样重要的描述也就是摘要内容，一般博客平台都要自定义文章摘要。在摘要中所要放的内容应为本篇文章的核心内容，可以将整篇文章的大概意思浓缩于此；由于摘要内容会在博客首页显示，也可将文章中的亮点语句放于此，以吸引读者浏览。在摘要中加入所需关键词，一方面能促进搜索引擎及时收录，并使得搜索快照的内容含关键词，便于用户搜索；另一方面摘要内容被搜索引擎收录后会显示在搜索标题的下方关键位置，因此摘要内容的编写也是无比重要的，如图 4-10 所示。

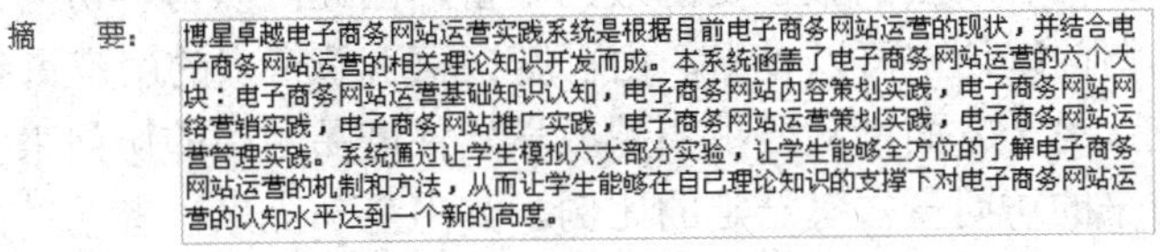

图 4-10　日志摘要设置

（2）在文章中挑选关键词（由于此篇博文为新产品介绍，因此该篇博文中挑选的关键词为"博星卓越电子商务网站运营实践系统"。每篇博文的关键词应为该篇文章中的核心词语或能概括该篇文章内容的词语，也可选择企业或个人推广的目标关键词），加上博星卓越产品网站的链接地址，关键词所加链接应指向产品内容页或各类产品列表页，如图 4-11 所示。

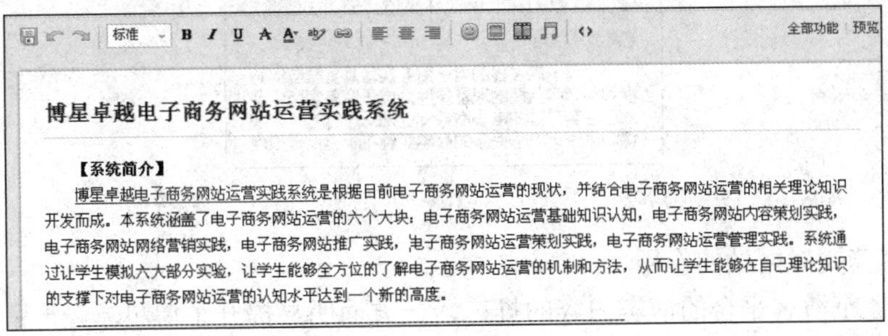

图 4-11　在文章中挑选关键词设置链接

（3）在文章末尾加上文字链接，不仅可以引导读者进入博星卓越产品网站，也可给博星卓越产品网站增加外链。除文字链接外，在博文中增加外链的方式还有图片链接、小图标链接、视频链接等。链接地址可以直接指向产品内容页或产品列表页，如图 4-12 所示。

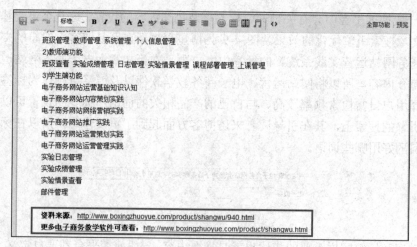

图 4-12　在文章末尾加上文字链接

任务五　效果监控与评估

1．解读博客的访问情况

从博星卓越各推广博客开通之日起至今，各博客的总访问量排名前三的是：网易博客，总访问量为 12 665；畅享网，总访问量为 12 511；企博网，总访问量为 7 978。由于网易博客的更新频率最高，内容涉及的教学资源最为丰富，因此网易博客访问量相对较好。一方面，从博客自身的访问统计中可以看出，由百度搜索引擎带来的用户占到了 90%，其他为转载过文章的博友；另一方面，从博星卓越教学软件产品网站的访问来路统计分析中可以直观地看到博客带来的访问量占有一定的比例。其中有部分来访者通过博客留言咨询产品信息，甚至有一部分转为了购买产品的正式客户。这就是博客营销产生的明显效果。由网易博客给用户制作的"2010 电子杂志之最"的部分数据统计如图 4-13 所示，从中可以看出在 2010 年全年，博文《博星卓越电子商务专业实验室建设方案》的点击量最多。原因在于"电子商务专业"在百度指数排行中，日均搜索量最高，且"电子商务专业实验室建设方案"的需求量大，搜索人群多，尤其是高校教师，而能搜索到的资源少。

图 4-13　网易博客给用户制作"2010 电子杂志之最"部分数据统计图

2．博客营销对网站的作用

开通的各个博客平台的博客内容的推广，一方面明显提升了博星卓越产品品牌的知名度；另一方面增加了产品网站和博导前程旗下资源站的访问量，同时也增加了网站的反向链接。具体数据体现如图 4-14 所示，此图为 boxingzhuoyue.com 2009 年 5 月 15 日至 2009 年 12 月 30 日的部分来路统计数据，其中来自网易博客的访问量为 78，较之来自其他博客的访问比率稍为突出。

项目四 博客与微博营销

图 4-14 boxingzhuoyue.com 2009 年 5 月 15 日至 2009 年 12 月 30 日部分来路统计数据

四、案例分析

1．案例因素分析

在本案例中，北京博导前程公司通过五个步骤完成了博星卓越教学软件博客营销的整个过程，计划并实施了博客营销的全部内容。在明确营销内容与营销目标的基础上确定了受众群体，对于后期步骤的实施起到了基础性的作用；在主题明确的情况下，策划并编辑了博客营销所需的内容，有效地促成了前期准备与实施的衔接，并影响了整个效果监控。从博星卓越产品站的页面访问量、来路统计结果等不难看出本次博客营销的斐然成果。然而，问题也较为清晰，没有很好地利用博客圈来增加访问者，即存在可推进的可能。如何进一步提升博客营销的效果，有待于对整个流程进行挖掘。另外，在原创文章的撰写与博客圈的应用上需有所提高，全面提升博客营销要素的外在表现。此外，博客营销是一个时间积累的过程，需要持续地更新维护才能有更好的效果。

2．学生互动分析

授课教师和学生可以根据案例内容进行互动讨论，学生可以积极提问与案例相关的问题，并可以表述个人对本案例的观点，学生之间可以以小组形式讨论。教师及时回答学生提出的案例问题，并根据学生讨论结果进行案例分析总结。

案例二 小米公司微博营销

一、支持网站

北京小米科技有限责任公司，其企业 Logo 如图 4-15 所示。

图 4-15 小米 Logo

二、企业介绍

北京小米科技有限责任公司成立于 2010 年，是一家专注于 Android 等新一代智能手机软件开发与热点移动互联网业务运营的公司。米聊、MIUI、小米手机是小米科技的三大核心产品。2010 年 4 月正式启动，已经获得知名天使投资人及风险投资 Morningside、启明的巨额投资。2010 年底推出手机实名社区米聊，在推出半年内注册用户突破 300 万。此外，小米公司还推出了基于 CM 定制的手机操作系统 MIUI, Android 四核手机小米手机等。

159

与此同时，小米公司在新浪微博等自媒体平台上拥有极大的粉丝数量，截至 2013 年 11 月初，小米公司企业微博的粉丝量为 180 万，分类账户小米手机、米聊及 MIUI 粉丝数量均已突破 120 万。其强大的"发烧友"数量为小米的发展和创新提供了良好的契机和势头。

三、案例详解

小米公司正式成立于 2010 年 4 月，是一家专注于高端智能手机自主研发的移动互联网公司。小米手机、MIUI、米聊是小米公司旗下的三大核心业务。"为发烧而生"是小米的产品理念。小米公司首创了用互联网模式开发手机操作系统、60 万发烧友参与开发改进的模式。小米公司一直致力于与用户之间零距离接触，以博得众多用户的信任。微博作为自媒体平台上具有鲜明互动性、即时性和"零距离"接触等特点的平台，其多样化的展示形式、高效的传播速度等优势使得众多企业纷纷进驻。对于企业微博来说，不仅可以提升企业品牌形象，而且可以传播企业产品或信息。

小米公司抓住微博用户的使用习惯和心态，在微博内容上力求语言生动有趣、形象自然，使关注者本能地关注微博。在形式上发布能够吸引目标用户关注的产品信息及广泛地使用有奖转发等，不仅有效地达到了营销目的，而且大大增加了微博的访问量和微博关注度。

任务一　微博营销策划

1．营销分析

（1）实施原因。小米公司采用微博这种新兴的方式来完成小米产品的推广和品牌的传播，主要原因在于微博是一个"实时媒体"，门槛低，并且其信息传播是对传统通信方式的一种颠覆，可以迅速地影响到很多手机"发烧"人群，能够更快地与用户产生交互。

（2）实施目的。

① 增加小米公司的所有微博的粉丝量、转发量以及评论量。

② 提升小米官网的访问量、用户注册量以及知名度，让更多"发烧友"了解小米。

③ 提高小米公司产品的销量以及在业内的品牌影响力。

（3）实施受众。

① 喜欢电子产品，新兴事物的 IT 人群。

② 手机"发烧友"，对手机有极高要求的时尚人群。

2．营销策划

（1）内容策划。

① 内容选题。小米公司的微博作为小米企业在微博平台的官方微博，在微博内容上注重与其附属产品小米手机相关联，与小米企业微博形成呼应，同时能够与粉丝互动交流，从而促进销售。

② 表现形式。发布原创内容，并从小米官网转载新产品宣传内容，与反馈用户形成互动。

③ 发布时段。对于内容的发布，小米公司并没有选择网上较为流行的"三段式时间"，而是最大化地利用全部时间，每天无论何时发现内容均积极发布。

（2）选择博客平台。国内四大微博平台——新浪、腾讯、网易、搜狐，就用户数和发展潜力而言，小米公司首选新浪和腾讯微博进行微博营销，然而由于时间和精力有限，无法保证所有平台均能够达到良好效果，于是小米公司的网络运营团队决定从新浪微博入手。

小米公司在新浪微博平台的地址如下。
- 小米公司企业微博：http://weibo.com/xiaomikeji。
- MIUI 微博：http://weibo.com/miui。
- 米聊微博：http://weibo.com/miliao。

图 4-16、图 4-17 和图 4-18 分别为小米公司企业微博、MIUI 微博和米聊微博的首页。

图 4-16　小米公司企业微博首页

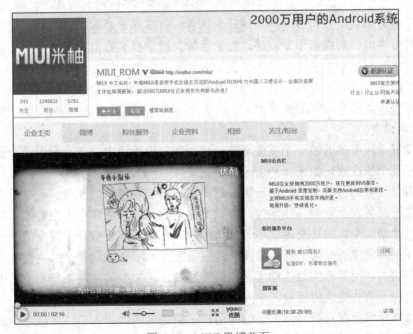

图 4-17　MIUI 微博首页

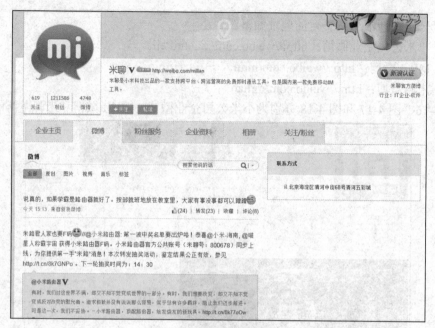

图 4-18 米聊微博首页

任务二 注册微博

1. 注册流程

在选择好的平台上注册微博时，与一般流程相同，需要强调的是微博名称和个性域名的选择。对于企业微博，在填写昵称和微博名称时可以注明企业名称或需要推广的产品品牌，这样在最大程度上增加了品牌的传播和产品的推广。个性域名可选择品牌名称的全拼，这样的操作一方面从用户角度考虑，可让来访者一目了然地看到品牌名称；另一方面，从搜索引擎角度考虑，对搜索引擎友好，搜索品牌关键字排名靠前。小米公司结合自身发展战略决定用小米科技的中文全拼作为个性域名定义其微博，使之与小米官网形成呼应，从而提升两者的统一性与"互惠互利"。MIUI 微博和米聊微博的个性域名同样使用了中文全拼，与品牌统一，提升品牌的影响力。

2. 微博设置

微博设置是注册微博的一个重要环节。比如在新浪微博中，需要设置企业资料，并进行隐私设置及个性设置，如图 4-19 所示。

其中需要说明的是个人标签的设置，这里可选择描述自己的职业、兴趣爱好等方面的词语，如电子商务、互联网、团购等。在贴上标签的同时，微博会为企业推荐贴同样标签的用户，以此增加个人的社交圈。小米公司作为以高端智能手机开发为主的企业，在企业标签的设置上力求靠近品牌产品，多元化地展示企业的服务项目和产品属性，这样不仅提升了品牌影响力，而且极大地推动了网友的关注度。比如小米、发烧友、小米手机、米聊等内容就是小米企业微博的标签，个人标签设置如图 4-20 所示。

由于微博介绍会在首页显示，是帮助用户了解这个微博的入口，所以对于企业来说这里的介绍尤为珍贵。对于产品推广可视为良好的营销点，对于内容公布可视为极佳的传播点，描述语言要简短精练，高度精密，彰显重点。小米公司微博就将主打产品的促销信息放置于此，分别如图 4-21、图 4-22 和图 4-23 所示。

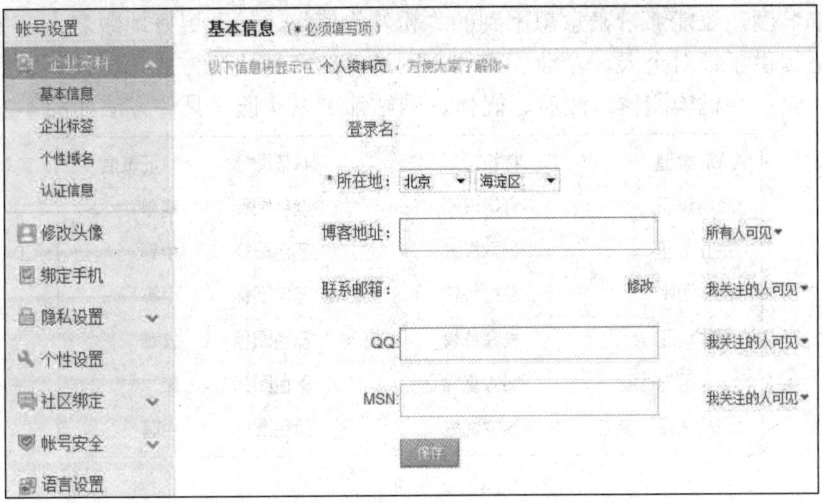

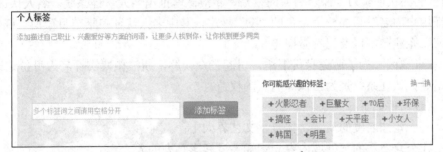

图 4-19　微博信息设置

图 4-20　个人标签设置

企业简介

『小米电视』年轻人的第一台电视，2999元；『小米手机3』迄今为止最快的手机，1999元；『小米盒子』高清互联网电视盒；『红米手机』双卡双待神器。

图 4-21　小米公司企业微博介绍

企业简介

米聊是小米科技出品的一款支持跨平台、跨运营商的免费即时通讯工具，也是国内第一款免费移动IM工具。

图 4-22　米聊微博介绍

企业简介

MIUI 中文名称：米柚MIUI是极受手机发烧友欢迎的Android ROM专为中国人习惯设计，全面改进原生体验每周更新，超过500万MIUI社区发烧友共同参与改进！

图 4-23　MIUI 微博介绍

3. 微博认证

从营销角度来说，无论是个人或企业，都需要对微博进行认证，不仅能够提升微博的权威性和知名度，还能够带来意想不到的"粉丝价值"，便于更好地跟名人产生互动。新浪微博认证提供了针对个人、企业、媒体、网站等的多种认证方式，可按要求完成认证过程。个人、企业、机构团体、政府、媒体、网站都可以认证，具体方法如图4-24所示。

认证类型	特权	认证图标	认证难度
政府认证	身份识别	蓝色图标	简单
企业认证	搜索优先	蓝色图标	中等
机构团体	发言特权	蓝色图标	中等
媒体认证	发言特权	蓝色图标	较难
个人用户认证	名人堂	黄色图标	难
网站认证	搜索优先	蓝色图标	中等

图4-24 新浪微博认证方法

（1）名人认证。为了保障名人的权益，新浪微博推出名人认证系统。名人认证的标志是在认证用户的名字后加一个金色的"V"标志，其中名人认证包括节目微博、媒体微博、明星微博、企业微博以及记者微博等。

① 认证原因。为了避免身份混淆，引起公众误解，新浪微博实行名人身份认证策略。新浪推出名人认证系统是为了保障名人的权益。

② 认证条件如下。

- 有一定知名度的演艺、体育、文艺界人士；
- 在公众熟悉的某领域内有一定知名度和影响力的人；
- 知名企业、机构、媒体及其高管；
- 重要新闻当事人；
- 未在上述范围内的，容易引起身份混淆的其他自然人或者机构。

（2）个人申请认证。

① 确保申请者是在上述需要认证名人范围之内。

② 微博使用实名，且为最被公众熟知的姓名或称谓。

③ 在微博中发表一条以上博文，并提供微博地址。

④ 提供准确翔实的身份说明介绍。

⑤ 提供确切、可验证的即时联系方式，如邮箱、单位和个人电话。

⑥ 提供身份及工作证明的扫描件证明系本人申请。

（3）媒体申请认证。

① 微博使用实名，且为最被公众熟知，具备媒体特征的名称。一经认证，微博昵称将不能被修改。

② 在微博中发表一条以上博文，至少关注1人。

③ 下载填写《媒体用户认证信息表》和《媒体认证申请公函》，参照公函后的注释填

写完整后发送文件扫描件或清晰数码照片（公函需盖红色公章）至官方邮箱。如收到确认通过认证的邮件后，将原件邮寄至新浪微博媒体合作组备案。图 4-25 为媒体认证标志。

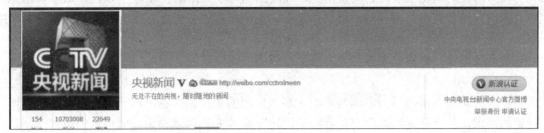

图 4-25　微博媒体认证标志

（4）高校申请认证。

① 微博使用实名，且为最被公众熟知、具备高校特征的名称。微博一经认证，昵称将不能被修改。

② 在微博中有一定活跃度。图 4-26 为高校微博认证标志。

图 4-26　微博高校认证标志

（5）企业申请认证：为了保障企业的权益，便于企业利用微博平台进行市场营销等工作，新浪微博推出企业认证系统。企业认证的标志是在认证用户的名字后加一个蓝色的"V"标志。图 4-27 所示为小米公司企业微博的认证标志。

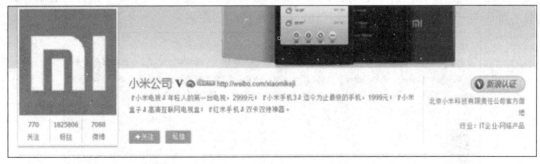

图 4-27　微博企业认证标志

任务三　内容编辑

微博内容的编辑要求语言简短精练，高度浓缩，字数限制在 140 字以内。这就要求微博内容的编辑者在书写内容时"惜字如金"，简明扼要，在一定程度上对文笔的提升有所帮助。为了进一步规范微博内容的编写，2013 年 8 月新浪微博联合国家互联网信息办公室发布了七条底线。微博的内容可分为两类：原创类和转发类。

1. 原创类

小米公司在新浪微博内容编写中绝大多数采用的是原创内容，每一条内容都贴合微博营销的需求，从产品促销刺激消费者购买到转发赠送 F 码需求消费，对小米公司官网产品做了相应的营销。图 4-28 为小米公司原创内容之一，内容以促销产品为主，旨在通过微博平台的发布获取更多网友的参与，增加活动产品的销售。从营销的角度出发，微博内容展示的是小米手机在双"11"期间的促销信息，在展示小米公司品牌影响力的同时增加了潜在微博客户端关注者的购买欲。

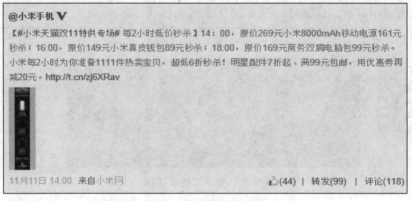

图 4-28　小米公司企业微博原创内容之一

图 4-29 为小米公司原创内容之二，内容以小米盒子的开放购买为主，从营销的角度出发，广泛地使用了微博的话题功能和@功能，这些功能的使用不仅增加了微博内容的曝光率，而且在一定程度上与网友形成互动，拉近了彼此的距离。

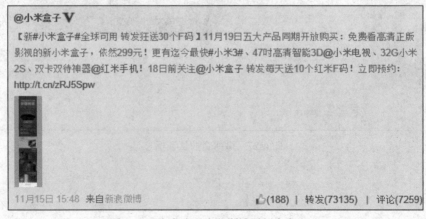

图 4-29　小米公司企业微博原创内容之二

2. 转发类

小米公司的微博转发，将小米主打产品与"发烧友"之间的互动、评价和转发等内容形成联系。在转发的过程中赠送用户 F 码鼓动更多用户参与，这样不仅提升了微博内容的传播，而且激发了潜在用户群体的消费。图 4-30 为小米发起的话题，内容以关爱留守儿童为主，从营销角度出发，微博内容积极地响应民生热点，关注爱心公益事业，通过与网友之间的互动转发，让更多的人参与进来，在彰显了企业魅力的同时博得更多用户的关注和赏识。

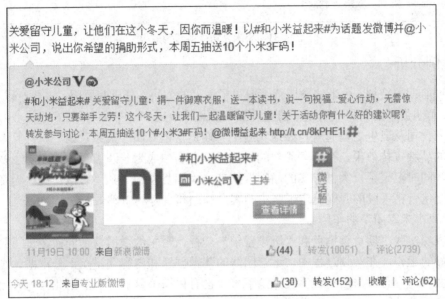

图 4-30　转发小米公司企业微博的内容

任务四　发布微博

对于编辑好的微博，单击发布即可。微博的发布形式有多种选择，有纯文字型、图文结合型、视频分享以及加入热门话题的形式，可依照客观条件来选择。小米公司微博发布的形式主要为纯文字型和图文结合型。

任务五　效果监控与评估

微博营销的效果监控，一方面可通过微博的转发量、评论量以及粉丝数量的变化来查看；另一方面，则可以通过微博内容链接所推广网站的访问量及网站来路统计数据体现出来。图 4-31 为小米公司微博的营销效果。

小米公司微博自开通以来就得到了众多网友的支持和互动，经过原创内容等形式长期的积累小米公司的微博粉丝数量日趋增长，截至 2013 年 11 月初，小米公司企业微博粉丝数量已经突破 184 万，MIUI 微博粉丝数量为 126 万，米聊微博粉丝数量为 121 万。每条微博都会获得上千条的评论和转发，极大地增加了小米品牌影响力和产品的传播力。

图 4-31 小米公司微博营销效果

四、案例分析

通过前期的策划，小米的微博营销取得了惊人的效果，分析其原因，主要有以下几点。

1．"期货营销"和"饥饿营销"所形成的品牌效应

小米公司从诞生之日起就巧妙地实施了"期货营销"和"饥饿营销"，并且取得了十分显著的品牌宣传效果，在竞争激烈的智能手机市场中成为一匹黑马，树立起了初期的品牌形象，同时汇聚了一大群忠实的品牌拥护者。"期货营销"和"饥饿营销"无疑为后期其他社会化营销手段的开展奠定了坚实的客户基础和良好的口碑效应。

2．"小米军团"的作用

同成功实践"期货营销"和"饥饿营销"一样，雷军的微博营销同样经过了精密的策划和巧妙的运作。在策划过程中，运营团队的营销创意和内容立足点十分重要。小米公司发布的微博内容有参与活动送手机、抢手机，也有传播公益的内容，因此在内容上容易被网民所接受并传播。然而内容的切合并不能取得目前我们所看到的这种营销效果，其与巧妙的运作不无关系。雷军是个十分懂得营销的人，因此他知道，要通过微博这种社交工具进行营销，必须要有一支队伍去制造话题、引导舆论、形成热点。因此在小米微博营销成功的背后，"小米军团"的作用不可忽视，也就是我们通常所说的"水军"。通过"水军"的造势、引导，制造了一次次小米社会化营销的奇迹。

3．频繁的活动

小米每隔一段时间就会在微博上进行"抢手机"的活动，即粉丝关注它和转发它的一条微博，就有机会得到一部小米手机。这样不仅使微博不断扩散开来，同时也带动了粉丝的情绪，提高了粉丝的活跃度。

从另一个角度看，小米的这种手段不仅效果明显，而且营销费用极低。几部小米手机，区区几千元的成本就带动了几十万人的互动。这与通过其他广告平台做广告相比，成本极低，但效果却更加明显。

小米的微博营销并不是一个神话，而是经过精心安排的一场营销盛宴。小米手机虽然道路坎坷，并且争议不断，但在社会化媒体营销的尝试中无疑是一个极其成功的案例。

资料来源：http://t.cn/8sowQzM

模块二 博客与微博营销相关知识

一、博客营销知识

1. 博客的含义

"什么是博客"成为 2004 年各大搜索引擎最热门的搜索关键词之一（相关检索关键词还有"什么叫博客"、"博客是什么意思"、"博客中国"等），同时博客（Blog）也被众多机构和媒体评为 2004 年最热门的互联网现象，国内外众多媒体和网站都将 Blog 作为 2004 年最热门的词语。

究竟什么是博客（Blog）呢？

博客，又译为网络日志、部落格或部落阁等，是一种通常由个人管理、不定期张贴新的文章的网站。博客上的文章通常根据张贴时间，以倒序方式由新到旧排列。许多博客专注在特定的课题上提供评论或新闻，其他则被认为是个人的日记。典型的博客会结合文字、图像、其他博客或网站的链接及其他与主题相关的媒体。能够让读者以互动的方式留下意见，是许多博客共有的特点。大部分的博客内容以文字为主，也有一些博客专注于艺术、摄影、视频、音乐、播客等各种主题。博客是社会媒体网络的一部分。

"博客"一词是从英文单词 Blog 音译而来的。Blog 是 Weblog 的简称，而 Weblog 则是由 Web 和 Log 两个英文单词组合而成。Blogger 指写作或是拥有 Blog 或 Weblog 的人。

2. 博客的分类

按不同的划分标准，博客可以分为不同的类别。

（1）按表现形式分类，博客分为基本博客和微型博客。

① 基本博客是 Blog 中最简单的形式。单个的作者对于特定的话题提供相关的资源、发表评论，没有字数和形式的限制。这些话题几乎可以涉及社会的所有领域。

② 微型博客（MicroBlog），即微博，目前是全球最受欢迎的博客形式，博客作者不需要撰写很复杂的文章，而只需要书写 140 个字（这是大部分的微博字数限制，网易微博的字数限制为 163 个）以内的心情文字即可，如 Twitter、新浪微博、随心微博、Follow5、网易微博、搜狐微博、腾讯微博、叽歪等。

（2）按博客主人分类，博客可以分为个人博客和企业博客。

① 个人博客按照博客主人的知名度、博客文章受欢迎的程度，可以分为名人博客、一般博客、热门博客等。

② 企业博客是表现商业、广告型的博客。广告型博客的管理类似于通常网站的 Web 广告管理。商业博客分为 CEO 博客、企业博客、产品博客、"领袖"博客等。以公关和营销传播为核心的博客应用已经被证明将是商业博客应用的主流。

（3）按存在方式分类，博客可以分为托管博客、自建独立站的 Blogger 和附属 Blogger。

① 托管博客，无须自己注册域名、租用空间和编制网页，只要去免费注册申请即可拥有自己的 Blog 空间，是最"多快好省"的方式。

② 自建独立网站的 Blogger，有自己的域名、空间和页面风格，需要一定的条件。自

建博客网站更自由，有最大限度的管理权限。

③ 附属 Blogger 是将自己的 Blog 作为某一个网站的一部分，如一个栏目、一个频道或者一个地址。

3．博客的功能

博客主要有三大功能。

（1）个人自由表达和出版。

（2）知识过滤与积累。

（3）深度交流沟通的网络新方式。

除了上述主要功能外，博客还有其他一些作用。

（1）作为网络个人日记。

（2）展示自己某个方面的空间，让更多人了解自己。

（3）网络交友的地方，能认识各行各业的形形色色的人。

（4）学习交流的地方。

（5）抒发个人感情的地方，把自己所想的写在日志里，不受局限，言论自由。

（6）通过博客展示自己企业的形象或企业商务活动信息。

（7）话语权。著名的中文搜索引擎优化博客昝辉说："话语权是博客的最重要的作用。"一点不假，一个成熟的博客就像一个媒体、一面旗帜，影响着公众。

4．博客的发展历程

1993 年 6 月，最古老的博客原型——NCSA 的 "What's New Page" 网页产生，主要是罗列 Web 上新兴的网站索引，这个页面从 1993 年 6 月开始，一直更新到 1996 年 6 月为止。

1994 年 1 月，Justin Hall 开办 "Justin's Home Page"（Justin 的个人网页），不久开始收集各种秘密的链接，这个重要的个人网站可以算是最早的博客网站之一。

1997 年 4 月 1 日，Dave Winer 开始出版 Scripting News，这个网站是由早期的 Davenet 演变而来的。

1997 年 12 月，Jorn Barger 最早用 Weblog 这个术语来描述那些有评论和链接、而且持续更新的个人网站。

1998 年 5 月 7 日，Peter Merholz 开始出版网站（根据他自己的档案记录）。

1998 年 9 月 15 日，Memepool 开始出版，最早的链接是关于 "Alex Chiu's Eternal Life Device"。

1999 年，Peter Merholz 以缩略词 "Blog" 来命名博客，成为今天最常用的术语。

1999 年 5 月 28 日，Cam 在他个人博客网站 Camworld 中写道："Dave Winer 开始了最早的博客网站，Camworld 无须隐瞒地表示，模范和追随 Scripting News。"

2000 年 4 月 12 日，Weblogs eGroups 的邮件列表终止，Jorn Barger 和 Dave Winer 的鼻祖之争开始公开化。

2000 年 8 月 22 日，Wine 在 FoRK 的邮件列表中贴出帖子，引发争吵。

2000 年 10 月，Jakob Neilsen 表示："一般的博客网站都不忍卒读。"

2000 年 10 月 14 日，Dave Winer 暗示他的 Scripting News 是最早的博客网站，然后他优雅地将这项荣誉归于他很尊重的前辈——WWW 的发明人 Tim Berners-Lee。

2000年11月，Winer很快给自己找到了另一项桂冠，Scripting News将网站的口号变为：互联网上持续运行时间最长的博客网站，开始于1997年4月1日。

2000年12月17日，UserLand发布SuperOpenDirectory，希望成为目录创建的事实工具。

2001年9月11日，世贸大楼遭遇恐怖袭击，博客成为信息和灾难亲身体验的重要发布工具。从此，博客正式步入主流社会的视野。

5．经营博客的技巧

（1）时常更新。时常更新不仅对博客有利，也是成功经营博客的必备条件。如果没有做到每天至少更新一次，就没有充分利用博客的潜力。时常更新不仅因为读者喜欢新鲜的内容，还因为可以增加搜索引擎的偏好度。搜索引擎喜欢新的内容，网站更新越频繁，搜索引擎造访次数就越多，如此可以让自己的博客经常被列入搜索的结果中。不断更新，一旦让搜索引擎信赖，便能提高博客在搜索结果中的排名。

（2）积极回应评论。在每篇文章的下面提供评论框，可以鼓励读者评论文章。要通过电子邮件或在自己的评论框中回应他们的意见，以进一步讨论，让访问者意识到他们的意见非常受重视。

（3）多和其他博主交流。建立利益同盟（community of interest）是企业或个人成功经营博客的关键。对大部分企业而言，这个同盟中混杂着现有的博客写手、新资源、业界有影响力的人士，以及员工、合作伙伴、供货商及顾客等。对个人而言，利益同盟是自己的朋友和与自己有相同兴趣爱好的人。利益同盟就是自己感兴趣的同盟加上对方感兴趣的同盟。在利益同盟中留言是让博客写手及其读者了解自己，他们可能会对你的博客感兴趣。大家最常发现新博客的一种方式就是通过共同的链接，如果可以参与其间便能获得更多的流量，就能与其他博客写手及他们的读者建立关系。

（4）多与好友交换友情链接，扩大自己的博客圈子。与好友交换友情链接，不仅可以获得很多直接的访问量，还可以扩大博客交往圈子，让好友的好友也了解自己。交换链接的意义实际上已经超出了是否可以直接增加访问量这一范畴。

（5）生动、有创意的标题。标题是成功经营博客的关键因素。好的标题可以让搜索引擎找到并会带来更多的流量。有魅力、好的标题可以吸引读者阅读内容，换取更多的链接。标题对于搜索引擎、新闻种子（RSS）以及其他外部环境理解的博客都非常重要。在这些情况下，用户通常只看标题，并据此判断是否阅读整篇内容。

（6）加入"博客圈"。在博客的BSP服务提供商中一般都会有"博客圈"，在博客圈中会有各种不同类型的博客圈内容，如"原创文学交流圈"、"驴友天下圈"、"电影评论圈"、"服装潮流圈"、"易发电子传真圈"等，多加入与自己博客定位相同的圈子可以得到更多志同道合的朋友的关注。

（7）多参加官方活动。官方博客会不定期举办一些活动，如节日活动或征文活动等，多参加官方活动，也可以获取高的流量，增加知名度和关注度。

（8）向搜索引擎和网址站提交博客。向搜索引擎和网址站提交的方式有多种。一是综合类搜索引擎，如Google等。不是所有的搜索引擎都容易发现博客，所以可以通过人工提交来补充。二是向博客搜索引擎提交。随着博客的兴起，各大搜索引擎纷纷推出了博客搜索功能。如果博客能被抓取到各大博客搜索引擎的索引库中的话,那将会给博客带来更多的访问量。三是可以向博客目录网站提交博客网址。

6. 博客营销的含义

博客营销并没有严格的定义,简单来说,就是利用博客这种网络应用形式开展网络营销。具体而言,博客的性质决定了博客营销是一种基于个人知识资源(包括思想、体验等表现形式)的网络信息传递形式。因此,开展博客营销的基础是对某个领域知识的掌握、学习和有效利用,并通过对知识的传播达到营销信息传递的目的。

博客营销的本质在于通过原创专业化内容进行知识分享争夺话语权,建立起信任、权威,形成个人品牌,进而影响读者使其购买产品。

7. 博客营销的价值

(1)博客可以直接带来潜在用户。博客内容发布在博客托管网站上,如博客网(www.bokee.com)、Google 旗下的 Blogger 网站(www.blogger.com)等。这些网站往往拥有大量的用户群体,有价值的博客内容会吸引大量潜在用户浏览,从而达到向潜在用户传递营销信息的目的。用这种方式开展网络营销,是博客营销的基本形式,也是博客营销最直接的价值表现。

(2)博客营销的价值体现在降低网站推广费用方面。网站推广是企业网络营销工作的基本内容,大量的企业网站建成之后都缺乏有效的推广措施,因而网站访问量过低,降低了网站的实际价值。通过博客,可以在博客内容中适当加入企业网站的信息(如某项热门产品的链接、在线优惠券下载网址链接等),达到网站推广的目的。这样的"博客推广"也是成本极低的网站推广方法,降低了一般付费推广的费用,或者在不增加网站推广费用的情况下,提升了网站的访问量。

(3)博客文章内容为用户通过搜索引擎获取信息提供了机会。多渠道信息传递是网络营销取得成效的保证,博客文章可以增加用户通过搜索引擎发现企业信息的机会,其主要原因在于,一般来说,访问量较大的博客网站比一般企业网站的搜索引擎友好性要好,用户可以比较方便地通过搜索引擎发现这些企业博客内容。这里所谓的搜索引擎友好性,也就是让尽可能多的网页被主要搜索引擎收录,并且当用户利用相关的关键词检索时,这些网页出现的位置和摘要信息更容易引起用户的注意,从而达到利用搜索引擎推广网站的目的。

(4)博客文章可以方便地增加企业网站的链接数量。获得其他相关网站的链接是一种常用的网站推广方式,但是当一个企业网站知名度不高且访问量较低时,往往很难找到有价值的网站给自己链接,通过自己的博客文章为本公司的网站做链接则是顺理成章的事情。博客文章可以自由发布,这增加了网站链接的主动性和灵活性,这样不仅可以为网站带来新的访问量,也可以增加网站在搜索引擎排名中的优势,因为一些主要搜索引擎如 Google 等把一个网站被其他网站链接的数量和质量也作为计算其排名的因素之一。

(5)可以实现以更低的成本对读者行为进行研究。当博客内容比较受欢迎时,博客网站也成为与读者交流的场所,有什么问题可以在博客文章中提出,读者可以发表评论,作者也可以回复读者的评论,从而可以了解读者对博客文章内容的看法。当然,也可以在博客文章中设置在线调查表的链接,便于有兴趣的读者参与调查,这样扩大了网站上在线调查表的投放范围，同时还可以直接就调查中的问题与读者进行交流，使得在线调查更有交互性，其结果是提高了在线调查的效果，也降低了调查研究费用。

（6）博客是建立权威网站品牌效应的理想途径之一。如果个人想成为某一领域的专家，最好的方法之一就是建立自己的 Blog。如果坚持不懈地写博客，所营造的信息资源将带来可观的访问量。在这些信息资源中，也包括各种有价值的文章、网站链接、实用工具等，这些资源为自己持续不断地写作更多的文章提高很好的帮助，从而形成良性循环，博客的影响力也越来越大，其回报是可观的。对于企业博客也是同样的道理，只要坚持对某一领域的深度研究，并加强与用户的多层面交流，就可以有效地获得用户的品牌认可和忠诚。

（7）博客让营销人员从被动的媒体依赖转向自主发布信息。在传统的营销模式下，企业往往需要依赖媒体来发布企业信息，不仅受到较大局限，而且费用相对较高。当营销人员拥有自己的博客园地之后，可以随时发布所有希望发布的信息，只要这些信息没有违反国家法律，并且对用户是有价值的。博客的出现，给市场人员的营销观念和营销方式带来了重大转变，每个企业、每个人都有在博客上自由发布信息的权利，如何有效地利用这一权利为企业营销战略服务，则取决于市场人员的知识背景和对博客营销的应用能力等因素。

二、微博营销知识

1. 微博的含义

微博，即微博客（MicroBlog）的简称，是一个基于用户关系的信息分享、传播以及获取的平台，用户可以通过 Web、WAP 以及各种客户端组建个人社区，以 140 字以内的文字更新信息，并实现即时分享。最早也是最著名的微博是美国的 Twitter，根据相关公开数据，截至 2010 年 1 月，该产品在全球已经拥有 7 500 万注册用户。2009 年 8 月，中国最大的门户网站新浪网推出"新浪微博"内测版，成为门户网站中第一家提供微博服务的网站，微博正式进入中文上网主流人群的视野。

2. 微博的特点

微博草根性更强，且广泛分布在桌面、浏览器、移动终端等多个平台上，有多种商业模式并存或形成多个垂直细分领域的可能。但无论哪种商业模式，都离不开用户体验的特性和基本功能。

（1）便捷性。在微博上，140 字的限制将平民和莎士比亚拉到了同一水平线上，这一点导致各种微博网站大量原创内容爆发性地被生产出来。李松博士认为，微博的出现具有划时代的意义，真正标志着个人互联网时代的到来。博客的出现，已经将互联网上的社会化媒体推进了一大步，公众人物纷纷开始建立自己的网上形象。然而，博客上的形象仍然是化妆后的表演，博文的创作需要考虑完整性和逻辑性，这样大的工作量对于博客作者来说是很重的负担。"沉默的大多数"在微博上找到了展示自己的舞台。

（2）背对脸。与博客上面对面的表演不同，微博上是背对脸的交流，就好比你在电脑前打游戏，路过的人从你背后看着你怎么玩，而你并不需要主动和背后的人交流。微博可以一点对多点，也可以点对点。当你关注一个感兴趣的人时，两三天就会上瘾。移动终端提供的便利性和多媒体化，使得微博用户体验的黏性越来越强。

（3）原创性。微博网站现在的即时通信功能非常强大，可以通过 QQ 和 MSN 直接书写，在没有网络的地方，只要有手机也可即时更新自己的内容。例如，一些大的突发事件或引起全球关注的大事，如果有微博用户在场，并利用各种手段在微博上发表出来，其实时性、现场感以及快捷性甚至超过所有媒体。

（4）新闻发生地。新闻发布会是发布信息的地方，而新闻发生地则是指微博本身的变动就是值得报道的新闻。这充分证明了麦克卢汉的观点——"媒介即信息"。2009 年 11 月 21 日，针对昆明市螺蛳湾批发市场的群体性事件，在云南省宣传部副部长伍皓的指导下，云南省政府新闻办在新浪微博开设了国内第一家微博——"微博云南"，并在第一时间对"螺蛳湾"事件作出了简要说明。"微博云南"开设后，引起社会高度关注。11 月 23 日《人民日报》载文，将"微博云南"称为国内第一家政府微博，并评论说，"现场直播"不一定只在电视上才有，突发事件现场的每个人都可以是"记者"，应对突发事件要"边做边说"，才有主动权。

3．微博营销

微博营销是刚刚推出的一种网络营销方式，它是随着微博的受欢迎度越来越高而产生的。微博营销以微博作为营销平台，每一个听众（粉丝）都是潜在的营销对象，每个企业都可以在新浪、网易等平台上注册微博，然后通过更新自己的微博向网友传播企业、产品的信息，树立良好的企业形象和产品形象。每天更新内容或者发起大家所感兴趣的话题，就可以跟大家交流，从而达到营销的目的。

微博营销与博客营销的本质区别，可以从下列三个方面进行简单的比较。

（1）信息源的表现形式的差异。博客营销以博客文章（信息源）的价值为基础，并且以个人观点表述为主要模式，每篇博客文章表现为一个独立的网页，因此对内容的数量和质量有一定要求，这也是博客营销的瓶颈之一。微博内容则短小精练，重点在于表达现在发生了什么有趣或有价值的事情，而不是系统的、严谨的企业新闻或产品介绍。

（2）信息传播模式的差异。微博注重时效性，3 天前发布的信息可能很少会有人再去问津。同时，微博的传播渠道除了相互关注的好友（粉丝）直接浏览之外，还可以通过好友的转发向更多的人群传播，因此是一个快速传播简短信息的方式。博客营销除了用户直接进入网站或者 RSS 订阅浏览之外，往往还可以通过搜索引擎搜索获得持续的浏览，博客对时效性要求不高的特点决定了博客可以获得多个渠道用户的长期关注，因此建立多渠道的传播对博客营销是非常有价值的，而对未知群体进行没有目的的"微博营销"通常是没有任何意义的。

（3）用户获取信息及行为的差异。用户可以利用电脑、手机等多种终端方便地获取微博信息，发挥了"碎片时间资源集合"的价值，也正是因为信息碎片化以及时间碎片化，用户通常不会立即做出某种购买决策或者其他转化行为，因此作为硬性推广手段只能适得其反。

综上所述，博客营销以信息源的价值为核心，主要体现信息本身的价值；微博营销以信息源的发布者为核心，体现了人的核心地位，而某个具体的人在社会网络中的地位，又取决于他的朋友圈子对他的言论的关注程度以及朋友圈子的影响力（即群体网络资源）。因此可以简单地认为，微博营销与博客营销的区别在于：博客营销可以依靠个人的力量，而微博营销则要依赖你的社会网络资源。

4. 微博营销法则——PRAC 法则

"每一个微博用户后面，都是一位活生生的消费者。"微博平台已经成为企业猎取品牌形象与产品销售的重要通道。为了更好地应用微博营销，引领行业标准，经过不断的摸索和实践，业界提出了企业微博整合营销理论——PRAC 法则。

PRAC 法则涵盖微博运营体系中的四个核心板块，分别是 Platform（平台管理）、Relationship（关系管理）、Action（行为管理）、Crisis（风险管理）。

在平台管理层面，PRAC 法则倡导"2+N 微博矩阵模式"，即以品牌微博、客户微博为主平台，补充添加运营领导和员工微博、粉丝团微博、产品微博及活动微博；对于企业做微博时一直感到困惑的用户关系处理问题，PARC 则梳理出以粉丝关注者、媒体圈、意见领袖为主的"3G 关系管理"群体；而对于行为管理，PARC 系统介绍了引起注意、品牌推介等七类典型营销行为。

"微博是地球的脉搏"——美国《时代》周刊如此评价微博强大的信息传播功能。而在企业层面，微博公关与营销作为网络营销的新配工具之一，愈加受到重视。

5. 微博营销技巧

利用好微博为企业营销所用，应注意以下问题和技巧。

（1）账号认证。企业微博账号、企业领导与高管的账号、行业内有影响力的人物的账号，要先获得微博网站认证；获得认证的好处是，形成较权威的良好形象，微博信息可被外部搜索引擎收录，更易于传播，不过信息的审核也可能会更严格。

（2）内容发布。微博的内容信息尽量多样化，最好每篇文字都带有图片、视频等多媒体信息，这样具有较好的浏览体验；微博内容尽量包含合适的话题或标签，以利于微博搜索。发布的内容要有价值，例如提供特价或打折信息、限时的商品打折活动，可以带来不错的传播效果。推荐使用一些微博工具，如石青微博工具等。

（3）内容更新。微博信息每日都要进行更新，并且要有规律地进行更新，每天 5～10 条信息，不要一小时内连发几条信息，要抓住高峰发帖时间更新信息。

（4）积极互动。多参与转发和评论，主动搜索行业相关话题，主动与用户互动。定期举办有奖活动，提供免费奖品，能够使粉丝数量快速增加，并提高其忠诚度。

（5）标签设置。合理设置标签，因为微博会推荐有共同标签或共同兴趣的人加关注。

（6）获取高质量的粉丝。在微博上不在于你认识什么人，而在于什么人认识你，不在于什么人影响了你，而在于你影响了什么人。主要方法有：关注行业名人或知名机构；善于运用找朋友功能；提高粉丝的转发率和评论率；发布的内容主题要专一，内容要附带关键字，以利于高质量用户搜索。

（7）微博优化要选取热门关键词。在做微博关键词优化的时候，微博内容要尽可能地以关键字或者关键词组来开头，并且加上"#话题#"。尽量利用热门的关键词和容易被搜索引擎搜索到的词条，增加搜索引擎的抓取速率，但这些内容也要和你推广的内容相关，要考虑到你的听众，如果一味地为了优化而优化，那就得不偿失了。

（8）微博的关键选取要适当。对 SEO 来说，微博的信息是非常重要的，搜索引擎会把微博的信息纳入到搜索结果中来，它们的索引算法也会根据微博的内容，选取信息作为标题，所以这些内容的关键词选择很重要，只有找到了关键词，才能更好、更快地做好微博的 SEO。

（9）微博的名称选取要简单易记。选微博名和选择网站名一样，要简单易记，要让微博网名成为自己的代言，让其他人在看到微博名的时候就能很快地记住。另外，所选择的微博名应代表推广的站点。例如，要推广富营销，名称也要与此相关，不可以选择其他和推广内容无关的名词。

（10）微博的 URL 地址要简洁明了。有了微博名之后，微博的 URL 地址就变得尤为重要了，为什么呢？毕竟要通过 URL 地址才能访问到微博，而这个 URL 会影响到搜索引擎的搜索结果。

（11）微博的个人资料要填关键词。微博中都有个人资料的介绍及选项的说明，这些个人资料也会被搜索引擎索引。在简短的个人资料中，说明自己的同时也要选择适当的时机填入要优化的关键词，以提升搜索引擎抓取的几率。个人资料的内容与微博保持好的相关性，不仅能提升搜索引擎抓取率，而且也不会让你的听众感到厌烦。

（12）个人标签填写关键词。微博中个人资料里的个人标签可以填入要优化的关键词，提升搜索引擎抓取几率，同时也能增加和你有共同标签或共同兴趣的粉丝的关注量。

模块三　博客与微博营销项目实训

实训一　博客营销实训

本实训项目要求学生围绕特定的主题（如项目一完成的营销型企业网站的推广）实施博客营销实践活动。通过策划博客营销方案，开通主流平台博客账户并进行相关属性设置，然后撰写相关推广博文并发布。实训中要求通过相关博客营销策略及网络营销工具的使用，对博客营销的实施效果进行监控，以达到预期的营销效果。通过本项目的实训，要求学生掌握博客营销的相关方法和技巧。

一、实训流程

博客营销实训流程如图 4-32 所示。

二、实训素材

（1）博客营销主题。推荐项目一完成的营销型企业网站的推广。

（2）国内主流博客平台主要有以下几个。

- 新浪博客：http://blog.sina.com.cn。
- 网易博客：http://blog.163.com。
- 搜狐博客：http://blog.sohu.com。
- 百度空间：http://hi.baidu.com。
- 博客网：http://www.bokee.com。

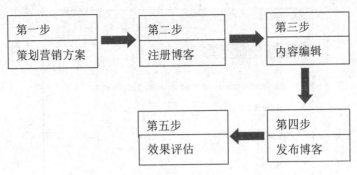

图 4-32　实训流程

三、实训内容

任务一　策划博客营销方案

（1）根据此次博客营销实训的要求进行博客营销分析，熟悉实训所提供的相关素材，明确实施原因、实施目的及目标受众群体。

（2）根据博客营销的目的以及受众群体进行博客营销策划，确定博客营销的相关主题及内容、博文的表现形式，同时确定合适的博客营销平台，熟悉主流博客平台的功能。相关内容如表 4-3 所示。

表 4-3　博客营销策划

营销目的	实施博客营销的目的
实施原因	实施博客营销的原因
目标受众群体	营销针对人群
博客资料	博客签名等资料
博文类型	所发布的博文类型
博文编写原则	博文编写规划、原则
发布平台	发布平台的选择及原因

（3）制定进度计划书，明确工作进度与人员分工。

任务二　注册博客

（1）选定合适的博客名称及博客域名。

（2）进行博客相关属性的设置。

具体实施步骤以新浪博客为例，说明如下。

① 打开博客平台（新浪博客）。

② 在首页中找到"开通新博客"按钮，单击"注册成会员"按钮，开通博客，如图 4-33 所示。

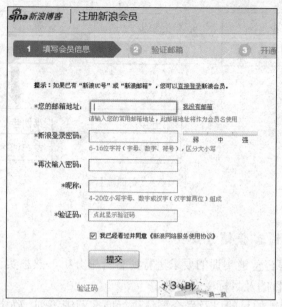

图 4-33 用户注册页面

③ 填写用户注册信息。在填写用户注册信息时，重点注意 Blog 的昵称和类别选择内容，Blog 的名称此处可以填写你想推广的网站或网店的名称（中英文皆可）。填写完整注册信息后，即可提交注册信息。

④ 熟悉用户管理后台各板块可供操作的功能，填写站点介绍和添加友情链接。提交所注册的用户信息后，即跳转至个人中心（即用户管理页面），如图 4-34 所示。

图 4-34 个人中心

单击"页面设置"按钮可对博客页面进行功能内容设置。按个人推广需要选择调整显示的首页内容板块，其中尤为重要的是添加友情链接板块。

任务三 内容编辑

（1）撰写原创类博文。选择某一观点（与博客营销主题相关）撰写相应博客文章，如观察评论、产品描述等，注意语句通顺，避免语法错误、错别字以及重复内容。

（2）撰写伪原创类博文。围绕博客营销主题进行相关内容的搜索，将对自身博客营销有价值的文章或报道等进行简单的加工修改。

（3）转载与博客营销主题有关的价值文章。围绕博客营销主题进行相关价值内容的搜索，将合适的文章转载到自己的博客，并标明文章出处。

任务四 发布博客文章

（1）编辑修改文章，按照博客平台的要求，进行关键词、描述、标签的设置和文字链接的添加，发布博客文章。

（2）进行博文的营销推广。如对自己的博客文章做搜索引擎优化，提高搜索排名和访问量。

（3）将自己较受欢迎的博客文章发至自己所加入的博客圈。

（4）可推荐圈内或圈外其他同学博客中的精华文章。

任务五 效果监控与评估

（1）查看自己博客的访问量、搜索排名等数据。

（2）查看自己的博客营销给自己推广的网站或网店带来的访问量数据。

（3）分析自己博客营销的总体效果。

（4）查看博客圈内其他人博客营销的效果并作评价。

实训二 微博营销实训

本实训项目要求学生围绕特定的主题（如项目一完成的营销型企业网站的推广）实施微博营销实践活动。通过策划微博营销方案，开通主流平台账户并进行相关属性设置，然后撰写微博内容并发布。实训中要求通过相关微博营销策略及网络营销工具的使用，对微博营销的实施效果进行监控，以达到预期的营销效果。通过本项目的实训，要求学生掌握微博营销的相关方法和技巧。

一、实训流程

微博营销实训流程如图 4-35 所示。

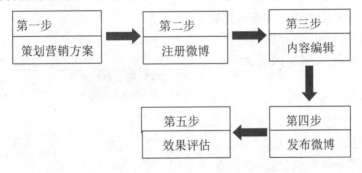

图 4-35 实训流程

二、实训素材

（1）微博营销主题。推荐项目一完成的营销型企业网站的推广。

（2）国内主流微博平台主要有以下几个。

- 新浪微博：http://weibo.com。
- 腾讯微博：http://t.qq.com。
- 搜狐微博：http://t.sohu.com。
- 网易微博：http://t.163.com。

三、实训内容

任务一 策划微博营销方案

(1) 根据此次微博营销实训的要求进行微博营销分析,熟悉实训所提供的相关素材,明确实施原因、实施目的及目标受众群体。

(2) 根据微博的营销目的以及受众群体进行微博营销策划,确定微博营销的相关主题、内容及其表现形式,同时确定合适的微博营销平台,熟悉主流微博平台的功能。相关内容如表4-4所示。

表4-4 微博营销策划

营销目的	实施微博营销的目的
实施原因	实施微博营销的原因
目标受众群体	营销针对人群
微博资料	微博签名、标签等资料
博文类型	所发布的博文类型
博文编写原则	博文编写规划、原则
发布平台	发布平台的选择及原因

(3) 制定进度计划书,明确工作进度与人员分工。

任务二 注册微博

(1) 选定合适的微博名称及微博域名。

(2) 进行微博相关属性的设置。

具体实施步骤以新浪微博为例,说明如下。

① 打开新浪微博首页。

② 在首页中找到"立即注册微博"按钮,然后填写注册信息。

③ 填写完整的注册信息后,提交注册信息,登录注册邮箱激活账号。

④ 激活微博账号后,返回新浪微博填写个人基本信息,完成后开通微博,如图4-36所示。

⑤ 开通微博后,系统会推荐一些用户,可选择"加关注",如图4-37所示。

图4-36 新浪微博基本信息设置

图 4-37 推荐用户

⑥ 选择完关注用户后,进入个人首页,单击页面顶部的"账号设置",可以填写完整个人资料、修改头像,进行隐私设置、个性设置等,如图 4-38 所示。

图 4-38 账号设置

任务三 内容编辑

(1) 根据微博营销主题确定内容主题,发布简短的营销性质的微博内容。
(2) 选择微博平台中的热门话题编写微博内容以提高微博访问量。
(3) 转发相关热点或精彩内容提高微博访问量。

在微博内容的编辑过程中应注意语句精练顺畅,避免语法错误、错别字等。

任务四 发布微博

(1) 将编辑修改完成的微博话题内容进行发布。
(2) 将自己的转发量较多和评论量较多的微博发至自己所加入的微群。
(3) 转发评论其他人的微博,增加与他人的互动,进行自身微博的推广。

任务五 效果监控与评估

(1) 查看个人微博的粉丝量、微博的转发量和评论量。
(2) 查看个人的微博营销给自己推广的网站或网店带来的访问量数据。
(3) 分析个人微博营销的总体效果。
(4) 查看其他人微博营销的效果并进行评价。

项目五　网络广告营销

能力目标

- 能够设计较合理、具有一定创意的网络广告营销实施方案；
- 能够选择合适的网络广告平台进行网络广告的投放；
- 能够对网络广告营销的效果进行监控和评估；
- 能够独立完成一次完整的网络广告营销活动。

知识目标

- 了解网络广告的概念、特点以及优势；
- 熟悉网络广告的常见形式；
- 熟悉网络广告的基本制作技巧；
- 掌握网络广告投放的流程；
- 熟悉网络广告效果监测评价的方法。

本项目的工作任务主要是让学生通过使用网络广告平台（如阿里妈妈 alimama.com），完成网络广告的策划、投放及效果评估。通过本项目的实践，学生将体验网络广告投放的整个过程，学会网络广告自策划至投放、效果评估的全部内容与技巧。

模块一 案例学习

案例一 周生生网络广告

一、支持企业

周生生集团国际有限公司，其 Logo。如图 5-1 所示。

图 5-1 周生生 Logo

二、企业背景

许多人以为周生生是一个来自中国香港的品牌，但如果翻开周生生的历史事件簿，会发现这个品牌原来诞生于广州。周生生早于 1934 年就在中国广州开展零售业务，1948 年奠基在香港地区，并于 1973 年成为上市集团公司，1994 年开拓内地业务市场。"周生生"的名字，有"周"而复始，"生生"不息的意思，而"周"是其创办人的姓氏。

周生生主要的三线业务分别为珠宝零售及制造、贵金属批发及证券期货服务。周生生品牌销售网络覆盖中国各地，在内地各省市设有逾 50 家分店，在香港地区有逾 40 家分店。此外，以"点睛品"品牌经营的分店在香港地区有 8 家，台湾地区有 21 家。除广阔的分店网络外，亦设有官方网店（http://www.chowsangsang.com），另特设企业礼品队伍，从构思、设计、制作以至送货整个过程，由专人跟进，给企业客户最完善的服务。

三、案例详解

图 5-2 周生生十二生肖系列

如图 5-2 所示，周生生十二生肖系列是周生生旗下闪烁尚礼的著名产品，此次 2013 新年活动"周生生，拾取鱼悦"想传递的主要信息是：周生生癸巳年金蛇系列是送赠亲朋或自用珍藏的尊贵之选，寓意来年财源滚滚、财运亨通，齐齐喜乐丰仓迎新年。此次活动通过具有创意的跨移动整合方式及多屏策略将产品信息变得有趣且具有可传播性，并利用社交网络的力量增强了活动信息的扩散性。

任务一　确定网络广告目标

周生生集团目前已经开设了电子商务部，并且其赋予周生生电子商务部的使命非常清晰。

第一，培育年轻客群。作为拥有 79 年历史的珠宝品牌，周生生面临着顾客逐渐老化的问题，而喜欢网购的顾客比较年轻，这部分顾客是周生生未来的潜力消费群。

第二，覆盖传统分店覆盖不到的区域。与其他竞争品牌不同，为确保品质及服务，周生生没有放开加盟授权，所有实体店都是直营的。此外，周生生在国内开店比较谨慎，对入驻的商圈、商场定位、店铺装潢设计都有较高的要求，很多城市没有周生生实体店。通过淘宝和天猫，周生生品牌可以覆盖到全中国任何有网络的地方，让顾客方便购买。

第三，品牌传播。鉴于互联网超强的覆盖能力和传播速度，周生生品牌在天猫经营可以迅速达到品牌传播、扩大品牌知名度的目的。

第四，提高周生生的品牌美誉度。周生生希望通过网购平台，让消费者体验周生生优质的商品和服务，从而得到消费者的认同和好评，以提高周生生的品牌美誉度。

1．实施原因

一直以来，周生生以时尚、优裕和活力的形象，为消费者提供专业珠宝服务，成为一个众所周知的优质品牌。周生生期望透过首饰传递一种愉快和幸福的感觉，为顾客带来一份首饰以外的喜悦。2013 新年之际，围绕愉悦时刻的品牌形象，以什么方式启动能和消费者真正互动呢？周生生最终选择了网络广告。

2．实施目的

（1）本次借新年"拾取鱼悦"双屏互动，在拾鱼的同时，增强受众对周生生品牌的亲近感，提高受众对"周生生——愉悦时刻"的认知度和周生生"生生不息"的品牌理念。

（2）通过活动促进新的受众和现有受众认识周生生十二生肖系列产品价值，促进购买。

3．实施受众

周生生目标受众为 25~35 岁、崇尚传统和时尚的都市女性。她们对于周生生的品牌形象和"生生不息"的理念有着一份喜爱和理解，"拾取鱼悦"的美好寓意容易引起她们情绪上的共鸣；她们熟知各种媒介，对 LBS、二维码等移动营销介质已有一定的了解和运用，同时分享是她们生活中的基本动作，利用这些特性，将故事利用社群互动延伸，增加话题性。

任务二　策划网络广告

2012 年一整年，困扰始终围绕着周生生电子商务业务。由于周生生集团坚持线上线下售价一致原则，线上渠道不能用低于实体店的价格促销，淘宝常用的营销手法完全用不上。因此，周生生的电子商务发展速度和那些在价格上可以灵活变通的竞争对手相比明显滞后。于是电子商务部改变了策略，开始热衷于情感营销，经试验证明，取得了很好的效果。

1．确定广告的策略：多屏推广，整合传播

本案例运用多屏（PC、手机、PAD）整合推广策略，融入 PC 手机双屏互动、二维码、LBS 定位技术和社交媒体，选择高曝光+深度沟通的媒介组合方式，运用平台优势选取目标受众活跃度高的媒体，将活动机制及品牌信息融入用户日常的媒介接触和社会化媒体的使用环节中，有效强化参与黏度及扩散效果。通过互动通数字广告平台，根据受众特性以及客户的推广目的，整合互联网和移动终端广告，通过有效的广告定向投放和高效互动创意以及多屏互动，吸引受众参与活动，有效提升周生生金蛇系列的品牌曝光度。

2．投放渠道多样化

通过互动通数字广告平台，根据受众特性以及客户的推广目的，整合互联网和移动终端广告，通过有效的广告定向投放和高效互动创意以及多屏互动，吸引受众参与活动，有效提升周生生金蛇系列的品牌曝光度。

在 PC 端，运用富媒体广告视窗、底符通栏和通栏画中画的形式，炫动展现回旋游动的鱼，环绕蛇年金牌，并投放在新闻综合类、汽车类、女性时尚类和财经类四类十四家媒体上，全方位宣传"拾取鱼悦"的活动信息，补充落地页面的宣传。

在手机端，发起手机"拾取鱼悦"趣味活动，创意的界面设计结合 LBS 定位技术，可快捷定位用户位置，查询到离用户最近的周生生店铺信息以及行车路线；HTML5 技术创意 Banner 展示，投放在目标用户活跃的工具类 APP、财经资讯、凤凰新闻等优质媒体，多渠道吸引用户至活动页面。

在 PAD 端，结合 MoCast 富媒体广告形式，实现"周生生：拾取鱼悦"的完美流畅演绎，以视频带动受众对品牌的关注与探知。配合落地页面对产品的全方位展示，进一步深化产品信息，加深品牌记忆。通过互动通的媒体整合平台，选择环球网、新民网等新闻网站，IT168、天极网等 IT 网站和凤凰财经频道、中国经济网等经济类资讯网站，结合地域定向、时间定向，精准地将广告推送至目标受众，有效地将品牌信息传递出去。

任务三　投放网络广告

1．PC 端广告多重定向，有效覆盖

根据周生生的受众人群特性，精选新闻综合类、汽车类、女性时尚类和财经类四类十四家媒体多重定向，有效覆盖目标受众。

2．绚丽富媒体展示，释放活动信息

图 5-3 和图 5-4 所示为富媒体演绎回旋上游的鱼的网络广告。

3．扫描广告画面上的二维码，可进入手机活动页面

图 5-5 为 PC 端网页的二维码显示。图 5-6 为扫描二维码后手机端显示的手机页面。

4．移动终端广告

移动终端广告多重定向，有效覆盖，HTML5 技术创意 Banner，丰富展现形式。针对产品目标消费者偏年轻、时尚、收入较高的特点，互动通精选优质财经、时尚、娱乐等类手机媒体，结合先进的机型定向技术手段，锁定 iPhone 和 Android 手机用户投放广告，有效抓取目标受众。图 5-7 为手机 APP 内置广告，点击广告后直接跳转至活动移动网站，出现如图 5-8 所示的页面；点击拾取鱼悦后，出现微博或 Facebook 分享，如图 5-9 和图 5-10

所示；成功分享后可以查看蛇年运程，如图 5-11 和图 5-12 所示。

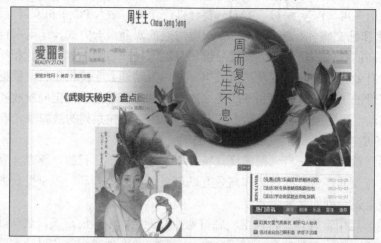

图 5-3　富媒体演绎回旋上游的鱼（一）

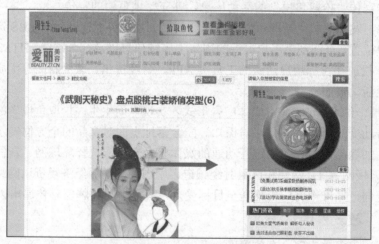

图 5-4　富媒体演绎回旋上游的鱼（二）

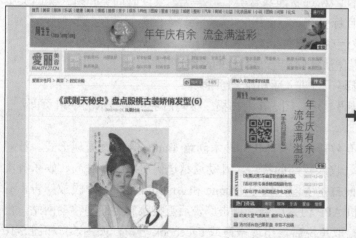

图 5-5　二维码显示

图 5-6　手机页面

项目五　网络广告营销

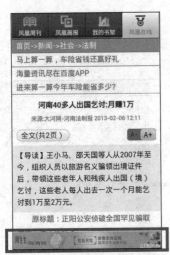

图 5-7　APP 内置广告

图 5-8　点击 Banner 后直接跳转至活动移动网站

图 5-9　点击拾取鱼悦后出现微博或 Facebook 分享

图 5-10　分享

图 5-11　成功分享

图 5-12　查看蛇年运程

5. LBS 技术定位周生生最近店铺信息

可以通过 LBS[1]（Location Based Service，基于位置的服务）技术定位最近店铺信息，具体过程及效果如图 5-13、图 5-14 和图 5-15 所示。

图 5-13　点击"最近店铺查询"　　　图 5-14　展现用户所在城市店铺列表　　　图 5-15　展现路线导航

6. 创意拾鱼游戏，完美实现双屏互动

打开 PC 活动页面 http://cny2013.chowsangsang.com/cny/，点击"手机扫描拾取"，扫描二维码，进入手机页面，开始双屏拾鱼。过程及效果如图 5-16、图 5-17、图 5-18 和图 5-19 所示。

7. PAD 端流畅演绎"周生生：拾取鱼悦"画面

如图 5-20 所示，在这次广告投放中互动通根据目标受众与 iPad 用户重合度很高的特点，利用平台优势投放在与目标受众契合度高的一些优质媒体上，实现了人群和媒体的充分整合以及广告效果的最大化。

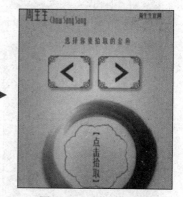

图 5-16　点击"手机扫描拾取"　　　图 5-17　进入手机页面，可选择左右键拾鱼

---

[1] 基于位置的服务（Location Based Service，LBS），是通过电信移动运营商的无线电通信网络（如 GSM 网、CDMA 网）或外部定位方式（如 GPS）获取移动终端用户的位置信息（地理坐标，或大地坐标），在（地理信息系统，Geographic Information System，GIS）平台的支持下，为用户提供相应服务的一种增值业务。

图 5-18　在手机页面选择向左，双屏互动，拾取到的鱼在 PC 上显示　　图 5-19　手机端显示拾取到的鱼

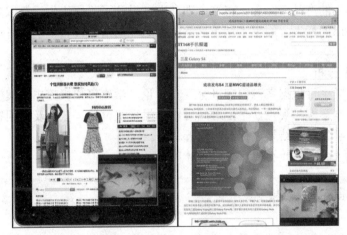

图 5-20　MoCast 富媒体广告展示，演绎鱼跃般宛如流水的流畅之美

任务四　效果监测和评价

1．PC 端

2013 年 1 月 23 日至 2 月 9 日投放 18 天，广告曝光数达到 7 447 392，取得了良好的品牌展示效果。共有 167 788 人次点击广告，点击效果达到 2.25%，品牌认知进一步得到提升。其中，唯一用户曝光率达到 50.57%，超过服装首饰行业唯一用户曝光率 45%标准，可见本次投放起到了很好的传播效果，达到很高的人群覆盖率；完全播放率达到 42.54%，超过服装首饰行业完全播放率 40%标准，本次投放的广告创意及推广策略有效地吸引了目标人群。

2．手机端

2013 年 2 月 7 日至 2 月 15 日投放 9 天，广告产生曝光 11 412 122 个，超过预期 14.12%；累计产生点击 110 465 个，超过预期 10.47%。在手机平台的推广，总体保持平稳趋势。

3．PAD 端

2013 年 2 月 7 日至 2 月 15 日投放 9 天，MoCast 广告累计产生曝光 1 467 731 个，超过预期 2.74%；产生点击 67 490 个，超过预期 136.21%。互动通富媒体表现形式运用其成熟的技术,在 iPad 上实现了有效的广告联播,效果理想。

四、案例分析

1. 因素分析

周生生的广告词"周生生,拾取鱼悦",折射出在新年到来之时,年年有鱼,身心愉悦的含义。这种"愉悦时刻"相对来说比较固定——订婚、结婚等。珠宝不像一般快消品,其本身的经济价值相对较高,在生活水平相对较低的过去,购买珠宝是一件很神圣的事情,这种事情只发生在人生中很少的几个重要的时刻。但随着生活水平的提高,当买珠宝已经不是一件难事的时候,"愉悦时刻"可以是任何消费者认为自己感到愉悦的时刻或者那些被赋予象征性的节日。而品牌在这方面的引导也很大程度上影响着消费者的购买行为。

早在开始情感营销之前,注重设计感的周生生就开始推出和节日相关联的产品,希望结合节日所代表的情感来表达产品所代表的意义。周生生倡导每一个值得纪念和愉快的时刻都能通过周生生的产品来纪念。在这个理念上,设计了"周生生:拾取鱼悦"。消费者可以买来送给自己的亲人。周生生赋予这款产品这样的情感,希望消费者通过产品去感恩亲人。

2. 学生互动分析

授课教师和学生可根据案例内容进行互动讨论,学生可积极提出与案例相关的问题,并可表述个人对本案例的观点,学生之间可以小组形式讨论。教师及时回答学生提出的案例问题,并根据学生讨论结果进行案例分析总结。

资料来源:http://www.bodao.org.cn/2013/content.asp?id=161

案例二　乐百氏网络广告

一、支持企业

乐百氏(广东)食品饮料有限公司,其 Logo 如图 5-21 所示。

图 5-21　乐百氏 Logo

二、企业背景

乐百氏(广东)食品饮料有限公司是中国饮料工业十强之一,是居于世界食品行业领先地位的法国达能集团的成员。乐百氏致力于生产、经营健康饮料产品,市场网络覆盖全国城乡。

乐百氏创办于 1989 年,在 1999 年已成为一个大型现代化企业集团,并将管理中心从中山迁到广州。2000 年初,乐百氏成为跨国食品公司达能集团在中国的重要成员,从而获得了更为先进的管理理念和长远的发展潜力与动力。在很多城市和地区,"乐百氏"家喻户晓，成为健康、美味和营养的象征。

乐百氏现有乳酸奶饮料、瓶装饮用水、功能性饮料等多个系列的优质产品（如 AD 钙奶饮料、健康快车、脉动、纯净水、好状矿矿物质水等），可满足不同年龄及层面的消费者的需求。

乐百氏以"成为在健康食品领域内最有可持续性发展能力的公司"为发展目标，以"创造健康生活，共享成功利益"为企业使命。乐百氏希望通过不断地向大众提供更多优质、美味、营养的健康食品，满足大众的生活需求，提升大众的生活品质，营造健康的生活氛围。同时，乐百氏关注和尊重每一个消费者、员工和合作伙伴，与他们共享成功利益和美好人生。

三、案例详解

声画效果俱佳的乐百氏新包装瓶装水全屏滚动广告于 2009 年 5 月 21 日起在新浪网新闻中心正式投放，投放时长 6 个月，乐百氏共向新浪支付 100 万元人民币的广告费用。该广告一经投放即引来众议纷谈。然而这款全屏滚动十足耀眼的网络广告只是双方大规模、深层次合作的惊鸿一瞥，更值得议论的是广告形式背后的东西——双方的合作模式及影响。乐百氏凭借国内主流新闻媒体之一的新浪网成功地提高了其品牌知名度。

任务一　确定网络广告目标

1．实施原因

夏季是饮用水的销售旺季，乐百氏为了增加新包装瓶装水的销量和提高品牌知名度，决定采用投放广告的形式进行营销。在广告形式上，乐百氏选择了网络广告。因为其具有以下优点：网络广告的传播冲破了时间和空间的限制，可 24 小时不间断地传播到世界各地；网络广告交互性强，受众可自由单击查询；网络广告信息反馈快捷、广告成本低廉，网络广告每 CPM 的费用是报纸的 1/5、电视的 1/8；受众针对性明确，且受众数量可准确统计。

2．实施目的

（1）扩大乐百氏系列产品在国内消费品行业的品牌知名度。

（2）提升乐百氏系列产品在国内同行业的影响力。

（3）增强目标消费群体对产品的信任度。

（4）极大地提高乐百氏系列产品的销量。

3．实施受众

乐百氏根据其充分的市场调研和企业的历年销售记录，确定了本次销售的目标客户为年轻时尚的城市消费人群。同时这类群体上网时长是所有群体中最高的，且经常访问新浪网，故网络广告的直接受众将是此类群体。

任务二　策划网络广告内容

1．内容策划

根据乐百氏新包装瓶装水的特点，企业就网络广告的相关内容进行了策划。

（1）广告形式：全屏广告、Banner 广告、固定按钮广告、滚动按钮广告、文字链接、画中画广告、网上游戏广告、有奖问答互动广告等。

（2）广告主题：清新、自然、纯净。
（3）广告内容：在各个广告位播放乐百氏制作的视频广告。
（4）广告预支：100万元。
（5）广告投放时间：6个月。

2. 选择广告投放媒体

网络广告在媒体选择与组合上主要应考虑的形式有点击率、覆盖面、信誉度等问题。乐百氏综合各方面原因考虑后，最终选择新浪网为其发布网络广告的平台。原因在于新浪网在国内几大知名门户网站中首屈一指，日浏览量有几千万，是国内最大的网络广告商之一，且其广告产品形式丰富。2004年，新浪网络分类广告在国内市场的占有率就已经达到50%。新浪网的浏览人群集中在城市，并且年轻时尚。纯净水又是日用消费品，每一个浏览新浪网的网民都有可能去购买"水"。因此，乐百氏认为新浪网是其发布网络广告的最佳选择。

任务三　投放网络广告

1. 投放广告

在选择好投放的媒体平台——新浪网后，开始投放广告。

投放在新浪网上的形式包括全屏广告、Banner广告、固定按钮广告、滚动按钮广告、文字链接、画中画广告、网上游戏广告、有奖问答互动广告等。

投放广告后乐百氏定期分配人员查看广告效果，并做广告受众人群调查。

2. 广告呈现形式

如图5-22和图5-23所示，在新浪网播放的乐百氏全屏滚动广告整体以乐百氏的品牌主题色——清新的绿色呈现，画面中的水滴清晰可见，乐百氏新包装瓶也出现在画面中，与水滴溶为一体，让人们感受到乐百氏矿泉水的自然纯净。图5-24的广告词"水…源来如此"更是凸显了源于自然的主题。

图5-22　乐百氏桶装水网络广告

图5-23　乐百氏瓶装水网络广告

图 5-24　乐百氏瓶装水网络广告

广告形式主要有全屏广告和画幅广告。

（1）全屏广告：新浪网新闻中心首页全屏滚动显示的广告。首先覆盖整个网页，而后从底部向上翻成一条小横幅广告，几秒钟后新闻中心的内容才显示出来。采用 Flash 技术处理，效果非常好，全屏广告图片格式是.jpg。

实现方法：首先在加 Banner 的页面中加入一段功能代码，代码中插入图片（见图 5-24）上传后的 URL，将代码存为 move.js，即可实现全屏广告显示效果。

（2）画中画广告：当选中新浪网某条新闻单击进入时，会发现这条新闻的画面中心是一个乐百氏的画中画广告。

单击上述任何一个广告，都会自动进入乐百氏迷你网站，里面有很多免费的游戏积分和抽奖等活动。

广告宗旨：让上新浪网的人自始至终都在乐百氏品牌的包围中、控制中。

任务四　效果监测和评价

1．广告效果

乐百氏此次投放在新浪网上的广告时长共 6 个月，新浪的用户达到 3 000 多万，观看乐百氏广告的网民达到 12 亿人次；以 2%的点击率计算，有 2 400 万人单击浏览了广告；其中有10%的人会参加迷你网站的促销活动，人数达到 240 万。

2．网友反馈

广告投放期间，有许多网友反映打开新浪网首页时发现，上网看新闻不是那么利索了：一进入新闻主页，乐百氏绿色全屏广告就扑面而来，等上几秒钟以后，新闻才逐行显露出来。新浪网甚至收到不少网友投诉："侵犯了我的信息获取的权利。"

3．效果评价

此次乐百氏在新浪网投放的网络广告的营销效果主要表现在以下方面：

（1）极大地提升了乐百氏企业的品牌知名度。

（2）促使乐百氏系列产品销量成倍增加。

（3）提高了乐百氏迷你网站的访问量，同时给乐百氏官网带来了更多访问量。

四、案例分析

1．因素分析

乐百氏"死缠烂打"追着新浪，最终取得了满意的结果。此次投放广告取得的成功显而易见，双方的合作也在业界引起了巨大反响。双方的合作最终实现了皆大欢喜的双赢：

乐百氏对新浪潜在用户的认识是本次成功的基础——新浪70%的网民集中在10个大城市,广告面对的都是很有消费潜力的人群;而对新浪来说,乐百氏则具有更广泛的人群基础,能给新浪带来访问量。

乐百氏瓶装水在新浪网上投放广告的成功之处主要表现在以下几个方面。

(1)形式新。传统企业间的联合推广历史悠久,当中的佼佼者当属麦当劳与可口可乐、肯德基与百事可乐。2000年上半年,Yahoo!与百事可乐的合作首开网站与消费品行业联合推广的先河。之后我国也出现了"新浪与乐百氏"。虽然是翻版但仍然不乏新意,因为这毕竟是国内第一宗网站与消费品行业的联合推广案例。

(2)规模大。20亿瓶水,多种网络广告形式(含全屏、Banner、固定按钮、滚动按钮、文字链接、画中画和网站等),上亿人民币的价值,构筑了宏伟的联合推广画卷。

(3)历时长。从2009年5月21日延续到2009年年底。

(4)影响深。乐百氏是国内纯净水行业的知名品牌。新浪网在国内几大著名门户网站中首屈一指。强强联合使得短期内很多企业跟风而上。

从本案例中,我们可总结出只要选择了正确的网络广告媒体资源,策划并制作出有创意且能够吸引住用户目光的网络广告,网络广告的投放必然会带来非常理想的效果。

2. 学生互动分析

授课教师和学生可根据案例内容进行互动讨论,学生可积极提出与案例相关的问题,并可表述个人对本案例的观点,学生之间可以小组形式讨论。教师及时回答学生提出的案例问题,并根据学生讨论结果进行案例分析总结。

案例三 361°特约大运会网络广告

一、支持企业

三六一度(中国)有限公司(下称361°),其Logo如图5-25所示。

图5-25 361° Logo

二、企业背景

三六一度国际有限公司是一家集品牌研发、设计、生产、经销为一体的综合性体育用品公司,其产品包括运动鞋、服装及相关运动配件等,下辖三六一度(中国)有限公司、三六一度(福建)体育用品有限公司、三六一度(厦门)工贸有限公司。2005年和2006年,361°相继获得"中国名牌"、"中国驰名商标"等荣誉,迅速成长为行业领跑者。

作为民族体育用品行业领先品牌,361°一直以支持中国体育事业的发展为己任,相继赞助了中国乒乓球超级联赛、郑开国际马拉松赛、金门马拉松赛、全国跳水锦标赛暨奥运选拔赛、中国大学生篮球超级联赛(CUBS)等一系列赛事,全面助力中国体育事业的腾飞。

2008年，361°签约成为广州2010年亚运会体育服装高级合作伙伴，成为中国首个赞助洲际运动会的体育用品品牌，携手激情盛会，成就民族体育产业的璀璨时刻。2009年，361°签约亚奥理事会（OCA），荣膺"亚奥理事会全球官方赞助商"，是体育用品领域唯一获此殊荣的企业。多年来，凭借全球性视野与前瞻性思维，361°人不断驱动企业跳跃式的突破性发展。2006年11月，在"中央电视台2007—2008体育赛事直播合作伙伴"招标中斥巨资击败国际品牌，在奥运前的敏感期打破了国际巨头垄断顶级资源的局面，实现了民族品牌对抗国际品牌的一次具有里程碑意义的361°运动鞋巨大突破；2008年，361°签约成为CCTV5主持人及出镜记者服装指定供应商，标志着一种高度整合的体育营销模式的开始。361°借助CCTV5这个对外交流的重要窗口，全面展示了其品牌国际化及产品专业化的形象。

三、案例详解

深圳大运会即第26届世界大学生夏季运动会于2011年8月12日开幕，面对这一世界大学生的顶级体育赛事，国内体育用品类商家都盯准了这次的广告投放机会。通过激烈的广告竞标，361°脱颖而出，成为2011年深圳大运会全球合作伙伴。

361°随即选择与大运会火炬传递互联网独家合作伙伴——腾讯网合作投放网络广告。本次网络广告投放采用与微博营销结合的方式进行。自2010年国内微博迎来春天，微博像雨后春笋般崛起。2011年上半年，我国微博用户数量从6 331万增至1.95亿，半年增幅高达208.9%；微博在网民中的普及率从13.8%增至40.2%。以上数据表明微博使用人群已在迅猛增长，而其中年轻群体居多。鉴于此，361°最终选择以腾讯网大运会报道专题广告为起点进行一系列的广告投放，最终将用户引入腾讯微博平台，活动专题页Banner如图5-26所示。在腾讯微博开放火炬传递板块，使得微博网友们通过微博传递的方式参与到大运会中来，实现心中的做大运会火炬手的梦想，使361°体育服装品牌与消费者之间建立更为亲密的关系。同时开设抽奖活动环节，鼓励参与活动的用户参与抽奖，赢取奖品，将消费者对产品的支持转化为线上获得的奖励，进一步提高消费者对361°品牌的认知和忠诚度。

图5-26 活动专题页Banner

任务一 确定网络广告目标

1．实施原因

361°继与亚运会合作之后，成为深圳2011年大运会全球合作伙伴。秉承"多一度热爱"的品牌理念，361°在与世界级体育资源的合作中，全面地提升品牌实力，不断地提高企业核心竞争力，越来越多地在国际舞台上展现中国实力。

年轻一族是 361°营销市场上的重要群体。本届世界大学生运动会聚集了全世界的体育健儿，此次广告投放所瞄准的正是腾讯微博用户中 16～28 岁的青年群体。受众明确，广告鲜活，形式新颖，奠定了本次 361°网络广告投放成功的基石。

2．实施目的

最大程度地将"361°是微博传递大运火炬赞助商"的信息传递给网民，在良好的互动体验中，提升品牌形象，令 361°的品牌更加深入人心。

3．实施受众

经过充分的市场调研和分析，确定本次活动的主要受众群体为：爱好运动的青年群体和有志成为大运会线上火炬手的微博网友。

任务二　策划网络广告内容

1．内容策划

（1）广告形式：微博点亮图标广告、大运会版微博皮肤广告、活动专题页广告、腾讯首页广告、腾讯大运专题页广告、QQ 秀广告等。

（2）广告主题："多一度热爱　多点燃一个梦想——361°腾讯微博大运梦想传递活动"。

（3）广告主打色：橙色，源于 361°Logo 颜色，象征年轻、热情、阳光、活力，整体活动官网页面凸显大运会盛事特色。

（4）广告内容：用户可以通过腾讯大运专题页或微博首页广告单击进入微博火炬传递活动页面，参加"多一度热爱　多点燃一个梦想——361°腾讯微博大运梦想传递活动"，与 34 位线上明星火炬手一起点燃中国版图，点燃全世界的大运梦想。用户还可以通过活动页面点燃自己的大运圣火，发表自己的热爱微博，领取微博纪念徽章，更有机会赢取丰厚奖品。

其中微博传递活动共分四个阶段：青春之火、活力之火、自信之火、希望之火。如图 5-27 所示，它们将被依次点燃，热爱从这里开始，蔓延大运赛场，燃动全世界的大运梦想。

图 5-27　微博传递虚拟火炬火种说明

广告投放时间：自 2011 年 5 月 4 日至 2011 年 8 月 12 日。

广告投放总体流程如图 5-28 所示。

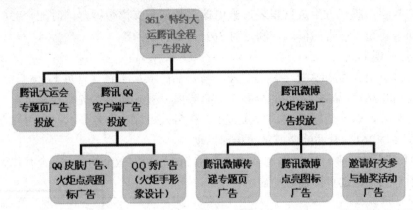

图 5-28　广告投放流程图

2. 选择广告投放媒体

大运会火炬传递互联网独家合作伙伴——腾讯网，是国内用户数量最多的互联网平台。腾讯拥有 3.4 亿活跃 QQ 账户，其中 63%的用户已开通腾讯微博，这一个庞大的用户基础以及腾讯产品技术的创新和发展，为 361°大运火炬微博传递提供了客观环境。此外，由图 5-29 可知，关注腾讯微博的年龄分布主要集中在 10～29 岁，职业分布也主要为学生群体和 IT 白领阶层，学历分布主要集中在高中、本科及以上。这些人大多是活跃自主的 80 后、90 后，这些用户群体正是 361°休闲运动服装的受众目标群体。新浪微博目前的用户使用率虽然明显高于腾讯微博，但其用户群体不像腾讯微博这样能集中趋向于年轻活跃的 80 后、90 后。据此，361°认定凭借腾讯微博精准的用户群一定能使火炬在线传递活动迅速、广泛地蔓延扩散，且活动展开后一定会带来良好的品牌营销效果。

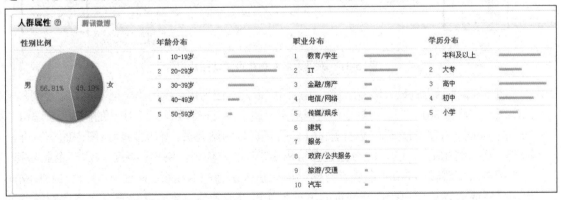

图 5-29　腾讯微博人群属性分析表

任务三　投放网络广告

1. 投放广告

在选择好投放的媒体平台——腾讯网后，开始投放广告。

投放在腾讯网上的形式包括首页 Banner 广告、微博点亮图标广告、活动专题页广告、文字链接广告、参与抽奖活动广告、QQ 秀广告等。

投放广告后由腾讯方生成日报表，给出核心数据与支撑数据，同时配合 361°的抽样监控，继而分析整个广告的情况，满足对 361°品牌的推广。

2．广告呈现形式

如图 5-30 所示，腾讯大运专题首页第一屏广告，其广告包含首页 Logo 广告，其 Logo 为大运 Logo 和 361°品牌 Logo 的合并；另有导航"登录微博"提醒和首页第一屏大运微博名人头像列表，微博话题"#深圳大运会#"在名人头像右上方显示，吸引网友加入腾讯大运微博，参与 361°赞助的微博梦想传递活动。

图 5-31 所示为在腾讯大运专题首页中，将 361°和大运会的 Logo 合并作为首页滚动广告，随用户上下翻动页面而滚动显示。

图 5-30　腾讯大运专题首页第一屏广告

图 5-31　腾讯大运专题首页滚动图片广告

图 5-32 所示为腾讯大运专题首页焦点图广告，左图为焦点图的第一屏，是大运会闭幕式演出图片，其将 361°广告巧妙地作为嵌套图，便于网友在看到大运会图片的同时看到 361°的品牌 Logo，单击图片后即会打开 361°品牌官方网站首页。右图为焦点图中的第五屏，设置了整幅的 361°广告，配合大运会给出 361°的宣传语，突出"热爱"这一企业品牌，用户单击后即跳转至 361°品牌官方网站的聚焦大运会的专题页。在这里，361°品牌 Logo 出现位置显著，让用户在打开网页的第一眼就可以清楚地看到本次腾讯大运会专题的赞助商是 361°。

图 5-33 所示为腾讯大运专题首页图片广告，广告语"361°全线装备大运会"精准、号召力强，图片内容为赛场健儿拼搏的画面，凸显活力、火热，动感十足。此广告图片放置的位置显著，紧贴大运会要闻，使得用户在查看大运会新闻的同时关注到 361°。单击图片中

的"多一度热爱 从这里开始"文字链接可以进入361°官方网站首页。

图 5-32　腾讯大运专题首页焦点图广告

图 5-33　腾讯大运专题首页图片广告

图 5-34 所示为大运火炬微博传递广告图片，此广告图片的放置位置显著，紧贴大运火炬传递名人专访文章，能够吸引用户查看。此外，该广告图片中火炬手的形象对于网友更有号召力和吸引力。图片上的广告语"点燃梦想 iPhone4 iPad 等你拿"提示网友参与活动可以获奖，奖品的诱惑能够强烈地吸引众多网友参与到微博传递活动中来。活动奖品如图 5-35 所示。

图 5-34　微博传递活动广告图片

图 5-36 所示为此次线上火炬传递的大运会火炬手服装，服装完全虚拟 361°品牌服装款式。加入 QQ 秀的形式，一方面凸显了大运会火炬手的形象，使其形象鲜明立体；另一方面从广告营销角度考虑，恰当地应用了 361°品牌服装来装扮大运火炬手形象，为 361°品牌服装做了更进一步的直接性推广。

图 5-35　活动奖品展示

图 5-36　大运会火炬手服装

参与大运火炬传递活动,将获得微博点亮图标和勋章(见图 5-37)以及大运火炬手 QQ 秀(见图 5-38)。大运火炬手服装的设计主要以大运主题图形为基本要素,辅以红色、黄色和橙色,显示出"点燃圣火的一种热爱",形象地演绎了大运精神的精髓。

图 5-37　大运火炬微博点亮图标和勋章

图 5-38　大运火炬手 QQ 秀

网友还可以通过参与热议话题的方式参与其中，如图 5-39 所示。

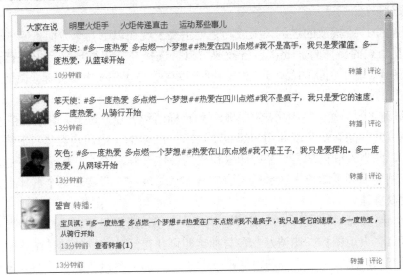

图 5-39　微博网友参与热议话题

任务四　效果监测和评价

1．广告效果

活动参与总人数为 20 788 909，其中获奖人数高达 16 000 人；覆盖全国 34 个地区（包括港澳台地区），海外参与人数超过 300 万；大运火炬信息在微博及腾讯大运专题页的曝光量平均 6.5 亿次/日（Tips 触发次数）；大运火炬微博传递活动专题页高峰时 PV 超过 3 500 万；活动专题社区高峰时在线近 23 000 人，累计帖子数 169 万个，累计访问账号超过 6 200 万。

2．网友评价

来自西南财经大学的微博火炬手李同学认为，真实的大运火炬手几乎都是各行各业的明星，但这次微博在线传递大学生们都可以参加，这个参与过程让身为普通人的她感到十分兴奋。她也觉得，更大众、更广泛的参与方式也更有利于传承发扬大运精神。

来自浙江大学的一名就业不久的学生谈到，大运火炬传递以往都是 QQ 在线传递，随着微博的兴起，此次活动也以微博为平台，更加贴近了网友们的使用习惯，是一次火炬在线传递的新体验。他本人这次也参与了微博火炬传递并获了奖。他觉得这样的活动不仅实现了亲身参与大学生体育盛事的愿望、切身体会到大运激情，还使他与网上一些疏于联系的老同学取得了密切联系，实在是一举多得。

四、案例分析

1．案例因素分析

作为此次活动的接触点，腾讯网用户与 361°核心消费群体高度重合。在卷入度如此高的活动中，品牌的知名度和美誉度也必然随之攀升。361°通过微博火炬传递活动，实现了最大范围的以大运会为话题与年轻网民的对话，并较大范围地告知了其火炬赞助商的官方身份。在整个活动中，361°作为火炬赞助商，给网民留下了361°帮助其实现火炬传递的梦想的深刻记忆。

细分其整个广告投放的过程，其成功之处主要表现在以下几个方面。

（1）互动式的新体验。此次广告投放 361°选择在腾讯微博平台上进行，足以显示361°敢于尝鲜、敢于创新的品牌理念。不同于以往的 QQ 在线火炬传递，微博火炬传递更加吸引 361°的目标消费群体。

（2）精确化的导航。集中用户的体验，和目标消费者建立联系，有效覆盖361°受众，从而有效地提升其品牌知名度和用户忠诚度。18~24岁的主力用户群体，证明了活动的号召力和活力，此类人群也是客户品牌印象积累的最佳人群。此外，25~30岁的用户群体所占的一定比例更印证了腾讯在白领阶层有着普遍认知度这一事实，这个群体也是 361°客户的直接受众群体。

（3）差异化的品牌沟通。活动简单、清晰、明了，用户只需在微博平台发布大运话题微博，即可点亮火炬图标；邀请好友参与抽奖即可获得活动奖励。通过微博网友互动的方式传播品牌产品，定制化的产品将品牌植入其中，再加上腾讯黄金资源的大量推广，实现了与用户的深入沟通，提升了产品的知名度。

2．学生互动分析

授课教师和学生可根据案例内容进行互动讨论，学生可积极提出与案例相关的问题，并可表述个人对本案例的观点，学生之间可以小组形式讨论。教师及时回答学生提出的案例问题，并根据学生讨论结果进行案例分析总结。

资料来源：http://www.admen.cn/html/admen/case/2011niandishiyiqi/2011/1101/5772.html

模块二　网络广告营销相关知识

一、网络广告的概念

网络广告是利用网站上的广告横幅、文本链接、多媒体的方法，在互联网刊登或发布广告，通过网络传递到互联网用户的一种高科技广告运作方式，简单地说就是利用互联网在网络上做的广告。与传统的四大传播媒体广告（报纸、杂志、电视、广播）及近来备受垂青的户外广告相比，网络广告具有得天独厚的优势，是实施现代营销媒体战略的重要部分。互联网是一个全新的广告媒体，速度最快且效果理想，是中小企业扩展壮大的有效途径，对于广泛开展国际业务的公司更是如此。

目前，网络广告的市场正在以惊人的速度增长，网络广告发挥的作用越来越重要，以致广告界认为互联网络将超越户外广告，成为传统四大媒体（电视、广播、报纸、杂志）之后的第五大媒体。因而众多国际级的广告公司都成立了专门的"网络媒体分部"，以开拓网络广告的巨大市场。

二、网络广告的起源

追本溯源，网络广告发源于美国。1994年10月27日，美国著名的 *Hotwired* 杂志推出了网络版，并首次在网站上推出了网络广告，这立即吸引了 AT&T 等 14 个客户在其主页上发布 Banner 广告。这是网络广告史上的里程碑，标志着网络广告的正式诞生。更值得一提的是，当时的网络广告点击率就高达 40%。

三、网络广告在国内的发展史

中国的第一个商业性的网络广告出现在 1997 年 3 月，传播网站是 Chinabyte，广告表现形式为 468 像素×60 像素的动画旗帜广告。Intel 和 IBM 是国内最早在互联网上投放广告的广告主。我国网络广告一直到 1999 年初才稍具规模。历经多年的发展，网络广告行业经过数次洗礼已经慢慢走向成熟。

四、网络广告的主要形式

1．网幅广告

网幅广告包含 Banner、Button、通栏、竖边、巨幅等，是以 GIF、JPG、Flash 等格式建立的图像文件，在网页中大多用来展现广告内容，同时还可使用 Java 等语言使其产生交互性，用 Shockwave 等插件工具增强表现力。

网幅广告因为不可能占据太大的空间，所以在设计上往往只是提示性的——可能是一个简短的标题加上一个标志，或是一个简洁的招牌；但一般都具有链接功能，暗示用户用鼠标单击或直接加上"Click me(here)"、"点击此处请进入"的字样，引导用户去了解更详尽的广告信息。

网幅广告一般采用 GIF 格式的图像文件。除普通 GIF 格式外，新兴的 Rich Media Banner（富媒体 Banner）能赋予 Banner 更强的表现力和交互内容，现在也经常被厂商采用。此外，V-Banner 的视频传播功能，在品牌传播和把电视广告移植到网络上等方面具有明显的优越性，同时，它还可被用来制作视频点播节目的多媒体索引页面，使得用户在下载较大的视频文件前可以预览动态图像。

2．文本链接广告

文本链接广告是以一排文字作为一个广告，单击文字链接可以进入相应的广告页面。这是一种对浏览者干扰最少，但却较为有效果的网络广告形式。有时候，最简单的广告形式效果却最好。

3．电子邮件广告

电子邮件广告具有针对性强（除非你肆意滥发）、费用低廉的特点，且广告内容不受限制。特别是在针对性方面，它可以针对具体某一个人发送特定的广告，这是其他网络广告方式所不及的。

电子邮件广告可以直接发送，但有时也通过搭载发送的形式发送。比如，通过用户订阅的电子刊物、新闻邮件和免费软件以及软件升级等其他资料一起附带发送。有的网站也使用注册会员制，收集忠实读者（网上浏览者）群，将客户的广告连同网站提供的每日更新的信息一起准确送到该网站注册会员的电子信箱中。这种形式的邮件广告容易被接受，具有直接的宣传效应。比如，当你向新浪网站申请一个免费邮箱成功时，在你的邮箱里，除了一封确认信外，还有一封就是新浪自己的电子邮件广告。

电子邮件广告一般采用文本格式或 html 格式，通常采用的是文本格式，就是把一段广告性的文字放置在新闻邮件或经许可的 E-mail 中间，也可以设置一个 URL，链接到广告主公司的主页或者提供产品或服务的特定页面。html 格式的电子邮件广告可以插入图片，和网页上的网幅广告没有什么区别，但是因为许多电子邮件的系统是不兼容的，html 格式的电子邮件广告并不是每个人都能完整地看到的，因此把邮件广告做得越简单越好，文本格式的电子邮件广告兼容性最好。

4. 插播式广告（弹出式广告）

插播式广告就是访客在请求登录网页时强制插入一个广告页面或弹出广告窗口，又称为弹出式广告。它们有点类似于电视广告，都是打断正常节目的播放，强迫他人观看。插播式广告有各种尺寸，有全屏的也有小窗口的，而且互动的程度也不同，从静态的到全部动态的都有。浏览者虽然可以通过关闭窗口不看广告（电视广告是无法做到的），但是它们的出现没有任何征兆，而且肯定会被浏览者看到。

5. Rich Media

1999 年，当 Jonathan Mellinger 建立 Eyewonder 公司时，不知他是否能想到几年后他创造的这种新的网络媒体形式，以星火燎原之势向整个网络世界挺进。这种叫做 Rich Media 的媒体技术，使从网络公司到网民都获得了一种最新式的媒体体验。

（1）富媒体的诞生。Rich Media，中文译为富媒体，顾名思义，即丰富媒体之义。Rich Media 是建立在多媒体基础上的一种新型媒体，为多媒体增加了媒体交互功能。多媒体的应用一般是没有媒体交互的概念的，播一段音乐或者视频都是由应用程序预先制作好的，在播放的过程中也不能由用户控制（注意是控制内容，不是控制播放），这和传统的看电影在本质上没有多大区别。据说美国出现了一种新型的电影，观众能够控制电影的情节，比如男主角向女主角求婚，他跪在地上把花献给女主角，这时候女主角一脸的笑容，突然转过头冲着观众说：“你们说我要不要答应他呢？”这时候你就可以插上一句："不，不要答应他"，或者"好吧，那就答应他吧"。由于你插了这一句，接下来的情节发展就会发生改变，结局也就不同了……这不正是富媒体所提出的媒体交互的概念吗？

（2）富媒体之富。由于与使用者具有交互性以及能够给予使用者视觉上的强烈的震撼力及感染力，富媒体技术的出现改变了许多组织的通信方式，从而衍生出许多商机，比如利用富媒体为网络广告提供技术平台，这就是以色列 Eyeblaster 公司诞生的初衷。

富媒体广告属于宽带广告的一种，除了提供在线视频的即时播放之外，内容本身还可以包括网页、图片、超链接等其他资源，与影音同步播出，大大丰富了网络媒体播放的内容与呈现的效果。

富媒体广告的效果引起了广告主极大的兴趣。虽然付费搜索链接依然是吸引消费者最有效的方式，但大尺寸动画广告、动态广告以及弹出式广告也逐渐被市场接受。根据市场研究机构 Dynamic Logic 的统计，富媒体广告在提升品牌知名度方面的效果是普通条幅广告的两倍。

（3）市场的形成。面对着商机巨大的富媒体广告平台，许多在线门户向其伸出了橄榄枝，2001—2002 年，Eyeblaster 分别与世界三大门户 AOL、Yahoo! 与 MSN 签订了协议，即采用 Eyeblaster 的富媒体网络广告投放及管理平台在其网站上投放富媒体广告。

随着网络用户迅速增多，那些快速流通产品行业也逐渐将广告预算转移到网络广告上来，网络广告更加成为一个宣传品牌的工具而不仅仅为了销售某种产品。其中，时髦而且技术更先进的富媒体广告将成为网络广告的主流。例如，Eyeblaster 公司曾为高露洁、Snicker、麦当劳的各种新品进行过推广。当然，由于拥有技术先进的 Rich Media，其在汽车、移动通信及其他电子消费品领域更是大展身手。通过富媒体独特的技术优势，富媒体广告可以充分展现产品的最大特色，如与在线用户交互，超大的创意视觉，这些都是普通广告不可替代的。

6．其他新型广告

随着网络的快速发展，还有很多新型的广告，如视频广告、路演广告、巨幅连播广告、翻页广告、祝贺广告、论坛板块广告等。

7．EDM 直投

通过 EDMSOFT、EDMSYS 向目标客户定向投放对方感兴趣或者需要的广告及促销内容，以及派发礼品、调查问卷，并及时获得目标客户的反馈信息。

8．定向广告

可按照人口统计特征，针对指定年龄、性别、浏览习惯等的受众投放广告，为客户找到精确的受众群。

五、网络广告形式换算

CPM 指每千人成本。比如在广告投放过程中，如果一个广告一条的单价是 1 元/CPM，则意味着每一千人次看到这个广告就收 1 元，依此类推，10 000 人次访问广告所在的主页就是 10 元。

CPC 是按点击量付费的。一次点击多少钱，因人而定，这种收费模式对广告公司不利，很少有广告公司这么收费。

CPA 概括来说应该算按效果付费，即按回应的有效问卷或订单来计费，而不限广告投放量（这个对广告公司是有风险的，所以公司通常采取预付款形式）。

CPS 以实际销售产品数量来换算广告刊登金额。

六、网络广告分类

1．按展示计费

CPM（Cost per Mille/Cost per Thousand Impressions）广告收费模式：每千次印象费用，即广告条每显示 1 000 次（印象）的费用。CPM 是最常用的网络广告定价模式之一。

CPTM（Cost per Targeted Thousand Impressions）广告收费模式：经过定位的用户的千次印象费用（如根据人口统计信息定位）。

CPTM 与 CPM 的区别在于，CPM 是所有用户的印象数，而 CPTM 只是经过定位的用户的印象数。

2．按行动计费

CPC（Cost-per-Click）广告收费模式：每次单击的费用。根据广告被单击的次数收费，如关键词广告一般采用这种定价模式。

PPC（Pay-per-Click）广告收费模式：根据单击广告或者电子邮件信息的用户数量来付费的一种网络广告定价模式。

CPA（Cost-per-Action）广告收费模式：每次行动的费用，即根据每个访问者对网络广告所采取的行动收费的定价模式。对于用户行动有特别的定义，包括形成一次交易、获得一个注册用户或者对网络广告的一次单击等。

CPL（Cost for per Lead）广告收费模式：按用户注册成功支付佣金。

PPL（Pay-per-Lead）广告收费模式：根据每次通过网络广告产生的引导付费的定价模式。例如，广告客户为访问者单击广告完成了在线表单而向广告服务商付费。这种模式常用作网络会员制营销模式中为联盟网站制定的佣金模式。

3．按销售计费

CPO（Cost-per-Order/Cost-per-Transaction）广告收费模式：根据每个订单/每次交易来收费的方式。

CPS（Cost for Per Sale）广告收费模式：营销效果是指销售额。

PPS（Pay-per-Sale）广告收费模式：根据网络广告所产生的直接销售数量而付费的一种定价模式。

七、网络广告营销的一般过程

（1）确立网络广告目标。
（2）确定网络广告预算。
（3）广告信息决策。
（4）网络广告媒体资源选择。
（5）网络效果监测和评价。

八、网络广告的特征

1．广泛性和开放性

网络广告可以通过互联网把广告信息 24 小时不间断地传播到世界各地，这些效果是传统媒体无法达到的。另外，报纸、杂志电视、广播、路牌等传统广告都具有很大的强迫性，而网络广告的过程是开放的、非强迫性的，这一点同传统媒体广告有本质的区别。

2．实时性和可控性

网络广告可以根据客户的需求快速制作并进行投放，而传统广告制作成本较高，投放周期固定。而且，传统媒体广告发布后很难更改，即使可以改动往往也需付出很大的经济代价，而网络广告可以按照客户需要及时变更广告内容。使用网络广告，当广告主的经营决策变化时能及时实施和推广。

3．直接性和针对性

通过传统广告，消费者只能间接地接触其所宣传的产品，无法通过广告直接感受产品或了解厂商的具体运作和提供的服务。而网络广告则不同，只要消费者看到了感兴趣的内容，直接单击，即可进入该企业网站，了解业务的具体内容。另外，网络广告可以投放给某些特定的目标人群，甚至可以做到一对一地定向投放。根据不同来访者的特点，网络广告可以灵活地实现时间定向、地域定向、频道定向，从而实现了对消费者的清晰归类，在一定程度上保证了广告的到达率。

4．双向性和交互性

传统的广告信息流是单向的，即企业推出什么内容，消费者就只能被动地接受什么内容。而网络广告突破了这种单向性的局限，实现了供求双方信息流的双向互动。通过网络广告的链接，用户可以从厂商的相关站点中得到更多、更详尽的信息。另外，用户可以通过广告位直接填写并提交在线表单信息，厂商可以随时得到用户宝贵的反馈信息。同时，网络广告可以提供进一步的产品查询需求，方便与消费者的互动与沟通。

5．易统计性和可评估性

在传统媒体做广告，很难准确地知道有多少人接收到广告信息。而网络广告不同，可以详细地统计一个网站各网页被浏览的总次数、每个广告被单击的次数，甚至还可以详细、具体地统计出每个访问者的访问时间和 IP 地址。另外，提供网络广告发布的网站一般都能建立用户数据库，包括用户的地域分布、年龄、性别、收入、职业、婚姻状况、爱好等。这些统计资料可帮助广告主统计与分析市场和受众，根据广告目标受众的特点，有针对性地投放广告，并根据用户特点做定点投放和跟踪分析，对广告效果做出客观准确的评估。

6．网络传播信息的非强迫性

网络广告是一种双向的、推拉互动式的信息传播方式，它的即时互动性表现在以下几个方面：趣味性强；能实现多种交流功能；实行个体化沟通模式；提高了目标顾客的选择性。传统广告具有信息的单向强制传播特征，是一种"硬性广告"，无论目标受众是否喜欢，都强调在有限的空间和时间范围内让目标受众被动接受，甚至是强迫接受广告信息。因此从这一角度来看，网络广告是一种非强迫性的"软性广告"。从人性化的角度看，网络传播的开放性是一个非常得网民心的优点。

7．网络信息传播的感官性

网络广告的载体基本上是多媒体、超文本格式文件，可以使消费者亲身体验产品、服务与品牌。网络广告以图、文、声、像的形式，传送多感官的信息，让顾客如身临其境般感受商品或服务。

九、网络广告的评估方法

1．点选

点选是指网络使用者进入网站后，点选过某特定广告的总次数，点选次数愈多，就表示广告愈受欢迎，广告的效果也就愈佳，而广告业者可以依据点选的次数多寡，评估广告成功与否。

2．点选率

点选率是指进入该网站人数与点选某特定广告次数的比率，比率愈高，表示广告的效果愈好。

3．上站人数

上站人数就是某特定广告所在网站可能达到的浏览人数，如一个网站有 3 000 人浏览过，那么这个广告就有 3 000 个上站人数。

4. 流量

流量是指网络上有多少资料正在被传递,同时也可用来表示某个网站受欢迎的程度。

5. 浏览

浏览是指使用者所用浏览器向伺服器要求下载某一资讯时,每单击一次就自动浏览一次。

模块三　网络广告营销项目实训

本实训为网络广告实训。本实训按照网络广告的投放方法,通过任意知名广告交易平台(如阿里妈妈),将教师指定的任意商品作为网络广告策划的主要内容,写明广告创意及如何投放的细则。

一、实训流程

本实训流程如图 5-40 所示。

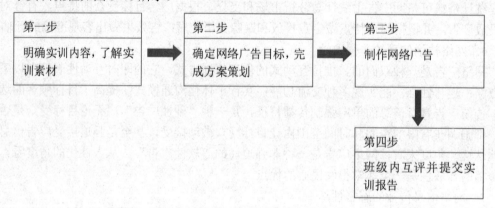

图 5-40　实训流程

二、实训素材

(1) 教师指定的实训情景,如表 5-1 所示为浙江腾讯网房产专题模板设计。

浙江腾讯网(http://hz.qq.com)是腾讯直属的地方门户型网络媒体。作为浙江杭州最大、传播速度最快、用户阅读时间最长、中高端用户最容易接触到的新型媒体,以其 1 500 多万的 QQ 注册用户资源和 QQ 客户端迷你首页及弹出 Tips 新闻(温馨消息推送)等强势宣传方式,日益成为浙江杭州人自己的门户网站——浙江杭州人生活第一站。浙江腾讯网目前日浏览量已经突破 800 万,本地论坛及 QQ 群的超强人气也展示了其备受人群关注的优势,同时也成为了本地企业展示形象的最佳网络平台。

设计风格建议参考频道整体设计:http://hz.lanfw.com。

表 5-1　浙江腾讯网房产专题模板设计

Client:	地方站
Title:	浙江腾讯网房产专题模板页面设计制作
背景：	腾讯浙江腾讯网房产行业频道专题设计，需要包含户型介绍、Flash（房子户型）拼图小游戏、网友团购报名区、小调查、视频展示区等元素，充分体现网络互动营销
品牌定义：	浙江腾讯网楼盘推介
行销目标：	通过此设计的配色、动画等设计手法突出广告抢眼度。体现大气，细节表现恰当丰富
广告目的：	通过专题的推广，提升地产品牌的知名度
竞争范畴：	以下各网站的房产专题 搜房网西安站 http://xian.soufun.com/　　西安房地产信息网 http://www.800j.com.cn/
支持点：	
描述	命题：请参考下面两个网站，为腾讯房产专题栏目设计制作一套互动产品： 彩虹城 http://xian.qq.com/zt/2009/chc/chc.htm 新乐汇地产 http://act3.xian.qq.com/xian/926/ 作品含： 主题发想（文档形式，Word 或 PPT）；活动机制设计（文档形式，Word 或 PPT）；视觉设计制作，含首页及各子页面（JPG，可整合或 PPT 演示）；活动 Banner 广告创意两套各三个尺寸（728 像素×90 像素、300 像素×250 像素、160 像素×400 像素）
色调性	根据不同行业使用不同色调
必要元素	浙江腾讯网 Logo，版权信息，广告语（请同学根据各个行业主题制定，希望在文案方面也能看到闪光点）
广告诉求	通过合理的设计表现形式突出产品特性，突出强调行业的特点以吸引用户参与

（2）阿里妈妈 Banner 制作工具。

三、实训内容

任务一　确定网络广告目标

根据情景设置，确定实施网络广告的原因和主要目标，如促进产品销售、提升品牌知名度和提高站点流量等，如表 5-2 所示。

表 5-2　网络广告营销目标分析

营销主题	营销的品牌或核心要素
确定网络广告原因	确定网络广告的实施原因
营销主要目标	促进产品销售，提升品牌知名度，提高站点访问量等

任务二　网络广告营销方案策划

学生根据教师部署的营销主题，确定网络广告的受众群体、文案形式等，制定详细的网络广告营销策划,如表 5-3 所示。

表 5-3 网络广告营销方案策划

广告目标	目的是什么
广告受众	受众是谁
广告文案	用什么样的文章形式加以表现,其中涵盖诉求是什么,如何与产品形成紧密联系等内容
广告形式	文字、图片、Flash、视频等以及选择该形式的原因,若为视觉化表现形式,描述大体构思
广告规格	若为视觉化表现,具体尺寸是多少,需要控制在多大的文件范畴内
广告投放位置	投放在哪里,具体到哪个站点的哪个页面,并给出具体原因
广告投放时间	什么时间进行投放,给出原因
广告投放区域	广告是否有区域性的考虑,给出原因

任务三 网络广告设计与制作

根据广告策划方案,通过阿里妈妈 Banner 制作工具,着手网络广告的设计与制作。

任务四 班级内部广告互评

学生可将广告提交至共享平台,相互查看班级内其他同学制作的网络广告,并对网络广告作品进行投票。

项目六 视频营销

能力目标

- 能够掌握视频营销的核心理念；
- 能够掌握营销视频的策略；
- 能够将企业营销活动与网络视频结合起来进行创意策划；
- 能够将策划好的视频营销活动进行完美实施；
- 能够掌握在视频交互网站上注册、发布视频、观看视频、监控视频播放效果的操作方法。

知识目标

- 了解视频营销的概念、模式；
- 理解视频营销的优势、策划技巧；
- 掌握视频营销的创意思想、操作方法以及效果分析。

学生在本项目中通过对视频营销案例、视频营销技能的学习和掌握，能够策划、组织、实施一次视频营销活动，并将制作完成后的营销视频发布到网上，实时监控视频的营销效果并进行分析，达到树立企业品牌形象或者推销产品的目的。

模块一 案例学习

案例一 "安儿乐"百万打造幽默小巨星的视频营销

一、支持企业

恒安集团，其 Logo 如图 6-1 所示。

图 6-1 恒安集团及产品安儿乐的 Logo

二、企业介绍

恒安集团创立于 1985 年，是最早进入中国卫生巾市场的企业之一，是目前国内最大的妇女卫生巾和婴儿纸尿裤生产企业，经营领域涉及妇幼卫生用品和家庭生活用纸两大块，总资产 40 多亿元，员工 1 万余人，在全国 14 个省、市拥有 40 余家独立法人公司，销售和分销网络覆盖全国。恒安国际集团有限公司于 1998 年在香港成功上市。主导产品安乐、安尔乐卫生巾，安儿乐婴儿纸尿裤，心相印纸品市场占有率连续多年位居全国第一。2006 年，恒安集团销售收入突破 50 亿元，上缴税款 6 亿多元。

恒安集团以中国驰名商标"安尔乐"和"心相印"，以及"安乐"、"七度空间"、"安儿乐"、"安而康"等著名品牌为依托，生产与销售 100 多个规格、品种的妇女卫生巾、婴儿纸尿裤和成人纸尿裤，以及纸品系列。2002 年和 2003 年，"安乐"、"安尔乐"系列产品和心相印系列产品先后被国家技术质量检验检疫总局授予"国家免检产品"称号。

三、案例详解

2013 年，安儿乐冠名江西卫视大型生活节目《家庭幽默录像》发起"百万打造幽默小巨星"活动，借此推广安儿乐婴儿纸尿裤。互动通为此次活动进行网络预热宣传，通过炫目的富媒体技术打造"萌宝宝"形象，期望引发受众关注，宣传节目并征集萌宝宝视频信息，同时扩大安儿乐婴儿纸尿裤的认知度，实现线上线下、电视媒体与互联网广告的完美结合。

传播也面临大挑战。如今，我国已成为世界最大的纸尿裤市场。在众多婴儿纸尿裤品牌中，如何吸引受众的关注，占领市场领域呢？在媒介形式上，如何跳脱电视广告千篇一律的内容营销，找到有趣的创意点吸引受众眼球，实现品牌的差异化营销至关重要。

案例通过与受众形成有效互动实现品牌与电视节目的双丰收，借由富媒体技术为用户上演了一场萌宝宝秀。传播策略由"小鬼当家"这一思路出发，塑造"萌宝宝"的形象。用户通过键盘上的方向键，即可控制广告画面中"萌宝宝"跳舞扭动的方向实现趣味互动。

下面是本视频营销的详细过程。

任务一 策划视频营销方案

1. 营销分析

（1）视频营销优势分析。视频营销的形式类似于电视视频短片，平台却在互联网上。"视频"与"互联网"的结合，让这种创新营销形式具备了两者的优点：既具有电视短片的种种特征，又具有互联网营销的优势。可以说，视频营销是将电视广告与互联网营销两者"宠爱"集于一身，因此具有以下五大优势。

① 成本低廉。网络视频营销投入的成本与传统的广告价格之间的差距是让许多公司开始尝试网络视频广告的一个重要原因。一个电视广告，很可能投入几十万甚至上千万却抓不住顾客的心反而引起顾客反感。与此相反，视频广告却很可能以低廉的价格带来优厚的回报，只要有一个好创意，可能只需要几个员工就可以做一个很好的短片，免费放到视频网站上进行无限量的传播。

② 目标精准。与传统营销方式最大的不同是，网络营销能够比较精确地找到企业的潜在客户。作为网络营销新兴方式的网络视频则更精准地发挥了这一特性。

例如，土豆网上有"频道"的设置，"频道"下又设有多个"小组"，这就定位了网络上有相同视频兴趣倾向的网民的集合。土豆网通过"小组"可以锁定特定受众目标群体，并通过有效的可行途径影响他们，发掘、培养他们的兴趣点。令人感兴趣的内容能吸引受众，而受众的不断支持、回复、上传又能产生良好的内容。例如，汽车企业可以在"汽车频道"投放汽车视频广告，或者在该栏目征集作品，往往能取得不错的效果。

③ 既有互动性，又有主动性。互联网营销具有互动性，这一点也被视频营销所继承。例如在土豆网上，视频观看者可以利用文字对视频发布者进行回复，视频发布者可以就回复再进行回复；另外，观看者的回复也为该节目造势，有较高争议率的节目的点击率也往往高调飙升。同时，观看者还会把他们认为有趣的节目转贴在自己的博客或者其他论坛中，让视频广告进行主动性的"病毒式传播"，让营销视频大范围传播出去，而不费企业任何推广费用和精力。这一优势是电视广告所不具备的。而且，与其他互联网营销形式不同，视频的感染力更强，因此引起网友的主动传播性也更强。

④ 传播速度快。视频营销的这个特性继承自互联网，已经在诸多案例中被证明。

⑤ 效果可测。根据调查，美国几大视频网站——YouTube、MSN Video、Yahoo Video等的访问量是美国五大广播电视网网站访问量的两倍；且用户在前者的停留时间达12分钟/次，长于后者的8分钟/次。另外，一个网站上的视频的很多相关数据也是可以准确记录和计算的，比如，某一段视频短片，被点击3 000万次，转载5 000次并附有2 400条评论。种种数字让企业视频营销的"每一笔费用都可以找出花在了哪里"。收集网友的评论，也可以总结这次视频广告的得失，大大提高效果监测率。

（2）实施原因。根据行业发布的《2011—2015年中国纸尿裤产业市场运行动态分析报告》显示，中国0～3岁的婴幼儿有7 500多万，且每年仍将迎来1 700万～2 100万的新生婴儿。毫无疑问，中国已成为世界最大的纸尿裤市场。

（3）实施目的。宝宝的降临总是给家庭带来很多不知所措的事情，让妈妈们幸福，也让她们手忙脚乱，但是快乐永远是第一位的。安儿乐婴儿纸尿裤在为妈妈宝宝们服务的同时，也在不断传递爱的理念，从其 Slogan "更多爱创造更多欢乐"中便可以看出，而每年的活动也都是以欢乐为基调。

通过受众与"萌宝宝"的乐趣互动，宣传此次由安儿乐冠名赞助的《家庭幽默录像》——"百万打造幽默小巨星"活动，有效补充电视节目传播，助力推广安儿乐婴儿纸尿裤。

（4）实施受众。针对恒安的品牌特点和安儿乐婴儿纸尿裤目标人群的分析，此次主要实施受众为刚刚怀孕的准妈妈和宝宝在 2 周岁以内的妈妈，因此最终选择将视频投放在流量较大的新闻类、生活类、女性类以及亲子类网站。

2．营销策划

（1）原则策划。要进行一次成功的视频营销，营销视频的内容策划应该遵循以下几点。

① 巧妙叙事。不管是用于"病毒营销"的网络视频还是面向用户的感谢信，优秀的视频一定要学会讲故事，以此留住观众。

② 言简意赅。效果最好的在线视频的长度介于 30 秒至几分钟之间。如果视频要讲述的内容过长，最好分成几个小段，以引起观众兴趣，也便于观众抓住宣传的主题。

③ 市场调查。为了确保视频营销策略在播出后能引发病毒式的传播效果，最好在做视频营销之前做好市场调查，挖掘潜在需求，有的放矢地从事视频营销。

④ 准确定位。虽然"病毒视频"日趋流行，但是这并不意味着那些乐此不疲的观众都是企业的目标群体。因此一定要研究视频受众的构成报告，看看究竟有多少比例的观众会真正转变为最终用户。

⑤ 切忌弄虚作假。最好的推广视频一定要让事实说话，企业切忌制造虚假事件在网上进行炒作，因为真相大白之后不但会引起观众对视频广告的反感和排斥，也会对企业品牌造成不良影响，诚信在网上显得更为重要。

⑥ 不要过度润色。视频广告的质量无须过高，因为过高的视频质量反而容易被人视作传统的电视广告，失去了网络营销的真实自然性。

⑦ 兼顾大众。根据调查，相比于 18~24 岁的年轻人，35~54 岁的中年观众对于网络视频的热情绝对不相上下。因此企业在做视频广告时，要注意兼顾大众，不要局限于年轻人，而丢掉中年观众这块大市场。

⑧ 不要忘记品牌。有些视频在互联网上能够取得极佳的传播效果，但如果这个视频不能强化与企业或企业产品的品牌形象的结合，其结果很可能既让人山人海的观众大惑不解，又令企业"竹篮打水一场空"。

（2）活动策划。幽默是最能吸引人的，何况是小宝宝制造的幽默？基于此，本次策划主题为"家庭幽默录像"。《家庭幽默录像》内容紧贴观众，比较真实、贴切，具有人情味，是全家老少一起观看的"合家欢"节目。如图 6-2 所示，给出了本次活动的策划思路图。

① 在此节目上，安儿乐采取冠名的方式锁定目标人群。在节目现场，处处可见安儿乐品牌 Logo，并且主持人在节目主持的过程中，也经常会提及安儿乐品牌。

② 插入安儿乐拍摄过的广告。当然，作为一档以自拍录像为主的节目，安儿乐也不错过通过录像的播放传递安儿乐的品牌主张。在此之前，安儿乐方面拍摄过多个表现安儿乐

始终如一为宝宝服务，带给宝宝快乐的微视频和病毒视频，这次也作为种子视频推荐给节目组，在节目中播放。

③ 设在优酷土豆上的 minisite 活动网站全面开启，征集萌宝宝视频。优酷一直就是自拍者的天下，他们无时无刻不在发现生活中的趣事，通过手中的摄影机记录下来，上传到网上供网友评论和分享。安儿乐幽默小巨星活动鼓励年轻爸爸妈妈们通过摄像头记录下 0～13 公斤阶段的婴幼儿的趣事并上传网络，通过网友的投票，票数靠前者不仅可以赢得 iPad mini 及 3 888 元大礼包，更可以推荐到江西卫视，成为《家庭幽默录像》的座上宾。

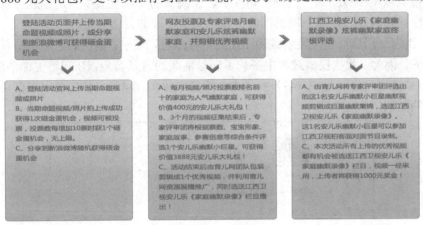

图 6-2　活动策划思路图

（3）传播方式策划。安儿乐方面提到，在以往的宣传过程中，一般都是在传统媒体上进行 TVC 散投，但是在纸尿裤产品众多、品牌庞杂的市场上，完全死守传统媒体势必处于下风。在网络日益普及的今天，受众群体已经从电视延伸到电脑甚至是移动端，传统电视媒体的受众群正在逐渐失去。在这样的情况下，分出一部分预算投放在互联网上，通过网络进行投放势必会达到事半功倍的效果。

要从传统媒体自然过渡到数字媒体，自然要选择与电视媒体类似的新媒体，视频网站成为最佳选择。由于优酷土豆在国内具有领先优势，安儿乐锁定了优酷土豆作为合作对象，在其网站上搭建了 minisite 活动网站，广泛征集宝宝的可爱视频。

而要吸引更多受众导流到优酷土豆视频网站，安儿乐又选择了与互动通进行合作，有效利用互动通的媒体资源，通过互动通的技术不断筛选受众，精准覆盖年轻妈妈，并且通过精彩炫目的富媒体内容，吸引她们的目光。

在这个过程中，安儿乐也在思考是否要全部放弃传统媒体，全部投放网络媒体。在考虑到产后妈妈们在家休息的时候，电视是必不可少的娱乐渠道，并且完全放弃电视媒体也是不明智的选择，安儿乐还是继续在传统媒体上宣传，但是要放弃以往单纯 TVC 投放的方式，改成冠名的方式，增强曝光度和知名度。安儿乐方面提到，在选择冠名的少儿节目的过程中发现，江西卫视《家庭幽默录像》主推家庭的概念，由幽默风趣的刘仪伟担当主持，节目以播放搜集来的自拍幽默视频为主，其基调与安儿乐的品牌调性非常吻合。经过协商以后，安儿乐成功冠名此节目，和江西卫视共同为观众献上幽默风趣的内容。

婴幼儿产品受众群相对集中，要锁定目标受众群，在媒体的选择上非常重要。安儿乐在拥抱数字媒体的同时,不忘电视媒体的优势,并且选择品牌调性和受众群与安儿乐相似的电视节目进行投放,不失任何机会。

任务二　实施视频营销活动

1．执行时间

2013 年 4 月 24 日—5 月 13 日。

2．实施过程

本次投放以"小鬼当家"为创意切入点,由淘气的"萌宝宝"引出主题并发起互动,在创造轻松愉悦的观赏娱乐氛围的同时,也达到了良好的宣传效果。

(1)作为一档以征集宝宝视频为主题的电视节目,轻松、愉快的氛围是节目本身希望传给观众的,因此,此次投放过程中搭载了轻松活泼的背景音乐,让观感更加俏皮与有趣。

(2)从通栏广告(见图 6-3)到画中画广告(见图 6-4),俏皮萌宝宝自由穿梭,奠定了活动的基调。

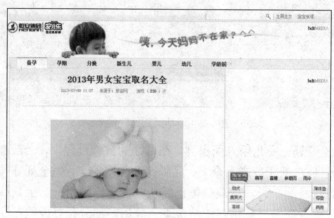

图 6-3　通栏广告

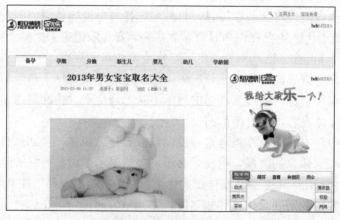

图 6-4　画中画广告

(3)通栏画面中显示宝宝舞动的方向键盘,提示受众可以通过控制电脑上的方向键,让画中画中的萌宝宝舞动起来,如图 6-5 所示。

图 6-5　萌宝宝可根据方向键做出不同的动作

（4）富媒体直入主题，展示活动内容，如图 6-6 所示。

图 6-6　富媒体展现活动主题

（5）调动受众参与的积极性，通过扫描通栏上的二维码（见图 6-7），即可参与手机端的砸金蛋活动，形成由 PC 端向手机端转移的过程。同时，在通栏画中画中展现安儿乐婴儿纸尿裤的品牌名称和产品包装。

图 6-7　展现二维码手机入口

任务三　播放营销视频及推广

1. 选择播放平台

在这波推广过程中，江西卫视、优酷土豆、互动通三方齐力，共同推广，为安儿乐品牌宣传助力。

（1）传统媒体。在这个过程中，安儿乐也在思考是否要放弃传统媒体，全部投放网络媒体。考虑到产后妈妈们在家休息的时候，电视是必不可少的娱乐渠道，并且完全放弃电视媒体也是不明智的选择，安儿乐还是继续在传统媒体上宣传，但是放弃了以往单纯 TVC 投放的方式，而改成冠名的方式，增强曝光度和知名度。

据安儿乐方面透露，在选择冠名的少儿节目的过程中发现，江西卫视《家庭幽默录像》主推家庭的概念，由幽默风趣的刘仪伟担当主持，节目以播放搜集来的自拍幽默视频为主，其基调与安儿乐的品牌调性非常吻合。经过协商以后，安儿乐成功冠名该节目，和江西卫视共同为观众献上了幽默风趣的内容。

（2）线上平台。据艾瑞咨询的《2013Q3 中国在线视频行业季度监测报告》，2013Q3 中国在线视频行业市场规模达 32.5 亿元，同比增长 37.3%，环比增长 6.7%；在线视频行业营收份额最高的业务类型依然是广告，其占比高达 81.7%，分别较 2013Q2 和 2012Q3 上涨 4.6 和 3.5 个百分点。2013 年 8 月，在线视频 PC 端网页与 PC 客户端的月度覆盖人数分别为 4.5 亿人和 3.2 亿人，环比增长 0.2%和 0.6%；2013 年 8 月，在线视频移动端 APP 用户规模达到 1.5 亿，较 2012 年 8 月增长 92.5%，接近翻番。

根据这些数据，结合本次活动以自拍为主，故这次活动决定跟优酷土豆进行合作。因为优酷一直就是自拍者的天下，他们无时无刻不在发现生活中的趣事，并通过手中的摄影机记录下来，上传到网上供网友评论和分享。

（3）线下平台。此次品牌宣传除了在江西卫视、优酷土豆和互动通上进行投放，线下部分还选择了航空视频、公交车、户外广告牌、报纸等媒体以及通过终端大量活动宣传物料进行宣传（约覆盖 100 万家门店）。在线上部分还选择了母婴类的垂直网站作为活动页面的引流媒体，精确锁定受众，让他们在浏览网站的同时，通过广告的宣传自然而然导流到活动页面。而移动手机上搭建的活动页面，又很好地锁定了一部分人群。通过不长时间的宣传，上传的宝宝视频就达到了 4 000 多条，与往年举办的类似活动相比，有了很大的提升。

2. 播放视频

（1）江西卫视现场（见图 6-8、图 6-9 和图 6-10）。

（2）线下活动（见图 6-11）。

（3）优酷网等视频（见图 6-12）。

图 6-8　江西卫视现场 1

图 6-9　江西卫视《家庭幽默录像》节目

图 6-10　江西卫视电视台播放录像

图 6-11　安儿乐线下活动

图 6-12　优酷等网站播放个人家庭录像

任务四　营销效果监控与评估

投放第一阶段（从 4 月 24 日到 5 月 13 日），累计 4 万曝光量，点击量达到 140 万，点击率达到 5%，投放效果良好。

四、案例分析

1. 案例因素分析

安儿乐携手江西卫视大型生活节目《家庭幽默录像》和优酷土豆视频发起"百万打造幽默小巨星"活动，同时借助互动通富媒体、育儿网、太平洋亲子网在网络上广泛宣传，征集最萌宝宝的视频作品，评选观众心中"最具幽默小巨星"。活动通过传统媒体与网络媒体的联合推广，不仅吸引了众多年轻妈妈的关注，也将快乐带给了观众，更重要的是，双面夹击的推广方式为广告主的整合推广提供了有效范本。

在这波推广过程中，江西卫视、优酷土豆、互动通三方齐力，共同推广，为安儿乐品牌宣传助力。

《家庭幽默录像》内容紧贴观众，比较真实、贴切，具有人情味，是全家老少一起观看的"合家欢"节目。在此节目上，安儿乐采取冠名的方式锁定目标人群。在节目现场，处处可见安儿乐品牌Logo，并且主持人在节目主持的过程中，也经常会提及安儿乐品牌。当然，作为一档以自拍录像为主的节目，安儿乐也不错过通过录像的播放传递安儿乐的品牌的主张。在此之前，安儿乐方面拍摄过多个表现安儿乐始终如一为宝宝服务，带给宝宝快乐的微视频和病毒视频，这次也作为种子视频推荐给节目组，在节目中播放，收效甚好。

与此同时，设在优酷土豆上的minisite活动网站全面开启，征集萌宝宝视频。

而为了吸引网友关注优酷土豆正在举办的活动，安儿乐联合互动通，在母婴类、女性类网站进行富媒体广告投放，顺利导流网友。作为一档以征集宝宝视频为主题的电视节目，轻松、愉快的氛围是节目本身希望传给观众的，因此，互动通在富媒体制作过程中搭载了轻松活泼的背景音乐，让观感兼具俏皮与有趣；其次，从通栏到画中画，俏皮萌宝宝自由穿梭，奠定活动的基调；通栏画面中显示宝宝舞动的方向键盘，提示受众可通过操控电脑上的方向键，让画中画的萌宝宝舞动起来。受众可点击通栏直达搭建在优酷土豆上的活动页面，参与互动，当然更可以扫描通栏上的二维码，参与手机端的砸金蛋活动，形成由PC端向手机端的转移。

此次活动与以往单纯利用传统媒体进行TVC投放相比，优势明显。首先，选择与安儿乐品牌调性相一致的电视节目进行合作，通过节目的影响力就能够较快地吸引受众的目光，当然，节目中时常可以看到的Logo以及主持人经常提及的安儿乐品牌更能够提升曝光率，更重要的是节目本身轻松幽默的内容与安儿乐品牌调性相一致，这就很容易引起妈妈们的关注和好感。

其次，在选择传统媒体投放的同时，拿出很大比例的预算投放到互联网上，吸引年轻父母的注意力更是明智之举。优酷土豆作为国内领先的视频网站，影响力不在话下。通过搭建在网站上的minisite，吸引喜欢自拍的年轻受众的目光，同时赢得实物以及选送到江西卫视的丰厚奖励，更是吸引了众多人蜂拥而上。

再次，互动通作为此次活动顺利导流流量的中间方，通过炫目的富媒体技术打造的"萌宝宝"形象，精确地传递到目标受众眼前，为活动的开展贡献了不少力量，也扩大了安儿乐婴儿纸尿裤的认知度。

此次活动的亮点就在于各个平台的合作，包括传统电视媒体、视频网站、垂直网站，以及手机端、终端卖场等各方的配合。安儿乐方面表示，随着整合时代的到来，整合营销传播是未来品牌营销的趋势。

2. 学生互动分析

授课教师和学生可根据案例内容进行互动讨论，学生可积极提出与案例相关的问题，并可表述个人对本案例的观点，学生之间可以小组形式讨论。教师及时回答学生提出的案例问题，并根据学生讨论结果进行案例分析总结。

资料来源：http://www.bodao.org.cn/2013/content.asp?id=157

案例二 曼秀雷敦乐肤洁的视频营销

一、支持企业

曼秀雷敦（Mentholatum）公司，其 Logo 如图 6-13 所示。

图 6-13　曼秀雷敦 Logo

二、企业介绍

曼秀雷敦公司是一家外商独资公司，1889 年创立于美国。创办人希尔先生成功创制的曼秀雷敦薄荷膏，迅速成为家喻户晓的必备良药。曼秀雷敦的英文名字 Mentholatum，就是由"MENTHOL"（薄荷醇）及"PETROLATUM"（石腊油）组合而成。一百多年后，曼秀雷敦已经享誉全球。

1991 年 10 月，曼秀雷敦进驻中国广东，注册名称为曼秀雷敦（中国）药业有限公司，总投资额逾一亿元人民币，厂内各种生产设备均从美国曼秀雷敦公司及日本乐敦药厂引进而来。其在进驻中国几十年来，凭借不断创新、丰富的产品线，为广大消费者带来了周全而细心的关爱。现在，中国曼秀雷敦主要生产曼秀雷敦和乐敦系列产品，包括薄荷润唇膏、男士润唇膏、新碧抗晒乳液系列、新乐敦眼药水、护肤系列及假牙垫等，以满足内销及出口市场的需要，而产品出口远至欧、美、澳、日等。

为兑现"曼秀雷敦，处处关怀"的品牌承诺，曼秀雷敦努力拓展中国市场，于北京、上海、广州三大城市建立分公司，并同时在大连、天津、哈尔滨、苏州、杭州、汕头、成都及深圳等城市进行市场拓展。尽管曼秀雷敦在中国市场已经取得了骄人的成绩，但要扩大市场份额，提高产品销量，掌握客户需求动向，在中国这个竞争激烈的市场上做得更好，就必须让自己的产品时刻以新的形象呈现在客户面前，挖掘更多的潜在客户，因而营销宣传活动是一个重要环节。

三、案例详解

在营销市场上，作为主要视频媒体的电视有两大难以消除的局限性。第一，受众只能是单向接受电视信息，很难深度参与；第二，电视都有着一定的严肃性和品位，广告主很难按照自己的偏好来创造内容，因此电视的广告价值大，但是互动营销价值小。然而，网络视频却可以突破这些局限，从而成为互动营销的新平台。

随着网络逐渐成为很多人生活中不可或缺的一部分，越来越多的视频网站悄然兴起，视频营销也越来越被企业重视，开始将网络视频看成一个必然的营销途径，营销的手段和手法也层出不穷。连比尔·盖茨都在世界经济论坛上预言，五年内互联网将"颠覆"电视的地位。这句话在一定程度上表明了网络视频的势头，也说明了企业进行视频营销的必要性。

2005年，曼秀雷敦从日本引进了乐肤洁抗痘护理系列。乐肤洁是特别为有青春痘烦恼的青少年研制的高品质的抗痘护肤产品，在日本抗痘护肤品市场上连续多年获得销量冠军。2010年，为了提升乐肤洁品牌在中国市场上的影响力，增加产品销量，曼秀雷敦市场营销部特别为这款产品策划了一个新颖的病毒式视频营销方案。这个营销方案中的营销视频一经在网上传播，立马引起了广大青年学生的关注，片中的"乐肤洁抗痘体操"风靡一时，这款乐肤洁祛痘洗面乳的销量在当年一路飙升，远超行业竞争者。

下面是本视频营销的详细过程。

任务一 策划视频营销方案

1. 营销分析

（1）视频营销优势分析。视频营销的形式类似于电视视频短片，平台却在互联网上。"视频"与"互联网"的结合，让这种营销形式具备了两者的优点：它具有电视短片的种种特征，又具有互联网营销的优势。可以说，视频营销是将电视广告与互联网营销两者"宠爱"集于一身，因此具有以下五大优势。

① 成本低廉。网络视频营销投入的成本与传统的广告价格之间的差距是让许多公司开始尝试网络视频广告的一个重要原因。一个电视广告，很可能投入几十万元甚至上千万元，却抓不住顾客的心，反而引起顾客反感。与此相反，视频广告却很可能以低廉的价格带来优厚的回报，只要有一个好创意，可能只需要几个员工就可以做一个很好的短片，免费放到视频网站上进行无限量的传播。

② 目标精准。与传统营销方式最大的不同就是，网络营销能够比较精确地找到企业的潜在客户。作为网络营销新兴方式的网络视频则更精准地发挥了这一特性。

例如，土豆网上有"频道"的设置，"频道"下又设有多个"小组"，这就形成了网络上有相同视频兴趣倾向的网民的集合。土豆网通过"小组"可以锁定特定受众目标群体，并通过有效的途径影响他们，发掘、培养他们的兴趣点。令人感兴趣的内容能吸引受众，而受众的不断支持、回复、上传又能产生良好的效果。例如汽车企业可以在"汽车频道"投放汽车视频广告，或者在该栏目征集作品，往往能取得不错的效果，如图6-14所示。

③ 既有互动性，又有主动性。互联网营销具有互动性，这一点也被视频营销所继承。例如在土豆网上，视频观看者既可以利用文字对视频发布者进行回复，视频发布者也可以就回复再进行回复；另外，观看者的回复也为该节目造势，有较高争议率的节目的点击率也往往会高调飙升。同时，观看者还会把他们认为有趣的节目转贴在自己的博客或者其他论坛中，让视频广告进行主动性的"病毒式传播"，而不再费企业任何推广费用和精力。这一优势是电视广告所不具备的。另外，与其他互联网营销形式不同，视频的感染力更强，因此更能引起网友主动传播的意愿。

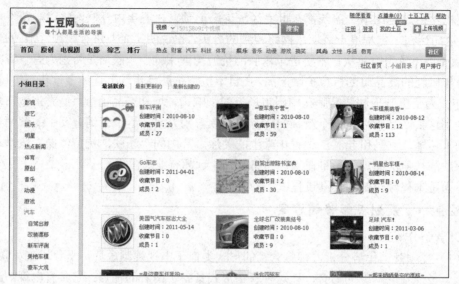

图 6-14 土豆网"汽车频道"页

④ 传播速度快。视频营销的这个特性继承自互联网,已经在诸多案例中被证明。

⑤ 效果可测。根据调查,美国几大视频网站——YouTube、MSN Video、Yahoo Video 等的访问量是美国五大广播电视网网站访问量的两倍;且用户在前者的停留时间达 12 分钟/次,长于后者的 8 分钟/次;另外,一个网站上的视频的很多相关数据也是可以准确记录和计算的,比如:某一段视频短片,被点击 3 000 万次,转载 5 000 次并附有 2 400 条评论。种种数字让企业视频营销的"每一笔费用都可以找出花在了哪里"。通过收集网友的评论,也可以总结这次视频广告的得失,大大提高效果监测率。

(2)实施原因。乐肤洁是一款青少年专用的皮肤护理产品,包括青春肌肤系列及抗痘护理系列。2010 年,乐肤洁为了宣传自己的洗面产品拍摄了一则新广告。在这则广告中,配着好听的背景音乐,乐肤洁的品牌形象代言人——日本明星小池彻平为观众表演了"乐肤洁抗痘体操",介绍了乐肤洁洗面系列可以实现面部各部分祛痘的功效,广告截图如图 6-15 所示。这则广告清新趣怪,很符合年轻人的口味。

为了在这则新广告播出时,能引起全面的轰动效应,乐肤洁打算为这个电视广告在互联网上做一个预热推广,激发观众的好奇心,从而在广告播出时,提高观众对新广告的认知度,以促成后期的产品销售。因此,如何宣传能引起更多用户的关注,就成为曼秀雷敦乐肤洁进行产品网络推广的一个新挑战!

图 6-15 乐肤洁电视广告

(3)实施目的。增强乐肤洁的品牌效应,刺激消费者的购买欲望,最终促使乐肤洁产品在竞争市场上取得优势,销量大幅提升。

(4)实施受众。处在青春期、追求时尚的年轻人。

2. 营销策划

（1）原则策划。要进行一次成功的视频营销，营销视频的内容策划应该遵循以下几点。

① 巧妙叙事。优秀的视频一定要学会讲故事，以此吸引观众的注意力。

② 言简意赅。效果最好的在线视频长度介于 30 秒至几分钟之间。如果视频要讲述的内容过长，最好分成几个小段，以引起观众兴趣，也便于观众抓住宣传的主题。

③ 市场调查。为了确保视频营销策略在播出后能引发病毒式的传播效果，最好在做视频营销之前做好市场调查，挖掘潜在需求，有的放矢地从事视频营销。

④ 准确定位。虽然"病毒视频"日趋流行，但是这并不意味着那些乐此不疲的观众都是企业的目标群体。因此一定要研究视频受众的构成，看看究竟有多少比例的观众会真正转变为最终用户。

⑤ 切忌弄虚作假。最好的推广视频一定要让事实说话，企业切忌制造虚假事件在网上进行炒作，因为真相大白之后不但会引起观众对视频广告的反感和排斥，也会对企业品牌造成不良影响，诚信在网上显得更为重要。

⑥ 不要过度润色。视频广告的质量无须过高，因为过高的视频质量反而容易被人视作传统的电视广告，失去了网络营销的真实自然性。

⑦ 兼顾大众。根据调查，相比于 18～24 岁的年轻人，35～54 岁的中年观众对于网络视频的热情绝对不低于前者。因此企业做视频广告时，要注意兼顾大众，不要局限于年轻人，而丢掉中年观众这块大市场。

⑧ 不要忘记品牌。有些视频在互联网上能够取得极佳的传播效果，但如果一个视频不能与企业或企业产品的品牌形象完美结合，其结果很可能既让观众大惑不解，又令企业"竹篮打水一场空"。

（2）主题策划。结合曼秀雷敦乐肤洁的营销目标，曼秀雷敦营销团队建立了如图 6-16 所示的营销策划思路。

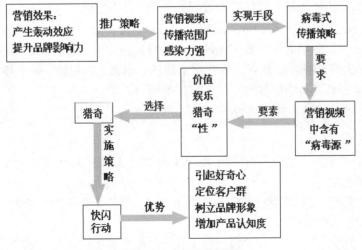

图 6-16 营销策划思路

近年来，病毒式传播策略以其传播速度快、传播范围广、几乎零成本等优势，已经成为越来越多的企业进行市场营销推广的必用之技。病毒式传播策略能够使曼秀雷敦达到此次进行视频营销的目标,因此,营销团队决定后期采用病毒策略来宣传推广营销视频。

要实现病毒营销的效果,营销视频中就必须含有"病毒源",能够促使视频广告在网络上像"病毒"一样传播开来。一般来说,好的"病毒源"应该包含娱乐、价值、猎奇等内容。考虑到乐肤洁的产品特性和营销受众的特点,曼秀雷敦选择使用"猎奇"元素。

那么,如何激发客户群的好奇心,使他们竞相追逐、奔走相告而成为"病毒载体"以帮助曼秀雷敦进行无偿推广?曼秀雷敦想到了当下比较火热的"快闪行动"。作为一种社会行为,"快闪"依仗其突发性、神秘性和瞬间性、公共性和娱乐性,已成为了名副其实的"潮"行为。乐肤洁作为一款青少年专用的皮肤护理品牌,其目标市场锁定青少年,而以 90 后为代表的青少年正是一些"潮"行为的忠实追随者,"快闪"正合其意。如果将表演"乐肤洁抗痘体操"加入"快闪行动"中,可想而知,必然会引起人们的关注,激发客户群的好奇心,而且可以树立乐肤洁专为青少年服务的品牌形象,增强客户对产品服务目标的认知。

(3)实施策划。确定好视频营销的主题后,接下来是如何实施的问题,即如何将"快闪行动"与视频营销结合起来,如何将"快闪视频"转化成"病毒"传播的问题。曼秀雷敦打算采用从线下转到线上的传播方式:先让一些年轻人用时下流行的"快闪"方式将"乐肤洁抗痘体操"在不同的人气地点表演出来,以引起现场观众的好奇——"这些人到底怎么了","他们跳的是什么舞";继而利用"快闪"噱头的病毒式轰炸,引导用户关注乐肤洁在网上播放的营销视频,激发用户强烈的兴趣和好奇心,促使营销视频在网上病毒式推广。然后,在电视上揭秘"快闪"视频的真正原因,在用户恍然大悟的同时,也提升了目标群对乐肤洁产品的关注热情,从而增强乐肤洁的品牌效应,实现销量大幅提升。

(4)拍摄场景策划。拍摄场景中不能只有表演的年轻人,还要有一些群众演员来分别扮演路人及其他特定角色来增加营销活动的真实性。拍摄地点以年轻人聚集地为主,因为年轻人具有最大的传播热情,能够实现营销活动快速传播的效果。

(5)传播方式策划。将拍摄成的视频短片在各大知名视频网站上进行病毒式传播,制造持续性的悬念,以引起人们的普遍关注,引导目标客户群主动去推广视频,造成一定的声势。同时,成立专门的项目组,负责在网上跟帖、灌水,把视频、帖子炒热,而点击率、跟帖数等这些数据都是将营销视频进一步推广的动力。

任务二 实施视频营销活动

1. 执行时间

按照策划,"快闪行动"的时间定于 2010 年 5 月 5 日至 2010 年 5 月 9 日之间实施。

2. 实施过程

(1)曼秀雷敦首先召集了一群街舞团队的学生,学习小池彻平在新拍的乐肤洁电视广告中的"乐肤洁抗痘体操"。

(2)2010 年 5 月 5 日,乐肤洁派出十几名学生和拍摄团队,来到广州最繁华的地段之一——北京路步行街。首先,一名学生看似随意地走到街道中间,开始跳起了乐肤洁抗痘体操,片刻后,混迹于人群中的另外十几名学生化装的"行人"也陆续加入其中,舞动起来。四周行人被这突如其来的路边集体舞蹈所吸引，由于惊讶、不解和好奇，很多人停下脚步，围拢过来观看。慢慢地，不少"行人"也跟着跳起来，甚至一位身穿蓝色工服的中年妇女也被鼓舞起来，随着节奏扭动腰肢。也有一些"行人"纷纷拿出相机或手机来拍摄这一"街头奇景"，以及现场观众的各种表现。整个过程持续了1分钟，表演完毕后，这些"快闪族"又瞬间散去，围观群众也就四散离开，步行街又恢复了正常。不过，人们被激起的兴奋却没有消失，大家议论纷纷，都很想知道这些"快闪族"此次活动的目的是什么、到底要向人们传达些什么、谁是幕后的组织者等。

（3）5月6日，同样的戏码再次在广州的地王广场上演。地王广场一直是年轻人购物的天堂。这一天，在地王广场一层的中央大厅里，先是播放一首好听的日本歌曲，这是小池彻平为乐肤洁广告专门录制的新歌曲，当然现场的顾客还没有听过这首歌曲，伴着这首歌曲，一名阳光男孩突然以怪异的姿势扭动起来，周围的顾客纷纷停下脚步，以惊异的目光看着他。紧接着，从顾客中又走出一男一女两个年轻人，站在他的身后，一起舞动。这个行为很快感染了周围的十几名"顾客"，他们迅速加入其中，集体表演。与此同时，这次活动的组织者已经用事先在大厅周围隐藏好的摄像机记录下了现场情景，尤其是现场观众的反应。1分钟后，这支团队散去，只留下一群惊愕的观众。

（4）5月7日，一名穿着HipHop的男孩又一次在广州市的购书中心门口表演了这个体操，这一次同样吸引了很多刚从购书中心购书出来的"学生"参加，他们的行为在引起路人观看的同时，还惊动了一位保安人员，他拿着保安棍将这些在购书中心门口"集体捣乱"的年轻人一一驱散。

（5）5月8日，这个"快闪族"又来到了广州市的篮球场上，三十几个学生在篮球场中央集体跳起了"乐肤洁抗痘体操"，周围打篮球的同学闲适地看着他们突然出现，又突然离去。

（6）5月9日，最后一次"快闪行动"在动漫星城前进行。细雨濛濛中，一名身着黑衣红裙的时尚女孩，在动漫星城门前的小广场上开始俏皮地跳起了"乐肤洁抗痘体操"，两名男生在她周围左顾右盼一番后终于下定决心也跳了起来，继而十几个年轻人从四面八方冒出来加入了这支队伍，场面非常火热，路边一对情侣很兴奋地凑过去观赏。1分钟很快过去，人群散去，一切都像从没发生过一样，但隐藏在暗处的组织者们早已将这些都录入了摄像机中。

（7）曼秀雷敦的营销组织者很快就将这些镜头进行编辑处理，最终制作成了5段视频短片。

任务三　播放营销视频及推广

1. 选择播放平台

从视频网站的基本情况、新媒体属性、用户访问量以及广告价值等方面的发展研究总结来看，目前国内比较大型、知名度高的网站主要有土豆网（http://www.tudou.com/）、优酷网（http://www.youku.com/）和酷6网（http://www.ku6.com/），这三个网站相比于其他同类竞争网站具有访问速度快、视频加载速度快、网站流量大、视频清晰度高、视频分类准确、原创数量丰富、用户活跃度高等优势。因此，曼秀雷敦将这三个网站视为主要的视频播放平台。

对各网站在各大搜索引擎的收录查询结果进行分析,如图 6-17 所示,优酷网在国内几大搜索引擎中总共有近 3 800 万的页面数据被收录;土豆网在国内几大搜索引擎中总共有近 1.3 亿的页面数据被收录;酷 6 网在国内几大搜索引擎中总共有近 1 000 万的页面数据被收录。从而得出结论:由于土豆网在各大搜索引擎中占据绝对优势,所以选定土豆网为营销视频的首播网站,可以为视频后期的"病毒式"推广奠定良好的基础。

网址 www.youku.com在各大搜索引擎的收录查询结果 查看历史记录						
搜索引擎	百度	谷歌	有道	搜狗	雅虎	搜搜
收录数量	10,800,000	28,600,000	约2340万	12,747,884	2,944,148	12,400,000
网址 www.ku6.com在各大搜索引擎的收录查询结果 查看历史记录						
搜索引擎	百度	谷歌	有道	搜狗	雅虎	搜搜
收录数量	9,680	12,000	约803万	3,437,505	4,684	678,000
网址 www.tudou.com在各大搜索引擎的收录查询结果 查看历史记录						
搜索引擎	百度	谷歌	有道	搜狗	雅虎	搜搜
收录数量	100,000,000	344,000,000	约2亿6400万	160,160,663	28,389,048	62,800,000

图 6-17 三大网站在各大搜索引擎的收录查询结果对比

2．播放视频

2010 年 5 月 11 日,曼秀雷敦开始在土豆网上首播这 5 段视频,并分别为它们配上了一个吸引年轻人眼球的标题。然后同步转发至优酷网、酷 6 网上进行推广,由专人负责回帖、灌水、转发至论坛与博客,进行炒作,制造悬念。继而又在奇艺网、百度视频、新浪视频等网站上进行"病毒式"传播,热炒"乐肤洁抗痘体操"概念。

(1)潮人不可不知新玩法,如图 6-18 所示。

图 6-18 乐肤洁视频营销北京路篇

(2)传说中的"快闪"牛人,如图 6-19 所示。

图 6-19　乐肤洁视频营销地王广场篇

（3）强悍！广州惊现快闪族，如图 6-20 所示。

图 6-20　乐肤洁视频营销购书中心门口篇

（4）大开眼界！偶遇快闪族，如图 6-21 所示。

图 6-21　乐肤洁视频营销篮球场篇

（5）时尚快闪一族街头热舞，如图 6-22 所示。

图 6-22 乐肤洁视频营销动漫星城篇

任务四 营销效果监控与评估

这 5 段视频在土豆网上一经播出,立刻俘获了观众的眼球,短短 9 天时间就获得了 906 543 次的播放次数,网友自发转载播放次数 212 039 次,同时也在各大媒体网站上迅速传播开来,总播放数最终达到了 19 607 912 次,回帖率高达数十万,人们竞相询问"这些人在干吗"、"他们跳的舞很可爱,叫什么名字"、"是谁策划了这次快闪行动"……

就在观众极为疑惑,非常想知道答案之时,曼秀雷敦发布了一个官方 TVC 视频进行揭秘,原来事实竟然是:日本可爱明星小池彻平正在为曼秀雷敦乐肤洁代言产品,"快闪行动"中年轻人所跳的就是小池彻平为乐肤洁祛痘洗面乳所专门录制的"乐肤洁抗痘体操"。而乐肤洁的电视广告,与"快闪行动"所营造的年轻人"时尚、青春、可爱"的主题遥相呼应,就是为了让年轻人明白青春的魅力势不可挡,有痘痘也并不可怕,乐肤洁就可以轻松帮助年轻人解决这个烦恼。

乐肤洁通过这次营销活动,让客户深刻明白了乐肤洁致力于为年轻人解决青春困扰、引领时尚、展现自我的服务理念,在获得客户对企业品牌形象认可的同时,也增加了乐肤洁洗面产品在市场上的销售量。一个季度内乐肤洁广州地区的销量将近百万元,其他地区也大获全胜,平均比上一季度翻了一番,在淘宝等大型电子商务网站上,乐肤洁洗面乳数月高居洗面系列销量排行榜榜首。

四、相关术语

1. TVC

TVC 即电视广告片,特指以电视摄像机为工具拍摄的电视广告影片。传统的电影胶片广告(CF)需要用胶片,因此成本较高;而 TVC 则制作简单,费用相对较低。

2. 电视广告

电视广告是一种经由电视传播的广告形式。大部分的电视广告是由外面的广告公司制作,并且向电视台购买播放时数来传播的。

3. "快闪行动"

"快闪行动",简称"快闪",是新近在国际流行开的一种嬉皮行为,可视为一种短暂的行为艺术。简而言之，许多利用网络联系的人，通过短信或BBS约定一个指定的地点，在指定的时间同时做一个指定的不犯法却很引人注意的动作，然后赶快离开。这些人被称为"聪明暴民"、"暴民"、"快闪暴走族"、"快闪族"、"聪明行动帮"等，五花八门，称呼混乱。"快闪"活动策划人大多数匿名，各地不同，有的是纯为搞笑，有的被视为社会或政治活动。开先河的是美国纽约文化工作者比尔。

4．病毒营销

病毒营销并不是通过传播病毒而达到营销目的，而是通过引导人们发送信息给他人或吸收朋友加入某个程序来增加企业知名度或销售产品与服务。这种方式可以通过电子邮件、聊天室交谈、在网络新闻组或者消费者论坛发布消息进行。这种策略正如病毒一样，利用快速繁殖将信息爆炸式地传递给成千上百万人。病毒营销的关键是要正确引导人们的传播意愿并且让人毫不费力地传播。病毒式营销已经成为网络营销最为独特的手段，被越来越多的商家和网站成功利用。

5．硬广告和软广告

在广告学理论上，硬软广告没有明确的定义，也没有明确的范围划分，也就是说，所谓的硬广告和软广告，只是广告界中所谓的行话。硬广告是我们都比较熟悉的在报刊、杂志、电视、广播四大媒体上看到或听到的宣传产品的纯广告；而软广告则有些"新闻不像新闻、广告不像广告"，主要是那种有偿的形象稿件以及企业各种类型的活动赞助，这些广告或以人物专访的形式出现，或以介绍企业新产品、分析本行业状况的通讯报道形式出现，而且大都附有企业名称或服务电话号码等。

五、案例分析

1．案例因素分析

一个流传甚广的视频可以让企业或企业产品以极小的成本获得极大的曝光次数，因此视频活动的策划可以说是至关重要的，它关系到企业要为这次营销投入的成本和最终将获得的回报。曼秀雷敦乐肤洁的这次营销活动就极具创意，它以"快闪"视频在网络上的病毒性传播为"乐肤洁抗痘体操"预热，为拍摄的电视广告造势，提高目标客户群的关注度。这种做法一反常规，软（广告）硬（广告）结合，极大地促进了客户群对该产品的认知度，最终实现了产品的顺利推广。

乐肤洁的"快闪"营销从某种角度来说，相当于是将广告事件化了。所谓"广告事件化"，即把广告活动过程作为完整的营销活动看待，它包含了完整的营销意图，意在实现独立的营销目标，而不再是其他营销活动的辅助性传播环节和技巧。在"快闪"活动之前，乐肤洁就确立了明确的宣传策略和活动实施计划；"快闪"活动融入了乐肤洁广告片中的抗痘体操，充分利用"快闪"活动的吸引力在第一时间让受众记住了这个舞蹈，为后来的广告片的播出做好了铺垫；在"快闪"活动之后，紧接着是一系列宣传环节的跟进，比如在电视媒体上播放含有"快闪"内容的广告片进行TVC揭秘等，因此可以说这也是一次组织严密的整合传播活动。

成功点：让营销视频病毒式传播开来。主要应用了以下几个方面的策略。

（1）以短制胜——曼秀雷敦把这次的营销活动分解成了5个小的视频短片，这5段视频短片的播放时间都控制在 60～65 秒之间，这是最理想的视频长度，不容易引起观众的反感。

（2）含蓄制胜——如果一个视频看起来像广告，那么网民是不会与他人分享的。曼秀雷敦在做这个广告时巧妙地避开了这一点，只字不提"乐肤洁抗痘洗面奶"，但却制造了足够的悬念，吊足了观众的胃口，让观众自发地想知道宣传的产品到底如何。

（3）有策略地制作视频标题——曼秀雷敦为这 5 段营销视频分别选择了"潮人"、"牛人"、"快闪"、"快闪族"、"时尚"、"街头热舞"等吸引年轻一族注意力的字眼，迅速挑起了客户群的好奇心，促使他们点击查看视频以满足好奇心，因此适合的标题也是乐肤洁视频广告成功的必不可少的因素。

（4）优化视频标题以及缩略图——引人注目的视频缩略图能够吸引观众的眼球。曼秀雷敦在处理这些视频时，尽量使出现在视频框中的画面非常有趣：一个穿着蓝色工作服、正在笨笨地扭动腰肢的中年妇女，一群在公众场合做着古怪动作的年轻人，第一时间挑起了观众点击观看的兴趣。

曼秀雷敦乐肤洁的这次视频病毒营销取得了明显的效果，这样的成功不是侥幸取得的，而是源自曼秀雷敦对年轻一族的为青春痘所困扰、追求时尚、猎奇、具有传播热情等特点的深刻洞察，对正在兴起的视频营销与百试不爽的病毒营销相结合的突破创新。

2．学生互动分析

授课教师和学生可根据案例内容进行互动讨论，学生可以积极提出与案例相关的问题，并可以表述个人对本案例的观点，学生之间可以以小组形式讨论。教师及时回答学生提出的案例问题，并根据学生讨论结果进行案例分析总结。

资料来源：http://www.cdshangjie.com/news/2011/3/20110315101172658008.html

模块二　视频营销相关知识

一、视频营销的概念

视频营销的概念分为狭义和广义两种。狭义的视频营销是指通过数码技术将产品营销现场实时视频图像信号和企业形象视频信号传输至互联网上；广义的视频营销是指企业将各种视频短片以各种形式放到互联网上，达到一定宣传目的的营销手段。视频广告的形式类似于电视广告，只是视频广告的平台在互联网上。视频营销的内容可以是企业产品、企业形象等直观内容，也可以是一些间接信息，如公益宣传、动画影像等。视频的制作可以采用 DV 或摄像机进行直接拍摄，然后对视频内容进行剪辑处理，也可以采用电脑制作 Flash、3D 等动画的方法进行。

二、视频营销的模式

目前网络视频营销主要有四种模式：视频贴片广告模式、视频病毒营销模式、UGC 营销模式和视频互动模式。

1. 视频贴片广告模式

贴片广告指的是在视频片头片尾或插片播放的广告，以及背景广告等。作为最早的网络视频营销模式，贴片广告可以算是电视广告的延伸，其背后的运营逻辑依然是媒介的二次售卖原理。贴片广告直接翻版电视营销模式，显然不能符合用户体验至上的 Web 2.0 精神，很容易沦为鸡肋，被网友轻松跳过。

2. 视频病毒营销模式

病毒营销是另一种重要的网络视频营销模式，借助好的视频广告，企业的营销活动可以实现无成本地在互联网上广泛传播。视频病毒营销的发生原理可以概括成"内容即媒介"。好的视频自己会长脚，能够不依赖需要购买的媒介渠道，而把以无法阻挡的魅力俘获的无数网友作为传播的中转站，以病毒扩散的方式蔓延。如何找到品牌诉求的"病毒"是企业营销人需要重点思考的问题，最好的办法就是在进行视频创意时尽力使广告更加软性化、可乐化、轻松化，这样才能更好地吸引消费者的眼球并实现病毒式营销。

3. UGC 营销模式

UGC 即是用户产生内容，简而言之，这种模式就是调动民间力量参与视频的积极性，主动产生作品。最简单的形式就是以征文的形式征集与企业相关的视频作品。据调查，美国企业营销人使用 UGC 作为网络营销的手段比例达到 57.8%。UGC 营销模式超越了普通的单向浏览模式，实现了用户与品牌的高度互动，将品牌传递方式提升到用户参与创造的高度，增加了品牌黏性，深化了广告效果。但是 UGC 这种网络视频营销模式也有一些潜在的"风险"，比如，那些希望借力网络视频的公司必须放弃对于一些言论的控制，而且必须对观众们可能做出的回应做好准备。

在 Web 2.0 时代，真正的创意高人或许将不再是广告公司中打扮个性、两眼熬得通红的高级员工，而是隐藏在长尾中的无数草根。

4. 视频互动模式

视频互动模式类似于早期的 Flash 动画游戏。借助技术，企业可以让视频短片里的主角与网友真正互动起来，网友用鼠标或者键盘就能控制视频内容。这种好玩有趣的方式，往往能让一个简单的创意取得巨大的传播效果。随着手机、无线网络的加入，这种互动模式还在继续开发中。

另外，随着视频技术和范围的扩展，新的营销模式也正在不断涌现，如视频搜索广告等，由于还在探索中，在此不再多讲。

三、视频营销的策略

1. 网民自创策略

网民的创造性是无穷的，在视频网站上，当网民们不再只是被动地接收信息，而且能自制短片进行上传发布时，这种创造性就被发挥到了极致。事实上，很多网民喜欢上传自制短片并和别人分享。因此，企业完全可以把广告片，以及一些有关品牌的元素、新产品信息等放到视频平台上来吸引网民的参与，甚至可以向网友征集视频广告短片，或者对一些新产品进行评价等。这样做不仅可以让网民充分发挥自己的创意思维并获得一些收入，而且对于企业来说也是一个非常好的宣传手段。

2. 病毒营销策略

视频营销的最大的优势在于传播精准。观众首先必须对视频产生兴趣，关注视频，才能由关注者变为传播分享者，而被传播对象势必是有着和他一样特征、兴趣的人，这一系列的过程就是对目标消费者精准筛选并传播视频的过程。网民看到一些经典的、有趣的、轻松的视频总是愿意主动去传播，通过受众主动自发地传播带有企业品牌信息的视频，可以让企业的信息像病毒一样在互联网上扩散。病毒营销的关键在于企业制作好的、有价值的视频内容，然后寻找到一些易感人群或者意见领袖帮助传播。

3. 事件营销策略

事件营销一直是线下活动的热点，国内很多品牌都依靠事件营销取得了成功。其实，策划有影响力的事件，编织一个有意思的故事，将其拍摄成视频，也是一种非常好的方式。而且，有事件内容的视频更容易被网民传播，如果把事件营销的思路放到视频营销上将会开辟出新的营销价值。

4. 整合传播策略

每一个用户的媒介和互联网接触行为习惯不同，这使得单一的视频传播很难有好的效果。因此，视频营销首先需要在公司的网站上开辟专区，吸引目标客户的关注；其次，也应该跟主流的门户、视频网站合作，提升视频的影响力。而且，对于互联网的用户来说，线下活动和线下参与也是重要的一部分，因此通过互联网上的视频营销，整合线下的活动、线下的媒体等进行品牌传播，将会更加有效。

四、视频营销策划技巧

要进行视频营销策划，不妨借鉴以下几个常用的特色技巧。

1. 高

可以用高人进行高超技艺表演。这由高人带来的高特技表演势必会让人高兴地观赏，并且乐意与他人分享和谈论。因为表演者是高人由不得你不信，但表演的动作太高难度了，太神了，又不自主地怀疑它的真实性，这势必会引起网友的强烈反应。例如，小罗连续 4 次击中门柱的神奇视频就是 2005 年其为赞助商 NIKE 拍摄的一段广告，这段广告在全世界范围内引发了一场激烈的讨论。尽管耐克事后承认该视频是经过处理的，但是并不妨碍这段广告在互联网上的病毒性传播。

2. 热

借用热点新闻吸引大家的眼球。专挑最热门的侃，专拣最火爆的说。视频这东西靠的绝对是内容。言之有物，满足人的好奇和捕猎的心理，用热门新闻冲击人性最深层的东西，借由其对视频的热爱来谋求关注并达到获得经济效益的目的。例如，搜狐的娱乐播报就是一个很好的例子，娱乐信息中最抢眼的热点新闻肯定逃不过他们的法眼，他们借势为搜狐博客、各种宣传活动做广告，也取得了不错的效果。

3. 炒

古永锵离开搜狐进军视频领域，建立优酷网，靠张钰的视频一举成名，还获得了 1 200 万美元的融资。其中的关键就是借用张钰对潜规则的炒作。后来古永锵和他的优酷网又靠某个很有争议的短篇赚了大把的眼球和人气。仅仅预告片，就有了几十万的浏览量，后来，采访片中导演和演员的访谈片不断出炉，越炒越火。

4．情

传递一种真情，用祝福游戏的方式病毒式地快速传播视频。例如，有这样的Flash，把一些图片捏合在一起，配有个性的语言设计，以搞笑另类的祝福方式进行传播。

5．笑

搞笑的视频广告带给人很多欢乐，而带给人欢乐的视频人们才更加愿意去传播。例如，索尼相机的一则广告，描写老婆为骗加班的老公回家，用数码相机制作了一个偷情的画面，使得老公迅速赶回了家，这支广告后来在互联网上传播甚广。

6．恶

恶俗、恶搞有时也是最终促成产品销量增长的手段。先说恶俗，俗会招人鄙视，但也容易让人关注。电视视频广告常常会出现经典的俗广告，甚至被众多观众贴上了恶俗的标签，但也能促成其产品销量的增长。例如，脑白金的广告，两个跳舞的老头儿和老太太，高唱"今年过节不收礼，收礼只收脑白金"，可谓俗不可耐，但是中国就是有送礼这个习俗，购买者和使用者分离这个市场环境特性，使得这个恶俗的广告一播多年，而且脑白金的销量一直不错。再说恶搞，这个很典型，目前已经泛滥了。例如，胡戈的"馒头"，《无极》上亿投入获得的效应，胡戈几乎没花钱就获得了相同的影响力，真正让世人见识了恶搞的实力。同样，恶搞歪唱也是备受网友追捧的一个撒手锏。

模块三　视频营销项目实训

本实训为视频营销的实训。学生在实训教师指导下，分析并策划当前情景下的视频营销方案，继而以小组的形式进行视频的拍摄和传播，从而使学生掌握更为全面的整合营销方法。

一、实训流程

本实训流程如图6-23所示。

图6-23　实训流程

二、实训素材

学生可以在实训教师规定的范围内选择一个企业或者一种产品作为营销对象，然后选择任意一个或多个知名网站为平台进行视频营销，如土豆网（www.tudou.com/）、优酷网（www.youku.com/）和酷6网（www.ku6.com/）等。具体包括以下素材。

(1) 教师自定义实训情景。
(2) 网络营销教学系统。
(3) 视频拍摄设备（手机、DV 等）。
(4) 视频处理：Adobe premiere、会声会影、Windows Movie Maker。

三、实训内容

任务一　确定视频营销目标

根据情景设置，搜索并分析实施的目的、受众、创意以及相关资源，如表 6-1 所示。

表6-1　视频营销目标分析

营销主题	营销的品牌或核心要素
确定网络广告原因	确定视频营销的实施原因
营销主要目标	促进产品销售，提升品牌知名度，提高站点访问量等
视频创意及相关资源	相关资源来路等

任务二　策划视频营销方案

按照要求，详细说明视频营销的创意、策略、实现手段、要素与实施细则，如表 6-2 所示。

表6-2　视频营销方案策划

视频营销目标	目的是什么
视频营销受众	受众是谁
视频营销文案	用什么样的文章形式加以表现，其中涵盖诉求是什么，如何与产品形成紧密联系
视频营销创意	描述视频营销的大体构思
视频营销规格	若为视觉化表现，具体尺寸是多少，格式是什么，需要控制在多大的文件范畴内
视频营销投放位置	建议在土豆网、优酷网、酷6网进行
视频营销投放时间	什么时间进行投放，给出理由
视频营销投放区域	广告是否有区域性的考虑，给出原因

任务三　方案讲解

各小组安排人员利用 PPT 对各自的方案进行具体讲解，其他人可以提问，教师对方案给予点评。

任务四　视频拍摄与制作

(1) 各小组按照策划方案完成视频的拍摄。
(2) 学生完成对视频处理软件的学习与尝试。
(3) 对拍摄完成的视频进行剪辑、效果优化等处理。

任务五　班级内部视频互评

学生可上传视频至分享平台，并查看班级内其他学生视频，对视频进行打分。

项目七 事件营销

能力目标

- 能够较熟练地策划事件营销；
- 能够对事件营销的风险进行评估；
- 能够分析事件营销的效果。

知识目标

- 了解事件营销的特征与模式；
- 了解事件营销的过程；
- 掌握事件营销的策划原则；
- 掌握事件营销的风险评估方法。

本项目通过学习和分析事件营销案例，掌握事件营销的策划原则和方法。通过学习，学生能够较熟练地运用网络事件营销的基本技能进行事件营销方案策划，对事件营销的风险进行评估并能分析事件营销的效果。

模块一 案例学习

案例一 "封杀王老吉"——成功的网络事件营销

一、支持企业

加多宝（中国）饮料有限公司，其 Logo 如图 7-1 所示。

图 7-1 加多宝（中国）饮料有限公司 Logo

二、企业介绍

加多宝集团是一家以香港为基地的大型专业饮料生产及销售企业。目前，加多宝旗下产品包括红色罐装"王老吉"和"昆仑山天然雪山矿泉水"。

王老吉凉茶创于清道光年间，至今已有 180 多年历史，被誉为"凉茶始祖"。王老吉凉茶依据传统配方，采用上等草本材料配制，秉承传统的蒸煮工艺，经由现代科技提取草本精华、悉心调配而成。王老吉凉茶内含菊花、甘草、仙草、金银花等具有预防上火作用的草本植物。现代科学研究表明：王老吉凉茶含有植物黄酮类等天然成分，能预防上火，有益身体健康。

1995 年，加多宝集团推出第一罐红色罐装"王老吉"；1999 年，加多宝以外资形式在中国广东省东莞市长安镇设立生产基地。为配合开拓全国市场策略，集团先后在广东东莞、浙江绍兴、福建石狮、北京、青海、杭州、武汉设立生产基地，并有多处原材料生产基地。目前，王老吉凉茶不仅在国内深受广大消费者喜爱，还远销东南亚和欧美国家，被誉为"中国版可口可乐"。

三、案例详解

2008 年，中国汶川大地震一周后的 5 月 18 日晚，在央视举办的"爱的奉献——2008 抗震救灾募捐晚会"上，在最后的捐赠环节中，王老吉品牌的运作方——加多宝集团捐出了高达 1 亿元的善款。其广告图片如图 7-2 所示。在捐款的次日晚，国内一知名网络论坛出现了一个标题为"让王老吉从中国的货架上消失！封杀它！"的帖子。这个引人注目的标题引起了被加多宝义举所感动的公众的愤怒，但打开帖子再看，发帖者所指的"封杀"其实是要表达"买光超市的王老吉！上一罐买一罐！"的意思。正话反说产生的强烈反差引发了无数公众跟帖留言，"今年夏天不喝水，要喝就喝王老吉"、"加多宝捐了一亿，我们要买光它的产品，让它赚十亿"，类似这样的跟帖出现在大量网站的论坛上。数日后，帖子引来的支持和赞美之声最终引发了媒体的广泛报道，网上甚至出现了王老吉在一些地方卖断货的传言。

图 7-2 王老吉广告图片

"封杀王老吉"这个事件从策划到执行都是一次可以和"吃垮必胜客"[1]相媲美的经典营销之作。经典在它帮助品牌树立了形象，经典在它提升了消费者对于品牌的忠诚度，经典在它最终促进了销售，经典在它完美地运用了互联网的口碑传播力量。在此事件中，加多宝集团的善举不仅实现了企业的社会价值，更借机创造了惊人的市场销量，为我们提供了一个企业与社会和谐发展的新思路。

任务一 王老吉事件营销实施分析

1. 事件营销优势分析

所谓事件营销，是指企业通过策划、组织和利用具有新闻价值、社会影响以及名人效应的人物或事件，吸引媒体、社会团体和消费者的兴趣与关注，以求提高企业或产品的知名度、美誉度，树立良好品牌形象，并最终促成产品或服务的销售的手段和方式。

（1）事件营销投入少，产出大，收益率高。如2005年，蒙牛投入"超级女声"活动的总资金为1亿元，获得的是三倍的收益。

（2）事件营销具有超强的渗透性。2005年8月26日，"2005超级女声"举行总决赛，央视索福瑞的调查结果显示：湖南卫视获得31.38%的收视率，也就是说，全国约有4亿的观众在收看该节目。蒙牛获得的收益可见一斑。

（3）事件营销集新闻效应、广告效应、公共关系、形象传播于一体。2000年，华帝以华帝"两权分离"事件作为企业形象公关宣传的突破口，获得6家网站、14家报纸共计21篇新闻报道。

（4）事件营销可以避免媒体多元化造成的信息干扰。信息传播过剩和媒体多元化造成的信息干扰，也令很多的传播大打折扣。而事件营销却能迅速抓住公众的"眼球"，提高信息传播的有效性。

2. 实施原因

2002年以前，从表面上看，加多宝旗下红色罐装王老吉是一个很不错的品牌——在广

---

[1] 2005年，一个题为"吃垮必胜客"的帖子在网上走红。该帖主要是对必胜客水果蔬菜沙拉的高价表示"不满"，并提供了多盛食物的"秘籍"。随着帖子点击量和转载量的急速飙升，必胜客的顾客流量也迅速增长。

东、浙南地区销量稳定，盈利状况良好，有比较固定的消费群。红罐王老吉饮料的销售业绩连续几年维持在 1 亿多元。发展到这个规模后，加多宝的管理层发现，要把企业做大，要走向全国，就必须克服一连串的问题，形成规模化经营。

首先，加多宝集团给红色灌装王老吉定位为"预防上火"的饮料，而不是凉茶。确立了红罐王老吉的品牌定位，也就明确了营销推广的方向，确立了广告的标准。这样一来，所有的传播活动就都有了评估的标准，所有的营销努力都将遵循这一标准，从而确保每一次的推广在促进销售的同时都对品牌价值（定位）进行积累。

其次，在定位确定之后，通过各种渠道、类型的 POP 广告以及配合餐饮新渠道，将红色罐装王老吉推向全国。于是，2005 年后，"怕上火，喝王老吉"响彻了中国大江南北，一时间喝王老吉饮料成了一种时尚。王老吉成了人们餐间饮料的重要组成部分，而这句广告语也成了家喻户晓、路人皆知的口头禅。

虽然王老吉采取以上措施取得了一定的效果，但是面对中国乃至世界的市场，"如何巩固罐装王老吉的销售份额，如何让更多的消费者了解红色罐装王老吉，如何让更多的消费者购买罐装王老吉"成为王老吉面对的现实问题，也成为进一步推动王老吉积极营销的动力。

3．实施目标

（1）王老吉品牌提升，被认可程度大幅提高。

（2）提升红色罐装王老吉的销量。

任务二　王老吉事件营销策划

1．策划目标

以"王老吉于汶川地震后捐款 1 个亿"的事件为契机，通过论坛、博客、QQ、媒体等多种渠道让网友乃至全社会关注"罐装王老吉"，提升被搜索量及官网访问量，继而促进线下销量的显著提升。

2．策划原则

由于本次事件营销将以互联网为基础，要在保证网络热度的同时能够善意引导用户，形成宏观品牌下的强力态势，必须遵循以下原则，保障本次营销效果的最大化。

（1）反应快速，传播广泛。

（2）注重互动。

（3）清晰的议题。

（4）隐性广告含义。

（5）重视每个参与者的意见。

（6）关注目标受众。

3．策划实施

（1）实施方式的选择。网络营销手段多种多样，选择哪些放弃哪些要有充分的理由。之所以选择论坛（贴吧）、IM、博客和媒体这些方法是基于对事件本身的考量，如表 7-1 所示。

表 7-1　加多宝事件营销实施方式的选择

方式	原因
论坛	论坛作为最老牌的互联网应用手段，即便日益受到新兴方式的冲击，国人对互联网应用的偏好和多年的累积，使得论坛依然是炙手可热的方式，且在论坛之中由于存在"时差"和"隐匿"的特性，更容易促成热点。论坛营销将是本次事件营销的最重要方式
贴吧	百度贴吧是论坛形式的改进。百度在国内拥有绝对优势的用户基数，放弃这里意味着放弃了1/3 的传播源
IM	即时通信工具，如 QQ、百度 Hi、阿里旺旺等。IM 传播速度快
博客	本次营销推广并非以官方身份进行，因此选择颇有个性风格的平台更有助于"王老吉"品牌的传播
媒体关注	媒体关注对本次营销事件提供了有利的传播基础，大批传统及新兴媒体对捐款 1 亿元的报道，使得罐装王老吉品牌在社会上的影响力提升，同时也能够积极地传递至互联网上

（2）实施方式的分析。上述是对实施手段的策划，然而选取任意一个手段都会发现可执行性并不强。比如作为主要营销方式的论坛，国内互联网论坛何止千万，如何使论坛效果最大化，保证足量的用户关注和烘托，并使得帖子成为显著的议题则成为了关键。表 7-2 着重展示对不同营销方式的具体细节分析。

表 7-2　对加多宝事件营销实施方式的分析

方式	备选	选定原因	去除原因
论坛营销	天涯论坛	国内老牌论坛 用户聚集较多，人气高，易促成热点 用户对社会事件关注度很高	
	猫扑论坛	国内老牌论坛 用户聚集较多，人气高，易促成热点	用户发散思维过强，不易引导 用户偏好关注八卦事件多于社会事件
	新浪论坛	依托新浪的知名论坛 人气高	并非新浪的核心业务 傍生性较强 可依托用户自行传播
	搜狐社区	依托搜狐的知名论坛 人气高	并非搜狐的核心业务 傍生性较强 可依托用户自行传播
	网易社区	依托网易的知名论坛 人气高	用户评论易发散 网站管理较为严格 可依托用户自行传播
	新华论坛	依托新华网的知名论坛 具有较强的官方意味 人气较高	官方的意味太浓 管理严格
	强国社区	依托人民网的知名论坛 具有较强的官方意味 人气较高	官方的意味太浓 管理严格
	铁血社区	人气较高	军事领域的热门 用户"愤青"较多，不利于传播
	地方性论坛	地方影响力较强 人气较高	可依托用户自行传播，不需要专人引导

续表

方　式	备　选	选 定 原 因	去 除 原 因
贴吧	百度贴吧	百度贴吧在"超女"之后迅速崛起为国内人气颇高的论坛之一 "王老吉"贴吧，促成品牌影响契合程度高	
IM	QQ	QQ 从 1999 年开始在国内大行其道，通过多年的发展业已成为世界最具影响力的即时通信工具之一，且 QQ 具有传播速度更快和"亲友团"的传播优势，其被信赖程度可大幅提升	
博客	新浪博客 其他博客	个性化程度较高 传播速度快 风险责任小	可以用户自行传播，在适当或较高热度时予以关注和引导

经过上述的细致分析形成集成图，有助于参与营销的人员对项目的理解，同时对"推手"团队实施过程将具有指导作用，如图 7-3 所示。

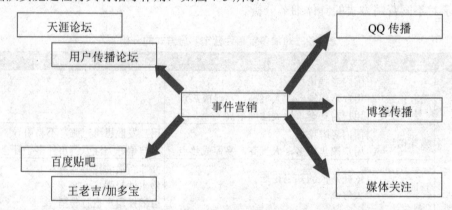

图 7-3　加多宝事件营销集成图

（3）实施话题的分析。确定好执行点后，就可以进入实施阶段了。在此阶段主要规划出在每个环节具体执行的内容。

① 天涯论坛实施分析。主要从以下几个方面来分析天涯论坛。

A. 天涯用户习惯分析。天涯论坛从 1999 年发展至今，不仅成功地成为了当前仅有的几个元老级别论坛之一，且稳坐中文论坛第一把交椅。总体而言，天涯论坛的用户普遍对社会事件和民生问题具有强烈的关注欲和倾诉欲，杂谈、经济、国关、煮酒、鬼话、八卦等版面一直是天涯排名居前的热门区。此外，在汶川地震后，天涯论坛第一时间在"天涯互助"中建立"汶川地震"分版，事件的特殊性使得该版面瞬间成为网友关注的焦点。

B. 帖子递进与营销主帖分析。确定主帖位置后，就要落实递进的推演。这里是说，绝不要妄想凭借一个帖子获得超高的人气。要在一个火爆主题帖下，配以多个辅助帖，一方面让该版面充斥品牌名；另一方面使用户对品牌和就品牌展开讨论。

营销主帖，也就是需要获得足够用户关注的人气帖，要能够一呼百应。天涯论坛非常火爆，倘若帖子没有形成热点，那么很快便石沉大海了。论坛有别于其他网络营销方式的特点之一就是——帖子的标题非常重要。抛开论坛聚合页不谈，由于帖子列表的存在，用户是无法第一时间知晓主帖的内容的，倘若标题无法凝聚眼球，点击便无从谈起；不点击打开页面，自然无法知道内容，从而降低了帖子的效果。

加多宝集团捐款一个亿的事件业已通过传统电视媒体获得国内数以亿计观众的注意，在这一点上基础铺垫已经形成。而随着网友的挖掘，加多宝与灌装王老吉的关系愈发明朗起来。如何使用户驻足？加多宝通过正话反说的方式找到了突破口，如图7-4所示。

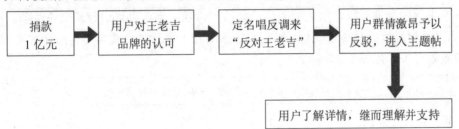

图7-4 加多宝事件营销脉络

于是，将主题帖标题定为"让王老吉从中国的货架上消失！封杀它！"。从标题来看，似乎在倡导用户不要购买王老吉产品，这严重违背了当时的形势，必然会被网友"群起而攻之"，这就使标题起到了引起网友注意的作用。真正的"标题党"是让用户借标题来阅读，用内容来驻足。

接下来说的是帖子的内容。内容要与标题紧密相扣，"灌水"绝非能达到本次营销的目标的实施方法。在该帖中，不需要长篇大论，也不需要引经据典，核心是让用户第一时间通晓内容，在使用户对标题的"不公"充满了愤慨和不满的同时，用内容中的真相和用户情感形成交汇，继而在这样的情感对比和迸发下，利用"情感、情绪"让用户"不得不"发表言论表达心情。

最终，加多宝将主题帖的内容定为：

"王老吉 你够狠！

捐一个亿，胆敢是王石的200倍！

为了整治这个嚣张的企业，买光超市的王老吉！上一罐买一罐！

不买的就不要顶这个帖子啦！"

主题帖网址为：http://www.tianya.cn/publicforum/content/help/1/152802.shtml。

C．营销主帖发布时间分析。时间也是要掌握的关键点。

首先，2008年5月18日晚一亿元捐款的消息才通过电视媒体传播出去，尽管观众范围广、数量多，但不能保证所有的中国人都知晓这个事件。5月19日，除了电视媒体的继续报道外，传统媒体（报纸、杂志）才开始产生效应，同时网上关于本次救灾募捐晚会的话题刚开始形成。贸然在18日晚或19日上午展开营销，显然铺垫不足，尽管并不一定失败，但绝非最佳时机。

其次，5月19日是星期一，根据用户习惯，绝大多数的上班族白天都在工作，且在经历上周周末的休憩之后身体机能和思维尚未完全转入工作之中，存在一定惰性，所以白天的时间并不合适。

最后，根据互联网用户数据统计结果，超过半数的网友会选择 19:00～22:00 作为上网时间，故而把该营销主帖的发布时间确定于 19:00～20:00 之间。

D．天涯论坛营销主帖烘托办法分析。时间、地点确定后，就是人物。一个帖子的成功不能完全依靠网友，需要"马甲"与推手暗中引导与烘托，共同来促使帖子热度的形成。这些"马甲"并不需要在前期准备好相应的内容，只需要针对网友留言有的放矢地跟进。在掌握宗旨后，通过认同和心情描述的方式来激发更多网友内心对王老吉品牌的认可。这些专业推手一般都拥有较多数量的天涯论坛马甲，当然也可以再进行新用户注册。

E．天涯论坛营销帖传播流程。确定实施细节和大致计划后就需要列出详细流程，便于管理和效果把关，如图 7-5 所示。

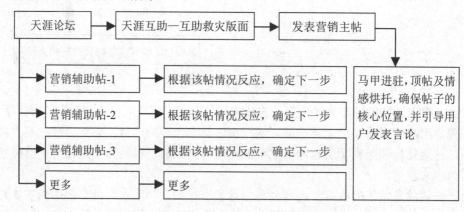

图 7-5　加多宝事件营销天涯论坛执行流程

② 百度贴吧实施分析。百度贴吧较之天涯论坛自然直接、暴力得多，只要没有违反法律法规和违背国家的言语，是完全能够"占领"的。其中，作为品牌集中展示的"王老吉"和"加多宝"是营销对象。方法也比较简单，通过天涯凝聚人气，通过百度贴吧来促成"王老吉"的规模化效应。

③ QQ 实施分析。QQ 较之论坛则具备了传播速度更快、内容展示更全面的特点。使用 QQ 发送信息，接收用户不需要再进行一次点击就能阅读内容。但这里也要避免长篇大论，没有人愿意花十几分钟来阅读，"快消时代"大家都希望直中要害。故而，"王老吉捐了 1 个亿，这样的民营企业值得鼓励。我以后都喝王老吉！"这样口语化的句子加上便捷的动态表情更容易传播。并且该事件并非某一领域或某一行业的特有事件，在具备足够基础的情况下，并不需要指定特殊 QQ 群，任意用户或 QQ 群都可以帮助传播，这样的传播速度非同一般。

④ 博客实施分析。博客平台较多，用户分散。如果将精力集中在博客上面，代价、时间和成本较高，故而博客可采用用户自行转帖或博文的形式予以传播。对热点博客（名人）进行评论，发布有利消息，提升其他用户对罐装王老吉的关注度。

⑤ 媒体关注。传统媒体或网络媒体对事件本身的关注往往存在一定的滞后性，除非这场营销事件本身就有媒体参与，才能"同步直播"。因此，要促成这样的事件并不需要在

媒体上花费精力,当事件本身具有象征和新闻点时,媒体自然会跟踪报道的。

任务三　王老吉事件营销实施

1. 论坛营销

(1) 营销主帖的发布。按照既定计划,2008年5月19日晚19点46分在"天涯互助"版面内发表营销主帖,并进驻部分马甲,以40秒至2分钟的回复速度刷新以确保主帖的核心位置,内容方面主要包含顶帖和支持。马甲要做的是保持该帖的更新与跟进,引导用户发表留言,协助推举王老吉。天涯论坛中主帖和回帖截面分别如图7-6和图7-7所示。

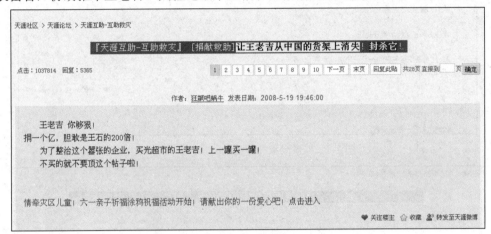

图7-6　加多宝事件营销天涯主帖

图7-7　加多宝事件营销天涯回帖

(2) 营销辅助帖的发布。这一步的操作是基于营销主帖的效果反馈。截至2008年5月19日23点59分,该营销主帖已获得1 400条回复,始终位居版面头条位置,获得了广泛的用户关注。此时,不论是舆论造势还是互联网对捐款的热情均已达到顶峰,而且版面内业已出现网友自发的对王老吉品牌的呼应与宣传——已经到了辅助帖衬托的时机。在5月20日至22日,通过"马甲"发表"王老吉"品牌利好消息,促进该版面"王老吉"的焦点地位,进一步争取网友针对品牌的有利回复。

同时,由于该帖在天涯论坛的人气火爆,众多采用采集系统或手动转载的其他论坛开始争相推举"封杀王老吉","马甲"也要及时跟进这些帖子并做出回应,使得该事件在互联网上产生涟漪效应,波及更多区域,如图7-8、图7-9和图7-10所示。

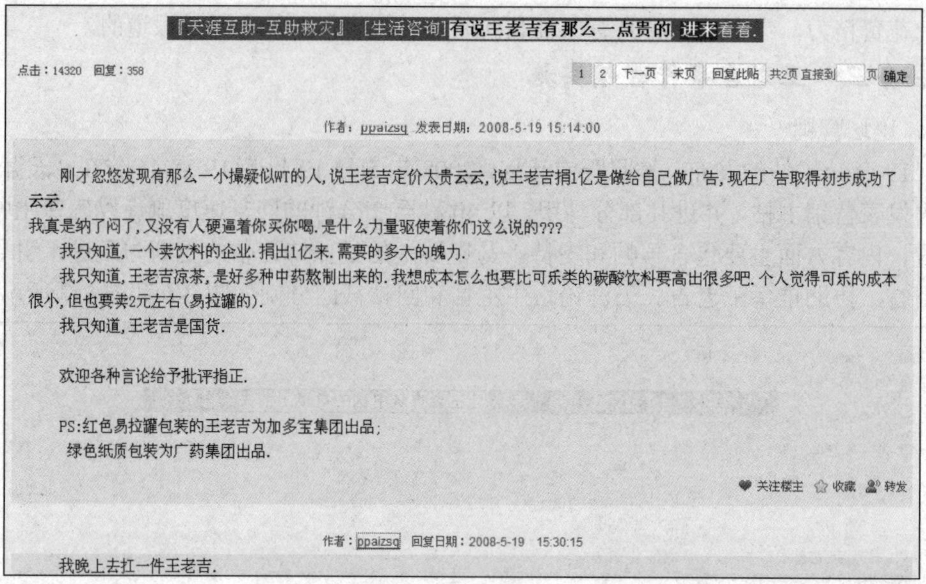
『天涯互助-互助救灾』 [生活咨询]有说王老吉有那么一点贵的,进来看看.

点击：14320 回复：358 1 2 下一页 末页 回复此贴 共2页 直接到 页 确定

作者：ppaizsq 发表日期：2008-5-19 15:14:00

刚才忽悠发现有那么一小撮疑似WT的人,说王老吉定价太贵云云,说王老吉捐1亿是做给自己做广告,现在广告取得初步成功了云云.

我真是纳了闷了,又没有人硬逼着你买你喝.是什么力量驱使着你们这么说的???

我只知道,一个卖饮料的企业.捐出1亿来.需要的多大的魄力.

我只知道,王老吉凉茶,是好多种中药熬制出来的.我想成本怎么也要比可乐类的碳酸饮料要高出很多吧.个人觉得可乐的成本很小,但也要卖2元左右(易拉罐的).

我只知道,王老吉是国货.

欢迎各种言论给予批评指正.

PS:红色易拉罐包装的王老吉为加多宝集团出品;
绿色纸质包装为广药集团出品.

关注楼主 收藏 转发

作者：ppaizsq 回复日期：2008-5-19 15:30:15

我晚上去扛一件王老吉.

图 7-8 加多宝事件营销辅助宣传帖（一）

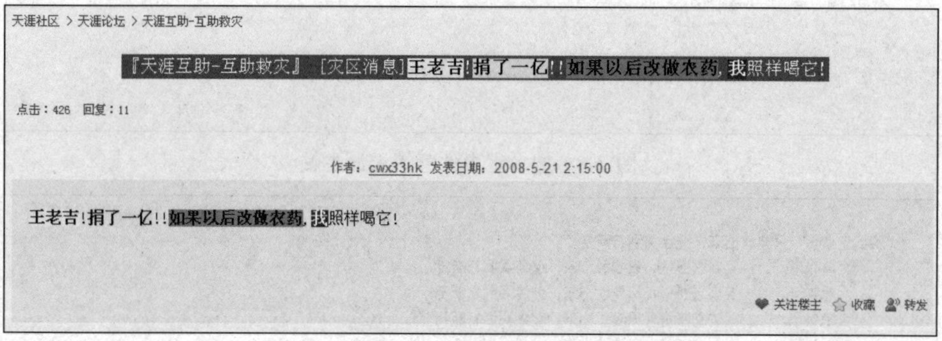
天涯社区 > 天涯论坛 > 天涯互助-互助救灾

『天涯互助-互助救灾』 [灾区消息]王老吉!捐了一亿!!如果以后改做衣药,我照样喝它!

点击：426 回复：11

作者：cwx33hk 发表日期：2008-5-21 2:15:00

王老吉!捐了一亿!!如果以后改做衣药,我照样喝它!

关注楼主 收藏 转发

图 7-9 加多宝事件营销辅助宣传帖（二）

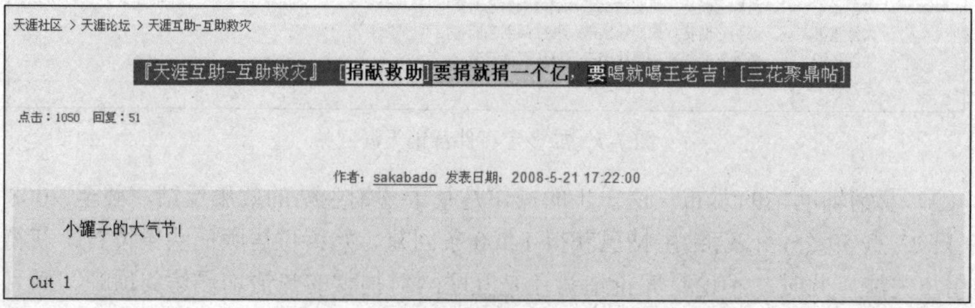
天涯社区 > 天涯论坛 > 天涯互助-互助救灾

『天涯互助-互助救灾』 [捐献救助]要捐就捐一个亿,要喝就喝王老吉![三花聚鼎帖]

点击：1050 回复：51

作者：sakabado 发表日期：2008-5-21 17:22:00

小罐子的大气节!

Cut 1

图 7-10 加多宝事件营销辅助宣传帖（三）

2．百度贴吧营销

5月19日晚，在天涯论坛发布营销主帖之后，对于百度“王老吉”和“加多宝”贴吧的攻势随即展开。由于百度贴吧的独特性（不需要注册亦可发帖），故而关于王老吉的利好帖较为集中，更有利于“王老吉”品牌声名远扬，如图7-11所示。

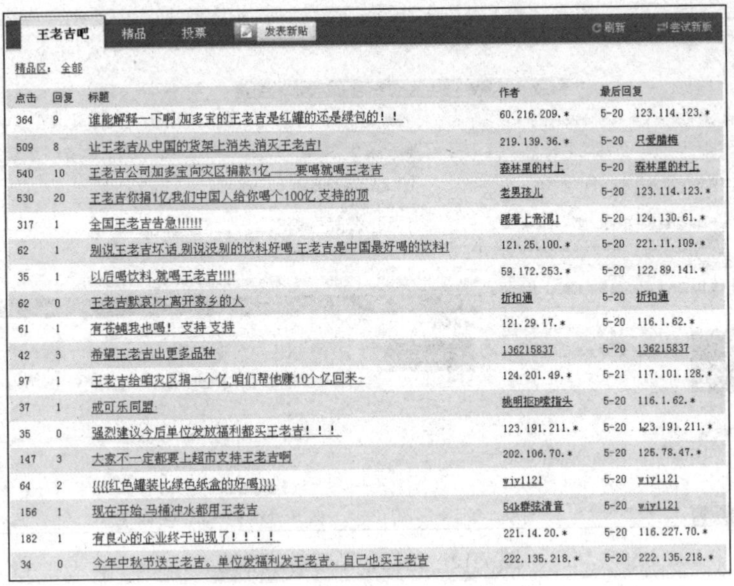

点击	回复	标题	作者	最后回复	
364	9	谁能解释一下啊 加多宝的王老吉是红罐的还是绿包的！！	60.216.209.*	5-20	123.114.123.*
509	8	让王老吉从中国的货架上消失 消灭王老吉!	219.139.36.*	5-20	只爱腊梅
540	10	王老吉公司加多宝向灾区捐款1亿——要喝就喝王老吉	森林里的村上	5-20	森林里的村上
530	20	王老吉你捐1亿我们中国人给你喝个100亿 支持的顶	老男孩儿	5-20	123.114.123.*
317	1	全国王老吉告急!!!!!!	跟着上帝混1	5-20	124.130.61.*
62	1	别说王老吉坏话 别说没别的饮料好喝 王老吉是中国最好喝的饮料!	121.25.100.*	5-20	221.11.109.*
35	1	以后喝饮料 就喝王老吉!!!!	59.172.253.*	5-20	122.89.141.*
62	0	王老吉默哀!才离开家乡的人	折扣通	5-20	折扣通
61	1	有苍蝇我也喝！ 支持 支持	121.29.17.*	5-20	116.1.62.*
42	3	希望王老吉出更多品种	136215837	5-20	136215837
97	1	王老吉给咱灾区捐一个亿 咱们帮他赚10个亿回来~	124.201.49.*	5-21	117.101.128.*
37	1	戒可乐同盟	姚明抠B嗦指头	5-20	116.1.62.*
35	0	强烈建议今后单位发放福利都买王老吉！！！	123.191.211.*	5-20	123.191.211.*
147	3	大家不一定都要上超市支持王老吉啊	202.106.70.*	5-20	125.78.47.*
64	2	{{{{红色罐装比绿色纸盒的好喝}}}}	wjyl121	5-20	wjyl121
156	1	现在开始 马桶冲水都用王老吉	54k群弦清音	5-20	wjyl121
182	1	有良心的企业终于出现了！！！！	221.14.20.*	5-20	116.227.70.*
34	0	今年中秋节送王老吉。单位发福利发王老吉。自己也买王老吉	222.135.218.*	5-20	222.135.218.*

图 7-11　加多宝事件营销百度贴吧宣传

3．QQ 群营销

加入不同的 QQ 群，通过亲友团的口口相传，用通俗、简单的话语将王老吉的善举宣传出去，唤醒“封杀王老吉”的民众决心。

4．博客营销

当“封杀王老吉”的帖子开始在天涯如火如荼地传播时，当一亿元的善款开始成为网友热议的话题时，博客也开始有了动向。网友是善意的，易于被煽动的，当同胞处于灾难之中时，这种天下同宗的感情唤起每一个中国人的善良的心。所以，在以新浪博客为主的主流博客平台上，和天涯论坛上一样，转载和评论王老吉品牌效应成为了主流。

任务四　王老吉事件营销的效果分析

1．网络营销效果分析

（1）主题帖子：3 430 条。2008 年 5 月 19 日晚，名为《让王老吉从中国的货架上消失，封杀它！》的帖子首现天涯论坛后，受到了网民的追捧，“封杀”事件在回复、转帖中迅速走热，一时间成为各大社区论坛的热点话题。从奇虎网论坛搜索引擎提供的数据来看，标题中出现“封杀王老吉”的主题帖子数为 3 430 条。其中，在搜狐社区，主题为“全网通缉令——封杀王老吉”的转帖的阅读量达到了 608 250 次，回复量也达到了 7 943 条。论坛、贴吧成功地演绎了“封杀”事件第一“元凶”的角色，论坛、贴吧的封杀热潮截图如图 7-12 所示。

（2）新闻报道：111 篇（百度新闻）。在论坛、贴吧的热潮之后，网络新闻媒体对“封杀王老吉”的新闻报道顺势跟进。从 5 月 21 日至 7 月 10 日，百度新闻标题搜索中关于“封杀王老吉”的新闻报道达到了 111 篇，如图 7-13 所示。从百度指数提供的数据来看，在 5 月 27 日前后，媒体对“封杀王老吉”的关注度达到了峰值，如图 7-14 所示。

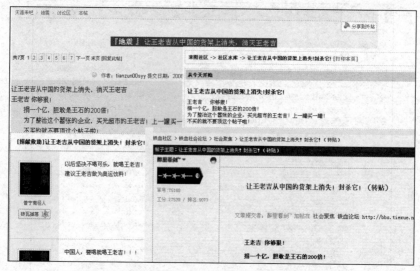

图 7-12　论坛、贴吧封杀热潮

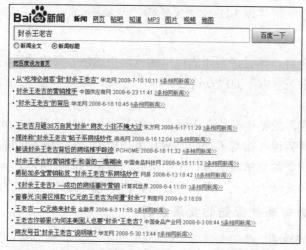

图 7-13　网络新闻媒体对"封杀王老吉"的新闻报道

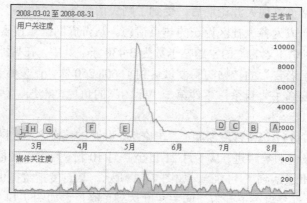

图 7-14　媒体对王老吉的关注度走势

另外，各大门户网站也对该事件进行了报道，如图 7-15、图 7-16、图 7-17 和图 7-18 所示。

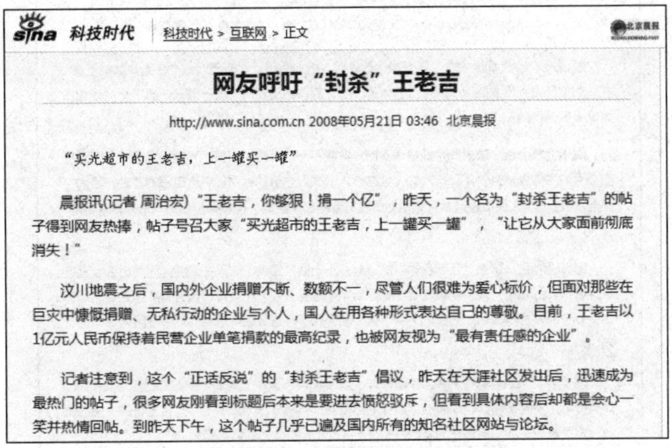
sina 科技时代 | 科技时代 > 互联网 > 正文

网友呼吁“封杀”王老吉

http://www.sina.com.cn 2008年05月21日 03:46 北京晨报

“买光超市的王老吉，上一罐买一罐”

晨报讯(记者 周治宏) “王老吉，你够狠！捐一个亿”，昨天，一个名为“封杀王老吉”的帖子得到网友热捧，帖子号召大家“买光超市的王老吉，上一罐买一罐”，“让它从大家面前彻底消失！”

汶川地震之后，国内外企业捐赠不断、数额不一，尽管人们很难为爱心标价，但面对那些在巨灾中慷慨捐赠、无私行动的企业与个人，国人在用各种形式表达自己的尊敬。目前，王老吉以1亿元人民币保持着民营企业单笔捐款的最高纪录，也被网友视为“最有责任感的企业”。

记者注意到，这个“正话反说”的“封杀王老吉”倡议，昨天在天涯社区发出后，迅速成为最热门的帖子，很多网友刚看到标题后本来是要进去愤怒驳斥，但看到具体内容后却都是会心一笑并热情回帖。到昨天下午，这个帖子几乎已遍及国内所有的知名社区网站与论坛。

图 7-15 新浪科技频道对本次事件的报道

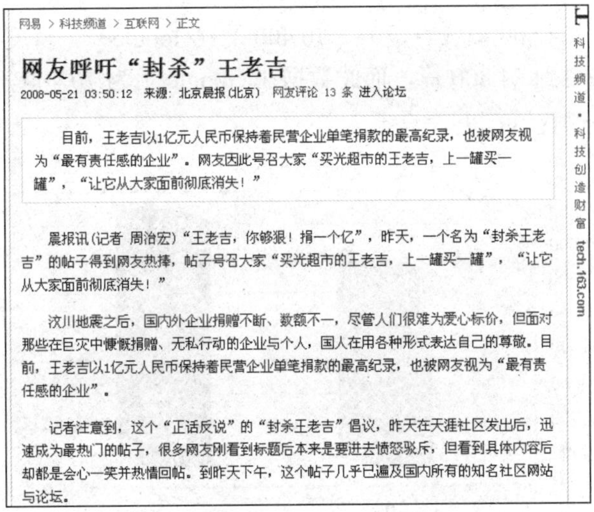
网易 > 科技频道 > 互联网 > 正文

网友呼吁“封杀”王老吉

2008-05-21 03:50:12 来源: 北京晨报(北京) 网友评论 13 条 进入论坛

目前，王老吉以1亿元人民币保持着民营企业单笔捐款的最高纪录，也被网友视为“最有责任感的企业”。网友因此号召大家“买光超市的王老吉，上一罐买一罐”，“让它从大家面前彻底消失！”

晨报讯(记者 周治宏) “王老吉，你够狠！捐一个亿”，昨天，一个名为“封杀王老吉”的帖子得到网友热捧，帖子号召大家“买光超市的王老吉，上一罐买一罐”，“让它从大家面前彻底消失！”

汶川地震之后，国内外企业捐赠不断、数额不一，尽管人们很难为爱心标价，但面对那些在巨灾中慷慨捐赠、无私行动的企业与个人，国人在用各种形式表达自己的尊敬。目前，王老吉以1亿元人民币保持着民营企业单笔捐款的最高纪录，也被网友视为“最有责任感的企业”。

记者注意到，这个“正话反说”的“封杀王老吉”倡议，昨天在天涯社区发出后，迅速成为最热门的帖子，很多网友刚看到标题后本来是要进去愤怒驳斥，但看到具体内容后却都是会心一笑并热情回帖。到昨天下午，这个帖子几乎已遍及国内所有的知名社区网站与论坛。

科技频道 • 科技创造财富 tech.163.com

图 7-16 网易科技频道对本事件的报道

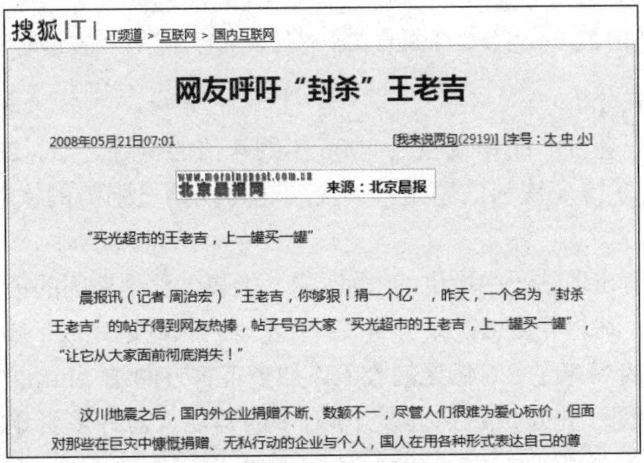
搜狐IT | IT频道 > 互联网 > 国内互联网

网友呼吁“封杀”王老吉

2008年05月21日07:01 [我来说两句(2919)] [字号：大 中 小]

北京晨报网 来源：北京晨报

“买光超市的王老吉，上一罐买一罐”

晨报讯（记者 周治宏）“王老吉，你够狠！捐一个亿”，昨天，一个名为“封杀王老吉”的帖子得到网友热捧，帖子号召大家“买光超市的王老吉，上一罐买一罐”，“让它从大家面前彻底消失！”

汶川地震之后，国内外企业捐赠不断、数额不一，尽管人们很难为爱心标价，但面对那些在巨灾中慷慨捐赠、无私行动的企业与个人，国人在用各种形式表达自己的尊

图 7-17 搜狐 IT 对本事件的报道

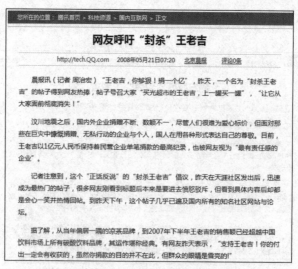

图 7-18　腾讯科技频道对本事件的报道

（3）相关网页：54 800 篇（百度）、70 400 篇（Google）。百度上与"封杀王老吉"相关的网页搜索结果达到 54 800 篇，而此数据在 Google 上为 70 400 篇，如图 7-19 所示，王老吉一下子成为了网民关注的焦点。

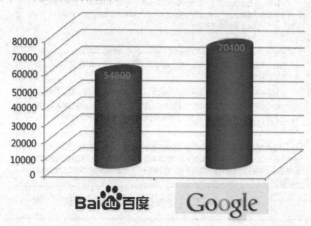

图 7-19　百度、Google 关于"封杀王老吉"网页搜索量

2．产品营销效果分析

继 2007 年罐装王老吉产品销量较之 2006 年翻 4 倍的奇迹之后，2008 年的这一次事件营销使得王老吉成为了国产饮料的翘楚，一度超越传统销量强势的饮料而占据国内销量第一的位置。

虽然事实上并没有出现帖子中所讲的"断货"，但事件营销期间的销量的确比往年同期高了不少，尤其在广东、湖北等热衷饮凉茶的大省，王老吉很好地完成了腾飞。本次"封杀"事件成功地为企业王老吉带来了 2.6 亿元的收入。加多宝官方网站（http://www.jdbchina.com/）也由之前的"默默无闻"化身成日访问量 10 万多的站点，与许多资讯站不分伯仲。

四、案例分析

"封杀王老吉"事件营销成功的原因主要有以下三个方面。

（1）借势（事件传播的土壤）。此处用的是"借势"这个词，因为说"灾难营销"有点太苛刻。王老吉的捐款数额是足以引起一片赞誉的，况且是在"比富（比谁捐款多）"的大舆论背景下。CCTV 那场捐款晚会的收视率是不用质疑的，"一鸣惊人"是那场晚会赋予王老吉的最大的收获（这可能比投放几个亿的广告效果都要好）。

（2）策划（制造事件）。网友是单纯的，也是容易被煽动的。王老吉捐款一个亿的"壮举"在接下来的几天里迅速成为各个论坛、博客讨论的焦点话题。但是话题是分散的，需要一个更强有力的话题让这场讨论升级。于是"封杀王老吉"的帖子成为了号召网友付诸实际购买行动的号令。创意本身契合当时网友的心情，使得可能平日里会被人痛骂为"商业帖"的内容一下子成了人人赞誉的好文章。

（3）推动（给事件传播一个源动力）。王老吉这次的事件营销，选择了在平民化的网络上进行传播，从点击率最高的天涯社区开始，以普通网民的身份发帖，再以转帖的方式流向各大网站，直至各大 QQ 群。整个过程看不到企业参与的痕迹，怎么看都是热情网友自动自发的行为，这是网络媒体挑战传统媒体的又一次胜利。

事件营销的力量就是每个事件都有一个争议的焦点，并且是不合乎常理的焦点，当把人们的目光都抓过来的时候，又娓娓道来、有理有据地将争议化解，变成一场事件营销的全动力。"封杀王老吉"事件营销的高明之处值得很多企业借鉴。

资料来源：http://wenku.baidu.com/view/6d682a0cba1aa8114431d9b8.html

案例二　联想"红本女"——"毁誉参半"的网络事件营销

一、支持企业

联想集团股份有限公司，其 Logo 如图 7-20 所示。

图 7-20　联想 Logo

二、企业介绍

联想是一家营业额达 210 亿美元的个人科技产品公司，客户遍布全球 160 多个国家。联想是全球第四大个人电脑厂商，在全球前五大电脑厂商中发展最快。自 1997 年起，联想一直蝉联中国国内市场销量第一，现占中国个人电脑市场超过三成的份额。凭借创新的产品、高效的供应链和强大的战略执行，联想致力于为全球用户打造卓越的个人电脑和移动互联网产品。集团由联想及前 IBM 个人电脑事业部所组成，在全球开发、制造和销售可靠、优质、安全易用的技术产品及优质专业的服务。联想产品系列包括 Think 品牌商用个人电脑、Idea 品牌的消费个人电脑、服务器、工作站以及包括平板电脑和智能手机在内的家庭移动互联网终端。在中国的北京、上海、惠阳及深圳、印度的庞帝其利（Pondicherry）、墨西哥的蒙特雷（Monterrey）及美国的格林斯博罗（Greensboro）设有个人电脑制造和物流基地，并于全球采用合同制造及 OEM，全球员工约 27 000 名。

联想于 2008 年 4 月推出的 IdeaPad U110 笔记本由于外形时尚，小巧精致，受到众多年轻白领女性的青睐。

三、案例详解

2008 年 4 月 24 日，搜狐数码公社出现了一个题为"7 天 7 夜不吃不喝网络追踪红本女事件"的帖子，ID 为"京城第一剑"的"网友"上传了大量"偷拍"一女子的照片。该贴的出现，立刻引起了网友的广泛关注。该帖很快被转载至各大论坛，搜狐随后还大张旗鼓地制作偷拍专题，这个开着 MiniCooper、背着 GUCCI 包、手持联想新发布的 Ideapad U110 红色笔记本电脑的"OL"（OfficeLady）——"红本女"迅速"成名"于网络（见图 7-21）。

图 7-21 搜狐"红本女"专题首页

"红本女"事件过后，有人继续欣赏美女，有人开始撰文批判，不过批判内容也大不相同，有人批判联想做法太欺骗网友感情，也有人批判联想选的女模特不够漂亮，从事件本身来评判联想此次营销事件的成败的也大有人在。

任务一 联想"红本女"事件营销实施分析

1. 实施原因

尽管联想已经拥有 ThinkPad，但是那终究是 IBM 的血统。在收购了 IBM 的 PC 部门之后，联想就致力于对旗下笔记本电脑品牌的改革，但是效果一直都不是太明显，尤其是在消费级领域，直到 2008 年初联想推出了新的消费级笔记本品牌 IdeaPad。如此一来，联想旗下的两大子品牌产品线就逐渐完善起来了，其中 ThinkPad 主打商务级市场，而 IdeaPad 则主打消费级市场。

在 2008 年年初的国际消费电子展 CES 2008 上，联想就推出了多款 IdeaPad 系列的新品，其中最引人注目的就是 IdeaPad U110。这款产品有黑色和红色可选，黑色侧重男性，红色适合女性。前者型号为 IdeaPad U110B，后者型号为 IdeaPad U110R。这款笔记本机身材质相当高档，LED 背光的显示屏效果也非常不错，并有不错的保护措施。虽然机身尺寸比较小，但是仍然是全键盘设计，很大程度上方便了用户。本子搭载了主频为 1.6GHz 的 Core 2 Duo L7500 双核心处理器，最高可扩展至 3GB 容量的 RAM，并且拥有 120GB 容量的硬盘，显示屏尺寸为 11.1 英寸，分辨率更是达到了 WXGA 级的 1280×800。

该产品定于 2008 年 4 月 21 日上市发售。

如何让该产品声名鹊起，不仅关系到联想销售业绩的提升，同时也关系到对 IdeaPad 这一笔记本品牌是否能够被完美打造成为可以媲美 ThinkPad 的消费级品牌。

2．实施目标

（1）准确传达联想 IdeaPad U110 的产品特性。

（2）传递联想 IdeaPad U110 笔记本的产品定位。

（3）提高 IdeaPad U110 笔记本的销量。

任务二 联想"红本女"事件营销策划

1．策划目标

依托联想 IdeaPad U110 的产品特性，通过论坛、QQ、博客等多种网络渠道与手段，提高该款产品网络曝光率，力求达到产品宣传范围的全面扩展，打造 IdeaPad 的坚实品牌，不断提升被搜索量及产品官网访问量，继而形成线下销量的显著提升。

2．策划原则

根据 IdeaPad U110 时尚、简约的造型设计，其受众目标定位在 18～28 岁之间的年轻用户，故而本次事件将从年轻用户的视觉入手，把握核心要素，形成有效聚焦。在策划实施时注重如下原则：

（1）注重互动。

（2）隐性广告含义。

（3）重视每个参与者的意见。

（4）关注目标受众。

3．策划内容

（1）实施方式的选择。IdeaPad U110 与搜狐数码建立合作关系，主要通过搜狐数码频道与社区对该产品进行推广，同时通过用户自行传播将产品特性介绍出去。选择的营销传播方式及原因如表 7-3 所示。

表 7-3 联想 IdeaPad U110 事件营销传播方式

方　式	原　　　因
论坛	与搜狐数码公社进行合作，将其作为"红本女"的宣传基地，在此发布第一手消息
IM	即时通信工具，如 QQ、百度 Hi、阿里旺旺等，IM 传播速度快，依托用户自身传播
博客	依托用户自身传播
媒体关注	首先在数码公社中塑造"红本女"的形象，继而形成用户传播的效应，从而引入媒体关注，获得更多传播源

（2）实施方式的分析。较之上一个案例的隐秘性，"红本女"则带有更多的官方性质。

显然，这样的"默认"使得宣传的门槛降低了不少，且基于数码公社的特点，能够聚集在这里的绝大多数为数码爱好者，这使新产品的推广具有更好的用户基础。此外，用户并非盲目的一般市场消费者，他们对于品牌、质量和数码产品的可扩展性、可把玩能力的要求更高，这对于一款新上市的产品而言，再好不过。如果一款新产品既能够满足消费者对产品的使用需求，又能满足数码达人对产品的玩味，它肯定能获得较高的关注度。

（3）实施话题的分析。确定好执行点后，就可以进入实操阶段了。在此阶段主要规划出在每个环节具体执行的内容。

本次"红本女"的宣传依托搜狐数码公社，就需要从如下环节入手。

① 数码公社用户分析。搜狐数码公社经过 5 年多的发展，与华人地区最具人气的时尚数码社区的梦想虽然还有一定距离，但业已成为国内最具活力的数码讨论地。随着数码产品的蓬勃发展，搜狐数码公社汇聚了越来越多的数码爱好者。

爱拆机和攒机的网友较之其他论坛的网友更具有理性思维，这是由对数码产品的执着和坚持而产生的品质。他们对于新事物的接受能力强，好奇心和冒险精神也比较大，能够钻研和创新，同时也具备一般网友的共通属性，如爱围观、爱八卦、爱争论，于是在这里进行事件营销，想要宣传又不被"发现"，并不那么容易。故而，在数码公社要投其所好，既满足用户对数码产品的期待，又符合一般网友的特点。

此外，数码产品是集机械、秩序、理论、技术等为一体的产品男性，更感兴趣，而且数码公社中男性会员多于女性会员。

② 营销帖主题策划。根据上述对于数码公社用户群体的性格和特征的分析，首先要确认帖子的主题，并且该主题必须满足对联想 IdeaPad U110 笔记本的宣传作用。

那么该如何来定位帖子？经过几次讨论，确定以针对广大网友的形式进行营销。在国内互联网上，上至网易、搜狐、新浪，下至草根网站无不或多或少地进行过或还在进行"擦边球"式的营销，比如能够激发网民热追和热议的话题如富二代、宝马、偷拍、美女、黑丝等。如此"擦边球"从来不缺乏网友的关注，不论这位网友是不是数码控，而且超过 87%的关注此类帖子的用户为男性，恰恰符合搜狐数码公社中的用户群体性别分布。

故而，营销帖的主题确定为以炒作女性角色的方式对联想 IdeaPad U110 进行事件营销，容易引发"围观"。

③ 营销帖内容策划。确定了主题后，即可对帖子内容展开策划，如何让帖子既获得网友追捧，又能够形成对联想 IdeaPad U110 笔记本的宣传就成为了关键。

经过商议，首先确定如下四个关键词：美女、偷拍、富家女、MiniCooper。其中，前两个为核心关键词，后两个为特定关键词。

核心关键词为所有营销宣传的直接载体，特定关键词为首次营销的侧重点，用于形成聚焦。

帖子的内容定义为：以第三者用户身份对主体美女进行正式"偷拍"，刻画"美女"与"偷伯"这两个关键词引发热议，继而在个别情况下突出联想 IdeaPad U110，并以马甲形式跟帖引导用户群体形成对笔记本的议论，最终曝光笔记本的品牌与型号，提升产品的知名度。

内容呈现方式敲定后，就可以开始构思帖子的名称了。论坛列表并不能让用户第一时间发现内容，必须在帖子的名称上下工夫，能够让用户第一时间在浩瀚的帖子中捕捉到该帖子，而且让他们眼前一亮，且有打开看一下帖子内容的冲动。

帖子名称依旧延续"擦边球"的姿态，同时运用偏执乃至"变态"的词语加大用户兴趣。最终确定了帖子名称为：7天7夜不吃不喝网络追踪"红本女"事件。

④ 营销帖发布策划。时机掌握得当会对营销产生事半功倍的效果。

联想官方已于2008年4月21日对外召开产品发布会，正式向市场投放该款笔记本。然而通过媒体的口吻对外界的宣传显然没有促成足够的热度来让 IdeaPad U110 一时间占据各大网络媒体的头条，同时不能够最大化地覆盖用户群体，特别是这款笔记本针对的年轻、时尚的都市白领阶层。故而，需在发布会召开后5天内形成事件攻势，来让 IdeaPad U110 成为网络年轻人关注的焦点。于是，营销主帖的发布时间定在了2008年4月24日。这个日子在联想对外公布的3天后，媒体阶段已经结束，此时也有尝鲜者购买了本款笔记本，选择在这个日子通过网络推举热点时机恰到好处。

营销回帖一方面是为了保持主帖的新鲜度；另一方面是在恰当的时间抛出话题，引导用户关注"红本女"手中的笔记本。在时间方面不需要指定，但须确保每个回帖之间不存在严重灌水或时间间隔过紧等不符合浏览程序的情况。

（4）实施内容的准备。根据营销主帖和回帖的布置，需要针对内容做两个方面的准备。

① 照片拍摄。为了增强照片的表现效果，要从人物定位、色彩搭配、拍摄手法等几个方面进行设计。

A．人物定位：照片中的核心是一位美女，尽管每个人对美女的标准不一样，但从所有人的角度而言，美女应该具备一定的共性，如面庞精致、清纯、冷艳，身材完美，服装搭配得体等。所以选择几位符合气质的模特进行拍摄，最后敲定一位作为主角。

B．脚本撰写：照片要有连贯性，让用户始终保持对人物的热衷和兴趣，最大化地确保帖子的热度，故而要通过照片贯穿起"红本女"的生活，而不是各自独立的摆拍，这样既能满足用户的"窥私欲"，又能够牵动用户的心。

当然，这场营销并非视频类的形式，没有人能第一时间关注到背后的故事，所以在故事脚本方面不需太复杂，只要符合都市 OL 的习惯，符合每个人的日常生活即可。

C．色彩搭配：照片比影像更要具备色彩性。之所以定义为"红本女"是因为她手持的联想 IdeaPad U110 为红色，为了增加照片的色彩性则把其所搭载的 MiniCooper 定为蓝色。这么做的初衷是红色是暖色的极端，代表了热情与张扬；蓝色是冷色的极端，代表了静谧与沉寂，当两者出现在一起时，就会产生强烈的反差和对比，能够给人以视觉上的冲击。如果用红色的笔记本和红色 MiniCooper，视觉上的效果就又不一样了，车身大面积的红色与笔记本小面积的红色相比，众人眼中的焦点将不再是笔记本，而是红色的 MiniCooper 了。

D．服装搭配：根据脚本的设定，"红本女"会以两种状态出现，即工作状态和休闲状态。工作状态下的"红本女"的服装充分表现了 OL 的身份,同时又确保时尚,如鸭舌帽、小西装的上衣、短皮裤、黑丝袜、巴洛克衬衣、复古 GUCCi 包,不仅衬托出办公状态下的"红本女"的强势、严谨,也衬托出她高挑的身材与完美的体态。休闲状态下的"红本女"对服装的要求则较为多样,红色碎花裙、蓝色运动衫,配以亮色头饰衬托出轻松、自由、放松的姿态。

E. 拍摄手法:虽然定位为"偷拍",但是所有的照片都是精心处理的摆拍,主要拍摄手法如表 7-4 所示。

表 7-4　照片拍摄手法

拍 摄 手 法	描　述	视 觉 传 达
远景	全貌展示	全面展示"红本女"及 MiniCooper,吸引眼球
中景	局部展示	展示局部,着重刻画联想 IdeaPad U110
近景	局部展示	距离较近,可以全面展现联想笔记本
微焦	局部展示	距离非常近,着重刻画细节

② 马甲设置。在拍摄期间,开始在搜狐数码公社筹备马甲,主要用于营销开始后的顶帖及在交流中引导用户关注联想笔记本。

在本阶段,注册了 35 个马甲,分别安排 12 名人员对这些马甲进行掌控。

任务三　联想"红本女"事件营销的实施

联想"红本女"的营销实施非常具有阶段性。通过不同阶段的累积和马甲的不断更新来保持帖子的活力。

1. 阶段一:主题帖发布

按照计划,2008 年 4 月 24 日上午 11:00 以"京城第一剑"的 ID 在搜狐数码公社"人像摄影"版面内发表营销主帖。主题帖子标题最终确定为"7 天 7 夜不吃不喝网络追踪'红本女'事件",既符合关键词的要求,同时又使用了"7 天 7 夜不吃不喝"的特色来紧紧抓住网友的眼球,保证了绝大多数用户在第一时间就能关注到这条帖子。

主帖的内容的设计也要能够吸引用户的持续关注。标题虽然没有明显"偷拍"、"跟拍"的字眼,但一个中性的"追踪"就能够引发用户的无限遐想了。内容既然是追踪,那么就要展现出楼主的实力,上传照片才是王道,过多烦琐的文字描述只会淡化用户的好奇,必须在初期运用照片来满足用户,以女主角美丽的容貌和"偷拍"的设定来引发更多用户的关注。因此,内容上寥寥数语即可,要及时上传照片。另外,运用"YY"、"TMD"等网络用语拉近与用户的距离,使帖子的真实性和第三方角色的身份毋庸置疑地体现出来。

帖子地址:http://zone.it.sohu.com/forums/viewthread.php?tid=1770803&extra=&page=1,如图 7-22 所示。

项目七 事件营销

图 7-22 联想事件营销营销主帖内容

从图 7-22 可以看出,(1)为引题,通过简短、较为莫名其妙的话语引发注意;(2)为真正的帖子内容,以简单和通俗化的表达告知帖子的主要内容。接着,公布主角,如图 7-23 所示。

随后,女主角"红本女"惊艳亮相,以中景"偷拍"的形式展现出女主角的靓丽,同时在这两张照片中出现营销主体——联想 IdeaPad U110,但并不言明焦点,即并不引导用户关注笔记本,只通过女主角积累人气。然而,为了避免在初期酝酿阶段过于直白而被明眼用户一眼看穿,故而也选择性地放置休闲状态下且不携带联想 IdeaPad U110 的"红本女"的照片,如图 7-24 所示。

当日 11:04 结束阶段一主帖的发布。

图 7-23 联想事件营销女主角登场

图 7-24 不包含笔记本信息在内的"红本女"休闲生活照

2．阶段二：营销辅助帖的发布

当主帖完成第一轮发布之后，营销马甲会在第一时间跟进。初期阶段，跟进的马甲并不多，以烘托帖子氛围为主，用调侃、关注、反驳、好奇的方式引发其他用户回帖，保持帖子的新鲜度和活力，使其在帖子列表之中保持首位的状态，如图 7-25 所示。

图 7-25　营销主帖后的马甲回复

3．阶段三：主帖与回帖的跟进

截至当日 14:00，帖子获得了 273 个回帖，始终保持在版面的帖子列表的第一位。14:05，"京城第一剑"及时地展开了主帖的跟进，继续贴图，引发议论，并对质疑的声音提出反驳，提升可信度，如图 7-26 所示。

图 7-26　澄清事实提升可信度，并继续贴图

随后，马甲再次出动，焦点依然放在女主角与 Mini Cooper 上面，随后第一次开始提及笔记本，如图 7-27 所示。

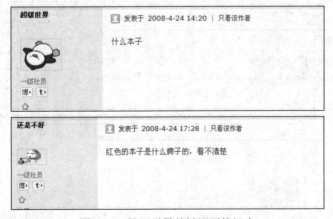

图 7-27　马甲引导关键词至笔记本

在有用户提问的前提下，主帖就可以顺理成章地对用户进行引导，将焦点转向笔记本

了，如图7-28所示。

图7-28 主帖对笔记本进行回应

4．阶段四：营销主题开始出现

在引发关注后，以马甲的身份开始揭露笔记本的品牌，并提出疑问，在发动用户解答该疑问的同时将联想 IdeaPad U110 传播出去。同时，通过其他马甲开始引发对笔记本的关注，如图7-29所示。

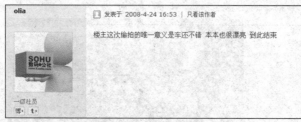

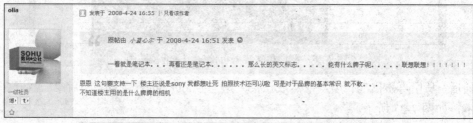

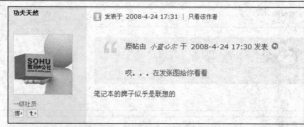

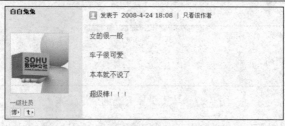

图7-29 引出联想笔记本品牌的讨论

5. 阶段五：观望与反衬

在 14:00 更新之后，"京城第一剑"说明当日晚 20:00 继续更新。但当晚，并没有安排更新。一方面，需要查看用户在马甲回帖后的反应；另一方面，有意而为，吊用户的胃口来保持帖子的鲜活和受关注度，让用户在焦急的等待之中继续关注"红本女"。

截至当日 23:59，帖子已获得 28 万的点击量与 993 个回帖，并被版主加精、置顶，获得更多用户的关注。

6. 阶段六：主帖与回帖的跟进

经过一天的烘托，取得了初步的效果。于是，4 月 25 日上午 10:41，"京城第一剑"继续展开对"红本女"的"偷拍"，而作为营销主体的联想 IdeaPad U110 也始终出现在显眼的位置。同时，马甲保持运作，积极对帖子进行回复，在关注女主角的同时也不忘关注笔记本，如图 7-30 所示。

图 7-30　聚焦"红本女"

7. 阶段七：效果诞生

在继续保持帖子推进的情况下，对用户进行引导，短期内烘托了联想的品牌，最终在 4 月 25 日 12:00 由用户确认发出了营销主体——IdeaPad U110 的型号，如图 7-31 所示。

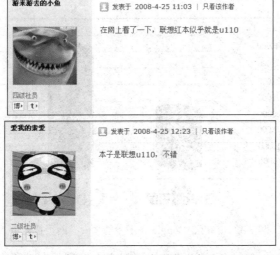

图 7-31　笔记本型号公布

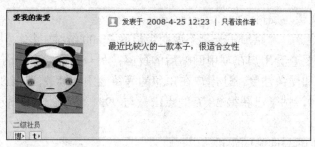

图 7-31　笔记本型号公布（续）

8．阶段八：继续保持更新

根据用户的回帖量及时更新"红本女"的新照，并通过马甲来说明联想 IdeaPad U110 的特性与价格，不断刷新用户对联想品牌和本款笔记本的关注。

任务四　联想"红本女"事件营销的效果分析

1．网络营销效果分析

（1）主题帖子：507 条。2008 年 4 月 24 日，网友"京城第一剑"在搜狐数码公社挑起事件话题后，一时间在国内各主流论坛掀起了"红"风暴。从奇虎网论坛搜索引擎提供的数据来看，标题中出现"红本女"的主题帖子数为 507 条。由此可见，这类帖子中的"跟踪"、"美女"等字眼对网民眼球的吸引力不可小觑。

在门户网站搜狐的三级页面——数码公社上，"7 天 7 夜不吃不喝网络追踪'红本女'事件"的帖子在相当长的一段时间内，始终占据数码公社的首页头条位置。截至 2008 年 6 月 30 日，搜狐数码公社的主帖获得了 2 884 571 的阅读量以及 2 598 条回帖，总页数达到 260 页。

（2）相关网页：百度为 16 700 篇、Google 为 35 600 篇。在两大搜索引擎百度与 Google 上搜索"红本女"，从网页搜索结果来看，网民对"红本女"事件的关注度较高，百度"红本女"网页搜索结果为 16 700 篇，而在 Google 上该数据更是达到了 35 600 篇，如图 7-32 所示。

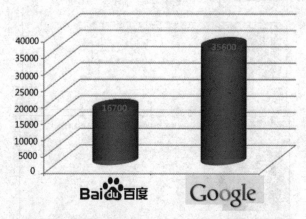

图 7-32　百度、Google 关于"红本女"网页搜索量

（3）新闻报道：34 篇（百度新闻）。"红本女"事件在搜狐上爆发之后，网络新闻

也开始关注该事件,从百度新闻标题的搜索结果来看,从 2008 年 5 月 5 日到 7 月 21 日,标题与"红本女"相关的新闻报道为 34 篇,如图 7-33 所示。

但处在"红本女"事件背后的联想的媒体关注度却没有随着"红本女"事件的发生而有所提升。如图 7-33 所示,新闻数量没有出现大的波动,媒体对此事件反应平平,这主要是因为联想作为北京奥运会全球合作伙伴,一直保持着较高的曝光率,因而很难出现像"封杀王老吉"事件一样的大波动。

图 7-33　百度新闻标题的搜索结果

2. 产品销售效果分析

原本精心营造的宣传并没有为联想 IdeaPad U110 带来好的销量。首先,营销目的过于明确,使得网友在懵懂中思考,继而转为质疑与嘲笑,严重影响了联想的品牌形象。其次,IdeaPad U110 初上市的价格定在 16 300 元,显然与 IdeaPad 的品牌定位不符。另外,在 ThinkPad 日益水化的情况下又将 IdeaPad 在网络营销过程中与富家女、宝马、GUCCI 捆绑在一起,站在了平民消费的对立面,最终无法获得广大消费者的青睐。2008 年,该营销事件并没有为联想 IdeaPad U110 带来足够的关注与销量。

四、案例分析

联想"红本女"事件可以说是进入 Web 2.0 时代以后国内大企业首次试水新媒体营销的案例。"红本女"事件成为了迄今为止网络营销的经典个案之一。绝大多数的人认为联想的此事件营销是失败之举。的确,相对于其他网络事件而言,"红本女"并未引发狂潮和热捧,但不能简单地判定其为完全失败的事件营销,它也取得了一定的成功。从事件本身来看,不可否认,这是一个很好的创意,虽然在操作上存在较多破绽,"作假"成分明显,导致网民对其质疑与否定的声音不绝于耳,但该事件还是创造了令人眼红的网络关注度,让网友们记住了那个红色的联想 IdeaPad U110,可谓"毁誉参半"。

从营销传播的角度,"红本女"的成功可以从以下三个方面来看。

(1)联想成为了第一个敢于尝试的大企业。国内互联网发展迅猛,面对如此庞大的受众群体,各大企业都各显神通,纷纷试水网络营销。联想借助收购 IBM 的 PC 部门,成功晋级世界级品牌之列,线下营销做得如火如荼,接连成为奥运的 TOP 合作伙伴,火炬传递合作伙伴;线上营销当然也不能落伍,联想选择与强势门户网站大胆合作,尝试网络事件营销,可谓是笔记本业内事件营销的先行者,没有功劳,也有苦劳,勇气确实可嘉,树立了其行业先锋的地位。

(2)定位精准,引领潮流。在此次"红本女"事件中多次曝光的真正主角 IdeaPad U110 是联想收购 IBM 的 PC 业务部门后推出的最具战略意义也是最具挑战性的品牌。

现在人们热衷于小型笔记本,IdeaPad U110 采用的就是 11.1 英寸宽屏,虽然之前已有 IdeaPad Y510 和 IdeaPad Y710 推向市场,但是 IdeaPad U110 是人们期待已久的一款产品,在 CES 上也获得过最佳笔记本产品奖。相对于 ThinkPad 的商务性,IdeaPad U110 系列更是一个定位时尚的消费类笔记本。

从"红本女"的真人高清照片,到"红本女"的一身装扮;从活动网站的门户选择,到活动页面的简约设计,我们都能轻而易举地发现此次事件的策划定位是十分精准的。

"红本女"一身高雅的服装,开宝马 MiniCooper,提 GUCCI 包包,出入高端休闲场所,还时不时早起晨练,秀下曲线完美的身材,所有这些动作都极具白领特色,是白领女性阶层的标准模板和梦幻生活状态。

正所谓"醉翁之意不在酒",联想真正的目的就是想通过"红本女"自身的都市时尚定位,与笔记本建立隐性链接,提高 IdeaPad U110 自身的定位,引领一时的笔记本潮流,这个决策无疑是正确的。

(3)话题设置,直击要害。传说网上的网民只有两类:十分喜欢美女的和喜欢美女的。男生喜欢美女,不言自明;女生喜欢美女,是因为其可以作为自己模仿的对象。因此"美女"二字成了各大媒体和网站不断追逐的对象。而"偷拍"则成为了众多男性网民的"最爱"。男性窥视女性,是一种自我认知的心理需求,是关于自己是男人这个认知的需要。正是这样的心理偏好,使"偷拍"成为经久不衰的热点。"红本女"事件以"偷拍美女"为主题,自然能够吸引大量网友的关注。

对于联想的此次事件营销,除了上述三点成功之处,剩下的皆为失败之处。

(1)是偷拍还是摆拍?正如同在不同论坛上网友都要打倒的"标题党"一样,本次事件营销选用的标题以隐晦的方式成功地运用"偷拍"将用户"忽悠"进来,结果令人大失所望。即便没有一点摄影常识的人都知道,距离如此之近而不被对方发现是完全不可能的,所以也就不存在"追踪"的可能;"红本女"的动作,个个都是经典的"小资"动作,美女又不是偷拍者的直系亲属,为什么动作都被拍得如此"优雅"?大露马脚的"偷拍"技术,太多牵强的情节策划,使"红本女"看起来颇有"周老虎"的风范,质疑之声自然少不了。

(2)营销意识太强。联想"红本女"被认为是失败的事件营销的最重要原因就是"被明显地发现了"。好的事件营销和优秀广告一样要"润物细无声"或者当用户反应过来的时候会展现出会心的笑容。在本次事件营销中,"偷拍者"过于明显且过早地将联想 IdeaPad

U110摆了出来，并且过早地通过马甲的形式引导焦点至笔记本上，再加上费劲去"偷拍"却不关注美女的脸蛋、身材等，反而多角度研读一个笔记本，这么多的破绽只会让网友认为要么"偷拍者"不正常，要么就是有"猫腻"。很可惜，"红本女"事件恰恰属于后者。

（3）背后的故事太失败。联想"红本女"事件是缺乏故事性的，在策划的初始就未曾想过要让"红本女"成为他年追忆的经典"故事"，所以完全忽视了"红本女"事件策划的故事主张（异于广告主张）。

品牌与商标的区别之一就是品牌会说话、会讲故事。喜欢听故事、喜欢听新奇的故事是我们的天性，一个到位且有内涵的新奇故事会拉近企业跟客户之间的距离。不说海尔现在虚夸到什么地步，但不可否认的是当年客户信赖海尔就是因为它有个砸冰箱的故事。其实联想不该出现这样的错误，应该尝试策划一个经典故事，最俗也可以弄个好色街头男邂逅美丽"红本女"，转身多情剑客苦苦追踪七天七夜，最后在数亿中国网民的支持下开始追求"红本女"的故事。那么联想"红本女"就如同现在各大视频网站纷纷试水的"自制剧"一样，成为真正的经典了。

（4）角色太普通。"红本女"人物角色不到位，丝毫没有个性，只能遗憾地被看成一个小资白领的缩影而已。

（5）营销效果不佳。不论是联想IdeaPad U110销量，还是"红本女"本身，取得的营销效果都不好。前者既没有赚到盆满钵满，也没有获得足够的关注，而后者也没有成为奥运年的网络明星或者男性网民心中的气质女神。

资料来源：http://www.douban.com/group/topic/3158963/

模块二　事件营销相关知识

一、事件营销的定义

事件营销（Event Marketing）又称为"活动营销"，是企业通过策划、组织和利用具有名人效应、新闻价值以及社会影响的人物或事件，引起媒体、社会团体和消费者的兴趣与关注，以求提高企业或产品的知名度、美誉度，树立良好品牌形象，并最终促成产品或服务的销售目的的手段和方式。简单地说，事件营销就是通过把握新闻的规律，制造具有新闻价值的事件，并通过具体的操作让这一新闻事件得以传播，从而达到广告的效果。

通俗点说，事件营销指的是要推广目标A，但不直接去推广目标A，而是找出一些有新闻价值的事件$B_1 \sim B_n$来拐弯抹角地营销目标A。说有新闻价值可能有点太严重，只要是能吸引眼球，大家喜欢看，愿意知道的事件就够了。A和B大部分情况下是不重合的，有的时候也可能是同一件事。

事件营销是近年来国内外十分流行的一种公关传播与市场推广手段，是集新闻效应、广告效应、公共关系、形象传播、客户关系于一体，并为新产品推介、品牌展示创造机会，建立品牌识别和品牌定位，快速提升品牌知名度与美誉度的营销手段。20世纪90年代后期，互联网的飞速发展给事件营销带来了巨大契机。通过网络，一个事件或者一个话题可以更轻松地进行传播和引起关注，成功的事件营销案例开始大量出现。无论是从参与企业的数量、行业上来看,还是从企业运作事件营销的水平上看,事件营销策略都得到了不同程度的发展与完善。

二、事件营销的过程

网络事件的分类,总共可以归纳为两种类型:自发型和操作型。自发型的网络事件如百变小胖、"贾君鹏——你妈叫你回家吃饭"、犀利哥等,都是网络舆论自发形成的事件。而操作型的网络事件如联想"红本女"、奥巴马女郎、凤姐等,都被认为是有幕后团队操作形成的事件,这就是本质的区别。

网络事件营销一般分为四个步骤。
(1)确定传播目标。
(2)分析当下网络舆论环境。
(3)制定话题传播方案。
(4)组织话题实施步骤。

事件营销具体操作流程如下。
(1)根据被炒作对象的特点作出策划方案。
(2)选择合适的论坛(博客、视频站)发帖。
(3)付费网站管理员,特此照顾(推荐或置顶)。
(4)抛出言论,易于流传。
(5)雇佣水军唱双簧,继而引发争议,成为热点。
(6)雇佣水军,加大转载与传播数量。
(7)撰写新闻评论进行谴责性或质疑性报道。
(8)期待大量媒体跟进报道。
(9)爆料内幕。
(10)维护形象。

三、事件营销的特征

与常规的广告等传播活动相比,事件营销能够以更快的速度、更短的时间创造最大化的影响力。所以,事件营销长期以来被世界上许多知名企业用作品牌推广传播的先锋手段。事件营销的特征主要表现在以下几个方面。

1. 事件具有时效性、不确定性和风险性

企业在运作事件营销时,要注意热点事件的时效性、不确定性与风险性,即应注意风险管理。在事件营销中,企业要借社会热点事件、新闻之势或通过企业本身策划的事件进行造势来达到传播企业信息的目的。因此,企业有必要对欲运作或利用的事件做一次全面的风险评估。

2. 事件营销具有依附性,要找准事件与品牌的关联

事件营销不能脱离品牌的核心理念,必须与品牌和产品、其他营销活动、目标消费者利益相关联。如果联结过于牵强,就难以让消费者对事件的关注热情转移到品牌上,当然也无法提升品牌的知名度了。无论是借助已有的事件,还是自行策划事件,事件营销都应

该自始至终围绕着同一个主题运作，敏锐地抓住公众关注的热点并进行创造性的对接，从消费者利益和社会福利的角度出发，来实现营销的目的。在营销过程中，营销者要进行有新闻价值的传播活动，把产品、服务和创意的优秀品质传递给已有的和潜在的顾客，从而建立品牌美誉度和企业良好的形象。

3．避开媒体多元化形成的噪音，提升品牌的关注率

广告、促销等手段只能使消费者被动地接受，缺乏主动性，但事件营销因为具有新闻的特征，避开了同其他广告的正面冲突，有了消费者的主动参与，企业的知名度就能在短期内有很大的提升。事件营销的传播价值往往体现在新闻上，企业借助第三方组织或权威个人，将理念、产品与服务质量传播给目标市场，受众对于通过这种途径获得的信息的信任程度远远高于广告。

4．事件营销的投资回报率高，有"四两拨千金"之效

据有关人士的统计和分析，企业运用事件营销手段取得的传播投资回报率约为一般传统广告的3倍，能有效地帮助企业树立产品的品牌形象，直接或间接地影响产品的销售。事件营销能使企业避开国内媒体近年来广告投放收费居高不下的状况，为企业节约大量的宣传成本。

5．事件营销的传播深度和层次高

一个事件如果成了热点，会成为人们津津乐道、互相沟通的话题。传播层次不仅仅局限于看到这条新闻的读者或观众，可以形成二次传播。相比之下，广告的传播一般局限于一个层面上，且很难具有传播活性，同时其可信度往往易受到消费者的质疑。

四、事件营销的要素

新闻能否被着重处理则要取决于其价值的大小。新闻价值的大小是由构成这条新闻的客观事实适应社会的某种需要的程度所决定的。一个成功的事件营销必须包含下列四个要素之中的一个，包含的要素越多，事件营销成功的几率越大。新闻价值的要素同时也是事件营销成功的要素，主要包括以下几个方面。

1．重要性

重要性是指事件内容的重要程度。要判断内容重要与否主要看其对社会产生影响的程度。一般来说，对越多的人产生越大的影响，新闻价值越大。

2．接近性

越是心理上、利益上和地理上与受众接近和相关的事实，新闻价值越大。心理接近包含职业、年龄、性别等因素。从地理上说，人们对自己的出生地、居住地和曾经给自己留下过美好记忆的地方总怀有一种特殊的依恋情感。所以在策划事件营销时必须关注到事件与受众的接近程度。通常来说，事件关联的点越集中，就越能引起人们的注意。

3．显著性

新闻中的人物、地点和事件越出名，新闻价值也越大。国家元首、政府要人、知名人士、历史名城、古迹胜地往往都是出新闻的地方。

4. 趣味性

有人认为，人类本身就有天生的好奇心或者可称之为新闻欲本能。大多数受众对新奇、反常、变态、有人情味的东西比较感兴趣。

一个事件只要具备一个要素就具备新闻价值了。同时具备的要素越多、越全，新闻价值自然就越大。当一件新闻同时具备所有要素时，肯定会具有很大的新闻价值，成为所有新闻媒介竞相追逐的对象。

五、事件营销的成功标准

何谓成功的网络事件？没有具体的标准，但是可以根据网络中的热度和数量来进行判断。当然，判断事件营销是否成功也可以从以下六个方面来进行判断。

（1）出现在多少家网站的首页。
（2）多少家论坛、博客、视频的置顶。
（3）多少网友的参与。
（4）多少搜索引擎的获取，包括多少关键词的成型。
（5）多少传统媒体的报道。
（6）多少网络评论员以及新闻评价员对此进行评论。

可以给大家举个例子：芙蓉姐姐，当时在网站首页出现 3 000 次，网站版内推荐 2 000 次，搜索总流量 11 600 000，点击总流量 3 亿，所有媒体报道超过 1 000 篇。另外还有贾君鹏事件，6 个小时的点击量超过 39 万，有 17 000 名网友参与互动。

六、事件营销的风险控制

事件营销本身是一把"双刃剑"：事件营销虽然可以以短、平、快的方式为企业带来巨大的关注度，但也可能起到相反的作用，即企业或产品的知名度扩大了，却不是美誉度而是负面的评价。

1. 事件营销切入点的风险

如图 7-34 所示，事件营销中的三大切入点可以按可控度进行排列，从大到小分别是公益、聚焦和危机。可控度降低的时候，影响度是递增的，即风险越大，营销效果越好。

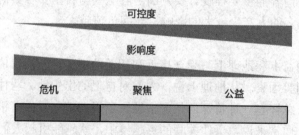

图 7-34　事件营销切入点的风险

在图 7-34 中，从右到左的事件中，企业可以控制的因素越来越少，事件的不确定性越来越大，企业所面临的风险也就越来越大。在公益事件中，企业通常占据着主动地位，几乎不存在风险。聚焦事件的主要风险在于营销活动不能与企业、产品的战略发展相融合，甚至有损企业长远的战略形象。如很多企业在进行体育营销时仅使用单调的抽奖手段,与企业和产品形象相去甚远,结果收效甚微。危机事件最能吸引眼球,同时风险也最大,特别是处理企业自身危机时,更应该小心谨慎。企业在进行危机公关时,若不能有效地控制媒体风向,极可能引起公众的质疑和反感,此时不但达不到营销效果,还会使企业面临生存危机。

2. 事件营销的风险控制

事件营销的利益与风险并存,我们既要学会取其利,还要学会避其害。对于风险项目,策划者首先要做的是风险评估,这是进行风险控制的基础。风险评估后,根据风险等级建立相应的防范机制。事件营销展开后还要依据实际情况,不断调整和修正原先的风险评估,补充风险检测内容,并采取措施化解风险,直到整个事件结束。

根据上面的内容,可以建立下面的风险评估跟踪表(见表7-5),协助企业完成对事件营销风险的控制。

表7-5 事件营销风险评估跟踪表

风险类型	风险等级评估(高、中、低)	目前状况	已采取的措施	可能会出现的问题	备注
违反法律法规					
脱离企业形象					
媒体不感兴趣					
引起公众反感					
竞争对手采取相应措施					

网络媒体传播速度快、互动性强,事件营销依托于网络媒体可以更好地开展企业营销,使其产生更大的价值,这就是事件营销的价值所在。事件营销讲究的是方法和创新,网络事件营销和其他的广告形式相比优势显而易见,一旦成功,带来的效益是不可估量的,但是也需要承担同样的风险。在事件营销里,想要达到共鸣的效果,需要的是产品的特性和媒介活动的结合。做事件营销,要想好有亮点的话题,在隐性地宣传企业的同时满足人们的心理需求,这样才可以得到人们持续的关注。

模块三 事件营销项目实训

本实训为事件营销的实训。学生在实训教师的指导下,结合实训情景、素材等,分析并策划当前情景下的事件营销方案,从而掌握更为全面的事件营销方法和技巧。本实训项目要求学生根据指导教师下发的素材,提交一份事件营销策划方案。

一、实训流程

事件营销实训流程如图7-35所示。

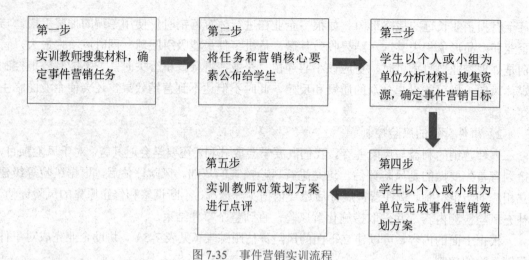

图 7-35　事件营销实训流程

二、实训素材

产品名称：倩碧超凡嫩白晶莹亮彩精华露。

产品三大卖点：

（1）可缓释黑色素沉淀，美白效果全面。

（2）提亮肤色、抗氧化、质地滋润。

（3）安全配方，具备五重美白高科技技术。

营销目的：通过事件营销，让网民认识倩碧超凡嫩白晶莹亮彩精华露，制造美白的流行趋势——"健康美白"，体现倩碧皮肤医生专业安全美白技术的优势，让网友真正接受并认可倩碧超凡嫩白晶莹亮彩精华露的使用功效，促使用户产生购买的欲望和需求，增加线下的销售量，培养品牌忠实会员。

三、实训内容

（1）根据事件营销任务的要求进行营销分析，组建营销团队。

（2）制定进度计划书，明确工作内容与人员分工。

（3）搜集相关背景材料。

任务一　确定事件营销目标

根据情景设置搜集相关资料并确定事件营销原因及营销目标等，结果如表 7-6 所示。

表 7-6　确定事件营销目标

营销主题	营销的品牌或核心要素
实施事件营销的目的	促进产品销售，提升品牌知名度，提高站点访问量等
实施事件营销的原因	与获得可观业绩等相关
实施事件营销的受众	受众是谁，主要针对的人群

任务二 策划事件营销方案

（1）根据情景设置确定事件营销的策划目标、策划原则、策划内容，确定营销的要素。

（2）选择实施方式，填写表7-7。

表7-7 "倩碧"事件营销实施方式的选择及原因

方　　式	原　　因
论坛	
贴吧	
IM	
博客	
媒体关注	

（3）分析不同营销方式的具体细节，完成表7-8。

表7-8 "倩碧"事件营销实施方式的分析

方　　式	备　　选	选定原因	去除原因
论坛营销			
贴吧			
IM			
博客			

（4）确定论坛营销的营销主帖和营销辅助帖的内容。
（5）QQ群营销、博客营销等其他营销方式策划。
（6）营销效果预估分析。
（7）进行事件营销风险评估，完成表7-9。

表7-9 "倩碧"事件营销风险评估跟踪表

风险类型	风险等级评估（高、中、低）	目前状况	已采取的措施	可能会出现的问题	备　注
违反法律法规					
脱离企业形象					
媒体不感兴趣					
引起公众反感					
竞争对手采取相应措施					

任务三 事件营销实施方案讲解

制作PPT，以小组为单位汇报本组事件营销策划方案，教师点评。

项目八　微信营销

 能力目标

- 能够熟练使用微信的各项功能；
- 能够撰写微信营销策划方案；
- 能够进行微信营销创意设计；
- 能够利用公众平台、朋友圈、微信群、漂流瓶等开展微信营销活动；
- 能够通过后台和相关工具统计分析微信营销效果。

 知识目标

- 了解微信和微信营销的概念；
- 了解微信营销的常用工具；
- 掌握微信营销的常用手段和实施技巧；
- 了解微信营销与其他营销方式的区别；
- 了解微信营销的常用评价指标。

本项目的工作任务是通过详细了解两个企业微信营销的案例，让学生对微信和微信营销的相关知识和技巧有一个深入的学习。通过学生亲自动手实践微信营销，包括营销目的的分析、营销方案的策划、实施和效果评估等，让学生体验到微信营销的整个过程，掌握微信营销的方法和技巧。

项目八 微信营销

模块一 案例学习

案例一 "江淮瑞风S5——华少挑战赛"微信营销

一、支持企业

安徽江淮汽车股份有限公司（简称江淮汽车），其公司Logo如图8-1所示。

图8-1 江淮汽车Logo

二、企业背景

江淮汽车是一家集商用车、乘用车及动力总成研发、制造、销售和服务于一体的综合型汽车厂商。公司前身是创建于1964年的合肥江淮汽车制造厂。1999年9月改制为股份制企业，隶属于安徽江淮汽车集团有限公司。2001年在上海证券交易所挂牌上市，股票代码为600418。

公司占地面积460多万平方米，拥有员工16 000余人，具有年产63万辆整车、50万台发动机及相关核心零部件的生产能力。2012年，公司销售各类汽车近45万辆，实现了连续22年以平均增长速度达40%的超快发展。目前公司主导产品有：6～12米客车底盘，0.5～50吨重、中、轻、微卡车，星锐多功能商用车，6～12座瑞风商务车（MPV），瑞鹰越野车（SRV），C级宾悦、B级和悦及和悦RS、A级同悦及同悦RS、A0级悦悦轿车，爱意为电动车，锐捷特发动机。

三、案例详解

在全球汽车工业利益格局中，中国自主品牌汽车作为后来者，要想后来居上，必须要有打败或制衡传统势力的综合能力，必须以独到的眼光、创新的思维，探求发展的机遇，树立品牌影响力。

江淮汽车作为中国自主品牌汽车，目前在国内汽车市场份额较小，品牌形象缺乏亮点，知名度不高，无法与其他汽车品牌进行抗衡。为了扭转这种局面，提升公司品牌知名度，江淮汽车在瑞风S5轿车上市之际，借时下最流行的互动营销工具——微信以及华少的明星效应，开展了"想想还是Ta好，瑞风S5——华少挑战赛"微信营销活动，进行一轮集中品牌推广。

本案例通过介绍"想想还是Ta好，瑞风S5——华少挑战赛"微信营销活动，全面讲解了微信营销的实施过程，包括微信营销实施目的分析、内容策划、项目执行和效果监控等环节，如图8-2所示，突出了微信营销中互动设计和创意设计的重要性。

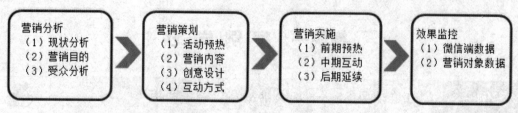

图 8-2 微信营销实施过程

任务一 瑞风 S5 微信营销实施目的分析

1. 瑞风 S5 微信营销实施背景

当前国内汽车市场竞争激烈,作为中国自主品牌的江淮汽车无论是市场份额还是品牌知名度都略显劣势,产品无法获得较好的市场表现。通过市场调查发现,与其他汽车品牌相比,江淮汽车品牌形象缺乏有效亮点。很多消费者听说过江淮汽车,但是对该品牌并不熟悉,不了解其产品优势和特点。

2013 年 3 月,江淮汽车瑞风 S5 上市,作为江淮汽车主打产品之一,瑞风 S5 上半年市场表现良好,为了保持瑞风 S5 的市场表现,有必要在下半年进行一轮集中品牌推广,提高瑞风 S5 在国内汽车市场的品牌知名度和关注度,充分发挥产品的价值空间。

由于产品缺乏足够的品牌特色,因此选择怎样的营销推广渠道来吸引消费者参与是实施此次营销活动面临的一个难题。

另外,2013 年微信的突出表现值得人们关注。作为一种新的网络营销渠道,微信具备快速发送文字和照片、支持多人语音对讲等功能。用户可以通过手机、平板、网页快速发送语音、视频、图片和文字等。微信还提供了公众平台、朋友圈、消息推送等功能,用户可以通过摇一摇、搜索号码、附近的人、扫二维码等方式添加好友和关注公众平台,同时将内容分享给好友以及将用户看到的精彩内容分享到微信朋友圈。通过微信实施营销推广,可以更好地实现与客户的互动,更好地实现一对一精准营销。因此,在营销渠道上,江淮汽车选择了微信。

2. 瑞风 S5 微信营销实施目的

基于这样的背景考虑,此次瑞风 S5 微信营销具有两个目的:一是希望通过瑞风 S5 改变目前江淮汽车的市场表现和消费者认知,提升品牌知名度,提升瑞风 S5 的关注度和销量;二是希望通过微信这一全新的营销平台建立起江淮汽车与消费者的持久稳定的品牌沟通渠道和服务渠道,为后续促进汽车销售提供人群关注保证。

3. 瑞风 S5 微信营销实施受众

瑞风 S5 定位为城市型 SUV,因此目标受众为对车型、车价、性能等要求较高的城市年轻、时尚、具有开拓精神的男性白领。

任务二 瑞风 S5 微信营销实施策划

为了此次瑞风 S5 微信营销能够取得较好的效果,事先必须经过详细周密的策划。正所谓"运筹帷幄之中,决胜千里之外",瑞风 S5 营销团队从营销推广预热、微信营销内容、互动方式、创意挖掘等各个环节进行了精心设计,确保营销活动能够吸引大量客户的参与,取得预期效果。

1. 瑞风 S5 微信营销活动预热

由于此次活动是江淮汽车首次试水微信营销,原有的微信公众平台粉丝数量较少,必须通过广大的媒体矩阵进行活动预热,让更多的网民参与此次活动,为微信终端进行集客。对于如何进行活动的预热,需要考虑活动预热的渠道和预热内容,让目标受众接收到能够引起其兴趣的活动信息。

(1) 预热渠道选择。

第一,腾讯平台。微信作为腾讯旗下的产品,同时腾讯平台拥有大量的受众群体,这些受众群体大多为年轻白领和大学生,因此选择腾讯平台进行预热是较好的选择。

第二,汽车专业网站和垂直平台,如汽车之家、新浪汽车频道等。这些平台活跃着各种对汽车感兴趣的网民,是此次活动的目标受众。

第三,各种社交媒体,如腾讯微博、mop 论坛等。社交媒体上网民活跃,乐于分享,因此在这些平台上发布活动信息可以起到比较好的宣传推广效果。

(2) 预热内容设计。活动预热的主要目的是为江淮汽车微信终端进行集客,因此在内容设计上主要是告知网民此次瑞风 S5 微信营销活动的内容,参与网民能够得到的收获等,引起网民的兴趣,吸引网民的参与。

2. 微信营销内容设计

微信平台是一个社交互动平台,因此在营销内容的设计上要突出活动的互动性,不能让网民觉得是在跟电脑或者手机交流,同时要使活动能够迅速传播开来,在内容设计上要具有创意,对网民来说要有利益点。

出于上述分析,此次微信营销在内容上选择了不同于以往微信营销常用的手段,采用语音的形式与用户开展互动,同时分阶段抽取幸运观众给予不同形式的奖励。

3. 微信营销创意设计

在目前互联网信息爆炸的时代,每天都有大量的信息通过不同的网络终端展示在网民面前。因此,"酒香也怕巷子深"的事情是所有网络广告主都必须考虑的。为了让瑞风 S5 微信营销活动能够在众多的网络信息中脱颖而出,营销团队选择利用名人效应进行活动聚焦。在名人的选择上,营销团队从产品的目标受众出发,选择了国内著名娱乐节目主持人——华少。华少机智、幽默且具有极强的应变能力,深得年轻白领观众的喜爱,因此符合瑞风 S5 对目标受众的定位。同时从华少说话又快又清楚的风格出发,以"挑战名人"为噱头,把活动主题命名为"想想还是 Ta 好,瑞风 S5——华少挑战赛",点燃普通网民与明星交流、挑战明星的梦想。

任务三 瑞风 S5 微信营销执行过程

按照前期策划,此次瑞风 S5 微信营销活动经历了三个阶段。

1. 前期预热活动

利用广大的媒体矩阵，共同为官方微信平台进行活动前期的集客准备，创造巨大的活动前期声势。

（1）分别设立腾讯专题网页（电脑登录）和手机专题网页（手机登录），从电脑和手机两个终端同步公布此次"想想还是 Ta 好，瑞风 S5——华少挑战赛"活动的详细内容和参与方式，便于参与网友了解活动信息，活动于 2013 年 5 月 5 日统一上线。

考虑到 PC 端能够更详细地展示活动的内容，因此腾讯专题网页的设计是必不可少的。腾讯专题网页 PC 端的设计主要包括"活动首页"、"终极挑战"、"获奖名单"和"产品官网"四个页面。"活动首页"主要介绍此次活动的具体情况，"终极挑战"主要用于优秀作品的展示；"获奖名单"主要用于公布参与网民的获奖信息；"产品官网"主要用于为产品目标网站引流以及让网民更全面地了解瑞风 S5 和江淮汽车其他产品的信息。

腾讯专题网页在第一屏主要展示了此次活动的主题、瑞风 S5 汽车图片、瑞风 S5 代言人华少、微信公众平台二维码和此次活动基本信息，以简洁的画面内容全面展示了此次活动的概况，激发网民参与的热情。告知网民只要通过扫描二维码关注瑞风 S5 官方微信，完成挑战"中国好舌头"华少，就可以赢得大奖，包括瑞风 S5、新和悦 RS、悦悦等车型五年不限里程使用权，以及海量 QQ 秀、红钻、200 元加油卡、瑞风 S5 精美车模等。同时以"即刻行动吧"唤醒网民的参与欲望。

第二屏主要进一步展示了活动的时间、流程、奖品和华少介绍瑞风 S5 的视频，让网民更深入地了解活动的信息和参与方式，同时通过奖品的展示和华少介绍瑞风 S5 的视频，激发网民参与活动、挑战华少、赢取奖品的热情。

第二屏中介绍了此次活动的几个基本要素，了解这些信息之后，网民就可以根据活动要求开始参与活动。

一是作品提交时间：2013 年 5 月 5 日—6 月 3 日。

二是参赛流程，分为三步。

第一步，网民通过两种方式关注"江淮瑞风 S5"官方微信。方式一为扫描江淮瑞风 S5 二维码（二维码在本页面第一屏已经展示）；方式二为通过微信"朋友们—添加朋友—搜号码"的方法搜索 1844713559 关注。

第二步，发送音频。网民通过微信按住录音键，读出标准文字并发送。标准文字即为本页第二屏华少介绍瑞风 S5 的视频语音。文字信息如下：

> 黄金分割完美比例，雄起猛虎灵感设计，匠心独具精致细节，瑞风 S5 亲靓造型让您怦然心动。
>
> ESC 冰雪路面更稳定。TCS 湿滑坡道也从容。HSA 上坡起步更轻松。HDC 陡坡缓降如平地。HBA 紧急制动有辅助。EPS 转向轻便还稳重。高强车身呵护更无忧。瑞风 S5 智能科技让您自由驾驭。
>
> 高效 T 动力强劲更环保，6MT 高人一档更节能。瑞风 S5 澎湃动力让您激情纵享。
>
> 想想还是 Ta 好，瑞风 S5！

第三步，填写个人信息。依据官方微博提示信息，登录官方网站，填写个人信息，动态查询获奖信息。

第三屏主要描述了此次活动奖品的产生方式，让网民更加深切地感受到活动的真实性。同时通过微博互动实时展示网民参与情况，让网民了解活动的进展情况，以网民的口碑带动更多的网民参与活动。

此次活动的奖品产生也分时段、分种类进行设置。第一类奖项是幸运参与奖，2013年5月5日—6月3日期间，从参赛选手作品中产生，每日有奖项，天天有惊喜。具体细则为：所有参赛选手中，每天前300名送QQ红钻一枚，第301~600名送QQ秀一套；30秒以内的参赛音频中，每天随机抽取20份奖励200元油卡，共计600份；29秒以内的参赛音频中，每天随机抽取3份奖励瑞风S5车模，共计90份。

第二类为终极挑战奖，2013年6月5日—6月14日期间，将赢得"瑞风S5车模"的90位获奖选手作品在网络公布。通过腾讯微博转发入围终极挑战选手作品链接，依据转发数量评奖。6月15日公布名单。具体细则为：针对进入终极挑战的90位参赛选手，腾讯微博转发数第一的选手奖励瑞风S5五年不限里程使用权1份；腾讯微博转发数第二的选手奖励新和悦RS五年不限里程使用权1份；腾讯微博转发数第三的选手奖励悦悦五年不限里程使用权1份；腾讯微博转发数第四到第十的选手奖励iPhone 5各1部。

为了充分发挥网民自发的口碑宣传作用，活动特别设置了第三类奖项——微博转发奖。具体细则为：所有网友均可参与腾讯微博终极挑战作品转发或新浪微博活动转发，各有机会赢取iPhone 5一部和瑞风S5精美车模5份。

活动同时对奖品的产生进行了备注说明，以避免产生理解上的错误。

腾讯专题网页的最下面是免责声明，主要是出于让活动更加规范地开展以及应对活动中的一些预料之外的突发现象。腾讯专题网页首页如图8-3所示。

腾讯专题网页的"终极挑战"页面将实时公布优秀的作品，让参与活动的网民了解竞争对手的情况，同时让网民自发地对优秀作品通过微博进行转发，扩大活动的影响力。"终极挑战"页面如图8-4所示。

腾讯专题网页的"获奖名单"页面主要用于公布各阶段各类奖品中奖用户，如图8-5所示。通过网页对获奖情况进行实时公布，让网民了解活动的真实性，同时通过获奖用户的公示带动其他网民参与。

由于网民最终参与活动还是通过手机终端来实现，并且目前手机上网用户的数量已经超过电脑，通过手机上网更加便捷，因此发布手机终端的活动专题页面显得更加重要。瑞风S5微信营销活动的手机专题网页分为"活动规则"、"奖品展示"、"获奖查询"和"终极挑战"四个页面，如图8-6所示。

与PC端活动专题页面不同的是，手机终端的活动专题页面以更加简洁的方式介绍了活动的基本信息，如提交作品时间、参与方式、奖品产生方式等，并以图片的形式展示了瑞风S5汽车等奖品信息（见图8-7）。

图 8-3 腾讯专题网页首页

项目八　微信营销

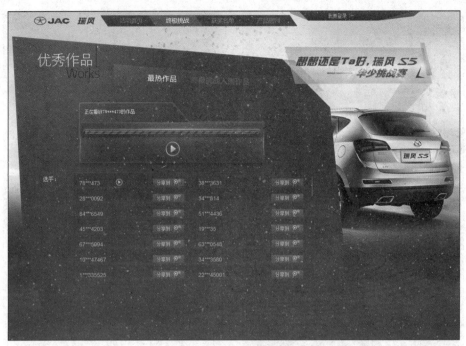

图 8-4　优秀作品展示页面

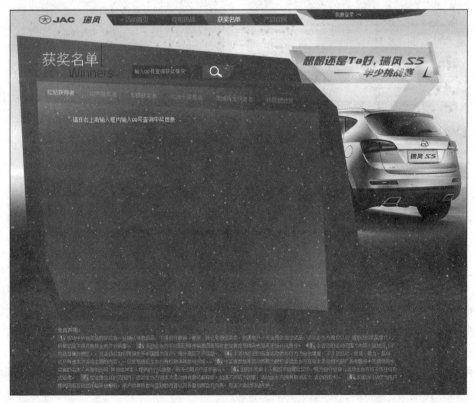

图 8-5　获奖名单公示页面

图 8-6　手机专题网页首页

图 8-7　手机专题网页奖品展示页

（2）通过腾讯等平台对活动进行推广造势，为活动集客。为了让更多的网民参与此次活动，取得预期的活动效果，必须针对目标客户群体及上网主流群体，通过多渠道以多种方式对活动信息进行宣传。根据初期策划，营销团队主要在腾讯平台、各大门户的汽车频道、汽车类垂直网站、论坛等平台进行了大密度、大范围的活动宣传工作，将活动信息传递给网民。

腾讯网作为主要的活动信息展示平台，在活动前期和活动期间对活动进行了高频度的报道。其宣传活动的页面之一如图 8-8 所示。

项目八 微信营销

图8-8 腾讯网活动宣传页面

整个宣传内容经过了精心的设计。首先通过巧妙的开头激发网民查看信息的欲望，文字信息如下：

> 被誉为"中国好舌头"的华少，凭借超快语速的主持风格在全国一炮而红：47秒冒出350个字，每秒7.4个字的战绩。你，想挑战吗？

同时，这样的话题容易勾起人们对名人的挑战欲望以及对自身能力挖掘的好奇心，引起人们关注，并继续了解后续信息。

紧接着通过描述活动参与方式，告知网民挑战的方式，把此次活动信息进行了很好的传递，同时奖励机制的呈现也会吸引大量的网民参加。文字信息如下：

> 2013年5月5日—2013年6月15日，江淮瑞风S5将在线上展开为期一个多月的华少挑战赛。您只要关注江淮瑞风S5官方微信，完成挑战任务，即有机会获得江淮旗下瑞风S5、新和悦RS、悦悦三款车型的五年不限里程使用权。此外更有海量QQ秀、红钻、200元加油卡、瑞风S5精美车模、iPhone5等你来拿！没有最快只有更快，参与江淮瑞风华少挑战赛，圆你快嘴主持梦，看看你快还是Ta快！

然后马上将此次活动宣传海报和瑞风S5官方微信二维码展示在后面，让网民可以"即刻行动"。此刻网民已经产生了一定的了解欲望和行动动机，所以适时地把更详细的活动信息和江淮汽车公司及产品进行简单的介绍，不仅起到了宣传作用，也不会让网民觉得信息太繁杂。

最后，通过一句"华少挑战赛，挑战无极限，全民战擂台！点击：即刻行动，大奖多多，等你来拿！"不仅为活动专题页面做了很好的导入链接，也诱导了网民及时参与活动。

除了腾讯平台，营销团队还通过国内各大汽车垂直网站对此次"想想还是Ta好，瑞风S5——华少挑战赛"活动进行宣传，包括网上车市、汽车之家、爱卡汽车、易车网等。

（3）通过微博进行活动宣传，与网民互动。通过新浪微博和腾讯微博两个微博平台，与网民互动，同时设立微博转发奖，鼓励粉丝对活动进行转发，起到宣传作用。图8-9为新浪微博"'想想还是Ta好，瑞风S5'华少挑战赛！赢瑞风S5五年使用权等大奖"有奖活动主题页面。

图8-9　新浪微博有奖宣传页面

2. 中期微信互动

通过前期活动的预热，已经积累了大量的官微粉丝，此阶段需要基于官方微信开展一系列活动，与粉丝进行互动，调动平台用户的积极性，对"想想还是 Ta 好，瑞风 S5——华少挑战赛"进行活动升华。

（1）每天通过瑞风 S5 官方微信公布获奖名单，如图 8-10 所示。通过实时公布获奖用户，一是让网民了解活动的真实性；二是让未参与活动的网民产生参与活动的迫切感，也是与平台粉丝互动的一种有效手段。

（2）通过瑞风 S5 官方微信展示优秀作品。为了激发粉丝参与活动的欲望，同时透露出粉丝参与互动的热情，营销团队通过瑞风 S5 官方微信展示出部分优秀参赛选手的作品，同时推出方言版活动方案，激发不同地区用户的参与热情。

活动中期在通过瑞风 S5 官方微信与参与网民进行互动，提高网民参与积极性的同时，微博平台再进行进一步的活动推进，营造活动气氛。图 8-11 为在新浪微博开展的方言翻译活动。

图 8-10　通过官方微信公布每日获奖名单　　图 8-11　新浪微博开展的方言翻译活动

3. 后期奖品揭晓

2013 年 6 月 5 日至 6 月 15 日为后期终极挑战期和大奖公布期。该阶段的目的是通过终极挑战以及最终大奖的公布，让此次活动达到高潮，同时让参与的用户能够持续关注瑞风 S5 官方微信，产生黏性。图 8-12 和图 8-13 分别为腾讯专题网页和手机专题网页两个渠道的大奖公布页面。

图 8-12 腾讯专题网页大奖公布页面

图 8-13 手机专题网页大奖公布页面

任务四 瑞风S5微信营销效果分析

此次"想想还是Ta好,瑞风S5——华少挑战赛"微信营销活动通过前期多种渠道、多种方式的宣传预热、中期有效的官微互动和后期终极挑战赛及大奖的收尾,取得了良好的营销效果,有效地实现了传播到达、品牌提升和销量支持的目的。

(1)本次活动期间订阅微信好友6 859人,接收消息数15 220人。具体活动期间每天订阅微信好友增长数量情况如图8-14所示。

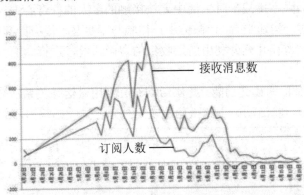

图8-14 活动期间订阅微信好友增长数量情况

(2)由图8-14可知,日均好友增长量145人左右,5月10~18日之间增速最高。单日增幅最高为5月17日,当天订阅微信好友为548人,接收消息数965人,是活动前粉丝自然转发的5~10倍。

(3)活动活跃用户比达到80.6%,人均参与次数超过了2.5次,远远超过微博等其他媒体。"想想还是Ta好,瑞风S5——华少挑战赛"微信营销活动结束后,瑞风S5官方微信注册人数达到了7 490,其中6 037人参与了此次活动,超过了总注册人数的4/5,如图8-15所示,达到了很好的活动渗透性,也体现了微信平台的强交互性。

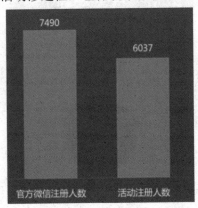

图8-15 官方微信注册人数和活动参与人数

四、案例分析

"想想还是Ta好,瑞风S5——华少挑战赛"微信营销活动之所以能取得较好的营销效果，分析其原因，主要有以下几点。

（1）以休闲娱乐为活动基调。微信上 61.25%用户是出于休闲娱乐等原因关注公众平台，因此基于微信平台开展营销活动，在内容设计上必须具有休闲娱乐性。此次瑞风 S5 微信营销选择了语音挑战华少的话题，正好切合了这一特点，便于通过微信平台传播。

（2）以代言人华少为话题引导。瑞风 S5 代言人华少外形年轻时尚、主持轻松亲民、说话快速而又清晰的风格，深得年轻人的喜爱。营销团队基于这一特点，来激发人们与生俱来的希望能突破局限、挑战平时生活中无法接触的名人的好奇心理，利用微信这个具有很强的交互性的一对一沟通平台，让微信用户体验与华少互动没有距离感的官微互动活动。将新增官微粉丝有效留存并充分利用前期收集的官微粉丝，进行大面积互动活动，调动平台用户的积极性。

（3）充分利用微信的社交功能。此次活动充分利用微信强关系社交圈以及口口相传的特性，进行二次传播，将活动衍生到微信朋友圈外延，扩大影响力，如图 8-16 所示。

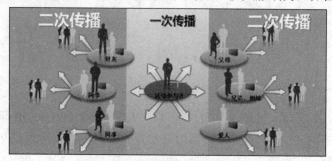

图 8-16　微信二次传播

资料来源：http://www.bodao.org.cn/2013/content.asp?id=184

案例二　中国南方航空微信营销

一、支持企业

中国南方航空股份有限公司，其公司 Logo 如图 8-17 所示。

图 8-17　中国南方航空股份有限公司企业 Logo

二、企业背景

天合联盟成员中国南方航空股份有限公司（以下简称南航），总部设在广州，以蓝色垂直尾翼镶红色木棉花为公司标志，是中国运输飞机最多、航线网络最发达、年客运量最大的航空公司。目前，南航经营客货运输机 500 多架，机队规模居亚洲第一，在 IATA 全球 240 个成员航空公司中排名第五，是全球第一家同时运营波音 787 和空客 380 的航空公司。

南航每天有 1 930 个航班飞至全球 35 个国家和地区，193 个目的地，投入市场的座位数可达 30 万个。南航通过与天合联盟成员密切合作，航线网络通达全球 1 024 个目的地，连接 187 个国家和地区，到达全球各主要城市。2012 年，南航旅客运输量超过 8 600 万人次，位列亚洲第一，在 IATA 全球 240 家成员公司中居前五，已连续 34 年居国内各航空公司之首。

截至 2012 年 12 月，南航已连续安全飞行超过 1 037 万小时，安全运输旅客累计 6 亿人次，安全管理水平在国内、国际均处于领先地位。2012 年 9 月 28 日，南航荣获中国民航局颁发的飞行安全最高奖"飞行安全钻石奖"，成为中国国内安全星级最高、安全业绩最好的航空公司。

南航秉承"顾客至上"的理念，先后被多家机构授予"中国最佳航空公司"荣誉，并于 2004 年 1 月，获美国优质服务科学协会授予的全球优质服务荣誉——"五星钻石奖"。2011 年，南航被国际航空服务认证权威机构 SKYTRAX 授予"SKYTRAX 四星级航空公司"称号，2011 年又获得"SKYTRAX 2011 年度进步最大航空公司"奖项。

2011 年 1 月自微信上线以来，各行各业都主动试水微信营销，航空公司也不例外。2012 年 11 月底，南方航空推出并上线了微信自动实时查询航班动态服务，成为国内首家实现微信自动营销服务的航空公司。

三、案例详解

南航是中国南方航空集团公司属下航空运输主业公司，总部设在广州，以蓝色垂直尾翼镶红色木棉花为公司标志，是由中国南方航空集团公司发起设立，以原中国南方航空公司为基础，联合中国北方航空公司、新疆航空公司和重庆航空公司重组而成的航空运输主业公司。南航先后联合重组、控股参股多家国内航空公司，于 2007 年 11 月 15 日加入了天合联盟（SkyTeam），成为首家加入国际航空联盟的中国内地航空公司。中国南方航空股份有限公司与中国国际航空股份有限公司、中国东方航空股份有限公司合称中国三大航空集团。

2011 年 1 月，微信正式上线，随后众多企业纷纷试水微信营销。作为第一批进驻微信公众平台的企业，南航窥探到了先机。2012 年 11 月，南航推出并上线了微信自动实时查询航班动态服务，其便捷的服务迅速地获得了众多用户群体的关注，同时在值机服务之后的一个月内，南航又新增了"航班票价信息"和"更多产品"等功能。丰富的功能获得了众多粉丝的关注和欢迎，更让南航成为国内首家提供微信值机服务的航空公司，获得了业界的一致好评，而且成为微信公众平台推荐成功案例的典范之一。

任务一 微信营销策划

1. 营销分析

（1）实施原因。南航作为一家以"服务"为产品和核心竞争力的企业，对于旅客在旅行过程中产生的行为分析一直以来是提升品牌服务的主要渠道。自 2009 年以来，从"以产品为中心"向"以客户为中心"转型，陆续推出了网站查询、短信提醒、手机 APP、呼叫中心等服务平台，在强化服务和沟通重要性的同时，也一直关注着互联网日新月异的发展。在分析用户群体和平台特点后，对于微信平台的进驻依然得到了公司的重视。

（2）实施目的。

① 扩大南航的知名度。

② 提升南航空品牌产品的销量。

③ 增加南航多平台服务的使用率。

2. 实施方式

（1）营销方式多种多样。对于南航而言，微信不仅仅是一种营销方式，更是作为移动互联网的"超级入口"。因此，对于微信营销的方式只是多样化营销中的一个，该方式具有高曝光、点对点精准化的营销特点，能够在较短时间内收获不一样的效果。

（2）选择平台。对于移动客户端即时通信类产品，在用户群体和平台特点上，微信无疑是最合适的。截至2013年10月底，微信平台的用户群体数量已经超过了6亿，每日活跃用户1亿。于是运营团队决定从微信入手。以下是国内比较热门的即时通信产品地址。

- 微信：https://mp.weixin.qq.com/。
- 易信：http://www.yixin.im/。
- 来往：https://www.laiwang.com/。
- 陌陌：http://www.immomo.com/。

图 8-18 为南航微信首页。

图 8-18 中国南方航空微信首页

任务二　注册微信

1. 注册流程

在选择好平台后，就需要进行账户的注册。与一般的流程相同，需要说明的是微信账户的注册分为个人账户和公众账户两种。前者更注重的是私人拥有的，注册个人账户需要验证电话号码来完成，验证成功后就可以进去，进一步填写账户信息。这里要强调的是账户名称的选择，对于个人账户来说在填写昵称和微信名称时，可将自己的兴趣爱好或需要推广的网店注明，如IT、旅游、陕北特产等。

而公众账户的申请就较为严格，首先在基本信息中需要邮箱来验证激活，之后还要确

项目八 微信营销

定自身运营主体是组织还是个人，组织包括政府、媒体、企业和其他组织。组织的资料都是一样的，需要提供企业名称、企业邮箱、营业执照注册号、公司成立日期、经营范围等，缺一不可。在所有信息补充完整之后，会出现订阅号和服务号两种类型供选择。服务号更多的是给企业和组织提供强大的业务服务于用户管理能力，能帮助企业快速实现全新的公众号服务平台，而订阅号是为媒体和个人提供一种新的信息传递方式，构建与读者之间更好的沟通与管理的模式。两者的不同之处就在于企业自身的性质，无论选择哪一种类型都是不可以更改的。图 8-19、图 8-20、图 8-21 和图 8-22 分别为微信公众平台基本信息的填写及邮箱验证后的企业信息登记。

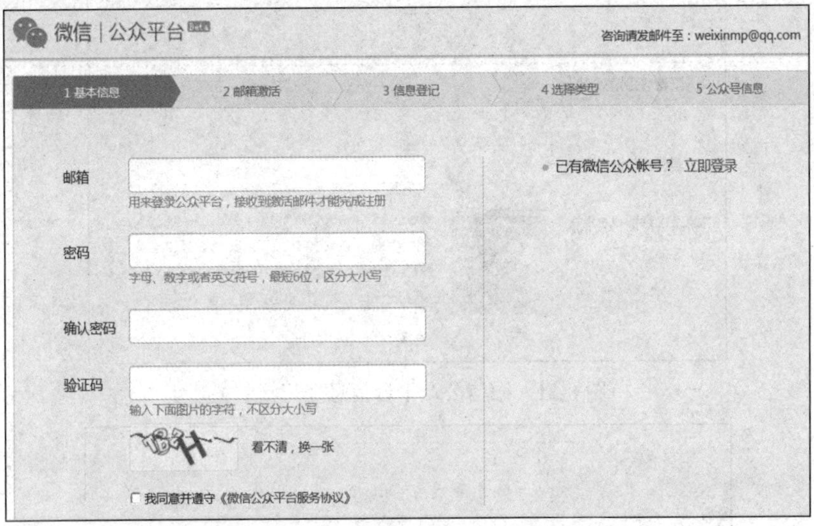

图 8-19 微信公众平台注册基本信息

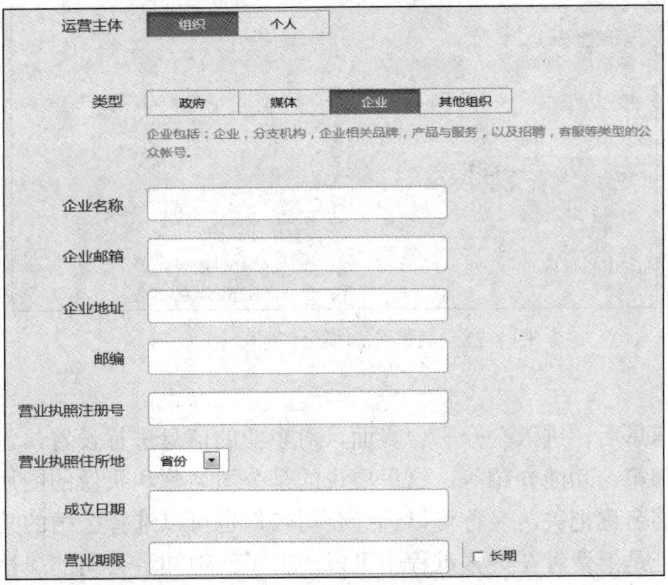

图 8-20 微信公众平台信息登记（一）

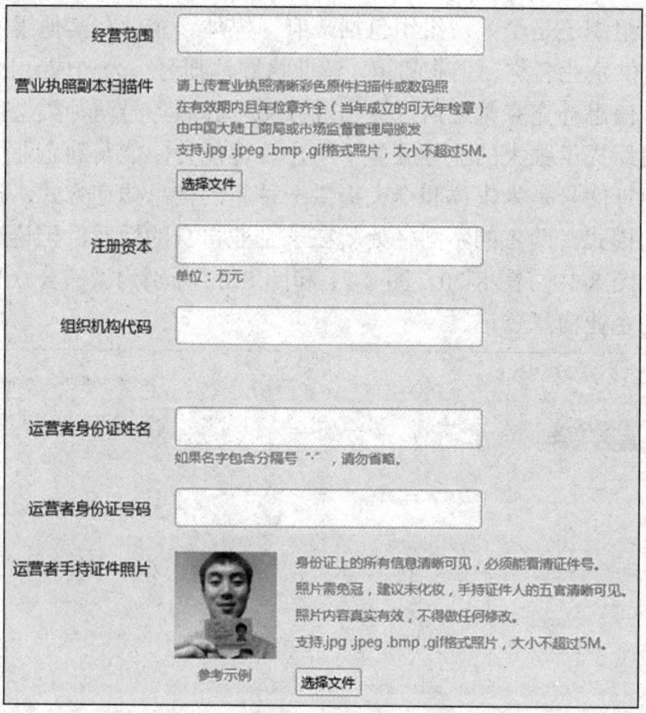

图 8-21　微信公众平台信息登记（二）

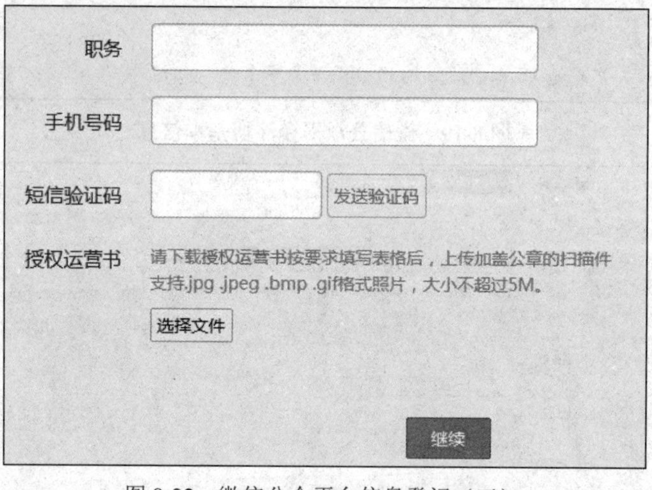

图 8-22　微信公众平台信息登记（三）

2. 微信设置

注册完账号信息后，进入公众平台界面，对企业的信息进行设置，包括头像的图片、公司名称、登录邮箱、功能介绍等。这里要说的是公司名称和头像的图片两个部分。企业需要对公众账户的名称把关，名称可以选择公司名，也可以选择公司的某一个产品，这样选择的最大的好处是消费者在搜索过程中可以一目了然地知道公司的属性，而且有助于搜索引擎的友好搜索，如央视新闻、广东联通、招商银行信用卡等。

南航在微信名称上沿用了公司名称，这样操作一方面从用户角度来讲，可以一目了然地知晓公司属性；另一方面从搜索引擎角度考虑，对搜索引擎友好，有助于品牌关键字排名靠前。名称确定之后再确定头像的图片，图片可以传送简洁明了的内容，减少了文字所带来的众多复杂因素，而且图片的内容直接反映的是企业的产品或是名称，对于消费者来说图片的记忆和储存都是感性的，而且在口碑上也有一定的传播作用，因此微信公众号的头像就尤为重要。图片的大小是均码的，选择好产品或是企业的 Logo，然后放置在图片上，一定要将截取的原图中的某一块内容作为头像，否则放进去的图片就会失真。南航在微信头像上，拟人化地使用了手机的卡通形象及附带企业官网的地址，如图 8-23 所示。从头像的设置不难看出南航以人为本的服务理念，并且多元化地展示了企业的服务平台。

图 8-23　中国南方航空微信头像

3．微信认证

微信公众平台的认证需要粉丝数量达到 500，并通过新浪微博或腾讯微博的认证来辅助完成。在南航新浪微博得以认证的情况下，粉丝数量达到 500 就可以完成认证，通过认证之后不仅在平台的交流上增加了更多更为用户喜欢的双向交流功能，而且增加了内容的发送频率。在这种情况下，南航在自身已经成熟的传统平台和微博上放置了微信广告，并且以优惠活动等方式推广其账户，如图 8-24 和图 8-25 所示。

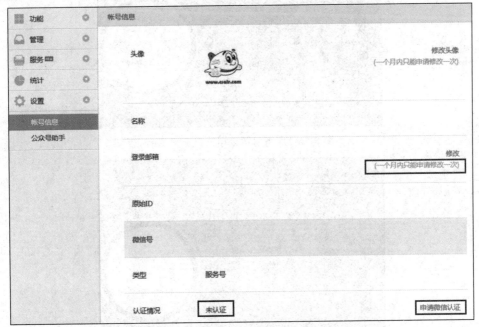

图 8-24　申请认证的入口在设置页面

微信公众平台认证

图 8-25　认证方式的选择

在登录邮箱和功能介绍方面，前者在登录邮箱时一旦注册了某一个邮箱就不能修改了。企业在选择了运营主体后，微信公众平台为企业提供两种账号类型，一种是服务号，旨在为客户提供服务，一般银行和企业做客户服务用得比较多；另一种是为客户提供服务信息和资讯，一般媒体用得比较多。而南航作为以"服务"为产品的企业，选择服务号更加切合企业的属性。服务号可以申请自定义菜单，使用 QQ 登录公众账户，也可以升级为邮箱登录；使用邮箱登录的用户可以修改自己的邮箱。这样减少了因为使用邮箱登录的备忘，方便随时修改，给企业减少了不必要的工作程序，而且可以在编辑图文消息的同时填写作者的署名，来帮助企业更好地宣传品牌，群发消息可以同步到腾讯微博上，大大增加了企业双重营销的概率和管理。图 8-26、图 8-27 和图 8-28 为微信公众账户选择了服务号之后的自定义菜单。

图 8-26　服务号可以申请自定义菜单

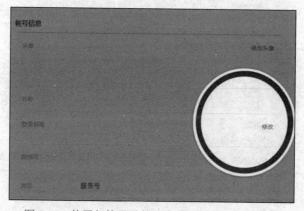

图 8-27　使用邮箱登录的公众号可以修改登录邮箱

图 8-28　编辑图文消息可选填作者

功能介绍：顾名思义，它的作用就在于让消费者关注了公众账户之后，很清晰地了解到企业的产品和服务。

任务三　营销实施

1．微信营销策略

在展开微信营销之前，需要考虑以何种策略来达成目标。

南航运营团队结合对用户群体的分析及平台特点的分析，决定在其"产品"中高度集中"产品"的特性和优化"产品"的质量，以此作为此次营销的入口，并延伸"产品"的附属价值，同时让更多的旅客享受到多平台的服务和沟通，传播品牌影响力，提升品牌价值。

这样做的目的出于以下两个方面的考虑。

（1）从南航角度分析，微信平台集合了短信、网站、呼叫语音、手机 LBS 等特性，而且其拥有广大的用户资源，对于南航来说，微信平台的触及使得品牌核心服务和沟通更加深化，而且对于打造精品化的服务和路线更是提供了良好的契机。

（2）从旅客的角度分析，多元化的服务平台可以让旅客更好地体验，满足多样化的需求，让每名旅客切实感受企业魅力和服务的贴心。

2．微信营销内容

基于营销策略的分析，下面需要对营销内容进一步细化。首先，在微信平台上，南航开设了与其网站、短信、手机 APP、呼叫中心等一并集成的核心业务菜单，包括值机服务。南航选择的值机服务既在业务流程中处于核心地位，又可以减少旅客为办理登机准备手续的时间，同时只要旅客关注南航微信账号，就可以办理登机牌。简单的流程包括绑定明珠会员与会员卡号和密码，之后通过回复进行登机办理和在线选择座位，办理成功后会收到系统发给的值机回执。

图 8-29、图 8-30、图 8-31、图 8-32、图 8-33 和图 8-34 所示为值机服务中的办理登机牌和选择座位。

图 8-29　中国南方航空微信账户　　　　图 8-30　点击绑定明珠会员页面

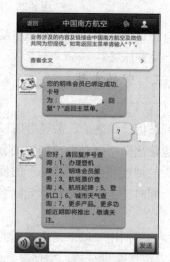

图 8-31　绑定成功提示,并提示下一步　　图 8-32　根据提示回复数字办理登机

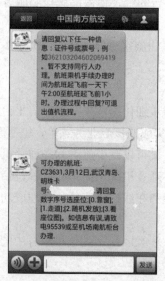
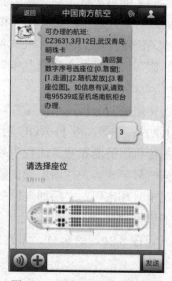

图 8-33　办理成功后,可以根据回复选择座位　图 8-34　根据座位图选择座位

就值机服务内容而言，按部就班地推行了优于短信和呼叫中心的业务功能，让旅客更简单、容易地利用手机就可以办理登机、选择座位等服务，为旅客提供了良好的体验效果。

随着功能的不断开发完善，南航陆续推出了机票预订、航班动态查询、里程查询与兑换、出行指南、城市天气查询、机票验真等业务。这些业务的开通，使得微信平台的互动更加丰富。南航微信首页菜单上设置了航班服务、明珠会员及出行资讯，航班服务的二级菜单里又设置了机票预订、我的订单、机票验真、航班动态和办登机牌服务，而在明珠会员里注重强调会员服务，其包括设置绑定、里程信息、里程补登、电子会员卡和更多服务，在出行资讯里更多的是个性化的设置，如主题订阅、问题咨询、行李查询、天气查询和出行向导。南航的首页分别如图8-35、图8-36、图8-37和图8-38所示。

图8-35　南航首页（一）

图8-36　南航首页（二）

图8-37　南航首页（三）

图8-38　南航首页（四）

3. 内容发布形式

在完善了微信平台营销策略及内容之后，这里需要强调的是微信公众平台内容的发布形式。主要包括两个方面——实时交流和信息发送。实时交流趋于内容的编辑和制作，形式主要有以下几种。

（1）纯文字内容：微信内容以纯文字形式呈现，语言简练，字数限制在600字以内，对于文字功底要求较高，一般较好的文字内容发布于此。

（2）语音内容：亲切、真实，带给用户的存在感极强，而且容易被用户群体接受，拉近彼此的距离。

（3）图片内容：图片展示的效果很直观，直接带给用户的是视觉的记忆，因此内容上也就要求具有独特的视角和创新。

（4）视频内容：视频生动、真切，用户群体不仅可以欣赏图片，还可以身临其境地去感受所表达的内容，导向性营销很好，对于宣传企业的品牌、产品和文化等内容有着极大的作用。

（5）图文内容：图文并茂，这种形式最常使用，也被更多用户群体吸引和接受，高质量的内容很有视觉刺激的效果。

在内容编辑过程中，可以针对不同的营销目标对粉丝进行分组管理，这样可以精准化地达到营销效果。微信公众菜单实时交流的设计，更多的是为了满足不同用户群体对内容的多样化需求，对于用户来说较好的内容展示形式极大地提升了阅读和浏览的体验，而对于南航来说，这样的设计极大地丰富了展示的形态和增强了实现服务多样化的可能性。图8-39、图8-40、图8-41、图8-42和图8-43分别介绍了内容发布的五种形式。

微信公众平台服务号在内容发布上也是有限定的，每个月只能推送一次群发消息，因此在内容的推送上就要求用户抓住重点，突出营销内容。这样限定的目的在于杜绝企业利用平台发布信息过多，造成信息泛滥和用户体验度降低，而更多地对提升企业服务的质量给予厚望。

在微信公众平台上发送消息，可依照企业自身营销的目的选择不同的形式，南航在内容发布上绝大多数为图文并茂。根据微信内容，图片不仅能够提升产品的外观特质，还能够有效促进用户的点击和阅读。

图8-39　微信公众账户的内容编写（文字形式）

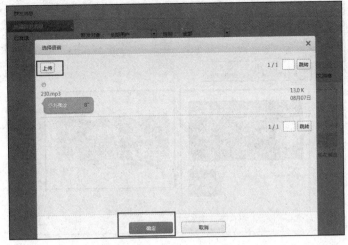

图 8-40　微信公众账户的内容编写（语音形式）

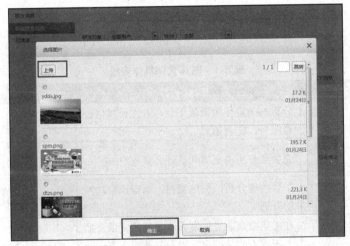

图 8-41　微信公众账户内容的编写（图片形式）

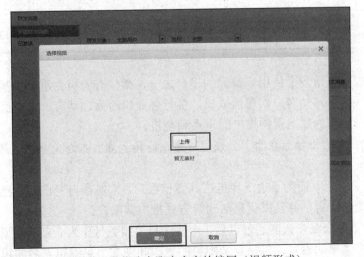

图 8-42　微信公众账户内容的编写（视频形式）

图 8-43 微信公众账户的内容编写（图文形式）

4．营销时间及具体实施

此次南航微信营销具体实施的时间内容安排如表 8-1 所示。

表 8-1 微信营销具体安排

实施阶段	主要任务	具体内容	负责人	时间段
第一阶段	分析微信平台并注册	分析与确定使用微信平台，并注册微信公众账号，完善信息	王峰	2012.12.20
第二阶段	账户信息的补充和认证	完善账户所需资料和认证公众账户	马甜	2013.1.25~2013.1.30
第三阶段	内容策划	平台功能分析，微信支付、语音识别功能的开通	王峰	2013.3.20 至今
第四阶段	发布微信信息	在微信公众账号里发布编辑好的文章及加入所选定的关键字，指向其他服务查询业务等	马甜	2013.6.20 至今
第五阶段	日常维护和跟踪	持续跟踪内容的更新和维护，并分析营销效果和策略的改变	马甜	2013.9.20 至今

作为新兴媒体在市场上使用率最高的平台之一，微信有着极为重要的技术支持及平台基础。它的出现使得移动客户端蔚然成风，各行各业纷纷为之动容。南航经过自身定位及需求，最终将微信作为线上营销推广的重点和契机。

（1）南航在微信平台上注册了公众号，并完善其运营主体为企业的信息，头像的设计及功能的介绍。

（2）认证公众号，而为了进一步推广其微信账户，南航在自身已经成熟的传统平台和微博上放置了微信广告，并且以优惠活动等方式推广其账户。

（3）在微信公众账户认证通过以后，南航选择了服务号作为企业的运营主体，服务号可以进行自定义菜单的设置，包括登录邮箱的更改和图文消息编辑署名的填写等，之后进行内容的编辑。

（4）在结合企业产品的特性和微信平台的特点后，南航在微信公众平台上开设了航班服务、明珠会员及出行资讯三个菜单栏目，主要侧重于值机服务。在后续的开发中，南航还开通了微信支付和语音识别等功能，极大地丰富了微信公众平台的服务业务。

（5）旅客只要在微信公众平台上关注南航，然后绑定明珠会员卡（通过提交身份证、护照等其他证件），就可以在平台上办理登机牌、购票、选座位等，同时还可以查询个人里程和出行天气状况。

在不到十个月的时间内，南航微信公众账号粉丝数量突破百万大关，无论是从粉丝数量上还是功能服务上都堪称国内名列前茅的企业账号。

任务四　效果监控与分析

南航此次微信营销使得购票等传统服务得以突破，并一跃成为国内首家推出微信值机服务的航空公司。

首先从功能上来说，南航进行了业务逻辑分析，将原有的基于网站、短信、手机APP、呼叫中心等的服务在移动客户端上一并打通，实现了电话、网站具备的功能，在微信上开设公众账户并且为客户提供服务，用户在南航微信公众平台上绑定明珠会员卡和南航信息（通过提交身份证、护照等其他证件）后，简单地操作就可实现办理登机牌、购票、选座位等服务。同时南航率先推出了语音识别查询功能，区别于自然语音的程序，使得南航航空在较短时间内成为腾讯公司力推的微信公众平台标杆企业。

其次从用户数量来说，自2013年1月南航推出值机服务以来得到了大量粉丝的支持和关注，粉丝数量从零到十万，再到现在的百万。一路走来，南航始终步履坚定地走在国内同行的前列。

四、案例分析

分析南航微信营销成功的原因，主要有以下几个方面。

1. 市场的先行者

自微信公众平台发布后，各行各业都主动试水微信营销，南航在洞察这一机遇之后，于2013年1月30日，积极推出自主研发的微信值机服务，成为国内首家提供微信值机服务的航空公司，成功抢占市场先机，为微信营销的成功奠定了基础。同时，后续一系列创新微信服务的跟进（见图8-44），使得南航微信营销获得了持续性，保持了用户的活跃度，为提升微信营销效果做好了保障。

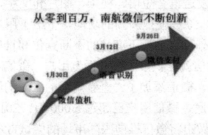

图8-44　南方航空创新微信营销

2. 有效的微信传播机制

南航通过"老朋友介绍新朋友"的微信传播方式，在短时间内迅速传播品牌信息，积聚了大量粉丝。具体作用机制是以新老粉丝都能获得奖励为激励手段，请现有微信粉丝邀请自己的朋友关注南航，就有机会参与南航的飞机票抽奖机会，而新粉丝加入南航也可以参与飞机票打折活动。这种传播方式利用微信平台将"口碑营销"和"奖品激励"有效地结合起来，充分发挥了微信平台的营销功能，起到了超预期的营销效果。

3. 精准的产品信息传递

在很多情况下，人们实施微信营销都是采用直接推送产品信息的方式。这种硬广告策略一般不会取得较好的效果，甚至会引起粉丝对推送信息的反感，影响品牌形象。南航采用与用户互动的方式开展营销活动。如在2013年11月11日11时11分参与捡漂流瓶，将机票带回家活动，凡是捡到带有南航的漂流瓶，即可获得任一地方的机票一张。这种方式既传达了南方航空的服务项目，也加深了粉丝对公司业务的熟悉度，从而达到精准地传达产品信息的作用。

资料来源：http://www.alibuybuy.com/posts/80353.html

模块二　微信营销相关知识

一、微信的简介

微信，是腾讯旗下的一款语音产品，是当前被应用得最为广泛的手机通信软件，其支持发送语音短信、视频、图片和文字，群聊的功能。但作为一种更快速的即时通信工具，微信还具有零资费、跨平台沟通、显示实时输入状态等功能，与传统的短信沟通方式相比，其具有灵活、智能且节省资费的特点。另外，微信在iPhone、Android、Symbian、Windows Phone、BlackBerry等手机平台上都可以使用，并提供有多种语言界面。截至2013年11月，注册用户量已经突破6亿，是亚洲地区最大用户群体的移动即时通信软件。

二、微信的历史

微信由深圳信息技术公司腾讯控股有限公司（Tencent Holdings Ltd.）于2010年10月筹划启动，由腾讯广州研发中心产品团队打造。腾讯公司总裁马化腾在产品策划的邮件中确定了这款产品的名称叫做"微信"。2011年1月21日，腾讯正式推出即时通信应用微信，其以支持通过手机网络发送语音短信、视频、图片和文字，可以单聊及群聊，还能根据地理位置找到附近的人等一系列便捷新潮的功能，带给了用户全新的移动沟通体验。同时在腾讯QQ邮箱、各种户外广告和旗下产品的不断宣传和推广下，微信的用户也在逐渐增加。截至2011年5月，微信就已积累了四五百万用户，微信对讲功能的加入使得用户数量进一步增长。2011年8月，微信添加了"查看附近的人"的陌生人交友功能，用户进而达到1 500万。截至2011年底，微信用户已超过5 000万；2012年3月，微信用户破亿。2012年4月，腾讯公司开始做出将微信推向国际市场的尝试，为了微信的欧美化，将其4.0英文版更名为"WeChat"，之后推出多种语言支持。2012年9月17日，腾讯微信团队发布消息称,微信用户数突破 2 亿。2013 年 1 月 15 日深夜,腾讯微信团队在微博上宣布微信用户数突破 3 亿。2013 年 2 月因进行实名化,要求用户上传手持身份证照片引起部分网民反感。2013 年 8 月 5 日,微信 5.0 上线,其游戏中心内置经典游戏"飞机大战"。

三、微信的受众

根据 2011 年 11 月微信团队宣布的官方数据调查,微信的受众分析如下:在微信的 5 000 万用户中,活跃用户达到 2 000 万,而年龄在 25~30 岁的用户保守估计超过 50%,并主要分布在一线大城市,最多的用户职业是白领(超过 24%)。而在 iOS / Android / Symbian 平台上的微信用户分别占 25%、25%、50%,且大部分微信用户都是从腾讯旗下各种产品过渡而来的。与此同时,腾讯合作伙伴大会在北京国家会议中心召开时,腾讯公司总裁刘炽平也曾宣布,微信团队针对海外用户开发的 WeChat 用户数已经超过 7 000 万,并且还在快速增长中。

四、微信的优势

微信具有一对一的互动交流方式。这种良好的互动性与精准推送信息的结合,更能有助于建立良好的社交关系。基于微信的各种优势,借助微信平台开展客户服务营销也成为继微博之后的又一新兴营销渠道。

五、微信的基本功能

1. 聊天

微信支持发送语音短信、视频、图片(包括表情)和文字等功能,是一种便捷的聊天软件,其还可以支持最高 40 人的多人群聊。

2. 添加好友

微信支持查找微信号、查看 QQ 好友添加好友、查看手机通讯录、添加好友、分享微信号添加好友、摇一摇添加好友、二维码查找添加好友和漂流瓶接受好友等七种添加好友的方式。

3. 语音提醒

语音提醒功能相当于微信公众账号,未来会向开发者开放,之后开发者可以实现各种需要语音识别的功能。比如现阶段用户通过语音输入"1 分钟之后提醒我写作业",微信会回复语音说,"没问题,晚上 8 点 20 分准时提醒你。"1 分钟之后用户可以收到这个推送通知,也可以查看 1 分钟前设定时说了什么内容,微信同时可以将这段内容转换成文字。

4. 实时对讲机功能

用户可以通过语音聊天室和一群人进行语音对讲,但与在群里发语音不同的是,这个聊天室的消息几乎是实时的,不会留下任何记录,并且在手机屏幕关闭的情况下也仍可进行实时聊天。

六、微信营销的诞生

微信营销是网络经济时代下企业营销模式的一种创新,是伴随着微信的火热而兴起的一种网络营销方式。由于微信不存在距离的限制,用户在注册微信后,便可与周围同样注册的用户通过微信这个"媒介"形成一种联系。在微信上用户可以自由选择订阅自己所需的信息，而商家就可以通过为用户提供所需要的信息来推广自己的产品，从而实现点对点的营销。

微信营销主要体现在以 Android 系统、iPhone 系统的手机或者平板电脑中的移动客户端进行的区域定位营销，商家通过微信公众平台，展示商家微官网、微会员、微推送、微支付、微活动，使微信形成了一种主流的线上线下微信互动营销方式。

七、微信营销的特点

1. 点对点精准营销

微信借助移动终端、天然的社交和位置定位等优势，现今已累积并拥有了庞大的用户群体。同时，为了做好微信营销，可以充分利用微信每个信息都可以推送的特点，让每个用户个体都有机会接收到这个信息，继而帮助企业实现点对点的精准化营销。

2. 形式灵活多样

（1）漂流瓶：用户可以通过发布语音或者文字投入"大海"中，如果有其他用户"捞"到则可以展开对话，逐步实现营销的转化。比如，招商银行的"爱心漂流瓶"用户互动活动就是个典型案例。

（2）位置签名：企业利用"用户签名档"这个免费的广告位为自身做宣传，就可以方便地使附近的微信用户查看企业的信息。比如，饿的神、K5便利店等就采用了微信签名档的营销方式。

（3）二维码：用户可以通过扫描识别二维码身份来添加朋友、关注企业账号。企业可以利用这一特点，设定自己品牌的二维码，用折扣和优惠来吸引用户关注，开拓O2O的营销模式。

（4）开放平台：通过微信开放平台，应用开发者可以接入第三方应用，还可以将应用的Logo放入微信附件栏中，使用户可以方便地在会话中调用第三方应用进行内容选择与分享。比如，蘑菇街的用户可以将自己在蘑菇街中的内容分享到微信中，可以使一件蘑菇街的商品得到不断的传播，进而实现口碑营销。

（5）公众平台：在微信公众平台上，每个用户都可以通过一个QQ号码打造一个属于自身的微信公众账号，并在微信平台上实现和特定群体的文字、图片、语音等的全方位沟通和互动。

3. 强关系的机遇

微信的点对点产品形态注定了其能够通过互动的形式将普通关系发展成强关系，从而产生更大的价值。通过互动的形式与用户建立联系，互动方式可以是聊天，可以是解答疑惑，可以是讲故事，甚至可以是"卖萌"。通过这种"物尽其用"的方式让企业与消费者形成朋友的关系，创造出"友情式营销"。

八、微信营销的技巧

（1）注册微信公众账号，获得微信官方认证。

（2）根据自己的定位，建立所需的知识库。比如，把某个定向领域的信息通过专业的知识管理整合起来,建成一个方便用户使用的知识检索库,同时将知识与最新的社会热点相结合,提供给目标客户,变成对目标客户的增值服务内容,从而提高目标客户的满意度。

(3)加强与用户的互动,如每周感悟、竞猜游戏或送小礼物等。

(4)积极吸收会员,并定制特权开展优惠活动。

九、微信营销的模式分析

1. 草根广告式

通过"查看附近的人"的功能,根据自己的地理位置查找到周围的微信用户。在这些附近的微信用户中,除了会显示用户姓名等基本信息外,还会显示用户签名档的内容。

这就要求企业要善于把这些资源转化为可利用资源。只要"查看附近的人"的使用者足够多,以此作为广告的广告效果也会随着微信用户数量的上升而有所增加,最终使这个简单的签名栏变成移动的"黄金广告位"。

2. 品牌活动式

品牌活动式就是利用微信的"漂流瓶"功能进行微信营销。漂流瓶有两个简单功能:一是"扔一个",用户可以选择发布语音或者文字然后投入"大海"中;二是"捡一个","捞"大海中无数个用户投放的漂流瓶,"捞"到后可以和对方展开对话,但每天每个用户只有20次捞瓶子的机会。不但如此,微信官方还可以对漂流瓶的参数进行更改,这样就可以使得合作商家推广的活动在某一时间段内抛出的漂流瓶数量大增,这样的好处是使普通用户"捞"到的概率增加。与此同时,漂流瓶模式本身就可以发送不同的文字内容甚至语音小游戏等,可以让用户觉得更加真实。只要营销得当,也能产生不错的营销效果。

3. O2O 折扣式

O2O 折扣式利用的是微信的"扫一扫"功能。现在二维码的使用在商业用途上越来越广泛,只要将二维码图案置于取景框内,就可以获得成员折扣、商家优惠抑或是一些新闻资讯。也因其便利性,微信日益受到商家的喜爱,故顺应潮流结合 O2O 展开商业活动。对于坐拥上亿用户且活跃度足够高的微信来说,以此来作为营销的基础,价值不言而喻。

4. 互动营销式

互动营销式是基于微信公众平台诞生的。对于大众化媒体、明星以及企业而言,微信开放平台+朋友圈的社交分享功能的开放,已经使得微信成为一种移动互联网上不可忽视的工具。也正因为这种需求,尤其是对企业商家来说,微信是一种不可忽视的营销渠道,所以微信公众平台的上线可以使这种营销渠道更加细化和直接。

十、微信与微博的本质区别

1. 传播属性不同

微信是一对一的信息推送,推送到达率为 100%。微博是广播式传播,虽然用户加了关注,但也未必能看到用户的详细资料。

2. 粉丝属性不同

微信是精准的人群覆盖,关注者是高黏性用户。微博的粉丝是基于兴趣的关注,黏性一般比较低。

3. 传播时间的同步性不同

微信具有实时提醒功能，因而它的传播具有同时性。微博默认的是时间排序，可通过智能排序、热门微博、搜索等功能实现差时传播。

4. 阅读信息的方式不同

微信用户关注一个账号就可接收来自它的信息（除非进行屏蔽设置），自主选择的空间小。微博的阅读近似于关注订阅，通过分组功能，自主选择是否阅读该信息。

十一、微信营销的推广方法

常用的微信营销的推广方法有以下两种。

1. 微信平台推广通道

中国有句俗话：近水楼台先得月。对于微信营销来说，最重要的是要分清楚推广的方向，比如要做什么样的平台，要以什么方式进行推广才能有好效果等，故由此归纳在微信平台上可以推广的渠道主要有以下两类。

（1）草根大号直推。草根大号直推的方式，最大的优点在于高到达率、高打开率。一般情况下，其到达率为100%，打开率大于或等于50%。只是草根大号直接推送的成本较高，获取一个高质量真粉的价格为5~10元，但如果与非微信互动营销渠道推广相比，价格要相对便宜。

（2）微信导航站。微信导航站就是利用品牌号在微信上推广，要想做好微信营销这个渠道必不可少。其主要优点是软性推送，占住入口，准确抢占更多商机。同时要明白的一个道理是，微信互动营销方式还处在初级阶段，随着微信推出更多的功能，更多的营销方式也会随之出现，只有把握好先机，才能创造出好的未来。

2. 非微信平台推广账号通道

（1）微博平台转化通道。微博平台转化通道可以说是最早的微信草根大号，其均由微博草根大号们发起，并在微博上不断推自己的微信，成功收获了第一批微信粉丝。在这个现有的大数量粉丝基础的帮助下，可以使其微信快速变为推广账号。但唯一的缺点是其转化率很低，且成本相对要高，适合在自有微博且粉丝群庞大的情况下使用。

（2）网站论坛转化通道。网站论坛转化通道主要采用者为网站媒体，其主要是充分发挥靠山吃山、靠水吃水的原理。在已有网站用户群的基础上把其转化为微信粉丝，但这种情况主要适合自有媒体的用户，并且转化率不高。

（3）二维码线下转化通道。二维码线下转化通道是品牌商最乐于使用的方式。其主要优点就在于高转化率，但也存在着粉丝增长缓慢、消耗老用户资源等问题。

模块三　微信营销项目实训

微信营销是目前最炙手可热的网络营销手段之一，拥有超过6亿的受众。本任务要求以项目小组的形式，针对某一产品或服务进行微信营销推广工作。具体涉及确定微信营销对象、微信营销推广的策划、微信内容文案编辑、微信公众平台注册与设置、微信内容传播的运作、效果监控等一系列有序的工作。在实施过程中突出微信内容的创意、互动方式的设计等，以达到有效的推广效果。目的在于让学生通过实训掌握微信营销的相关方法和技巧。

一、实训流程

微信营销实训流程如图 8-45 所示。

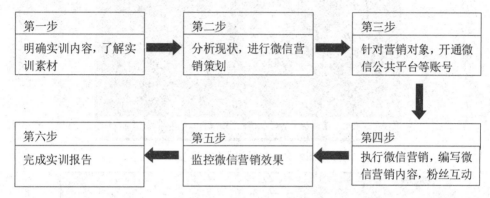

图 8-45　微信营销实训流程

二、实训素材

微信营销的对象推荐以下主题，也可小组讨论自定义其他产品或服务。

推荐产品：雪美人化妆品。雪美人化妆品是中药世家霸王国际集团的鲜活植物护肤品牌。雪美人由国内知名年轻艺人景甜代言，产品主要针对国内年轻爱美的女性。主打产品包括玫瑰花瓣水、积雪草净白洁面乳、玫瑰系列产品、芦荟系列产品等，产品突出植物天然护肤特性，在化妆品市场具有一定的知名度。

产品信息参考网址：http://www.smerry.com.cn/。

三、实训内容

任务一　策划微信营销方案

（1）小组成员根据此次微信营销实训的要求进行微信营销分析，熟悉实训所提供的相关素材，确定目标受众群体、营销目标和营销方案。

（2）根据微信营销目标效果以及受众群体的利益关注点，在微信内容设计、微信互动方式、实施过程等方面，进行详细的策划。

（3）制定进度计划书，明确工作内容与人员分工。

任务二　注册微信账号和公众平台

（1）登录微信网站 http://weixin.qq.com/ 或通过 APP 应用商店下载微信客户端到手机，然后通过 QQ 账号或手机号码注册微信账号，如图 8-46 所示。

（2）登录微信网站 http://weixin.qq.com/，点击进入"公众平台"，注册微信公众平台订阅号，如图 8-47 所示。

注册完成微信账号后，了解微信和微信公众平台的各项功能。

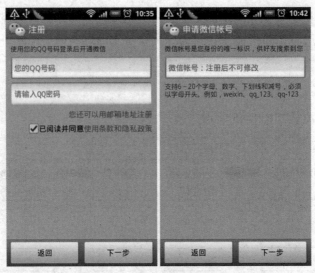

图 8-46　手机注册微信账号

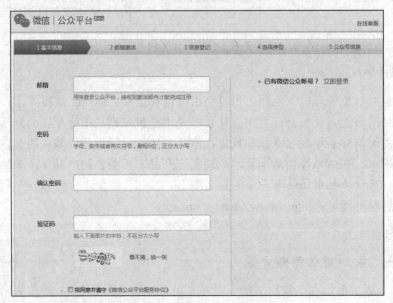

图 8-47　注册微信公众平台订阅号

任务三　增加公共平台关注度

通过各种平台公布微信平台二维码等信息，增加公众平台关注度。具体可以参考以下方法。

（1）举行抽奖等活动，让平台粉丝转发抽奖活动到朋友圈并且@多位好友，根据粉丝转发情况进行抽奖，吸引粉丝关注平台。

（2）通过微博等社交工具推广微信公众账号。以微博为例，将公众平台公布在微博上，并通过在微博上开展各种活动，吸引微博粉丝和其他网民关注微信平台。

（3）结合线下推广微信账号。借线下活动之际，将二维码、微信账号等信息公布在活动海报、宣传单上，告知"欲了解活动最新信息请关注微信公众平台"，为微信平台增加关注度。

任务四 编辑图文信息并发布

结合微信营销对象特点，设计有创意的微信图文信息，并通过微信公众平台发布。同时与粉丝展开互动，吸引粉丝持续关注公众平台，产生黏性。微信公众平台图文信息编辑管理如图 8-48 所示。

图 8-48 图文信息编辑管理

任务五 通过微群、漂流瓶等途径与粉丝互动

为了让微信营销取得更好的预期效果，除了通过公众平台与粉丝互动，也可以通过微信的其他功能为营销活动助力，如微信群（见图 8-49）、漂流瓶（见图 8-50）等。

图 8-49 微信群

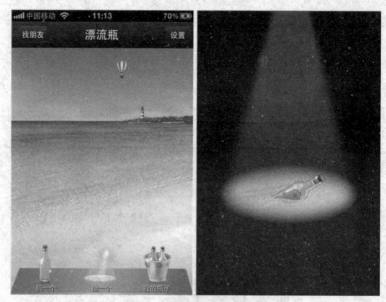

图 8-50 微信漂流瓶

任务六 效果监控

实时了解并跟进统计微信营销推广效果,并根据跟踪情况作出反馈和改进。统计数据包括以下两个方面。

(1) 微信营销活动本身的数据,如公共平台后台数据、其他渠道参与活动用户数等。
(2) 营销对象的数据,如目标网站的流量、目标产品的销量等。

项目九　其他网络营销方式

 能力目标

- 能够根据特定情境进行论坛营销的策划和实施；
- 能够根据特定情境进行问答营销的策划和实施；
- 能够根据特定情境进行 IM 营销的策划和实施；
- 能够根据特定情境进行网上促销的策划和实施；
- 能够根据特定情境进行 RSS 营销的策划和实施；
- 能够根据特定情境进行黄页与目录营销的策划和实施；
- 能够根据特定情境进行交换链接的策划和实施；
- 能够根据特定情境进行移动营销的策划和实施。

 知识目标

- 掌握论坛营销的概念、特点和实施技巧；
- 掌握问答营销的概念、问答方式和实施技巧；
- 掌握 IM 营销的概念和实施技巧；
- 了解 IM 营销的优势；
- 掌握网上促销的概念、特点和实施过程；
- 掌握 RSS 营销的概念、特点和实施步骤；
- 熟悉常见的 RSS 订阅工具的使用；
- 了解常见的提供 RSS 订阅的电子商务网站；
- 掌握黄页与目录营销的概念、特点和实施技巧；
- 掌握交换链接的概念、特点和实施技巧；
- 掌握移动营销的概念、特点和实施技巧；
- 了解各种网络营销工具的作用。

> 本项目包含了多个独立的任务，具体包括论坛营销、问答营销、IM 营销、网上促销、RSS 营销、黄页与目录营销、交换链接和移动营销等。在相应案例学习的基础上，实施各种网络营销任务的操作。通过项目实践，让学生掌握相应网络营销手段的步骤、方法与技巧。

方式一 论坛营销

模块一 案例学习

一、案例描述

案例名称：圆通速递无偿运递国旗，支持海外华人助威奥运。
实施网站：天涯社区，其 Logo 如图 9-1（a）所示。
支持企业：圆通速递，其 Logo 如图 9-1（b）所示。

（a）天涯社区 Logo　　　　　　　　（b）圆通速递 Logo

图 9-1 企业 Logo

1. 营销背景

2008 年 4 月，正值奥运圣火传递的日子，随着海外北京奥运圣火传递活动的不断展开，越来越多的华人反映，在海外很难买到中国国旗。天涯社区了解这一情况后，发起"捐赠国旗、助威奥运"的活动。

主帖：圆通快递无偿运递国旗，支持海外华人助威奥运。

2008 年 4 月 15 日，上海青年捐赠了 2 700 面五星红旗，准备分发给奥运圣火所经过城市的华人。圆通速递公司得知这个消息后，立即表示要支持爱国行动，愿意无偿把这些国旗快递到韩国、日本、澳大利亚、马来西亚等地。

2. 营销决策

2008 年 4 月 15 日 19 时，圆通公司派专车到天涯社区网站包装、拉运国旗。16 日一早就将国旗转运到深圳国际快递部。18 日，澳大利亚、韩国、日本的华人组织已经接到了第一批国旗。随着各地网友的热烈响应，捐赠越来越多。

为了做好快递工作，圆通公司与天涯社区网站制定了合作方案。4 月 16 日下午，又有 500 面国旗及 1 000 面不干胶贴面国旗被运往吉隆坡、雅加达、长野、首尔等地。图 9-2 所示为圆通工作人员正在打包即将快递的国旗。

图 9-2 圆通工作人员正在打包即将快递的国旗

3．网友心声

回帖 1：圆通，最可爱的快递！

回帖 2：啥也不说了，回去就把快递换成圆通。

回帖 3：让五星红旗插遍全世界。

在这组帖子中，圆通并没有直白地阐述自己的服务优势，也没有过多地对企业特点进行描述，仅仅是对无偿运递国旗的行为进行了说明，达到了非常好的网络营销效果。

二、案例分析

从天涯社区论坛的帖子内容看，主帖直击社会热点，迎合了网民的爱国情绪，吸引了网民的注意力，增强了网民对圆通速递的好感。回帖巧妙跟进，营造舆论导向，影响了目标受众的选择。短短几天内，此帖点击率就突破 1 万人次，回帖则高达上百人。

口碑营销的力量一向为商家所重视。据市场研究公司的调查数据显示，77%的网民在线采购商品前，会参考网上其他人所写的产品评价；超过 90%的大公司相信，用户推荐和网民意见是影响用户是否购买的决定性因素。基于此，以口碑相传为特征的论坛营销，已经成为网络时代商家所看重的一种重要的网络营销方式。

资料来源：http://hi.baidu.com/chentianhong33/blog/item/295d3e02b96578057aec2c79.html

模块二　论坛营销相关知识

一、论坛营销的概念

论坛营销是指企业利用论坛这种网络交流的平台，通过文字、图片、视频等方式发布企业的产品和服务的信息，从而让目标客户更加深刻地了解企业的产品和服务，最终达到企业宣传企业的品牌、加深市场认知度的网络营销活动。

二、论坛营销的特点

利用论坛的超高人气，可以有效地为企业提供网络营销传播服务。而由于论坛话题的开放性，几乎企业所有的营销诉求都可以通过论坛传播得到有效的实现。

论坛活动具有强大的聚众能力，企业可以把论坛作为平台来发布文字、贴图、视频等与企业有关的信息，利用各类踩楼、灌水的活动调动网友与品牌之间的互动。

三、实施技巧

（1）首先要有全国各大知名专业性网站的注册账号，即马甲。根据不同产品注册相关论坛账号，更加利于产品的推广营销。

（2）每个论坛注册的马甲不低于 10 个，这是保证前期炒作的条件。不同产品、不同营销事件，需求的马甲数量不定。如知名品牌进行论坛营销不需过多马甲即可产生效应，而普通企业在论坛推广产品时，则需要多一些马甲来配合。

（3）企业要在各个大型论坛有专门的人员管理账号、发布帖子、回帖等。很多企业都有专人负责论坛推广，经常发帖、回帖是为了融入论坛核心，而积累更多的威望。这样在进行论坛营销时,会有很多资源辅助开展。

(4)企业策划的题目要新颖,也就是有创意性,这样才会吸引读者。营销主题比较重要,也是开展论坛营销的关键;如果策划的主题比较好,不需费力即可达到预期的效果。

(5)企业策划的题目要有一定的吸引力,即标题要有一定的号召性,能够吸引读者。标题是敲门砖,标题要有一定的含义或歧义,能让读者产生疑惑而进一步想得到答案。

(6)企业策划的内容要具有一定的水准,要让网友看了之后觉得有话要说才行。论坛营销现阶段已经很热,网友也深知论坛营销的目的。

(7)企业人员要积极参加回复、鼓励其他网友回复,也可以用自己的马甲回复。网友的参与是论坛营销的关键环节,如果策划成功,网友的参与度会大大提升。通常企业在论坛做的大多是活动营销,所以企业可利用一些公司产品或赠送礼品的方式激励网友参与。

(8)企业人员要正确地引导网友的回帖,不要让事件朝相反的方向发展。具体情况具体分析,有时在论坛产生争论也未必是件坏事,特别是对于不知名的企业,通过论坛争论可以让企业论坛营销演变成大范围病毒式营销,企业知名度会有很大提升。

(9)企业要仔细监测其带来的效果,同时注意改进。这就相当于一个细致的数据分析和用户群体分析。通过一次营销,可以总结出很多问题,供下次策划借鉴。不过,不同领域的用户群体习惯不同,方式与方法并不通用。

(10)企业要及时和论坛管理员沟通交流,熟悉各大论坛的管理员和版主有助于论坛营销的开展。经常发帖、回帖会与这个圈子近距离接触,和管理员、版主有很好的沟通机会。有这些资源辅助,论坛营销会开展得更顺利。

四、论坛营销的内容策略

(1)帖子的标题非常关键,一定要亮眼,吸引网友的注意力,激起他们的好奇心,把那些路过的坛友也拉进来看帖子,这样才能提高帖子的浏览量。但一定要做到标题和内容贴合。

(2)在图片帖和视频帖上加上相关宣传文字,因为图片和视频比较直观,能吸引网友。

(3)帖子内容最好不要有硬广告,最好能本着以网友为本的原则。因为如果广告内容非常明显,帖子被删除的可能性就非常大。倘若帖子的内容不吸引人,发得再多,总体的浏览量还是不高。所以,这一点也需要多多斟酌。

(4)帖子的内容有争议性。如果没有争议性,大部分的网友都是一看而过,很少会在你的帖子里留言或者评论。

五、论坛营销的实施作用

1. 口碑效应、提升品牌知名度

因为在论坛可以找到用户的最基本需要,如旅游兴趣、路线提问相关的信息,门槛低,任何人都可以免费注册参与,很轻松就可以发一个帖子,甚至一个表情就是一个帖子。宽带的普及,可以让人时时在线;很多用户参与BBS出于娱乐、休闲的目的,结交朋友,与别人分享信息。论坛的人都是活生生的人,宣传效果会通过网友在日常生活中的互相传播而提高。

2. 心理感染、引导消费者体验企业的产品

论坛很生动，而又过于生动，一句"旅游了吗"都可以得到很多的回帖。很多用户对某一 BBS 社区会产生深厚的感情，也有很多用户不去论坛就无处可去。从通信工具的角度看，虽然网络的 MSN、QQ、电子邮件给用户带来了无穷的方便，但只限于一对一地交流。论坛的通信能力则提高了几十倍乃至几千倍，前前后后有几千个用户在阅读帖子并交流。论坛不只是通信工具，还会形成一种文化氛围。

模块三 论坛营销项目实训

本实训为论坛营销实训，学生可根据教师提供的情景，提出相应的论坛营销方案，在天涯或百度贴吧、猫扑等论坛进行实训。

一、实训流程

论坛营销实训流程如图 9-3 所示。

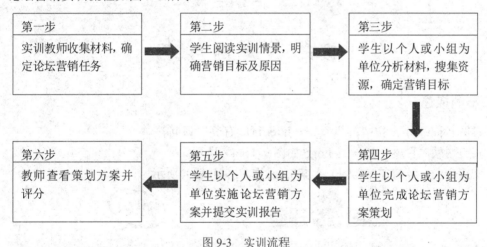

图 9-3 实训流程

二、实训内容

任务一 确定论坛营销目标

根据教师提供的情景设置（如项目一建设完成的网站），确定论坛营销的原因和主要目标，如促进产品销售、提升品牌知名度、提高站点流量等，结果形成表 9-1。

表 9-1 论坛营销目标分析

营销主题	营销的品牌或核心要素
实施原因	确定论坛营销的实施原因
营销的主要目标	促进产品销售，提升品牌知名度，提高站点访问量等

任务二 论坛营销方案策划

学生根据情景，构思营销内容和表现形式，包括确定营销论坛平台、帖子标题、主帖内容、顶帖内容，结果形成表 9-2。

表 9-2 论坛营销策划

论坛平台的选择	论坛营销平台选择及原因
论坛营销的构思	确定营销论坛、帖子标题、主帖内容、顶帖内容
论坛营销的表现形式	论坛帖子表现形式

任务三 论坛营销方案实施

（1）学生根据策划方案在对应平台上注册多个论坛账号，发布营销主帖。

（2）更换马甲顶帖，并针对主题的楼主进行营销导向的回复等。

方式二 问 答 营 销

模块一 案 例 学 习

一、案例描述

案例名称：21 天抢"鲜机"——Intel 百度有奖知识问答。

实施网站：百度知道，其 Logo 如图 9-4（a）所示。

支持企业：英特尔（Intel），其 Logo 如图 9-4（b）所示。

（a）百度知道 Logo　　　　　（b）英特尔 Logo

图 9-4 企业 Logo

1. 营销背景

大多数购买电脑的消费者都相对理性，面对琳琅满目的电脑产品，大多数消费者不仅仅满足于品牌、功能配置、价格、售后服务等因素的单方面追求，而是更加注重对其进行综合考量。他们更希望买到一款既能最大化地满足自己的应用需求，性价比又高的产品。

传统硬广告偏重于品牌宣传，很难全面传达产品配置、价格以及性能等多方面的信息。此外，来自电脑使用者自身体验的良好口碑推荐更能得到消费者的信赖。

此次通过百度知道电脑问题的有奖互动问答，旨在让消费者更深入地了解 Intel 推荐的电脑品牌。同时，丰富百度知道平台有关 Intel 推荐电脑的问答题目，通过解读电脑知识长时间地影响百度知道的用户，引导消费者购买 Intel 推荐的品牌产品。

2. 营销策略与创意亮点

随着网络社区的兴起，问答营销的营销价值也得到最大化发挥，并且备受品牌广告主的青睐。百度为 Intel 推出的 21 天抢"鲜机"有奖知识问答，更是"搜索推广+社区互动+口碑传播"三者有效结合的经典之作。活动紧抓以下关键点，达到了非凡的营销效果。

（1）利用消费者购物前上网搜索的行为习惯，沿其搜索路径进行活动推广页面的跟踪曝光，将潜在消费者聚拢到百度知道社区平台。

（2）以解决用户购买电脑时面临的选择问题为出发点，设置推荐回答，间接而又自然地将 Intel 推荐品牌产品融入其中，既确保了受众的广泛参与，又弱化了受众对广告的排斥。

（3）参与用户之间的口碑相传，以自身的产品使用体验为例证，让产品特质深入人心。此举不仅增强了 Intel 推荐品牌的可信度，而且让受众从内心深处认同品牌价值，进而产生购买行为。

3．执行过程

基于百度知道平台的超大流量和用户的高活跃度，百度为 Intel 量身定做了"21 天抢'鲜机'电脑高手赢酷礼"的专题活动页面，配合相关电脑功能配置、技术等知识性问答互动，吸引众多消费者的广泛参与。

配合百度搜索推广，打通百度新闻、知道、贴吧、MP3 等高流量频道，在目标受众所有可能出现的地方，进行专题活动页面推广，扩大活动曝光率，实现精准的广告导流。

活动期间，网友针对电脑提出的相关问题将被集合在活动页面中，同时设置典型的精彩问答题目，参与者按照要求完成有效回答，即可获取相应积分，如图 9-5 所示。

图 9-5　活动页面

在答题过程中，参与者可以推荐活动页面右侧提供的 Intel 推荐电脑型号列表中的任意一款产品，并根据自己的使用经验和产品特点给出"推荐理由"，让其他消费者对推荐品牌有更进一步的了解和认知。

活动结束后，Intel 将从成功回答问题的用户中，评选出"Intel 鲜机达人"；同时在问题回答被采纳为最佳答案最多的用户中,评选出"知道电脑达人奖"。所有获奖用户均可得到由 Intel 提供的丰富奖品,如图 9-6 所示。

图 9-6 用户参与回答页面

4. 营销效果

截至活动结束,活动页面浏览量(PV)近 6 万次,参与人数高达 8 000 余人。整个活动汇集了 1 000 多个消费者提问的有针对性的问题,问题总浏览量更是突破 6 万次。活动期间汇集的参与用户提出的典型性问题,也构成了品牌广告主庞大的 FAQ 数据库来源。

二、案例分析

搜索推广与社区问答形式的经典结合,使此次活动收到了非凡的营销效果。参与用户之间的口碑传播效应,从解决实际问题出发,切实地增加了消费者的品牌体验和信赖度。

资料来源:http://ad.baidu.com/newsletter/0906-cx2.html

模块二 问答营销相关知识

一、问答营销的概念

问答营销是借助于问答社区进行口碑营销的一种网络营销方式。问答营销是近两年比较热门的新型营销方式,是企业鉴于第三方口碑而创建的网络营销方式之一,问答营销方式既能与潜在消费者产生互动,又能植入商家广告,是做品牌口碑营销的不错的营销方式之一。

目前国内比较知名的问答社区有:百度知道、天涯问答、搜搜问问、爱问知识人、雅虎知识堂、搜狗问问等。

二、问答营销的问答方式

1. 自问自答

这种方式需要在各个问答社区注册大量的 ID 马甲,也需频繁地更换新马甲,防止自己所提问和回答的内容被删或被举报为广告。

2．选题作答

此种方式需要平时多关注与所需关键词相关的问题和受众行业人群的提问，在回答的内容上需注意精练且隐藏营销的内容，回答巧妙者很容易被提问者采纳为最佳答案，从而为自己的马甲加分。此种方式也需要频繁地更换马甲，否则回答很难避免被删或被举报。

3．只提不答

此种方式的侧重点在于问题的设计。设计的问题主要可以分为企业信息类、产品概念功能类、顾客症状需求类、销售信息类（渠道信息、促销信息）、对比询问类等。此种方式的优势是提问可带链接，按顾客需求而设计的提问效果最好。

三、问答营销的实施技巧

1．选取关键字

做搜索问答推广，首先必须要明确我们要推广的是哪些关键字。选择正确合理的关键字，会让问答营销更具有穿透力和目的性。

2．注册问答平台的账户

这种营销方式需要不断地更换 ID，所以需要注册很多的账号。但需注意的是，可以在问答推广时分为两个阶段：第一个阶段，我们需要大量的账号，频繁地更换账号来提问或回答，但是有一条，提问账号与问答账号要分开，不要既提问又回答，否则不便于账号的管理；第二个阶段，我们前期做了很多的工作，各个账号中积累了很多的积分，接下来就需要将这些账号的积分汇总到几个账号里，为的是得到几个高等级的账号，因为高等级的账号可以让问答的权重更高、更有力度，推广的效果更好。

3．设计问题和答案

在此种营销方式中，最常见的方式为自问自答。需要事先设计好关键字的位置、提问的方式和关键字的布局数量，当然如果有网友提供更好的答案，我们也可以采纳。

我们在设计问答的过程中，很容易失去方向，同样的提问方式会出现很多次，这样就是语竭词穷的结果。能够使用不同的方式对同一个点进行提问是一种很重要的能力，需要一定的文字感觉和基础，新手们在这个环节一定要好好地研究。

设计问题的技巧主要有以下几种。

（1）简单模式：根据自身的条件进行提问。

（2）联想法：也叫衍生法，根据行业的特点衍生出更多的问题。

（3）事件法：在事件前后分别作问答推广。

（4）主动发难法：在行业内，难免会遇到竞争对手的栽赃陷害，或者遇到公关危机，所以要掌握主动权。

另外，一个完整的问答包括题目、补充问题、答案、参考资料、评价五部分，所以在植入关键字的时候，在这五部分都应该植入关键字。

4．发布问题

不同的平台有不同的审核标准，审核尤其严格的就是新浪爱问平台，所以新浪爱问里的信息质量比较高，而且能够更好地提供好的信息。审核最差的是天涯问答，里面充斥了大量的垃圾广告，没有人去管理，这不仅让提问的网友很烦，也让回答的网友很烦，其实这也是天涯问答最近这段时间贬值的原因之一。不规范的管理，会让平台失去更多的网友和浏览量。

发布问题的技巧主要有以下两个。

（1）给予奖励积分。天涯平台是必须给予奖励积分的，最低是 5 分；有些平台没有规定，由用户自己决定是否给予奖励积分；有些平台没有积分奖励。

很多人会觉得反正是自问自答，给不给积分都行。其实不是这样的，如果回答的人多了，你的这个问题的权重会增加，浏览量也就上去了，所以建议给予奖励积分，最低 10 分，当然也不能太高，太高的话会让管理员起疑心，认为是在转积分而封掉该账号。

（2）把握补充问题。设计的问题可以很简单，但是补充问题必须要写，而且要多写，要养成这个良好的习惯，这不仅仅是为了通过像新浪爱问这样的具有严格审核标准的平台的审核，而且因为补充问题是一个很好的推广位置，不可以忽略掉。

5．回答问题

选择回答账号，用事先设计好的答案回答问题。

6．关闭问题并反馈

这一步就很简单了，把自己的回答设置成最佳答案。关闭平台后，把该问题的链接整理到相应的文档里，做好备案。

四、问答营销的实施作用

（1）实施问答营销可以充分地补充企业网站内容的不足，也能让读者完善知识面，这种方式不仅起到了针对性效果，还能起到广泛性效果。

（2）问答可以针对某个目标群体，根据群体的特点选择关注的焦点，充分调动这个人群的力量，从而起到具有针对性的效果。回答也可以针对话题做讨论，让更多的人来参与，以起到整合人群的效果。

（3）问答营销本身的特点决定了问答营销的广泛性。一个问题或一个事件，可以引来不同人群的讨论或评价，好的建议往往从问答中得到。

（4）我们可以通过文章或者问题的形式在各大平台或者媒体投稿，只要稿件通过或者是问题通过，就可以借助媒介达到更好的效果。比如你是做发电机的，可以把发电机的技术指标在相关的论坛发布，那里会有很多高级工程师，可以从他们的评论和回答中借鉴。

（5）如果你是做平台或者是做媒介的，评论可以通过审核的方式来控制，去除重复的、不符合规定的评论，从而达到对读者有益、让内容健康的效果。

模块三　问答营销项目实训

本实训为问答营销实训，学生可根据教师提供的情景，提出相应的问答营销方案，在百度知道、搜搜问答等平台进行问答营销实训。

一、实训流程

问答营销实训流程如图 9-7 所示。

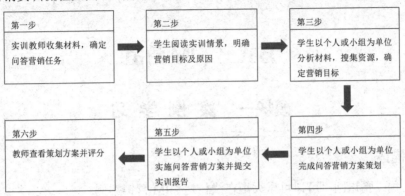

图 9-7　问答营销实训流程

二、实训内容

任务一　确定问答营销目标

学生阅读教师部署的实训情景,确定问答营销的主要原因与主要目标,结果形成表 9-3。

表 9-3　问答营销目标分析

营销主题	营销的品牌或核心要素
实施原因	确定问答营销的实施原因
营销的主要目标	促进产品销售,提升品牌知名度,提高站点访问量等

任务二　问答营销方案策划

(1) 学生根据情景,选择进行问答营销的站点,分别注册该站点的主账号和马甲账号。

(2) 构思营销内容和表现形式,包括确定营销站点、设计具备营销价值的问题与答案,结果形成表 9-4。

表 9-4　问答营销方案策划

问答平台的选择	问答平台的选择及原因
问答营销的构思	确定营销站点,设计具备营销价值的问题与答案
问答营销的表现形式	问答营销的表达形式

任务三　问答营销方案实施

(1) 学生首先需要选择问答站点,用主账号登录站点,根据设定的情景和营销策划,进行提问。注意问题分类的选择以及悬赏分值的设置。

(2) 静候所提交的问题审核通过。随后登录马甲账号,从营销的角度回答问题,切记营销内容的隐蔽。

（3）再使用主账号登录站点，采纳马甲账号的答案。如有必要，也可在其他问答网站进行尝试。

方式三　IM 营销

模块一　案例学习

一、案例描述

案例名称：腾讯网"可口可乐火炬在线传递"IM 营销案例。

实施网站：腾讯网，其 Logo 如图 9-8（a）所示。

支持企业：可口可乐（中国）饮料有限责任公司，其 Logo 如图 9-8（b）所示。

（a）腾讯网 Logo　　　　　　　　　（b）可口可乐 Logo

图 9-8　企业 Logo

1. 营销背景

奥运是 2008 年绝对的主题和主旋律。每个人都是奥运的一分子，每个人心中对奥运都有种憧憬，每个人对奥运的方方面面都充满兴趣。可口可乐作为北京奥运的 TOP 赞助商，能够利用火炬这个话题来引发在线 QQ 传播，可谓天衣无缝。

2. 营销策略

（1）传播途径：可口可乐选择拥有人口基数最多的 QQ 作为其推广渠道，而 QQ 在人们的生活中，特别是年轻人的生活中几乎成了必需品。所以推广媒体的选择十分恰当，而且还可以增加 QQ 门户网站的浏览量，让 QQ 赚足人气，堪称两全其美。

（2）传播方式：只要你的在线好友接到了邀请并且接受，你就会接到你的好友的邀请，而且这种传播方式是连贯的，都是弹出窗口的方式，接受度非常高。

3. 营销过程

可口可乐火炬在线传递活动营销过程如图 9-9 和图 9-10 所示。

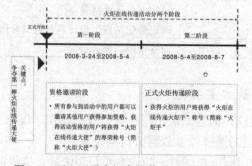

图 9-9　可口可乐火炬在线传递活动营销过程

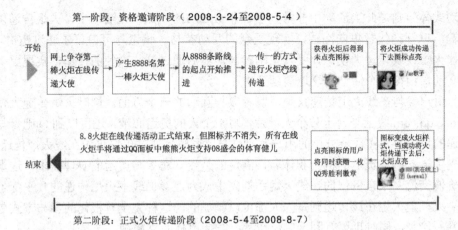

图 9-10　可口可乐火炬在线传递活动营销活动扫描

4．营销效果

（1）成功参与的总人数为 62 094 986，实际参与人数超过 1.35 亿。

（2）覆盖全国各个地区（包括港澳台地区），海外参与人数超过 1 500 万。

（3）火炬信息在客户端的曝光量平均 6.5 亿次/日（Tips 触发次数）。

（4）火炬官网高峰时 PV 超过 3 500 万。

（5）火炬 Q 吧高峰时在线近 30 000 人，累计帖子数 251 万个，累计访问账号超过 7 600 万。

二、案例分析

有哪一种营销方式，能在短短的 130 天时间里，吸引 1.35 亿双眼睛的关注，1/4 的（超过 6 200 万）中国网民主动参与，产生 251 万个讨论热帖，短时间内达到热度和广度双丰收？

2008 年 3 月 24 日，2 008 颗火炬在线传递火种在腾讯 QQ 上从不同方向开始蔓延传播。和现实中的奥运圣火一样，网络火炬接力所到之处也引来无数关注，短短 130 天内，就有超过 6 200 万人在网络上传递了圣火，参与人数之多也创下了国内互联网营销的纪录。这就是"腾讯&可口可乐火炬在线传递营销活动"，该活动获得"2008 十大成功营销品牌与案例奖"。

总结此次在线火炬传递的成功经验，有几个词不能不提，即数据效果、互动式体验、精确化接触和差异化品牌诉求。

腾讯网庞大的用户基础以及发达的软件技术，为可口可乐奥运火炬在线传递创造了技术和通路上的可能性，为火炬在线传递活动的蔓延扩散提供了平台支撑。腾讯在 3.5 亿腾讯用户的基础上每天都收集活动的有关数据，为合作伙伴可口可乐记录了每一刻的活动情况，最终提供了多种清楚数据化的营销效果。而 QQ 用户作为此次活动的接触点，与可口可乐核心消费群体高度吻合。在这次的营销传播活动中，QQ 既是品牌与受众的接触点，也是品牌传播的端口，达到了活动与用户的一对一接触，并且通过图标、小窗口等方式让用户持续关注这一活动，从而实现受众与活动的第一时间接触。

互动式体验则是此次活动中非常到位、非常成功的一点。在活动中，火炬传递以邀请代替灌输，以互动代替单向沟通，实现受众的互动参与。腾讯与可口可乐通过邀请 2 008 名第一棒火炬在线传递大使，让受众主动参与，然后通过这些大使的传递，实现更多的用户参与互动，使得整个活动广泛地蔓延开来。

QQ 用户参与在线火炬传递只是消费者参与互动的一个方面。同时火炬传递大使还可以在 icoke.qq.com 线上平台上传个人照片，写下个人的奥运心情，还可以到 Q 吧参与火炬在线传递的讨论等，实现全方位的用户互动。与此同时，通过可口可乐在线火炬传递，QQ 用户得到了一次参与奥运的机会和体验，满足的是受众对参与奥运的心理需求，这本身就是一种价值交流。来自贵州的在线火炬手刘先生认为，参加线下火炬传递的几乎都是各行各业的名人，但火炬在线传递则是人人都可以参加的，这种完全草根化的参与方式更易为普通百姓所接受，同时也更有利于广泛传承、发扬奥林匹克精神。

此次活动还设置了多种虚拟和实物奖项，调动了网民的参与积极性，延长了传播时间。例如在活动结束后，火炬手的 QQ 图标并未消失，所有参与活动的用户将通过 QQ 即时通信软件面板中的熊熊火炬支持奥运盛会的体育健儿。2008 年 8 月底，第一棒网络火炬手们收到了腾讯网寄来的实物徽章，让许多人长久地铭刻在心。

以上的种种活动为此次的合作方可口可乐打造了一个与其他奥运赞助商完全不同的"营销盛世"，最终完成了品牌推广的差异化。"对于任何一个想尝试在线营销的广告主来说，可口可乐火炬在线传递活动，都是一个百看不厌的经典案例。无论是最终的营销效果评估数据，还是最初的策划、创意初衷，以及执行过程，都堪称精彩。因此它捧得成功营销案例奖是毫无悬念的。"业界专家表示。

一位可口可乐公司的内部人士向记者表示："正如腾讯网的口号，这一策划在网民中间引起极大的回响和共鸣，因此最终产生了如此之大的影响，并取得了多赢的营销效果。"

资料来源：http://www.fkseo.net/thread-134447-1-1.html

模块二　IM 营销相关知识

一、IM 营销的概念

即时通信营销又称 IM（Instant Message）营销，是企业通过即时工具 IM 帮助企业推广产品和品牌的一种手段。常用的主要有两种方式：第一种是网络在线交流，中小企业建立网店或者企业网站时一般会有即时通信在线，这样潜在的客户如果对产品或者服务感兴趣自然会主动和在线的商家联系。第二种是广告，中小企业可以通过 IM 工具，发布一些产品信息、促销信息，或者可以通过图片发布一些网友喜闻乐见的表情，同时加上企业要宣传的标志。

常见的即时通信工具有腾讯 QQ、飞信、MSN、Skype、阿里旺旺、百度 Hi 等。

二、IM 营销的营销优势

（1）门槛低。不管你是做什么的都可以用 IM 营销来营销你的产品，没有高低贵贱之分。

（2）精准性高。比如你是卖美容产品的，就可以加些美容类的 QQ 群或者淘宝群，还可以加一些高端人群所在的群，如购物群、女性车友群等，先去和他们建立感情，然后推销自己的产品。

（3）灵活性大。它可以随时改变策略，规模随意，覆盖度随意。

（4）成本低。一般不需要什么费用，买个群发软件或者下载个免费的就可以，一般一个企业只需一个人负责，每天去维护好友群的关系，每天发一次广告，注意不要发得太多，广告内容丰富些。

（5）回报速度快。这是 IM 营销最显著的特点。可能你刚发完广告，马上就有成交的客户，这就是 IM 营销最大的好处，也是企业想要的效果。

（6）不受地域限制。IM 营销可以应用到国外市场，比如通用的 MSN，现在好多大的企业都在用。

（7）IM 营销比较大众化，覆盖面广，接触的人群多。

三、IM 营销的营销技巧

1．列名单及暖线

每个人都有自己的交际圈子。在网络时代这个圈子得以无限放大，你可以利用即时通信工具在全国甚至世界范围内加好友，充分利用即时通信工具的实时互动的特点跟这些好友保持联络，随时开展"暖线"工作：通过日常的、有意识的聊天，收集名单上的人的家庭状况、职业环境、兴趣爱好、消费投资心理等信息。这样你就可以找到这些好友的基本需求，有针对性地给他们提供他们感兴趣的资料或能启发他们观念的文章，为下一步的营销作好铺垫。而这一切都可以在网上轻松完成，无需额外开支。

2．开发陌生人群

由于即时通信工具都可通过限制条件添加好友，网民们可以根据自己的喜好和兴趣认识新的聊天对象，在即时通信工具上形成自己的小圈子。因此你可以根据网上搜索到的网民的基本信息决定是否将其加为好友。如果你所在的城镇有优秀的领导人和团队，你可以重点搜寻同一个城市的网民，将其中你认为合适的人加为好友，经过暖线后可以约对方面谈，这样既可以解决害怕被熟人拒绝有失面子的问题，又有和陌生朋友面对面沟通的机会。

3．直接讲解业务

即时通信工具大多有多人语音聊天功能。如果在你的好友中你发现了对你的项目有兴趣、愿意进一步了解的朋友，你可以利用音/视频功能在网上直接给他讲解业务，甚至可以利用即时通信工具的多人语音聊天系统，多人共同讨论业务，大大提高工作效率和成功率。

4．开展业务培训

群是为即时通信工具用户中拥有共性的小群体建立的即时通信平台。比如可创建"我的大学同学"、"我的同事"等群，每个群内的成员都有着密切的关系，如同一个大家庭中的兄弟姐妹一样相互沟通。

同样的道理，可以在团队内部创建"我的团队"群，利用即时通信工具的群将团队成员聚集起来，共同讨论工作安排，汇报工作进程，定期或不定期地开展业务交流或知识技巧培训。

5．QQ营销技巧

申请多个QQ，尽量多添加QQ好友，根据年龄、性别、区域等资料尽量找到你的目标顾客群并添加。一个QQ可添加500个好友，也就是营销受众至少能达到500人次，何乐不为？

作为营销工具，QQ的个人资料应尽量完整、真实，给人以信任感。QQ签名档注上你的网站或网店地址，并有诚信承诺之类的话语。

把常用的宣传语（要含蓄）、产品介绍和网址等编好后添加在快捷回复里，提高营销效率。

装扮好你的QQ空间，这类似于博客营销，写些介绍产品、网络买卖经验、产品如何选购、买家如何防骗等的文章，同时附上你的网站或网店的地址。在给QQ好友提供实用信息的同时做广告，通过摆事实、讲道理的方式让他们慢慢进入你的"思维圈"。

四、IM营销的实施作用

IM营销不是简单的即时通信营销。IM作为即时通信工具，其最基本的特征就是即时信息传递。对于被动展示信息模式的网站营销而言，IM营销能够弥补其不足，可以主动与潜在访客沟通并进行即时互动，有效地扩大营销途径，使流量利用最大化。实施IM营销的作用主要表现在以下四个方面。

1．实时交流增进顾客关系

快速、高效是即时通信工具的特点，如果存在信息传递障碍可以及时发现，而不像电子邮件那样需要等待几小时甚至几天才能收到被退回的消息。即时通信工具已经部分取代了电子邮件的个人信息交流功能。即时通信工具的实时交流功能在建立和改善顾客关系方面具有明显的效果，尤其是网站内部中的即时信息应用，成为了企业与顾客之间增强交流的有效方式。

2．在线客户服务

随着客户对在线咨询要求的提高，对通过电子邮件提问几个小时甚至几天后才收到回复的状况很不满，许多顾客希望得到即时回复，即时通信工具正好具有这种实时为顾客服务的功能。

3．在线销售中的导购服务

实现在线销售流程需要多个环节，在完成订单前就要经过商品查询、阅读产品介绍、比较价格、了解交货时间和退货政策、最终选择商品并加入购物车的环节，然后还要经过订单确认、在线付款等环节才能完成购物过程。在网上购物过程中只要有一个环节出现问题，这次购物活动就无法完成。对国外网站进行研究得出的一些数据显示，在线购物过程中购物车被放弃的比例相当高。但如果采用合适的在线服务手段如即时通信工具等，即可降低购物车被放弃的比率。可见即时通信工具在网上销售咨询服务中具有重要价值。

4．网络广告媒体

由于拥有众多的用户群体，即时通信工具已经成为主要的在线广告媒体之一，并且具有一般基于网页发布的网络广告所没有的优势，如便于实现用户定位、可以同时向大量在线用户传递信息等。比如，QQ 就有多种广告形式，最有特色的系统广播功能就比一般网站上的 Banner 广告、文字广告等更能吸引用户注意。

模块三　IM 营销项目实训

本实训为 IM 营销实训，学生可根据教师提供的情景，针对某企业或产品完成 IM 营销策划与实施。

一、实训流程

IM 营销实训流程如图 9-11 所示。

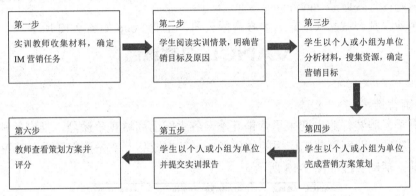

图 9-11　IM 营销实训流程

二、实训内容

任务一　确定 IM 营销目标

学生阅读教师部署的实训情景，理解 IM 营销的主要原因与主要目标，结果形成表 9-5。

表 9-5　IM 营销实训目标分析

营销主题	营销的品牌或核心要素
实施原因	确定 IM 营销的实施原因
营销的主要目标	促进产品销售，提升品牌知名度，提高站点访问量等

任务二　策划 IM 营销方案

学生根据情景，确定营销方案，结果形成表 9-6。

表 9-6　IM 营销方案

IM 平台的选择	IM 平台选择及原因（QQ、MSN、YY、阿里旺旺等）
受众群体	IM 营销主要针对人群及范围
内容策划	IM 营销表现形式及内容

任务三　IM 营销实施

按照实施前的构思，选择对应的平台，完成 IM 营销。

方式四　网上促销

模块一　案例学习

一、案例描述

案例名称：凡客诚品夏装印花短袖 T 恤一元秒杀活动。

实施网站：凡客诚品 vancl.com。

支持企业：凡客诚品（北京）科技有限公司，企业 Logo 如图 9-12 所示。

VANCL 凡客诚品

图 9-12　凡客诚品 Logo

1. 营销背景

刚入夏季，服装行业也迎来了营销旺季，各大网上商城竞争激烈，推出各种夏季服装促销活动。服装行业网络营销应用的佼佼者——凡客诚品，率先推出夏季印花短袖 T 恤一元秒杀活动。活动页面如图 9-13 所示。

图 9-13　活动页面截图

"秒杀"源于网络游戏，即短时间内杀掉对手。后来网络上有些商家为吸引人气推出了超低价的"即时购物"活动，便被网友们形象地称为"秒杀"。其秘诀就在于一个"快"字。很多网友凭借眼疾手快的秒杀，能竞得几元钱的名牌手机、几百元的戴尔电脑，甚至一元钱的轿车。秒杀活动的瞬间流量会是平时流量的几倍、几十倍甚至几百倍。商家们由此而获得超高点击率，比花巨额的广告费要划算得多。目前，已有很多 B2C 网站采用这种方式进行推广。

2. 营销策略

目标人群：熟悉互联网、热衷于网上购物、25～35 岁的中层经济状况的 70 后和 80 后青年，他们是中国网民中人数最庞大的一个群体。

品牌定位：VANCL，互联网时尚生活品牌；VANCL 提倡简单得体的生活方式；坚持国际一线品质、合理价位；致力于为互联网新兴族群提供高品质的精致生活。

营销策略：采用 4P（Product、Price、Place、Promotion）营销方式。

（1）网络广告投放。在主要的门户网站和专业网站，凡客投放了大量的广告和链接，引导消费者到凡客的网上销售平台去，对打造 VANCL 的品牌、宣传 VANCL 的文化也起到举足轻重的作用。网络（主题）广告风格采取统一制作和管理。

（2）搜索引擎优化。图 9-14 所示为凡客诚品首页相关代码。对网站内容关键词的设置，直接关系到消费者是否能通过搜索引擎找到网站。从图 9-14 中我们可以看到凡客的关键词设置得比较多。

图 9-14　凡客诚品首页相关代码

（3）搜索引擎广告。凡客在百度和 Google 都做了竞价，搜索排名都是第一位。这是在网络推广中比较常用的方式。

（4）E-mail 营销。许可 E-mail 营销，给网站用户发一些促销的信息，让老客户回访网站。

（5）博客话题营销。凡客以产品为话题，提供免费礼品（如凡客 68 元衬衫），征集博客用户写用户体验文章，从用户的角度对产品进行体验式营销。

（6）网络媒体推广。凡客还善于利用网络媒体的报道来提高品牌影响力，增加消费者对产品和网站的信任度。

（7）网络广告联盟。凡客在多家网络广告联盟上投放了 CPS 广告，CPS 按销售量收取广告费用，这一手段吸引了许多个人站长在网站上投放了凡客的广告。

（8）网站销售联盟。凡客成立了自己的网站联盟，在自己的网站上进行宣传，让广大站长和店长加入，根据销售额收取费用，这个形式也属于 CPS。

除以上网络营销策略外，凡客还采用了公益营销、跨界营销、代言人营销、口碑营销等其他营销手段。

3．活动说明

（1）参与秒杀的网友必须是凡客诚品的注册会员，会员在登录状态下即可参与此次秒杀活动。

（2）活动期间的每周三与周五的 10 点、12 点、14 点、16 点、18 点、20 点 6 个时间段进行一元秒杀活动。本次秒杀品的运费由 VANCL 承担。

（3）每日 6 款超低价秒杀品，每款秒杀品限量 29 件，秒完即止。

（4）每个用户可在秒杀时间范围内参与多次秒杀活动，但已成功低价秒杀的用户将不能再次参与当天的其他低价秒杀。

（5）秒中商品如未及时下单，重新登录此活动页面时会有继续下单提示，如超过 24 小时仍未提交订单，则视为自动放弃。

（6）利用非正常手段产生的秒杀交易，凡客诚品有权取消，并保留进一步处罚的权力。

（7）凡客公司员工不得参与此次秒杀活动。

4．营销效果

根据站长之家（chinaz.com）的网站统计数据显示：活动期间 vancl.com 的日均 IP 为 1 530 000，日均 PV 为 16 371 000，其中活动页面 skill.vancl.com 网站访问比为 3.95%，由此看来，此次秒杀活动带来的访问量已经在网站总访问量中占据了一定比例。

另外，从凡客诚品官方网站获得的数据显示，此次活动期间，活动参与人数逐日增加。从注册会员的论坛留言足以看出网友对于此次活动的支持与厚爱。

二、案例分析

网上促销就是以目标客户需求为出发点，整合企业各方面的网络资源进行的低投入、精准化网络营销活动。VANCL 正是通过深入的市场分析与精准的自身定位、符合自身的营销渠道的选择、优秀的广告创意与设计、完善的营销策划、严密的营销实施、即时高效的监测评估等一系列步骤的完美配合，最终打造了这样一个网络营销的神话。

凡客诚品秒杀促销活动的成功，说明了电子商务营销不是简单地在互联网上建站、投放广告，而是一系列有计划、有策略、有预算和效果分析的营销作业。企业在进行网络营销时，单一地推广产品并不能带来效果，只有整合企业和互联网信息资源，有针对性地开展网络营销推广，才能达到低成本、高回报的商业目的。

然而，业内人士认为凡客目前 30 亿元的销售额并不能说明什么问题，持久的利润才是决定这种模式能否"立"得住的关键。像 PPG、凡客这种没有实体工厂而仅靠外包给代工厂加工产品的电子商务网站，如何控制并保证产品质量，如何不受制于供货方，才是其安身立命的关键所在。各大论坛中关于凡客产品质量问题的投诉验证了对此问题的看法，产品质量及服务质量可以说是凡客的致命弱点。

优秀的品牌是企业保持长久生命力的核心，而产品品质则是打造长久品牌的基础。因此，保证产品品质，将 VANCL 打造成为网络市场的一个具有影响力、美誉度高的知名品牌，是凡客一直奉行的理念。

对于产品品质的保证，陈年一直强调，"VANCL 选择签约的都是像香港溢达、山东鲁泰这样的顶级服装加工制造企业，它们同时也为 Ralf Lauren、阿玛尼这样的国际品牌代工。"在陈年的眼中，产品的品质才是服装 B2C 模式成功的关键。为此，VANCL 在上游供应商的选择、跟单体系的建立和设计团队的引入三个方面都投入了诸多的资源。

然而，仅仅选择了顶级的制造加工厂还不够，建立完善的跟单体系才可以最终确保产品质量。经过严格培训的质检人员，平时就直接安排驻扎在代工厂，意在对整个生产流程进行监督，对部分产品进行抽检；而运回 VANCL 仓库的成品，还要由专门的质检人员进行全面的检验，对每一件产品的外观、袖口、扣子、线头等环节进行检查，合格产品才可以出厂。

尽管 VANCL 的秒杀活动较为成功，但是面对竞争如此激烈的行业市场，VANCL 未来的道路仍然是一个未知数。只是在吸取 PPG 产品线单一、质量不过关的教训的基础上，VANCL 似乎已经清楚地意识到质量、口碑、品牌对于企业命运的重要性。无论从何种意义上来说，网络营销的本质仍然和传统营销一样，它只是帮企业将产品推送到消费者面前，甚至促成购买。但是最终要打造品牌，形成口碑，仍然需要依赖广大的消费者。因此，企业只有坚持高品质并且迎合消费者，才有可能走得更远。

资料来源：http://soft.ccw.com.cn/dianzishangwu/htm2010/20100129_846051.shtml

模块二　网上促销相关知识

一、网上促销的概念

网上促销（Online Sales Promotion）是指利用 Internet 等手段来组织促销活动，以辅助和促成消费者对商品或服务的使用和购买。

二、网上促销的特点

根据网上促销的定义可以看出网络促销有以下三个特点。

（1）网上促销是在互联网这个虚拟市场环境下进行的。作为一个连接世界各国的大网络，互联网聚集了全球的消费者，融合了多种生活和消费理念，显现出全新的无地域、时间限制的特点。

（2）竞争的国际化。互联网虚拟市场的出现，将所有的企业，无论规模大小，都推向了一个统一的全球大市场，传统的区域性市场正在被逐步打破，企业不得不直接面对激烈的国际竞争。

（3）网上促销是通过网络传递商品和服务的存在、性能、功效及特征等信息的。多媒体技术提供了近似于现实交易过程的交易环境，双向的、快捷的信息传播模式，将互不见面的交易双方的意愿表达得淋漓尽致，也留给对方充分思考的时间。

三、网上促销的实施过程

网上促销的实施过程主要包括六个步骤。

1. 确定网上促销的对象

网上促销的对象是针对可能在网络虚拟市场上产生购买行为的消费者群体提出来的。这一群体主要包括产品的使用者、产品购买的决策者和产品购买的影响者以及与产品购买影响者相关的人。对于使用者来说，购买产品是因为该产品具有所需的使用价值，所以，使用者的判断和认识决定了是否购买产品。在产品设计和开发时期，产品的目标定位就是这些使用者。可以说产品的需求来自产品的使用者，因为使用者决定"是否需要购买"、"购买多少"的问题。特别对于行业的初期产品来说，扩大需要远比抢占现有资源的弹性更大。购买的决策者,是指实际购买产品的人。在很多情况下,产品的使用者和购买决策者是一致的,特别是在虚拟市场上更是如此。因为大部分上网购买产品的人都有一定的决策能力,也有一定的经济收入。但是在另一种情况下,产品的购买者和使用者不是同一个人,如婴幼儿用品的购买者和使用者是分离的。所以,网上促销同样把决策者放在重要的位置。

2．设计网上促销的内容

促销内容应当根据购买者目前所处的购买决策过程的不同阶段和产品所处的经济寿命周期的不同阶段来决定。

一般来讲,产品从投入市场到退出市场,大体要经历投入期、成长期、成熟期、衰退期四个阶段,而且市场的竞争状况也影响产品的促销方式。

（1）投入期。新产品刚刚投入市场的阶段,是消费者对该种产品还非常生疏的阶段,促销的内容应侧重于宣传产品的特点,引起消费者的注意。

（2）成长期。当产品在市场上有了一定的影响力后,促销活动的内容则需要偏重于唤起消费者的购买欲望;同时,还需要创造品牌的知名度。

（3）成熟期。当产品进入成熟阶段后,市场竞争变得十分激烈,促销内容除了宣传产品本身外,还需要对企业形象做大量的宣传工作,树立消费者对企业的信心。

（4）衰退期。在产品的衰退期,促销活动的重点在于加强企业与消费者之间的感情沟通,通过各种让利促销,延长产品的生命周期。

如果市场上的产品所处的周期相同,很可能由于市场竞争的因素和市场独有的特性,本来应是成熟期的产品过早地进入了衰退期,所以促销的内容应涉及较广的市场因素,对不同的市场进行细分并做出相应的促销计划。

3．选择网上促销组合方式

促销组合是一个非常复杂的问题,网上促销活动主要是通过网络广告促销和网络站点促销这两种方法展开的,但是由于企业的产品种类不同,销售对象不同,促销方法与产品种类和销售对象之间将会产生多种网络促销的组合方式。企业应根据自身的实际,结合网络广告促销和网络站点促销两种方法的特点和优势,扬长避短,合理组合,以达到最佳的促销效果。一般来说,日用消费品,如化妆品、食品饮品、医药制品、家用电器等,网络广告促销的效果比较好;而大型机械产品、特殊产品等采用网络站点促销的方法则比较有效。在产品成长期,应侧重于网络广告促销,而在产品的成熟期,则应加强自身站点的建设。所以企业应根据自身网络的促销能力,选择不同的网络促销组合方式。

4．制定网上促销预算方案

制定网上促销预算方案是企业在网上促销实施过程中最困难的一个环节。因为网上促销是一种新生事物,所有的价格、条件都需要在实践中做比较、学习和体会,不断地总结经验。只有这样,才可能用有限的精力和有限的资金收到尽可能好的效果,做到事半功倍。

5．评价网上促销效果

网上促销的实施过程到了这一阶段,必须对已经执行的促销内容进行评价,衡量一下促销的实际效果是否达到了预期的促销目标。

6．加强网上促销过程的综合管理

因为网上促销完全不同于以往的实体市场促销,要想在这个领域取得成功,就必须加强对促销过程的综合管理，及时进行信息的沟通与协调，并及时对偏离预期促销目标的活动进行调整，以保证促销活动取得最佳效果。

四、网上促销的实施作用

1．告知功能

网上促销能够把企业的产品、服务、价格等信息传递给目标公众，引起他们的注意。

2．说服功能

网上促销的目的在于通过各种有效的方式，解除客户对产品或服务的疑虑，说服客户坚定购买决心。

3．反馈功能

网上促销能够让企业通过电子邮件及时地收集和汇总顾客的需求和意见，迅速反馈给企业管理层。由于网上促销所获得的信息基本上都是文字资料，信息准确，可靠性强，对企业经营决策具有较大的参考价值。

4．创造需求

运作良好的网上促销活动，不仅可以诱导需求，而且可以创造需求，发掘潜在的客户，扩大销售量。

5．稳定销售

由于某种原因，一个企业的产品销售量可能波动很大，这是产品市场地位不稳的反映。企业通过适当的网上促销活动树立良好的产品形象和企业形象，往往有可能改变用户对本企业产品的认识，使更多的用户形成对本企业产品的偏爱，达到稳定销售的目的。

模块三　网上促销项目实训

本实训为网上促销实训，学生根据教师部署的情景，确定网上促销的主要原因与主要目标，进行市场调研分析，制定完整营销方案。

一、实训流程

网上促销实训流程如图 9-15 所示。

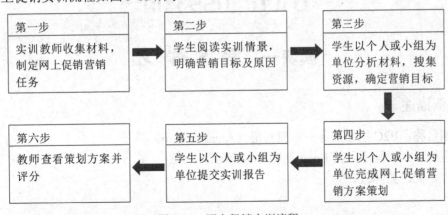

图 9-15　网上促销实训流程

二、实训内容

任务一 确定网上促销目标

根据实训情景,确定网上促销的主要原因与主要目标,进行市场调研分析,包括确定受众、企业特点、产品特色、企业网上促销投入(资金、人力等资源)、竞品分析等,初步构思该产品的网上促销办法,结果形成表9-7。

表9-7 网上促销目标分析

营销主题	营销的品牌或核心要素
实施原因	营销的实施原因
营销的主要目标	促进产品销售,提升品牌知名度,提高站点访问量等
受众群体	营销主要针对人群
企业特点	营销企业的特点
企业网上促销投入	资金、人力资源等
竞品分析	主要营销产品的分析
促销构思	网上促销办法

任务二 完成网上促销策划方案

学生根据企业情景,完成策划方案,并提交策划方案给教师。策划方案内容如表9-8所示。

表9-8 促销策划方案

目标受众	目标群体、层次、范围
促销目标	宣传促销产品、售后服务及企业形象等
网上促销方式及原因	方法、营销原因、内容、时长以及频率
效果预期	可预计的效果分析
成本控制	花费与成本的比例维系与控制

方式五 RSS营销

模块一 案例学习

一、案例描述

案例名称:B2C电子商务——亚马逊(Amazon.com)。
实施网站:亚马逊,其Logo如图9-16所示。
支持企业:亚马逊。

图 9-16　亚马逊 Logo

1．营销背景

亚马逊是全球最大的 B2C 网上购物网站，2003 年销售收入达到 52.6 亿美元，所售商品种类达几十万种。如此庞大的商品数目使用户越来越难以找到他们想要的商品，也使亚马逊的新商品介绍和商品促销的信息越来越难以找到合适的渠道传递给成千上万口味不同的用户。传统的 E-mail 发布形式由于"垃圾"邮件和病毒的盛行，已为大多数用户所摒弃，成本很高但收效甚微。

于是亚马逊于 2004 年初将注意力转向了 RSS。现在打开亚马逊的网站，你会发现几乎所有种类的商品（图书、电子产品、音像制品、玩具、服装等）都已被打包成相应的"RSS 频道"，向用户终端的阅读器定期发送。

2．营销策略

通过 RSS，亚马逊每当有新商品上市，新促销信息和新重大新闻发布时，都能快速、及时地将这些信息"推"向其用户，不仅给用户提供了方便，而且大大提高了这些信息的普及率、针对性和时效性，从而抓住了大量以前被白白浪费的商机。

RSS 具有无须担心信息过大，被认为是垃圾邮件或病毒邮件，传递信息速度更快，接收信息送达率高，接收信息准确度高等优点，非常适合于企业向经常上网的用户提供信息，在用户不知道有新闻发生时将新闻送到用户面前，帮助用户毫不费力地第一时间了解新人、新事、新产品和新信息。信息源的选择和信息内容的过滤完全由用户自主配置，保证了信息的"无垃圾"和"个性化"。信息的本地存储和管理功能为用户建立了一个"随身资料库"，亚马逊每当有新商品上市，新促销信息和新重大新闻发布时，都能快速、及时地通过 RSS 将这些信息"推"向其用户，使用户及时地了解所需信息。但是如果遇到一些不经常上网的人，长期不接收信息，过期的信息无法保留，就可能使用户错过一些重要信息。总而言之，RSS 技术和在其基础上开发的产品和行业应用使信息"插上了智慧的翅膀"，在最短的时间内飞到最需要它们的用户身边。RSS 正在逐渐成为许多网上商务模式的核心竞争武器之一，为客户提供着更有价值的信息，同时为内容/商务服务商创造着更多的业务机会。

3．营销效果

（1）从亚马逊网上商城的新用户注册量及信息订阅量中不难看出，RSS 的开通为网站增加了不少人气。

（2）整站开通 RSS 订阅后，网站日均访问量的增加，足以反映出 RSS 订阅起到了举足轻重的作用。

（3）营销效果最直接的反映当属网上商城的商品交易量，用户购买商品的数量相比于未开通 RSS 订阅功能之前，有大幅度增加。

二、案例分析

亚马逊网上商城 RSS 订阅功能的应用，使得信息能够快速、及时地"推"向用户，极大地优化了用户体验,同时大大提高了这些信息的普及率和转化率。RSS 订阅功能的应用,明显地促进了新用户的注册数量以及信息订阅数量的增加,网站的访问量及商品的交易量也都呈现出大幅度增加的趋势。亚马逊始终以用户体验为核心,这决定它成功的重要因素。亚马逊率先增加网上商城 RSS 订阅功能,是同行业网站的领跑者,对同行业网站的用户体验的优化有着重要影响。

资料来源:http://wangran032.blog.sohu.com/89297832.html

模块二 RSS 营销相关知识

一、RSS 营销的概念

RSS(Really Simple Syndication)也叫聚合 RSS、聚合内容,是在线共享内容的一种简易方式。通常在内容时效性比较强的网站上使用 RSS 订阅功能能够更快速地获取信息。网站提供 RSS 输出,有利于让用户获取网站内容的最新信息。

二、RSS 营销的特点

1. RSS 营销的优点

(1)多样性、个性化信息的聚合。RSS 是一种基于 XML(Extensible Markup Language,扩展性标识语言)的标准,在互联网上被广泛采用的内容包装和投递协议,任何内容源都可以采用这种方式来发布,包括专业新闻、网络营销、企业动态等站点。若在用户端安装了 RSS 阅读器软件,用户就可以按照喜好、有选择性地将感兴趣的内容来源聚合到该软件的界面中,为用户提供多来源信息的"一站式"服务。

(2)信息发布的时效强、成本低廉。由于用户端 RSS 阅读器中的信息是随着订阅源信息的更新而及时更新的,所以极大地提高了信息的时效性和价值。此外,服务器端信息的 RSS 包装在技术实现上极为简单,而且是一次性的工作,从而使长期的信息发布边际成本几乎降为零,这完全是传统的电子邮件、互联网浏览等发布方式所无法比拟的。

(3)无"垃圾"信息和信息量过大的问题。RSS 阅读器中的信息是完全由用户订阅的,对于用户没有订阅的内容,以及弹出式广告、垃圾邮件等无关信息则会被完全屏蔽掉,因而不会有令人烦恼的"噪音"干扰。此外,用户端在获取信息时并不需要专用的类似电子邮箱那样的"RSS 信箱"来存储,因而不必担心信息量过大的问题。

(4)没有病毒邮件的影响。在 RSS 阅读器中保存的只是所订阅信息的摘要,要查看其详细内容与到网站上通过浏览器阅读没有太大差异,因而不必担心受病毒邮件的影响。

(5)本地内容管理便利。对下载到 RSS 阅读器里的订阅内容,用户可以进行离线阅读、存档保留、搜索排序及相关分类等多种管理操作,使阅读器软件不仅是一个"阅读器",而且是一个用户随身携带的"资料库"。

2. RSS 营销的缺点

(1)RSS 的应用远不如电子邮件普及,从而限制了 RSS 订阅的应用范围。

(2)若长期不接收 RSS 信息,过期的信息则无法浏览。这是由于没有专门的服务器为每个用户保存信息,如果用户不及时接收,信息则过时不候。

(3)难以评估 RSS 营销的效果。在 RSS 中不能添加任何的脚本语言,这样一来统计订阅人数就比较困难,只能通过用一些特别的技术方法分析 RSS 的下载次数来估计订阅人数,因而对于 RSS 营销的效果无法准确地评价。

(4)难以实现个性化服务。电子邮件的用户个性化技术已经非常成熟了,但对于通过 RSS 获取信息的方式而言,目前还没有实现个性化服务。

总之,RSS 营销与邮件列表营销相比具有很大的优势,特别是克服了邮件列表营销中常出现的垃圾邮件、病毒、信息即时性差等致命缺点,因而将有力地促进 RSS 营销的推广应用。所以,网络营销者一定要足够重视 RSS 营销的应用,借此增强自己的竞争优势。当然 RSS 营销模式还有很多的问题要解决,对于如何有效地利用 RSS 营销还需深入地研究探讨。

三、RSS 营销的营销步骤

1. 制定 RSS 营销战略

后面的步骤的实施都取决于对 RSS 营销战略的制定。这个战略包括为每一个营销职能定义 RSS 的用途,然后整合其他营销组合,接着为营销职能设置目标。

2. 使用 RSS 收集商业情报资讯

全面提升营销功能的第一步是用 RSS 管理商业情报。选择适合你的 RSS 阅读器,确定所需的情报,甄选相关的信息源,这就是 RSS 商业情报系统。

3. 计划 RSS 全文输出内容

RSS 互动输出可以说是 RSS 营销最复杂的一部分。到这一步,要定义互动群体,他们的目的,RSS Feeds 出版模式,RSS Feeds 内容以及 RSS Feeds 内容源。

4. 确定 RSS 营销要求,选择 RSS 营销代理

界定 RSS 营销技术要求并选择合适的供应商,必须支持战略的所有特征。

5. 修饰 RSS 输出内容

当准备好 RSS 全文输出后,必须仔细策划 RSS 内容条目,这就意味着要放置符合目标群的内容。这些牵涉到文风、大纲以及随叫随到的功能。

6. 站内优化 RSS Feeds

仅仅在网站上发布 RSS 还不足以吸引订阅者。这一步骤里,需确定如何进行 RSS 发布,布置 Feeds 的最佳位置,开发利用其他能提升订阅者数量的小工具。

7. 优化 RSS Feeds 推广

在正确设置后,有必要向网络推广发布 RSS Feeds 了。

8. 分析和优化 RSS Feeds

分析和优化 RSS Feeds 对 RSS 战略的成功有深刻的影响。这包括定义合适的标准,建立分析和优化内容的技术团队,靠他们分析优化订阅继承策略。

9. 使用 RSS 供稿传播内容

使用 RSS 发布到相近的媒体。RSS 联合供稿需要确定目标媒体、RSS 内容、供稿工具以及优化自身供稿能力。

10. 使用RSS推广网站和品牌

推广网站就要增加用户的内容体验，品牌的提升就是RSS读者的聚集。

四、盈利模式

（1）投递信息产生广告收入，比如一个用户用RSS订阅了高尔夫的内容，那么每条信息下面都会精准地出现一条高尔夫相关产品的广告，从高尔夫球杆到会员卡。

（2）做个人门户，让所有的博客都变成这个门户的记者和编辑，利用流量收取广告费。需要注意的是，我们不是单纯地做RSS工具本身，因为工具只是初级阶段，是卖不了多少钱的，而是通过工具聚拢人气，做成个人门户。

（3）多平台统一，致力于开发和建设多渠道、多设备的整合信息服务平台，为用户提供随时随地、任意设备、个性化的信息服务。用户可以借助PC、手机、PDA、数字电视等多种终端，通过RSS服务，实现个性化订制，从而获取并管理互联网上的最新资讯。

模块三　RSS营销项目实训

本实训为RSS营销实训，学生通过使用RSS工具，订阅学生在博客营销实训中建立的个人博客，模拟RSS营销，达到认知RSS营销方式及操作过程的目的，完成后学生提交实训报告给教师。

一、实训流程

RSS营销实训流程如图9-17所示。

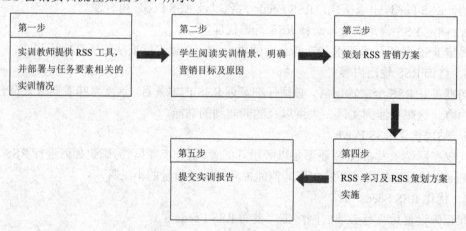

图9-17　RSS营销实训流程

二、实训内容

任务一　确定RSS营销实训目标

学生阅读教师部署的实训情景，理解RSS营销主题、主要原因与主要目标，结果形成表9-9。

表 9-9　RSS 营销目标分析

营销主题	营销的品牌或核心要素
实施原因	确定 RSS 营销的实施原因
营销的主要目标	促进产品销售,提升品牌知名度,提高站点访问量等

任务二　策划 RSS 营销方案

学生根据情景,确定营销方案,结果形成表 9-10。

表 9-10　RSS 营销方案

受众群体	RSS 营销主要针对人群及范围
内容策划	RSS 内容表现形式及内容

任务三　RSS 营销方案实施

（1）学生打开博客实训中自己创建的博客平台,点击 RSS 订阅,将当前网站提示地址添加至 RSS 工具中。

（2）RSS 工具的使用。

① 熟悉工具界面,通过单击 Yahoo News 等已聚合的类别熟悉工具。

② 添加第一步中网站提示的 RSS 地址至 Feed 或搜索 RSS 或者找到熟悉站点的 RSS 位置添加,添加时保证 RSS 地址正确。

③ 熟悉 RSS 工具的其他功能,Feed 更新、导出、制作。

（3）提交实训报告。

方式六　黄页与目录营销

模块一　案例学习

一、案例描述

案例名称：携程旅行网 hao123 营销案例。

实施网站：hao123,其 Logo 如图 9-18（a）所示。

支持企业：携程旅行网,其 Logo 如图 9-18（b）所示。

（a）hao123 Logo　　　　　　　　（b）携程旅行网 Logo

图 9-18　企业 Logo

1. 营销背景

携程旅行网创立于 1999 年,总部设在上海,是中国领先的在线旅行服务公司之一。携程旅行网向注册会员提供包括酒店预订、机票预订、度假预订、商旅管理、特惠商户以及旅游资讯在内的全方位旅行服务。

携程旅行网利用互联网等先进技术平台为商旅客人及旅游爱好者提供旅行服务。携程旅行网实现了旅行产品的网上一站式服务,业务范围涵盖酒店、机票、旅行线路的预订及商旅实用信息的查询检索。携程旅行网的目标是:利用高效的互联网技术和先进的电子资讯手段,为会员提供快捷灵活、优质优惠、体贴周到又充满个性化的旅行服务,从而成为优秀的商务及自助旅行服务机构。

随着近几年来国内旅游事业的快速发展,网络营销成为旅游行业的热门营销策略。国内的旅行网迅速崛起,大量的旅行网充斥搜索引擎结果页,要在这么多旅行网中脱颖而出,抢得客户源,对每一个旅行网公司来说都是一个难题。携程旅行网也不可避免地面临这场挑战。

2. 营销策略

携程旅行网经过市场调查,发现了网民的一个上网习惯:很多网民记不住网址或者懒得去记网址,他们的习惯是先通过搜索引擎去搜索旅行网,然后在搜索结果页中选择排名靠前的网站。这个习惯大大增加了携程旅行网与同行之间的竞争。为了避开这种竞争压力,携程旅行网开始考虑一个营销策略——黄页营销。携程旅行网选择了与 hao123 这个号称中国最专业权威的导航网站合作,使用户可以通过 hao123 直接登录携程旅行网,在为网民提供方便的同时,也留住了潜在客户。

作为最早建立的一批网址导航类网站,hao123 具有以下几个优点:一是很方便,快速实用;二是分类很清楚,内容多而全;三是 hao123 的内容中没有病毒和不良链接,能提供服务并满足需求;四是界面简洁,广告少。hao123 自 2004 年被百度收购后,依然凭借这些优势,成为了许多网民电脑开机后的第一选择。

携程旅行网正是看中了 hao123 的这些优势,才选择与该导航网站合作的。在 hao123 的主要位置,携程旅行网与百度、网易、智联招聘等知名网站一起未分类别地列出,如图 9-19 所示。很多习惯将 hao123 设为主页或者将 hao123 当作网络门户的网民,能第一时间通过直接单击链接,快速进入携程旅行网。

体育	新浪体育・NBA	搜狐体育	CCTV5直播	欧洲杯	虎扑体育	网易体育	更多>>
数码	中关村在线	太平洋电脑	泡泡网	天空软件	蜂鸟网	苹果iPhone	桌面城市	更多>>
手机	新浪手机	中国联通	中国电信	威锋网	机锋网	小米手机	苹果园	更多>>
旅游	携程网	去哪儿网	途牛旅游网	12306	谷歌地图	同程旅游网		更多>>
汽车	汽车之家	太平洋汽车	新浪汽车	易车网	爱卡汽车	搜狐汽车		更多>>

图 9-19 携程旅行网在 hao123 的链接位置

事实证明,携程旅行网的这种营销策略是正确的,虽然初期的投入较大,但 hao123 很快就为其带来了一大批客户。携程旅行网还针对 hao123 的客户群不断进行市场调研,积极挖掘潜在客户,不断创新,以满足客户需求。短短几年时间,携程旅行网就一跃而成为国内旅游电子商务的第一品牌。

二、案例分析

1. 快速拥有客户群

当众多旅行网挤破头地竞争百度、Google 搜索引擎的排名时，携程旅行网已经绕开众人，与 hao123 展开了合作。hao123 在 2004 年被百度收购后，较之从前拥有了更多的客户群。携程旅行网与 hao123 合作，等于快速地使 hao123 的庞大的客户群变成了自己的潜在客户群，并且这些客户很有可能转化成实际客户。

2. 网站运营维护的负担轻

按照一般用户的习惯，如果携程旅行网要增加客户量，就需要在搜索引擎结果页中提升自己的排名，增加用户访问量，这也就意味着携程旅行网公司需要分配专门的网络营销人员来实施 SEO 工作，时时维护网站，及时更新网站内容，来满足搜索引擎爬虫的要求。而与 hao123 合作，则没有这种需要，因为 hao123 对合作网站几乎没有要求，它的网页布局结构是固定的，携程旅行网只需要向 hao123 支付足够的费用，就不用担心网站的排名等问题，从而减轻了网站运营维护的负担。

3. 客户信任度高

hao123 成立于 1999 年 5 月，是第一批以个人形式存在的网址导航网站，有着一批广泛而忠实的客户群。携程旅行网与 hao123 合作，并在 hao123 的主要信息栏里占有一席之地，可以使 hao123 的客户群迅速信任自己，增加客户对携程旅行网的信任度，而且这些客户群很难流失。

资料来源：http://www.doc88.com/p-581672014982.html

模块二 黄页与目录营销相关知识

一、黄页与目录的概念

"网上黄页"，就是将传统黄页搬到网上，以互联网为载体，在网上发行、传播、应用的电话号码簿。但"网上黄页"不是传统黄页的翻版，其内容更广泛，服务功能更多样化。它有传统黄页所无法比拟的优势。目前它同 114 电话查号台、传统黄页共同成为城市电话号码查询的三大查询方式。今后从其发展方向看，它将会从三大方式中脱颖而出，成为人们查询电话号码、获得客户信息的最理想的查询工具。

黄页按照区域性也可以分为两种类型。

（1）有全国性市场的战略专业化的黄页网站，在做全国市场的商家可以去做次黄页，帮助推动商业发展以及地方文化。

（2）有针对地方性市场的黄页。这是一般的地方门户型网站推出来的针对地方商家的网页网站，如"南郑在线"网站下的黄页。

网络目录（Web directory），也称为网络资源目录或网络分类目录，是目录型网络检索工具（subject directory catalogue）。最早的网络目录是由人工采集网络上的网站（或网页），然后按照一定分类标准，如学科类型、主题等，建立网站分类目录，并将筛选后的信息分门别类地放入各类目录中供用户进行浏览,并添加一定的检索功能而建立起来的,这种网络目录也称为人工网络目录。随着搜索引擎技术的发展,后来出现了电脑和人工协同工作完成的网络资源目录。现在的网络目录是完全由电脑自动完成的搜索引擎分类目录。

网络目录是一种既可以供用户检索也可以供用户浏览的等级结构式目录。与搜索引擎不同的是,用户可以不必进行搜索,仅仅通过逐层浏览目录即可找到相关信息。同时,用户也可以在某一层级的目录中检索该目录中的信息。

二、黄页的特点

(1) 黄页是一种具有权威性、高认同率的信息库媒体。
(2) 覆盖空间广,发布时间长。
(3) 发布速度快,更新方便。
(4) 作为消费者购买决策的终端链接,在促成购买行为过程中地位独特。
(5) 查询快捷方便。
(6) 黄页是一种费用低、效益大的媒体。通过黄页发布各种商业信息的成本明显低于其他网络传媒方式。由媒体招商力调查结果可见,对于老客户来说,黄页是最方便、最直接的首选查询媒体。
(7) 黄页具有更具实用性的增值服务内容。一般在黄页网站上都推出了满足用户要求的其他增值性服务内容,这些内容都是与客户相关的实用性栏目。上网用户可以根据自己的需要,在相关栏目中发布一些信息。

三、网页推广的实施技巧

对外贸企业来说,网络黄页推广包括以下两种方式。

(1) 加入面向全球市场的国家级黄页和世界级黄页目录。加入网络黄页目录一般是免费的。可以通过搜索引擎寻找英文版的中国黄页、亚洲黄页、世界黄页,在这些网站上进行公司登记。但这种目录登记带来的直接访问量是有限的,主要作用在于增加网站的外部链接数量。

(2) 在目标市场的黄页上做广告。最有效的网络黄页推广还是在习惯使用黄页的目标国家的知名黄页上做广告。比如美国的 Superpages、欧洲的 Europepages 等都是比较著名的黄页。

四、黄页与目录营销的实施作用

网络目录是网络信息检索的重要工具,其作用是搜索引擎无法替代的。一般在以下情况下利用网络目录。

(1) 只是想了解某类、某领域的信息并且知道如何寻找。网络目录的各分类主题能层层展开,并提供各主题目录间的关联信息,启发思维。

(2) 仅仅只是想上网溜达。有时候面对电脑,自己常上的几个网站都看腻了,不妨到网络目录中去溜达溜达,也许会有新的发现。

(3) 搜索范围涵盖太广。搜索引擎的一大特点是搜索结果太多,当搜索的词的范围太广时，可以到网络目录的某一主题中搜索，以缩小搜索的范围，从而剔除无关的信息。

模块三　黄页与目录营销项目实训

本实训为黄页与目录营销实训，学生通过网站目录平台或黄页平台，提交对应的实训站点或项目一中完成的企业站点至百度 hao123（http://www.hao123.com/）、Google265 上网导航（http://www.265.com/）等目录导航网站，完成后提交实训报告。

一、实训流程

黄页与目录营销实训流程如图 9-20 所示。

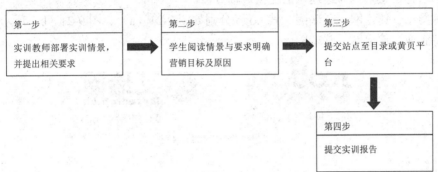

图 9-20　黄页与目录营销实训流程

二、实训内容

任务一　确定黄页与目录营销的目标

学生阅读实训情景，将项目一中搭建的个人网站或其他站点，提交至百度 hao123、Google 265 上网导航等，或提交至 daohang.jiaoyanshi.com，同时确定营销的主要原因及目标，结果形成表 9-11。

表 9-11　黄页与目录营销目标分析

营销站点	营销的站点名称
营销原因	确定营销的实施原因
营销的主要目标	促进产品销售，提升品牌知名度，提高站点访问量等

任务二　网站目录导航营销的实施

（1）提交站点。学生登录百度 hao123、Google 265 上网导航或其他站点，提交网站。
（2）填写站点信息，在确定提交站点信息时，应注意以下几个问题。
① 站点名称是否正确。
② 站点 URL 是否正确。
③ 站点目录、分类是否选择正确。

④ 网站描述合理性。

（3）等待审核并提交实训报告。

方式七 交换链接

模块一 案例学习

一、案例描述

案例名称：艾瑞网与速途网的交换链接分析。
实施网站：速途网、艾瑞网，其 Logo 分别如图 9-21（a）、图 9-21（b）所示。
支持企业：速途网、艾瑞网。

（a）速途网 Logo　　　　　　　（b）艾瑞网 Logo

图 9-21　企业 Logo

1．网站简介

艾瑞网（www.iResearch.cn）是艾瑞咨询集团精心打造的国内首家新经济门户网站。基于 iResearch，艾瑞咨询集团多年来在互联网及电信相关领域取得大量研究成果，融合更多行业资源，为业内人士提供更丰富的产业资讯、数据、报告、专家观点、高层访谈、行业数据库等全方位、深入的行业服务，多角度透析行业发展模式及市场趋势，呈现产业发展的真实路径，进而推动行业高速、稳定、有序地发展。

艾瑞网受众属性较为高端，绝大部分是关注网络经济发展以及互联网、电信相关行业的从业人士，其中市场决策人员占据相当大的比例。所以艾瑞网对于网络媒体企业、互动广告代理公司的品牌推广具有很高的商业价值。特色专栏是艾瑞网的核心栏目，分为专家专栏、分析师专栏、作者专栏三大类。

速途网（www.sootoo.com）是速途传媒旗下的中国互联网行业的社交媒体和在线服务平台。网站使用速途自己开发的组织发布平台系统，以注册用户自主发布内容、通过注册用户投票组织自动编辑的 Web 2.0 方式，迅速发展成为有代表性的中国互联网行业的专业网站；同时速途网利用产品平台向企业用户提供网络公关传播、网络传播效果评估、企业网站监测管理等在线服务。

2．交换链接

图 9-22 所示为艾瑞网的友情链接，其中包括速途网。

图 9-22　艾瑞网的友情链接——速途网

图 9-23 所示为速途网的友情链接,其中包括艾瑞网。

图 9-23 速途网的友情链接——艾瑞网

网站之间交换链接可极大地互相促进网站流量。由于速途网和艾瑞网都主要以电子商务资讯为主,在业界人士的眼中它们本是竞争对手,但它们却选择相互加为友情链接,强强联合,互惠互利。

据查询工具数据显示,艾瑞网和速途网的 PR 值相同,都为 7,分别如图 9-24(a)和图 9-24(b)所示。

(a)艾瑞网的 PR 值为 7

(b)速途网的 PR 值仍为 7

图 9-24 网站 PR 值查询结果

速途网在申请将艾瑞网加为友情链接前,主要考虑了以下几点。

(1)艾瑞网的 PR 值同样为 7,PR 值相同的两个站,友情链接相对容易互加成功。

(2)艾瑞网与速途网同为电子商务资讯类网站,同类网站对网站排名投票的分值会更高。

(3)艾瑞网在 Google 和百度搜索引擎中的收录快照的更新频率很高,网站更新及时。

(4)经核查艾瑞网被收录了网站内的大多数页面,这些都是选择交换链接的必要条件,因为网站收录数量与网站流量值是成正比的。

(5)艾瑞网被大的分类目录收录,很容易促进速途网网站流量的提升。

(6)艾瑞网以专栏为特色,原创内容多,文章质量高,网友口碑很好。

二、案例分析

艾瑞网与速途网交换链接的成功,可谓电子商务网站强强联合的典范。同为电子商务网站的艾瑞网与速途网,有着各自的特色与优势:艾瑞网以行业专家专栏文章为特色,速途网以用户投票编辑为亮点,都诠释了 Web 2.0 时代的电子商务网站的特点。它们之间链接的交换,可明显看出其互惠互利的作用,不仅给彼此的用户群增加了更多的行业用户,而且为网站带来了更多的访问量,稳定了网站权重,提升了用户的品牌认知度,能够让彼此网站的受众人群实现资讯交互共享。

资料来源:http://www.iresearch.cn/

模块二　交换链接相关知识

一、交换链接的概念

交换链接，也称为友情链接、互惠链接、互换链接等，是具有一定资源互补优势的网站之间的简单合作形式，即分别在自己的网站上放置对方网站的 Logo 或网站名称，并设置对方网站的超级链接，使得用户可以从合作网站中发现自己的网站，达到互相推广的目的。因此交换链接常作为一种网站推广手段。

二、交换链接的分类

1. 按交换方式分类

（1）双线链接：对方 A 站链接你的 A 站，而你的 A 站也同样链接对方的 A 站（这是链接中最常见的形式）。

（2）交叉链接：对方的 A 站链接你的 B 站，而你的 B 站链接对方的 A 站（A 站不仅仅限于某一个站）。

（3）单线链接：即一个网站单方面链接某个站点 URL，而对方却并无该网站的链接。

2. 按交换链接类型分类

（1）文字链接：以某关键字作为标题附带 URL 地址。文字链接格式如：<a href='链接地址'>百度</a>。

（2）图片链接：以某图片（一般为网站 Logo，88 像素×32 像素）作为链接目标附带 URL 地址。图片链接格式如：<a href='链接地址'><img src='图片地址'></a>。

三、交换链接的实施技巧

（1）看被链接网站是否已经被各大搜索引擎收录及其被搜索引擎更新的频率如何。在搜索结果中可以看到最后一次更新的时间，搜索引擎通常也会对链接的站点进行相应的更新。

（2）是否被大的分类目录收录。被收录的网站流量很容易就会提升。

（3）是否被收录了网站内大多数的页面。网页收录数目与网站流量值是成正比的。

（4）是否与很多同类网站交换了链接或者与很多其他类的网站交换了链接。在交换时可以查一下对方的链接数目有多少，特别是质量高的链接有多少。

（5）网站质量如何。这关系到网站是否能长期存在的问题。

（6）是否为同类网站。因为排名算法中，同类的网站对你网站排名投票的分值会更高。

（7）试图向大的分类目录提交。这样的做法不但能够得到高质量的反向链接，而且不用付出任何代价。

四、交换链接的实施作用

交换链接的主要作用有以下两点。

（1）通过和其他站点的交换链接，可以吸引更多的用户点击访问网站。

（2）搜索引擎会根据交换链接的数量，以及交换链接网站的质量等对一个网站做出综合评价，这也将是影响网站在搜索引擎排名的因素之一。

交换链接在吸引更多用户访问的同时起到 SEO 的作用。

交换链接的主要目的为以下几点。

（1）提升 PR。这是交换友情链接最根本的目的。

（2）提高关键字排名。

（3）提高网站权重。这一点很重要，只有你的权重高了，搜索引擎才会重视你。

（4）提高知名度。这一条还是比较有针对性的，只有一些特定的网站和特定的情况，才会达到此效果。比如一个不知名的新站，如果能与新浪、Sohu、Yahoo!、网易、腾讯等大的网站全都做上链接的话，那么肯定对其知名度及品牌形象是一个极大的提升。

（5）提高流量。这条几乎可以忽略不计，但是之所以写上，是因为很多新人有个误区，以为交换友情链接是为了增加流量。所以在这里纠正一下，友情链接对于流量的提升帮助非常小。如果友情链接带来的 IP 数量能影响到您的网站流量的话，这个网站有没有存在下去的必要就很值得商榷了。

模块三　交换链接项目实训

本实训为交换链接实训，学生在教师指导下进行友情链接的互换。学生可针对项目一建立的网站或者博客营销实训中创建的博客等，进行友情链接互换，完成后提交实训报告。

一、实训流程

交换链接实训流程如图 9-25 所示。

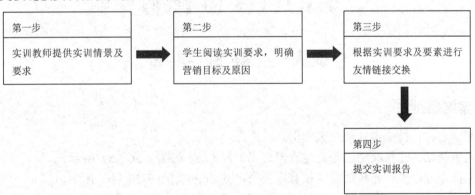

图 9-25　交换链接实训流程

二、实训内容

任务一　明确交换链接营销的目标

阅读实训情景，明确交换链接营销的主要原因及目标，结果形成表 9-12。

表9-12　交换链接营销目标分析

营销站点	营销的站点名称
营销原因	确定营销的实施原因
营销的主要目标	促进产品销售，提升品牌知名度，提高站点访问量等

任务二　交换链接营销方案的策划

根据实训情景，进行交换链接营销的策划，包括选择友情链接的原因、去除友情链接的原因，以及友情链接的名称。在进行友情链接互换时应考虑以下几个方面。

(1) 查看被链接网站是否已经被各大搜索引擎收录及其更新频率。
(2) 是否被大的分类目录收录。
(3) 是否被收录了网站内大多数的页面。
(4) 查看链接数，是否与很多同类网站交换了链接或者与很多网站交换了链接。
(5) 网站质量。
(6) 是否为同类的网站，同类的网站对你的网站排名投票的分值会更高。

任务二需完成表9-13。

表9-13　交换链接营销方案

友情链接名称	友情链接地址	是否互换	选择原因或排除原因
友情链接的站点或博客	对应的URL	是/否	搜索引擎收录慢等原因

方式八　移动营销

模块一　案例学习

一、案例描述

案例名称：神仙道移动营销案例。
实施网站：北京艾德思奇科技有限公司，其Logo如图9-26（a）所示。
支持企业：厦门光环信息科技有限公司，其Logo如图9-26（b）所示。
心动游戏，其Logo如图9-26（c）所示。

（a）艾德思奇Logo

（b）光环Logo

（c）心动游戏Logo

图9-26　企业Logo

1. 分析营销背景

《神仙道》是由心动游戏独家代理的新款RPG网页游戏。游戏打破了旧有RPG游戏烦琐的打怪升级模式，采用了全新的设计理念，极度简化玩家的操作方式。该游戏拥有丰富感人的剧情，唯美的仙侠风格场景，变化多端的绝招，并且始终贯穿着大气磅礴的剧情主线，其中的命格系统更是让玩家耳目一新。

据不完全统计，苹果 App Store 目前有超过 5 亿激活账户，现在苹果开发者社区已经开发超过 77.5 万个应用。面对如此激烈而又火爆的市场，选择一个合适的渠道为自己的产品推广一直是开发商们关注的问题。

2011 年最火爆的网游"神仙道"正式进驻移动互联网，在苹果应用商店中也一直保持较高排名。为了进一步扩大品牌知名度，增加 APP 产品的下载量，提高游戏产品的使用度，"神仙道"选择了占据行业内 70%的大众与强势媒体资源，全平台日均 PV 超过 3.7 亿的艾德思奇无线平台多元化方案来推广产品，进行产品和品牌曝光。

艾德思奇主要从事网络营销服务工作，在搜索引擎方面有着一定的优势。艾德思奇无线（mobiSage）在行业内有着良好的口碑，服务于大量的开发者和广告主。

2．确定营销目标

"神仙道" APP 的目标受众定位为 18 岁以上的网民，只要是 18 岁以上的成年人都可以玩"神仙道"游戏。由此看来，此 APP 的受众面还是比较广的，只要你爱好它，就可以参与其中。因此，此次"神仙道"移动营销的目标是：在未来一段时间内影响更多的网民，扩大"神仙道"的市场份额，同时提高其 APP 产品的下载激活量以及产品的活跃度。

3．制定营销策略并实施

根据此次移动营销目标，在实施策略上，艾德思奇无线根据用户的受众面采取全天投放广告的方式，向艾德思奇无线已有近 6 万的 APP 媒体定向精准投放，让更多的网友先知晓"神仙道"，再进一步影响他们，进而使之转化成为神仙道用户。

在具体的广告投放方面，艾德思奇无线（mobiSage）首先采用媒体定投——强大的数据分析能力，锁定高转化媒体，精准出击。基于服务了众多游戏客户的经验，初步圈定游戏目标人群媒体类别投放，并在推广期对多次投放数据进行分析，发现"神仙道"在工具、娱乐、音乐、游戏、生活、社交等年轻人衷爱的媒体上转化率明显高于其他类别媒体。继而，艾德思奇加大对此类媒体的投放分配，有效抓住"神仙道"的目标人群，从而提高广告投放效果。

其次，面对 84M "神仙道"大游戏包的问题挑战，艾德思奇无线采取网络定投——优先识别用户网络环境，对 WIFI、3G、2G 识别定投，轻松推送大包游戏，避免广告的投放浪费。

再次，艾德思奇无线利用其强大的数据中心，监测用户上网活跃时段并进行增量投放，让广告事半功倍。

然后，艾德思奇无线采用用户兴趣定投——SDK 收集信息，分析用户属性，投送与用户相匹配的兴趣广告。通过艾德无线广告 SDK 收集用户手机使用行为习惯，综合分析用户属性，并以触媒兴趣为标准对用户进行标记及分类，推送广告。

最后，艾德思奇无线利用创意广告不断优化强大的智能数据系统，不断分析广告转化率，提升游戏下载。推广前期为"神仙道"游戏创意设计多套 Banner 广告，吸引用户下载，在推广中期不断收集各套广告转化率情况，及时对广告创意进行调整与重新量化分配，提升转化。

具体在广告创意设计和投放方面，艾德思奇无线采用动态广告和静态广告相结合的策略，每半个月左右更换一次全新的 Banner 广告，并且在 iPhone 和 iPad 上多渠道、多形式投放。在广告的设计上突出了广告文案和图片信息的设计，以吸引人的广告语，结合经典的图片、巧妙的背景，给用户以不同的广告体验，使更多的游戏玩家加入其中。

下面是部分广告的展示。如图 9-27 所示，"我在神仙道玩升仙呢，你在哪儿？"用反问的形式来吸引更多爱好仙境游戏或是向往仙境的玩家加入其中。

图 9-27　神仙道创意广告（一）

如图 9-28 所示，"万人同时在线，最刺激的仙侠游戏"来说明游戏好玩而且规模庞大，大家可以同时一起感受，一起分享快乐。"你还没玩？神仙道"点名游戏题目，吸引更多玩家参与。

图 9-28　神仙道创意广告（二）

如图 9-29 所示，"爱玩游戏的你，怎么能不玩儿神仙道"直接点明主题。左边的动漫形象的漂亮 MM 的眼神更是瞬间秒杀网民，促使其加入游戏。

图 9-29　神仙道创意广告（三）

如图 9-30 所示，现在很多人都比较喜欢宅在家里，"宅男宅女必备 APP 游戏神仙道"的广告语也道出了大部分人的心声。

图 9-30　神仙道创意广告（四）

如图 9-31 所示，"屌丝们钟爱的掌上游戏神仙道你不玩吗？"屌丝是一个非常流行的网络用语，反问更能增加人们的好奇心理，从而增加用户量。

图 9-31　神仙道创意广告（五）

如图 9-32 所示,"过年玩神仙道,新版大量萌宠伴你战斗"是春节时在 iPad 上投放的一个 Banner 广告条。它既道出了"神仙道"春节时期上的新版本,又说明了里面的一些具体的升级更新内容。春节本来就是休息时间,在火车上或是走亲访友的闲暇时间比较多,"神仙道"会一直陪在你身边,陪你度过每一个无聊的日子,还能给你带来快乐,何乐而不为呢?

图 9-32　神仙道创意广告(六)

图 9-33 所示为"神仙道"宣传广告在手机终端投放效果的展示之一。图 9-34 所示为手机终端 APP 商店软件包下载页面。

图 9-33　手机终端广告投放效果之一

图 9-34　APP 商店软件包下载页面

在具体的投放渠道上,艾德思奇无线采用多媒体渠道投放,多角度展示,最大限度地追加用户下载量,包括 APP 应用推荐墙、艾德思奇无线广告平台、导航资源位等。图 9-35 所示为 APP 应用商店的 APP 应用推荐。

4. 营销预算

在营销预算费用方面,为了让广告主投入较少的费用达到预期的效果,艾德思奇无线针对不同渠道投放的 Banner 广告都设置了费用限制,每天对一个设备的点击频次设置为一次,在有效帮助广告主节省广告投入的同时收到了较好的推广效果。

"神仙道"移动营销项目自 2012 年 8 月投放至今,经历了三期,第一期试投预算 2 万元,第二期投放预算达 4 万元,第三期投放 10 万元。依据广告效果不断提高广告费的投入。

图 9-35 APP 应用推荐

5. 营销效果

"神仙道"自 2012 年 8 月开始试水移动营销至今经历了三期，取得了很好的移动营销效果，实现游戏总榜第一的不菲成绩。截至 2012 年 12 月底，"神仙道"实现了 40 亿次品牌曝光，400 万次有效点击。在推广期间，也取得了免费 APP 排名第一的好成绩，如图 9-36 所示。在"神仙道"移动营销实施期间，转化率一直保持在 1%，用户活跃度保持在 30%~40%。对于其所在行业的 APP 推广，尤其是安装包大于 50M 的产品而言，能达到这么高的转化率是前所未所有的。

图 9-36 神仙道免费 APP 排名第一

二、案例分析

在竞争十分激烈的网络游戏市场，一款游戏要想让网民了解、认可并喜爱是一件十分困难的事情。"神仙道"在 2012 年 8 月实施移动营销之后，取得了十分不错的效果，究其原因主要包括以下几个方面。

（1）精准的客户群定位。艾德思奇无线在"神仙道"移动营销期间，能够实时跟踪广告投放效果,包括浏览量、点击量、转化率等数据,并根据数据分析结果实时调整投放渠道,做到了目标人群定位精准,提高了移动营销的效果。

(2)以数据为依据。不仅在广告投放渠道方面,在整个"神仙道"移动营销期间,艾德思奇无线都以营销数据作为决策依据,包括目标客户分类定投、广告投放的时间选择、依据效果调整广告策略等。

(3)优秀的广告创意。在互联网信息爆炸的时代,要让网民关注自己的广告,必须在广告创意上有独到之处。艾德思奇无线在"神仙道"广告投放期间,能够根据网民特征、互联网热点和游戏特征等巧妙地设计广告文案、图片信息和表现形式,并且高频度地更新广告投放,能够引起网民的注意力和新鲜感,提高广告效果。

模块二 移动营销相关知识

一、移动营销的概念

移动营销(Mobile Marketing)主要是指伴随着手机和其他以无线通信技术为基础的移动终端的发展而逐渐成长起来的一种全新的营销方式。移动营销的发展依赖并受限于移动终端的发展和普及。其面向移动终端(手机或平板电脑)用户,在移动终端上直接向目标受众定向和精确地传递个性化即时信息,通过与消费者的信息互动达到市场营销目标。

移动营销早期称做手机互动营销或无线营销。移动营销是在强大的云端服务支持下,利用移动终端获取云端营销内容,实现把个性化即时信息精确有效地传递给消费者个人,达到"一对一"的互动营销目的。移动营销是移动商务的一部分,它融合了现代网络经济中的"网络营销"(Online Marketing)和"数据库营销"(Database Marketing)理论,亦为经典市场营销的派生,为各种营销方法中最具潜力的部分,但其理论体系才刚刚开始建立。

二、移动营销的内容

移动营销是基于定量的市场调研、深入地研究目标消费者,全面地制定营销战略,运用和整合多种营销手段,来实现企业产品在市场上的营销目标。移动营销是整体解决方案,它包括多种形式,如短信回执、短信网址、彩铃、彩信、声讯、流媒体等。短信群发只是众多移动营销的手段之一,是移动营销整体解决方案的一个环节。

移动营销的目的非常简单——增大品牌知名度;收集客户资料数据库;增大客户参加活动或者拜访店面的机会;提高客户信任度和增加企业收入。

三、移动营销的4I模式

移动营销的模式,可以用"4I模型"来概括,即:Individual identification(分众识别)、Instant message(即时信息)、Interactive communication(互动沟通)和I(我的个性化)。

Individual Identification(分众识别)。移动营销基于手机进行一对一的沟通。由于每一部手机及其使用者的身份都具有唯一对应的关系,并且可以利用技术手段进行识别,所以能与消费者建立确切的互动关系,能够确认消费者是谁、在哪里等问题。

Instant Message（即时信息）。移动营销传递信息的即时性，为企业获得动态反馈和互动跟踪提供了可能。当企业对消费者的消费习惯有所觉察时，可以在消费者最有可能产生购买行为的时间发布产品信息。

Interactive Communication（互动沟通）。移动营销"一对一"的互动特性，可以使企业与消费者形成一种互动、互求、互需的关系。这种互动特性可以甄别关系营销的深度和层次，针对不同需求识别出不同的分众，使企业的营销资源有的放矢。

I（我的个性化）。手机的属性是个性化、私人化、功能复合化和时尚化的，人们对于个性化的需求比以往任何时候都更加强烈。利用手机进行移动营销也具有强烈的个性化色彩，所传递的信息也具有鲜明的个性化。

四、移动营销的市场意义

1. 收集目标用户手机号码实现精准营销

我国从 2010 年 9 月 1 日起正式实施手机用户实名登记制度，手机号码对应特定的手机用户，而且手机号码的使用周期一般较长，因此手机号码极具营销价值。企业通过收集目标用户信息可以有效地实施精准营销。

2. 辅助市场销售分析

移动营销可以辅助市场调查、数据采集和市场分析。比如，赛拉图推出"我的车我命名，cerato 中文名称有奖征集活动"，通过手机媒体对潜在顾客进行了数据采集与上市宣传。这一点，中小企业应该学会借鉴，借此了解企业产品市场的实际情况。

3. 加强广告效果，进行有效监测

利用传统大众媒体进行营销项目的宣传费时费力，移动营销可以迅速提升传播效果。其中的典型就是 2005 年的"超级女声"。其中蒙牛集团以 1 400 万元冠名费和 8 000 万元后续资金，通过手机短信投票互动的方式，吸引了多达 60 万人的参与，从而达到了广告推广的效果，最终蒙牛的销售额由 2004 年的 7 亿元提升到 2005 年的 25 亿元。

5. 增加消费者黏性

移动营销通过一对一的互动，可以有效增强消费者黏性。比如，雀巢推出的消费者发送"积分密码"到手机短信平台，参与雀巢花心筒积分竞拍的活动。市场活动设计巧妙，指明清晰的晋级方式，让参与者感觉大奖就是为其设置的。该活动应用了移动娱乐式营销，让参与者在对抗中放松对消费的警惕并持续关注此品牌，增加了消费者黏性。

6. 分众和本地化做到极致

本地化移动营销传播可以拉近企业与客户之间的距离，使更多用户参与进来。比如，福特区别于以往的活动形式，采用区域智能回复功能，实现服务本地化。直接互动翼虎的全国性活动"你需要的是最近的那家 4S 店"平台号码直接导入 CRM 系统，进行潜在用户资料备份。

五、APP 应用商店

APP 即 application 的简写，因此被称为应用。APP 通常分为个人用户 APP 与企业级 APP。个人用户 APP 是面向个人消费者的，而企业级 APP 则是面向企业用户开发的。

当互联网进入移动互联网时代时，众多企业与个人开发者希望从中掘金，但多数人的目光聚焦在了面向个人用户的应用上而忽略了企业级移动应用。如今个人市场的竞争已进入白热化阶段,发展速度已趋于缓慢,2013 年预计市场规模为 110.9 亿。相比之下,此时的企业级市场才刚刚起步,2013 年预计市场规模将高达 124.4 亿元,且正以 50%的增幅高速发展。教育、政府、金融及电信行业需求较大,均占总需求比例的 10%以上。面对如此广阔的企业级应用市场,市场却没有一种商业模式能够解决开发者与有开发需求的企业各自的商业目标的分离问题。对于服务企业的开发者,他们面临着诸如项目来源不稳定、服务能力有限、企业规模和渠道有限等无法突破的因素;对于即将接触移动互联网的企业,它们需要面临的制约因素则更多,比如找不到同行业产品的参考、没有可信赖的合作伙伴、产品质量如何检测评估、售后服务如何保障等。在此市场环境下,需要第三方服务来解决企业及开发者双方的问题,起到双向需求汇聚、营销分发、效率提升、成本降低的效用,并能针对双方提供相应的服务。

目前比较知名的 APP 应用商店主要有以下几个。

1. 苹果商店

App Store 是由苹果公司为 iPhone 和 iPod touch、iPad 以及 Mac 创建的,允许用户从 iTunes Store 或 mac app store 浏览和下载一些为 iPhone SDK 或 Mac 开发的应用程序。用户可以购买或免费试用,让该应用程序直接下载到 iPhone 或 iPod touch、ipad、Mac。其中包含:游戏、日历、翻译程式、图库,以及许多实用的软件。App Store 从 iPhone 到 iPod touch、iPad 以及 Mac 的应用程序商店都是相同的名称。

2. 谷歌商店

Google Play 前名为 Android Market,是一个由 Google 为 Android 设备开发的在线应用程序商店。一个名为"Play Store"的应用程序会预载在允许使用 Google Play 的手机上,可以让用户去浏览、下载及购买在 Google Play 上的第三方应用程序。2012 年 3 月 7 日,Android Market 服务与 Google Music、Google 图书、Google Play Movie 集成,并将其更名为 Google Play。

3. 微软商店

Windows Phone 应用商店提供您知道并喜爱的品牌的所有热门应用。在微软商店,可以浏览推荐的 120 000 多个经过认证的应用和游戏。

4. 黑莓商店

BlackBerry World 提供应用软件下载中心,在黑莓中国官网可以免费下载 BlackBerry World,然后通过 BlackBerry World 试用、购买海量应用程序,轻松寻找喜爱的游戏、应用和主题。

应用 APP 应用商店对于有志在移动应用领域有所表现的开发者来说,能很容易掌握开发技术,同时也能容易地将自己开发的应用投入到 IOS 等平台上,包括移动游戏在内的移动应用创业将会是移动互联网领域最有前景和最有商机的方向。在越来越多的大型开发企业和发行商不断涌入到这一新兴领域的背景下,个人开发者如何才能开发出让人眼前一亮的移动应用至关重要。每个 App 的用途都有所不同,不过它们都一定是源自于同一个开始,那就是一个最初的创意。

App Store 模式为第三方软件的提供者提供了方便而又高效的软件销售平台,使得第三方软件的提供者参与其中的积极性空前高涨,适应了手机用户们对个性化软件的需求,从而使得手机软件业开始进入了一个高速、良性发展的轨道。苹果公司把 App Store 这样的一个商业行为升华到了一个让人效仿的经营模式。苹果公司的 App Store 开创了手机软件业发展的新篇章，App Store 无疑将会成为手机软件业发展史上的一个重要的里程碑，其意义已远远超越了"iPhone 的软件应用商店"的本身。

六、移动营销的发展现状

随着新媒体技术的发展，手机成为人们生活中重要的信息传递工具，成了人类的"影子媒体"。其传递信息的快捷、便利、准确超越了以往的任何媒体，并实现了精确的分众化传播——到达每个受众点，同时每个受众都可以成为信息的传递者。在新媒体的研究中，受众研究处于中心位置。移动服务必须能够满足消费者个人的媒体目标，也就是满足个人在使用移动设备时对所追求目标的认知需求。

据市场研究公司 BI Intelligence 日前发布的分析报告称，除了移动游戏，移动商务将是未来移动互联网最有前景的用户行为。移动商务在智能手机时代增长迅猛，已占到电子商务总量的 20%。报告显示，人们越来越多地使用智能手机来支付购物款，目前 29%的美国手机用户利用智能手机购物；预计 2015 年，欧美购物者通过智能手机和平板电脑购物的支出将达 670 亿美元。移动支付的爆炸性增长将对消费者的行为产生深远影响。

移动营销作为移动商务的一部分，企业对移动营销方面也表现得更加重视，越来越多的企业开始觊觎移动营销这片市场。据 CNNIC 报道，截至 2013 年 6 月 30 日，我国手机网民数达到了 4.64 亿，如此庞大的手机终端用户，为未来移动营销创造了广阔的发展天地。

模块三　移动营销项目实训

本实训为移动营销实训，学生在教师指导下，针对某企业、产品或项目一中搭建的企业网站进行移动营销实践，并提交实训报告。

一、实训流程

移动营销实训流程如图 9-37 所示。

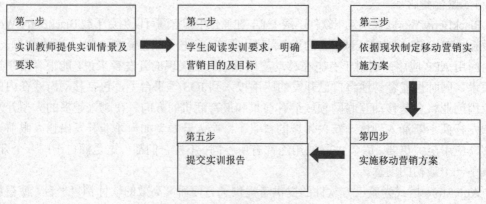

图 9-37　移动营销实训流程

二、实训内容

任务一 明确移动营销的目标

阅读实训情景,明确移动营销的主要目的及目标,结果形成表 9-14。

表 9-14 移动营销目标分析

营销站点或产品	营销的站点名称或产品名称
营销目的	确定营销的实施原因
营销主要目标	促进产品销售,提升品牌知名度,提高站点访问量等

任务二 移动营销方案的策划

根据实训情景,策划移动营销方案,包括移动营销渠道和方式的选择,移动营销内容的创意设计等。进行移动营销时应考虑以下几个方面。

(1)移动营销的方式是否符合企业现状。

(2)移动营销渠道的选择必须有足够的目标受众群体,以保证达到较好的预期效果。

(3)移动营销必须在充分了解移动市场的情况下,在合理的时间段进行移动广告的投放,以提高 ROI。

(4)移动营销的内容设计必须有创意,迎合目标群体对移动信息的苛刻需求。这样不仅能提升营销的效果,而且可以降低广告信息对网民的干扰。

对移动营销进行策划后形成表 9-15。

表 9-15 移动营销策划

类 目	内 容
移动营销渠道	
移动营销方式	
移动营销时间	
移动营销内容	
其他	

任务三 移动营销的实施

根据策划方案,针对教师指定的企业、产品或项目一中搭建企业网站,通过手机平台以及相关移动互联网工具进行移动营销方案实施,发布移动营销广告,与网民展开互动。完成后,提交实训报告。

项目十 整合营销

 能力目标

- 📖 能够利用各种渠道或市场调查确定营销目标；
- 📖 能够独立完成整合营销的策划及具体实施方法；
- 📖 能够对整合营销效果进行全面分析。

 知识目标

- 📖 了解整合营销的概念、特点；
- 📖 理解整合营销的优势、可应用的网络营销工具；
- 📖 掌握整合营销的实施对策和措施、整合营销效果分析的方法。

> 在本项目中，学生通过自选企业整合营销方式，结合本项目中的案例内容，完成对授课教师推荐企业的产品或企业本身的整合营销，从而体验整合营销实施的整个过程，掌握整合营销的全部内容与技巧。

模块一 案例学习

案例一 DHC 整合营销

一、支持企业

DHC，其 Logo 如图 10-1 所示。

图 10-1 DHC Logo

二、企业背景

日本 DHC 的化妆品业务始于 1983 年，所有产品均以通信贩卖的形式进行销售。从基本的肌肤护理产品开始，至化妆品、美体产品、护发用品、男士护肤品、婴儿护肤品以及健康食品，DHC 的品牌产品在全球影响深广。DHC 作为日本通信销售第一的化妆品品牌，彩妆、香水、美白防晒品、护肤品、瘦身产品等应有尽有。

三、案例详解

在网络营销手段日益繁多的今天，用多种网络营销手段整合营销企业产品的营销手段成为当今众多企业的首选。本案例主要讲述了日本 DHC 化妆品业务自 2005 年 1 月进入中国市场后，实施的一系列整合营销策略。到 2008 年，DHC 已拥有众多会员，并在中国女性消费者中具有良好的口碑，成为了通信销售化妆品领域的 NO.1。

任务一 确定整合营销目标

1. 实施原因

DHC 是日本的一个化妆品品牌，它进入中国市场的时间相比其他欧美品牌晚得多。而对于化妆品营销而言，想在一个新市场当中抢得一席之地，即使投入大量的营销成本，也未必完全可以实现目标。于是 DHC 为了能在短时间内在中国市场产生较大的品牌营销力，赢得中国女性的喜爱，采取了整合营销方式以达到营销目的。

2. 实施目的

实行整合营销，使得 DHC 化妆品品牌在中国同行业市场内取得良好的口碑效应，增加会员注册数量和 DHC 官方网站访问量，进而提升化妆品系列产品销量。

3. 实施受众

以年轻女性消费者为主，青年男性消费者次之，也包括有婴儿的妈妈群体。

任务二　策划整合营销方案

1. 营销方式的选择

在确定好营销目标后,结合 DHC 化妆品的特性,选择适合操作的网络营销方式。经过网络调查后,分析确定可采取的网络营销方式有:体验营销、病毒营销、口碑营销、软文营销、会员制营销以及其他多渠道营销方式。选择原因如表 10-1 所示。

表 10-1　营销方式选择原因

营销方式	选择原因	是否可行
体验营销	由于女性买化妆品时有着"先体验,后购买"的消费习惯,而且根深蒂固,因此让用户先体验是首先应选择的方式	经调查可行
病毒营销	对于新产品的网络营销,病毒营销的成本最低,且传播力度最强、范围最广,尤其像 DHC 这样的化妆品行业,病毒营销的效果最佳	经调查可行
口碑营销	好的产品,会拥有良好的消费者口碑,口碑营销对于 DHC 的品牌知名度和影响力起着决定性作用	经调查可行
软文营销	软文营销对于产品的网络营销也有一定的影响力,很多用户看重的还是用户的一些使用反馈信息,化妆品的软文一般都以用户体验为主	经调查可行
会员制营销	用户购买产品一般都希望有会员优惠活动,给予用户品牌会员的身份,会给用户一种切实的归属感,让用户更加喜爱该产品,长期积累可增加用户的品牌忠诚度	经调查可行

2. 制订实施计划

制订的实施计划如表 10-2 所示。

表 10-2　实施计划

实施阶段	主要任务	具体内容	落实人	时间段
第一阶段	确定受众人群	确定受众人群主要为青年女性消费者,部分有化妆品需求的青年男性以及有婴儿的妈妈群体	DHC 网络营销人员	2005.1
第二阶段	选择营销手段	确定使用体验营销、病毒营销、口碑营销、会员制营销以及其他多渠道营销方式	DHC 网络营销人员	2005.2
第三阶段	确定营销内容	由 DHC 网络营销主管与网络营销人员商讨,确定合适的推广内容,将确定的推广内容编辑修改	DHC 网络营销人员	2005.3
第四阶段	选择营销平台	选择适合推广 DHC 产品并有适合使用 DHC 产品的青年女性经常在线的平台,如瑞丽、昕薇等化妆品时尚网站	DHC 网络营销人员	2005.4
第五阶段	发布营销内容	将编辑好的推广内容,以不同形式(如问答形式)发布于选择推广的平台上	DHC 网络营销人员	2005.5～2008.6
第六阶段	效果监测	在将推广内容发布后,监测 DHC 官网访问量与产品销量以查看营销效果并进行评估	DHC 网络营销人员	2008.7

任务三　实施整合营销方案

1. 确定营销内容

由 DHC 决策层给出营销目标，DHC 网络营销人员按照营销目标确定适合的推广内容，不同的网络营销方式要对应不同的推广内容。推广内容主要以其较受欢迎的产品为推广亮点，以增加用户对品牌的信任度。

2. 选择营销平台

由于 DHC 的受众群体大多集中在青年女性群体中，所以 DHC 的网络营销人员选择了深受众多年轻女性喜爱的网站，营销平台主要确定为瑞丽网（http://www.rayli.com.cn/）、昕薇网（http://www.ixinwei.com/）。

瑞丽是中国极具影响力的时尚类传媒企业，拥有多个业绩骄人的强势时尚媒体，深刻地影响着当今中国的都市潮流风尚。在"媒体整合，品牌延伸"的战略指导下，瑞丽已经发展成为面向国际，以高档期刊出版为核心，同时发展网络、图书、无线移动媒体等多种媒体，兼营广告、发行、整合营销、模特经纪等多项业务的立体化传媒企业。在同行业中，瑞丽的品牌影响力居于首位。其《瑞丽》杂志更是备受女性的喜爱，销售量多年排名第一。企业 Logo 如图 10-2 所示。

昕薇网是《昕薇》杂志的官方网站，反映"个性、时尚、品位、潮流"的《昕薇》杂志是个性女人驾驭国际前沿时尚、发掘自身魅力的完备实用指南，令顶级个性潮流为我所用。《昕薇》杂志一直深受国内女性的喜爱，在国内同行业中，其品牌影响力也是位居前列，企业 Logo 如图 10-3 所示。

图 10-2　瑞丽 Logo

图 10-3　昕薇 Logo

营销平台除瑞丽网和昕薇网之外，还包括知名购物网站淘宝、京东商城等，在这些平台上都有其品牌导购专区。另外还有国内各大门户网站，用于后期的网络广告投放。

3. 实施营销方式

（1）网络广告营销。DHC 在病毒营销方面采用广告联盟的方式，将广告遍布大大小小的网站，由于同时采用试用的策略，广告的点击率也是比较高的。同时，大范围地进行网络营销，也使其综合营销成本相对降低，并且营销效果和规模要远胜于传统媒体。图 10-4、图 10-5 是 DHC 在各大网站上所投的网络广告，广告所营销的产品和免费试用索取标志较为显著。该广告从广告形式设计、内容设计以及广告大小上都可谓煞费苦心。先从广告设计上来看，图 10-4 右侧为所推销的产品系列，配有精练的文字介绍；左侧则为著名韩国影星青春靓丽的形象，更为 DHC 品牌增添了活力和感染力。广告的亮点就在于左下方注明的"免费索取试用装"，它将吸引更多的消费者注册申请试用。从左上顶部的广告语——"亲身体验，橄榄美肌魔力！"中更能看出广告策划者花费了大量心思。广告总体大小为 480 像素×350 像素，便于各大站长将其放于自己的网站，扩大广告宣传范围。

图 10-4　DHC 网络广告

图 10-5　在昕薇网的网络广告

（2）体验营销。逛街是中国女性群体最重要的休闲方式之一。她们到商场、专柜购买化妆品，购物不是目的，而在于享受购物的过程，体验完美舒适的购物环境和购物的快感。"先体验，后购买"化妆品的消费习惯延续多年、根深蒂固。DHC 通过市场调查后，了解了中国女性的消费习惯，随即采用免费试用的营销策略，让用户免费体验，在试用产品后产生购买欲望，从而达到营销的目的。

一次良好的品牌体验（或一次糟糕的品牌体验）比正面或负面的品牌形象要强有力得多。免费体验是受消费者欢迎的，策划免费体验营销的 DHC 工作人员虽然考虑到了中国女性"先体验，后购买"的化妆品消费习惯，但是免费申请试用装的策略在同行业中还没有被采用过，DHC 是第一家，这样的策略更能增加 DHC 的品牌知名度。不过，这对 DHC 的产品质量是一次严峻的考验，如果试用产品效果不好，只会带来反面效果。

经过全面考虑，DHC 决定采用申请免费试用体验的策略。用户只需要填写真实信息和邮寄地址，DHC 指定的客服人员收到地址后审查是不是正确地址，然后将其分地区整理，最后由指定的 DHC 物流配送人员将 4 件套的免费试用装按地址邮寄给用户，用户就可以拿到试用装了。这就是消费者在网上申请免费试用装的整个流程。在此流程中，DHC 高层会分配 3～6 个人作为客服人员审核地址，10～15 人作为物流配送人员给用户邮寄试用装。申请的用户数量如果多的话将会适当增加人手。当消费者试用过 DHC 产品后，就会对此有所评价，并且和其他潜在消费者交流，一般情况下交流都是正面的。

（3）口碑营销。有调查显示，31%的被采访对象肯定他们的朋友会购买自己推荐的产品；26%的被采访对象会说服朋友不要买某品牌的产品。消费者给潜在消费者的推荐或建议，往往能够促成潜在消费者的购买决策。铺天盖地的广告攻势，媒体逐渐失去公正的公关形象，已经降低了消费者对传统媒体广告的信任度，口碑传播已经成为化妆品消费最有力的营销策略。

在瑞丽网有 DHC 的品牌专区，专区中用户可以以博文形式、论坛互动交流的方式、话题评论的方式反馈品牌体验，在这里用户的口碑相传能够带来不错的营销效果。

图 10-6 所示为 DHC 在瑞丽网的品牌专区链接 http://www.rayli.com.cn/brand/DHC.html。

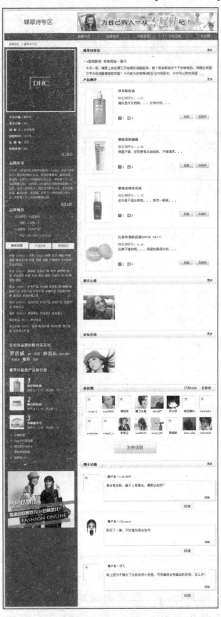

图 10-6　瑞丽网的 DHC 品牌专区

（4）会员制营销。类似于贝塔斯曼书友会的模式，只需通过电话或上网索取DHC免费试用装，以及订购DHC商品就会自动成为DHC会员，无需缴纳任何入会费与年会费。DHC会员还可获赠DM杂志，DM杂志是DHC与会员之间传递信息、双向沟通的纽带。DHC采用会员制大大提高了DHC消费者的归属感，拉近了DHC与消费者的距离。

（5）网络营销导向型网站。除利用外界的网络营销手段之外，DHC当然也不会忘记本身的可用条件，那就是DHC的官方网站。从DHC官方网站的首页可明显看出其营销导向的用心之处。首页整体上以图片展示居多，其次较为突出的是购物信息、会员专区信息以及优惠活动专题信息，如图10-7所示。

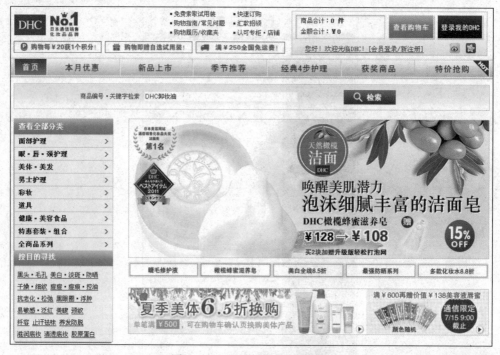

图10-7　DHC首页第一屏截图

由图10-8可以看出，DHC首页代码中的Keywords和Description内容设置较多，Keywords中将用户可能搜索的词语和DHC化妆品的最显著特色如卸妆、祛痘祛斑、美白等都体现出来了。而Description的内容形式不是通常的一段话的介绍，仍然是系列关键词。

```
<html valign="top">
<title>DHC中国－日本DHC原装进口化妆品通信销售</title>
<meta name="keywords" content="化妆品,进口化妆品,青春痘,色斑,卸妆,美白,护肤,DHC,DHC化妆品,蝶翠诗,胶原,胶原蛋白">
<meta name="description" content="化妆品,进口化妆品,DHC化妆品,蝶翠诗,免费索取试用装,试用装,卸妆,洁肤,护肤,滋养,滋润,胶原,胶原蛋白,肌肤修护,通信销售,美白,DHC中国,中国,DHC中国总代理,DHC 价格,蝶翠诗网站,蝶翠诗中文网站,DHC中网站,自然滋化妆品,日本最畅销,日本最受欢迎,人气化妆品,纯天然,通信贩卖,通信销售,天然成分,植物性,美容滋养装,西班牙橄榄,口红,面霜,眼影,吸油面纸,礼盒装,DHC 系列,肌肤护理,美白养颜,控油去痘,日本著名化妆品 DHC,邮购化妆品,美容咨询">
<center>
```

图10-8　DHC首页Keywords、Description

（6）软文营销。化妆品行业选择软文营销策略是非常可取的。由于消费者在购买化妆品前，最先考虑的会是用户体验，即购买过的用户的使用感受。而化妆品的软文相比于其他产品也更容易写出来。比如可以写一篇使用过某一款化妆品的心得体会，也可以写多种化妆品的使用比较，这些都能为其产品做推广。消费者若是看到用户使用某产品的感受良好,那么他们对于这个品牌的初步印象就很好了。如果是比较类的产品软文,就更容易促进销售了。DHC 的软文营销主要运用在瑞丽网上,其主要形式为作者写出的品牌用户体验,如文章《10 款植物卸妆品天然净化肌肤》,表面看来是作者使用卸妆品的实用体验分享,实则为一篇软文,其中就有对 DHC 卸妆油做的推广,但是这篇文章得到了用户的认可,转载量较高,可见作者的软文功底很扎实。图 10-9 所示为推荐 DHC 卸妆油的相关内容。除在瑞丽网上发布软文外,DHC 网络营销人员还选择了很多平台来发布自己的软文,以推广 DHC 的新产品和最受欢迎的产品。原文链接为 http://beauty.rayli.com.cn/skincare/2011-05-19/L0003002003_849485_7.html。

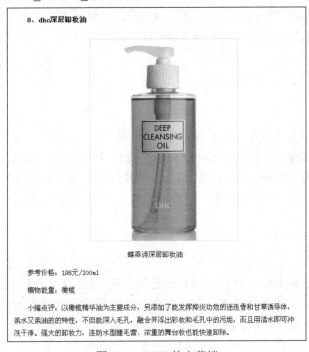

图 10-9　DHC 软文营销

（7）多渠道营销。网络营销是 DHC 营销体系的一部分,DHC 还在传统媒体上发布了广告,另外还重金聘请了代言人,并在主要城市的各大商场开设 DHC 销售专柜,这些行为都是在提升品牌的形象。多渠道的营销推广,加深了消费者对 DHC 品牌的印象,当得到试用的机会后,促成购买的可能性也大大增加。多渠道的市场营销与网络营销的结合,更能提升营销效果,增加消费者对该品牌的信任度,从而促进产品销售。

任务四　效果监测与评估

DHC 网络营销人员通过一系列的营销方式,用了三年的时间,成功进入中国市场,在中国女性消费者中形成良好口碑。DHC 通过深入的市场调研,了解女性群体的消费心理——"先体验,后购买",应用免费体验营销一举成名。同时 DHC 懂得通过网络媒体和传统媒体、形象代言人提升品牌形象和品牌可信度,对于新产品而言这些都是打开市场的关键。网络的病毒式营销能够将传播的点放大化,投入 1 分的成本看到的也许是 10 分的效应。通过体验营销的方式，直面消费者，用产品去改变消费者的消费观念，一旦建立品牌信任，DHC 很有可能在整个消费者群体中传播开来，会有更多的人申请试用，更多的人尝试购买。DHC 还利用会员 DM 杂志将用户和品牌紧紧捆绑在一起，不断关注和提醒消费者，自然会促成更多的购买决策，产生更大范围的影响。

以下为三年时间里 DHC 通过一系列整合营销方式后，产生显著效果的数据反映。

（1）自 2005 年到 2008 年，DHC 的官方网站访问量剧增，到 2008 年，据该官方网站统计数据反映，其中国国内 IP 的增加量相比 2005 年增长 9 倍之多；

（2）自 2005 年到 2008 年，DHC 官方网站的国内会员注册量已达到约 236 866 人；

（3）自 2005 年到 2008 年，DHC 在国内的产品总销量增加了 6 倍；

（4）2005 年到 2008 年间，所投入的网络广告的点击率在同行业中排名第一，并产生了可观的收益。

四、相关术语

1. 体验营销

体验营销是指企业通过采用让目标顾客观摩、聆听、尝试、试用等方式，使其亲身体验企业提供的产品或服务，让顾客实际感知产品或服务的品质或性能，从而促使顾客认可、喜欢并购买产品或服务的一种营销方式。这种方式以满足消费者的体验需求为目标，以服务产品为平台，以有形产品为载体，生产、经营高质量产品，拉近企业和消费者之间的距离。

2. 会员制营销

会员制营销就是企业通过发展会员，提供差异化的服务和精准的营销，以提高顾客的忠诚度，长期增加企业利润。也可理解为通过利益关系将无数个网站链接起来，将商家的分销渠道扩展到互联网的各个角落，在提高商家的销售额的同时为会员网站提供了一个简易的赚钱途径。也就是说，各个网站主加入商家的会员计划，浏览者访问商家的会员网站，然后点击商家的广告并在商家的网站购物，商家付给会员销售佣金。

3. 多渠道营销

多渠道营销指商家为了营销企业产品所采取的各种渠道的营销手段，结合了网络营销和市场营销的多种营销方式。通过官方网上商城、平台商城专卖店、社区商城等多个渠道实施全网覆盖，与网购人群无缝对接，实现商品、促销、资讯同步管理，从而建立全网集控体系。

4. DM 杂志

DM，是英文 Direct Mail Advertising 的简称，即直接邮递广告，也称直邮广告，是指通过邮政系统将广告直接发送给广告受众的广告形式。

五、案例分析

1. 案例因素分析

在本案例中，DHC 采取网络整合营销方式取得了显著成效，其成功之处表现在以下四个方面。

（1）相对于传统营销降低了营销成本；

（2）大幅度提高了品牌占有市场的速度；

（3）消费者通过互联网对潜在消费者产生有效的口碑效应；

（4）整合营销有别于独立营销，多种营销方式的结合，更易快速地扩大品牌知名度，提高产品销量。

DHC 在中国的成功绝非偶然。它是第一个在中国内地全面采用通信营销模式的化妆品品牌；它拥有在美国、韩国、中国港台地区等多个市场营销运作的宝贵经验和日本三十余年的品牌积淀。更为重要的是，DHC 在纷繁复杂的中国化妆品市场上快速有效地进行了多渠道体验营销的中国化实践。可以说，"坚持"延续了 DHC 通信销售的成功，"变革"再造了 DHC 在中国多渠道销售的辉煌。

通过本案例，我们可以看出，一方面，传统企业需要针对消费者的心态，利用互联网新媒体工具进行有效的营销推广；另一方面，消费者的心态和消费交流的欲望本身也是一种非常有价值的需求，其商业的转化也是十分便利，所以帮助品牌凝聚精准用户产品的应用，必然会受到商业的青睐。也许这就是社会化商务应该做的事情，只是一个时间问题。

2．学生互动分析

授课教师和学生可以根据案例内容进行互动讨论，学生可以积极提出与案例相关的问题，并可以表述个人对本案例的观点，学生之间可以以小组形式讨论。教师及时回答学生提出的案例问题，并根据学生讨论结果进行案例分析总结。

资料来源：http://wenku.baidu.com/view/652a19a1284ac850ad0242e8.html

案例二　Dell 网络整合营销

一、支持企业

戴尔公司，其 Logo 如图 10-10 所示。

图 10-10　戴尔 Logo

二、企业背景

戴尔公司（Dell Computer）于 1984 年由迈克尔·戴尔创立，是一家总部位于美国得克萨斯州朗德罗克的世界五百强企业。创立之初，公司的名字是 PC's Limited，1987 年改为现在的名字。戴尔以生产、设计、销售家用以及办公室电脑而闻名，不过它同时也涉足高端电脑市场，生产与销售服务器、数据储存设备、网络设备等。戴尔的其他产品还包括了 PDA、软件、打印机等电脑周边产品。

三、案例详解

当今社会的互联网让营销力量得到了极大的释放，网络营销融入企业的运营模式之中。DELL 公司的网络营销策略迎合了时代的潮流，利用了先进科技来发展其网络销售，可谓是开直销之先河，抓住了商机。DELL 是国际个人电脑销售排名第一的公司，它除了门店直接销售 PC 外，最主要的营销方式就是网络营销。据了解，DELL 公司每年绝大部分的营业额都是来自网络营销，因此它在业界是非常引人注目的，其网络营销策略的应用实力可见一斑。本案例将详细讲述 DELL 公司网络整合营销的实施过程。

任务一　确定整合营销目标

1．实施原因

为了在进入中国市场后，迅速地在中国电脑行业市场占据主要地位，获得可观的营销业绩，DELL 随即采取了网络整合营销方式来达到营销目的。

2．实施目的

进行整合营销的目的在于，使得 DELL 的品牌在中国同行业市场内取得良好的口碑效应，增加 DELL 官方网站访问量，进而提高其计算机产品的销量。

3．实施受众

DELL 的主要受众群体为商业用户、政府部门、教育机构和个人消费者。

任务二　策划整合营销方案

1．营销方式的选择

在确定好营销目标后，结合 DELL 电脑的特性，选择适合操作的网络营销方式。经过网络调查后，分析确定可采取的网络营销方式有搜索引擎营销、网络直销、网络广告、论坛营销、博客营销等方式。选择原因如表 10-3 所示。

表 10-3　营销方式选择原因

营销方式	选择原因	是否可行
搜索引擎营销	由于很多欲购买电脑的消费者，首先会在网上搜索查询其品牌信息，因此 DELL 选择在国内消费者使用较多的知名搜索引擎 Google 和百度上，采用搜索引擎营销策略，使得消费者能及时看到 DELL 的信息	经调查可行
网络直销	DELL 电脑首创网络订购，便于用户选择其喜爱的电脑，网络直销是其主要采用的营销策略	经调查可行
网络广告	如今很多企业为扩大其产品的推广范围，选择了网络广告，在一些知名网站和门户网站上都挂有自己的广告，这样可使受众群体及时看到其品牌信息，激发消费者的购买欲望。因此 DELL 同样选择采用网络广告的方式	经调查可行
论坛营销	论坛营销对产品的网络营销也有一定的影响力，很多用户看重的还是用户的一些留言反馈信息，发布在论坛中的信息也能给产品带来信誉度。因此 DELL 同时选择了论坛营销	经调查可行
博客营销	博客营销是很多企业所采取的策略，DELL 采用博客营销主要是从用户的角度考虑，可以让用户在博客上看到 DELL 的最新信息，其他用户购买使用的感受等内容	经调查可行

2．制订实施计划

制订的实施计划如表 10-4 所示。

表 10-4　实施计划

实施阶段	主要任务	具体内容	落实人	时间段
第一阶段	确定受众人群	确定受众人群主要为商业用户、政府部门、教育机构和个人消费者	DELL 网络营销人员	1998.8
第二阶段	选择营销手段	确定使用搜索引擎营销、网络直销、网络广告、论坛营销以及博客营销	DELL 网络营销人员	1998.8
第三阶段	确定营销内容	由 DELL 网络营销主管与网络营销人员商讨，确定适合的推广内容，将确定的推广内容编辑修改	DELL 网络营销人员	1998.9
第四阶段	选择营销平台	选择适合推广 DELL 电脑并有适合使用 DELL 电脑的消费者经常在线的平台	DELL 网络营销人员	1998.9
第五阶段	发布营销内容	将编辑好的推广内容，以不同的形式（如问答形式）发布于选择推广的平台上	DELL 网络营销人员	1998.10~2004.4
第六阶段	效果监测	在将推广内容发布后，监测 DELL 官网访问量与产品销量以查看营销效果并进行评估	DELL 网络营销人员	2004.5

任务三　实施整合营销方案

1．确定营销内容

由 DELL 决策层给出营销目标，DELL 网络营销人员按照营销目标确定适合的推广内容，不同网络营销方式要对应不同的推广内容。推广内容主要以其提供在线订购使用户能够自选喜爱的电脑为推广亮点，增加品牌信誉度。

2．选择营销平台

由于 DELL 的受众群体大多集中在中青年消费者群体中，DELL 的网络营销人员随即选择了深受众多中青年电脑爱好者喜爱和他们经常浏览的网站，营销平台主要确定为中关村在线、淘宝商城、新浪博客等。

中关村在线（www.zol.com.cn）是中国第一 IT 门户，是一家资讯覆盖全国并定位于销售促进型的 IT 互动门户，被认为是大中华区最具商业价值的 IT 专业门户。中关村在线是集产品数据、专业资讯、科技视频、互动行销为一体的复合型媒体，也是 CBS INTERACTIVE 中国区媒体群的旗舰。

营销平台还包括知名购物网站如京东商城、1 号店等，在这些平台上都有其品牌导购专区。另外营销平台还包括国内各大知名网站，如新浪、搜狐、网易等，这些主要用来投放后期的网络广告。

3．实施营销方式

（1）网络直销。电脑软硬件产品是十分适合使用网络直销的。首先，网络用户大多数是电脑发烧友，对于这类信息最为热衷；其次，电脑产品的升级换代快，使得这一市场有着永不衰退的增长点。戴尔充分认识到这两点，利用互联网推广其直销订购模式，凭借着出色的网络营销发展模式，一举超越所有竞争对手，成为全球销售量第一的电脑公司。

其直销订购的流程如下：消费者可以在 DELL 官方网站（图 10-11 为首页图）或其他购物商城的 DELL 品牌销售专区看到其产品信息，比较了解产品信息后，确定喜爱的电脑机型及配套机型，然后以注册会员身份登录→选择定制和购买→我的购物车→进入结账流程→填写订单信息→选择付款方式付款→提交订单（等待发货）→收到发货通知→收到货物。

图 10-11　DELL 官网首页

（2）搜索引擎营销。DELL 的搜索引擎营销主要表现在 DELL 官方网站搜索引擎优化上，如图 10-12 所示为公司的 Meta 标签信息，其中的关键词（Keywords）较多，包含了多个 DELL 的产品名称，这些词语都是消费者能搜索到的词语。另外，摘要（Description）的内容也是几经精简的语句，内容里提到了 DELL 的主营产品、自主配置和在线购买的特色服务。除首页之外，各栏目页的 SEO 内容也都有相对应的设置，这些操作都便于用户在搜索引擎上及时搜索到 DELL 电脑的信息。

```
<TITLE>戴尔 -官方网站 ｜ Dell 中国大陆</TITLE>
<META NAME="KEYWORDS" CONTENT="计算机,笔记本电脑,台式机,打印机,显示器,内存,硬盘,服务器,存储,直销,戴尔,dell,促
销,优惠,硬件,内存,报价,电脑报价,电脑价格,电脑配置,硬件,pc,computer,server,LCD,desktop,memory,notebook,laptop">
<META NAME="METRICSPATH" CONTENT="seiwatch=www.dell.cn/">
<META NAME="DESCRIPTION" CONTENT="戴尔中国（Dell China）为您提供随需定制的计算机,笔记本电脑,台式机,打印机,服务器,存储
器,便携设备,电子产品及附件等。自主配置您的计算机,及时获得最新科技所带来的优化价值,欢迎在线购买！">
```

图 10-12　首页源代码中的 Keywords 和 Description

除 DELL 自身官网的搜索引擎外，DELL 还购买了 Google 和百度的关键词，使得消费者能够第一时间在各大搜索引擎上查询到 DELL 的信息。关键词营销在搜索引擎营销中表现最为突出。

（3）网络广告。

① 投放在搜索引擎上的广告。DELL 的网络广告遍布国内各大著名门户网站及 B2B、B2C 商城网站，由于采用订购直销的策略，广告的点击率是非常高的。同时，大范围地进行网络营销，也使其综合营销成本相对降低，并且营销效果和规模要远胜于传统媒体。图 10-13 和图 10-14 分别为 DELL 在百度和 Google 上投放的广告，广告所营销的产品和订购直销的标志较为显著。两则广告皆以图文结合的方式展示，广告语内容设计较多，同时展示了订购电话、产品促销信息以及比对信息等。其突出明显的 DELL Logo 和精练的广告语文字说明，足可以提升用户对其产品的品牌信任度。此类广告重在文字说明，不同于图片广告。

图 10-13　DELL 在百度上投放的广告

图 10-14　DELL 在 Google 上投放的广告

② 在 DELL 官网上的广告。由图 10-15 和图 10-16 可看出，在 DELL 官方网站上所投放广告皆为最新的热卖促销信息，目的在于使得消费者进入官网后首先看到其热卖产品的信息，激发其购买欲望。广告简单明了，图片清晰、美观、大方，所配文字说明精练。广告形式皆为 Flash 动画展示。广告大小分别为 927 像素×378 像素、510 像素×200 像素。

图 10-15　首页 Flash 焦点广告

图 10-16　频道页 Flash 焦点广告

③ 在各大网站上投放的广告。DELL 还在其他各大网站上投放了广告，图 10-17 和图 10-18 分别为在新浪和人人网上投放的广告。

图 10-17　DELL 在新浪新闻中心投放的广告

图 10-18 DELL 在人人网投放的广告

（4）论坛营销。DELL 的论坛营销主要体现为其官方网站开设的在线论坛，不只是大客户，那些小型企业、大批的居家办公者也被吸引到了 DELL 品牌的周围。从 1998 年秋季开始，DELL 设立的高层主管与客户的在线论坛"与 DELL 共进早餐"，已经扩大到小型的商业用户。在线论坛的聊天话题包括服务器市场走势等大题目，而且它还设法让一般用户有机会提出各种各样的问题，然后通过 DELL 的在线知识库在人工智能软件的帮助下给予自动回答。如图 10-19 所示为 DELL 官网的论坛专区。

图 10-19 DELL 官网的论坛专区

除官方网站的论坛以外，在其他业界知名网站的论坛，如中关村在线论坛、硅谷动力网论坛等上面，DELL 也发布了营销信息，营销内容主要为 DELL 的促销优惠产品信息或最新发布的新品以及产品介绍。

（5）博客营销。DELL 的博客营销主要体现为其官方网站开设的博客专区，博客内容主要为消费者提供资讯、产品介绍和发布的新产品信息。用户可点击阅读博客文章并可对其进行评论。图 10-20 所示为 DELL 官网的博客专区。

图 10-20　DELL 官网的博客专区

任务四　效果监测与评估

截至 2004 年 4 月 30 日的第一财季 DELL 在中国市场表现突出，产品出货量增长了 48%。根据 IDC 公司 2003 年第 4 季度对 PC 市场的研究报告显示，1998 年至 2004 年五年的时间里 DELL 通过一系列网络整合营销方式后，产生了显著效果，如下所述。

（1）DELL 在中国的 PC 出货量以 7.3%的总体份额位居中国 PC 市场第三。

（2）DELL 在中国市场的服务器出货量排名第一，市场份额占 24.1%，进一步显示出 DELL 在中国、亚太地区乃至全球业务中的战略地位。

（3）从 1998 年到 2004 年，DELL 的官方网站访问量持续猛增，到 2004 年 4 月据 DELL 官方网站统计数据反映其访问量中国国内 IP 的增加量相比于 1998 年增长了 8 倍。

（4）自 1998 年到 2004 年，DELL 在中国国内的产品总销量增加了 11 倍。

四、相关术语

1. 网络直销

网络直销是指生产厂家借助联机网络、计算机通信和数字交互式媒体且不通过其他中间商，将网络技术的特点和直销的优势巧妙地结合起来进行商品销售，直接实现营销目标的一系列市场行为。开展网络直销有三种主要方式：直销企业建立网站、直接网络派送和电子直邮营销。

2. PC

PC（Personal Computer，个人电脑）一词源自 1978 年 IBM 的第一部台式计算机型号 PC，在此之前有 Apple II 的个人电脑。能独立运行、完成特定功能的个人电脑。个人电脑不需要共享其他电脑的处理、磁盘和打印机等资源也可以独立工作。今天，"个人电脑"一词则泛指所有的个人电脑，如台式电脑、笔记本型电脑或是兼容于 IBM 系统的个人电脑等。

3．PDA

掌上电脑即 PDA（Personal Digital Assistant），就是个人数字助理的意思。顾名思义就是辅助个人工作的数字工具，主要提供记事、通信录、名片交换及行程安排等功能。

4．IDC

IDC（Internet Data Center），即互联网数据中心，是指在互联网上提供的各项增值服务，包括申请域名、租用虚拟主机空间、主机托管等业务的服务。

五、案例分析

只是短短的五年时间，DELL 何以能在中国市场取得如此骄人的业绩？DELL 的成功可以从以下四个方面分析。

（1）从市场环境来看，中国目前是世界上 IT 产品采购增长最快和潜力最大的市场，DELL 赶上了中国加快信息化建设的大好时机。

（2）DELL 自身的商业理念"直销模式、标准化产品和服务意识"正在被越来越多的中国客户接受，这也是 DELL 在中国市场取得成功的重要因素。在大规模的集团采购中，直销模式为用户有效地降低了总体成本。

（3）DELL 的服务也独具特色。采用直销模式后，DELL 对每件产品都有编号、配置和客户的使用档案，一旦在使用中发现问题，通过打电话可以解决的概率就有 85%。此外，DELL 还为大客户提供企业级高级服务，即 4 小时响应制，要求维修人员在 4 小时内携带零配件到达现场。据说，目前尚无其他厂商能达到这一水准。

（4）DELL 的网络整合营销完美体现了 4I 原则，即利益原则（Interests）、互动原则（Interaction）、个性原则（Individuality）、趣味原则（Interesting）。

利益原则（Interests）主要表现为其产品的总体销售额和免费为消费者提供更多的资讯等，使得消费者对产品接受度大增。

互动原则（Interaction）主要表现为 DELL 官方网站的在线论坛、博客、搜索服务以及视频专区中 DELL 人员和用户的交流互动。

个性原则（Individuality）主要表现为 DELL 根据顾客需要，为顾客量身定做电脑，正所谓"量体裁衣"。每一位顾客对电脑的要求是不一样的，所以 DELL 公司为消费者"分门别类"。

趣味原则（Interesting）主要表现为 DELL 的网络广告语。

资料来源：http://www.docin.com/p-427704491.html

模块二　整合营销相关知识

一、整合营销的概念

整合营销是一种系统化地结合各种营销工具和手段，并根据环境进行即时性的动态修正，以使交换双方在交互中实现价值增值的营销理念与方法。整合营销就是为了建立、维护和传播品牌以及加强客户关系,而对品牌进行计划、实施和监督的一系列营销工作。整合就是把各个独立的营销方式综合成一个整体,以产生协同效应。这些独立的营销工作包括广告、直接营销、销售促进、人员推销、包装、事件、赞助和客户服务等。

二、整合营销的特点

(1) 在整合营销传播中,消费者处于核心地位。

(2) 对消费者的深刻全面的了解,是以建立资料库为基础的。

(3) 整合营销传播的核心工作是培养真正的"消费者价值观",与那些最有价值的消费者保持长期的紧密联系。

(4) 在整合营销过程中,以本质上一致的信息为支撑点传播企业信息。企业不管利用什么媒体,其产品或服务的信息一定要清楚一致。

(5) 以各种传播媒介的整合运用作为手段进行传播。凡是能够将品牌、产品类别和任何与市场相关的信息传递给消费者或潜在消费者的过程与方式,均被视为可以利用的传播媒介。

三、整合营销的操作思路

1. 以整合为中心

着重以消费者为中心并把企业所有资源综合利用起来,实现企业的高度一体化营销。整合既包括企业营销过程、营销方式以及营销管理等方面的整合,也包括对企业内外的商流、物流及信息流的整合。

2. 讲求系统化管理

整体配置企业所有资源,企业的各层次、各部门和各岗位,以及总公司、子公司和产品供应商,与经销商及相关合作伙伴协调行动,形成竞争优势。

3. 强调协调与统一

企业营销活动的协调性,不仅仅是企业内部各环节、各部门的协调一致,而且也强调企业与外部环境的协调一致,强调共同努力以实现整合营销。

4. 注重规模化与现代化

整合营销十分注重企业的规模化与现代化经营。规模化能使企业获得规模经济效益,为企业有效地实施整合营销提供客观基础。整合营销同样也依赖于现代科学技术、现代化的管理手段,现代化可为企业实施整合营销提供效益保障。

四、4I 原则

网络整合营销 4I 原则:趣味原则(Interesting)、利益原则(Interests)、互动原则(Interaction)、个性原则(Individuality)。

1. 趣味原则

中国互联网的本质是娱乐性质的,在互联网这个"娱乐圈"中推广产品,广告、营销也必须是娱乐化、趣味性的。当我们失去权力对消费者说"你们是愿意听啊,是愿意听啊,还是愿意听啊,绝不强求"之时,显然,制造一些趣味性的、娱乐性的"香饵",将营销信息的"鱼钩"巧妙地包裹在有趣的情节当中，是吸引消费者的有效方式。

2. 利益原则

网络是一个信息与服务泛滥的江湖，如果营销活动不能为目标受众提供有价值的东西，必然寸步难行。企业应该将自己变身为一个消费者，设身处地地扪心自问一句，"我为什么要参加这个营销活动？"从而更加为消费者着想。但这里必须强调的是，网络营销信息中提供给消费者的"利益"外延更加广泛，我们头脑中的第一映射——物质实际上只是其中的一部分，还可能包括以下三个方面的信息。

（1）信息、资讯。广告的最高境界是没有广告，只有资讯。消费者抗拒广告，但消费者需要其需求产品的相关信息与资讯。直接推销类的广告吃闭门羹的几率很大，但是化身成为消费者需要的资讯，消费者的接受度就会大增。

（2）功能或服务。

（3）心理满足，或者荣誉。

3. 互动原则

网络媒体区别于传统媒体的另一个重要的特征是其互动性。如果不能充分地挖掘运用互动性，而继续沿用传统广告的手法，只能说是换汤不换药，不会有效果的。再加上网络媒体在传播层面上失去了传统媒体的"强制性"，这样就推动了一个优势，所以单向布告式的营销，肯定不是网络营销的前途所在，只有充分挖掘网络的交互性，充分地利用网络的特性与消费者交流，才能扬长避短，让网络营销的功能发挥到极致。不要再让消费者仅仅单纯地接受信息了，数字媒体技术的进步，已经允许我们能以极低的成本与极大的便捷性，让互动性在营销平台上大展拳脚了。消费者们也完全可以参与到网络营销的互动与创造中来。正如在陶艺吧中亲手捏制的陶器弥足珍贵一样，消费者亲自参与互动与创造的营销过程，会在大脑中刻下更深的品牌印记。把消费者作为一个主体，发起其与品牌之间的平等互动交流，可以为营销带来独特的竞争优势。未来的品牌将是半成品，另一半将由消费者的体验、参与来确定。当然，营销人员找到能够引导两者之间互动的方法很重要。

4. 个性原则

个性在网络营销中的地位要充分凸显出来。对比"大街上人人都在穿"和"全北京独此一件，专属于你！"这两句话，你就明白专属、个性显然更容易俘获消费者的心了。个性化的营销，让消费者心理产生"焦点关注"的满足感，个性化营销更能投消费者所好，更容易引发互动与购买行动。但是在传统营销环境中，做到"个性化营销"的成本非常高，因此很难推而广之，只有极少数品牌才能品尝到这种豪门盛宴。但在网络媒体中，数字流的特征让这一切变得简单、便宜，一对一地营销都能成为可能。

模块三　整合营销项目实训

本实训为整合营销的实训。学生在实训教师的指导下，结合实训教师的情景布置、实训素材等，分析并策划当前情景下的网络整合营销方案，从而掌握更为全面的整合营销方法。

一、实训流程

本实训的流程如图 10-21 所示。

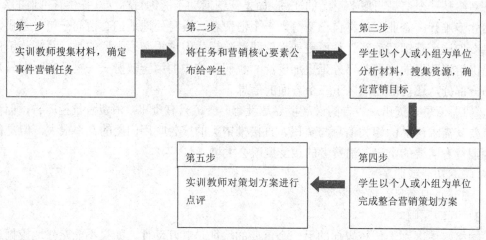

图 10-21　实训流程

二、实训素材

（1）产品名称：VANCL。

（2）VANCL 的品牌定位：VANCL，互联网时尚生活品牌，提倡简单得体的生活方式，坚持国际一线品质、平民价位，致力于为互联网新兴族群提供高品质的精致生活。

（3）目标顾客定位：80 后和 90 后，熟悉网络，喜欢网购，崇尚简单、时尚、高品质的生活的年轻人。

三、实训内容

（1）根据整合营销任务的要求进行营销分析，组建营销团队。

（2）制定进度计划书，明确工作内容与人员分工。

（3）搜集相关背景材料。

任务一　确定整合营销目标

根据情景设置，搜索并分析实施的目的、受众、创意以及相关资源，结果形成表 10-5。

表 10-5　确定整合营销目标

营销主题	营销的品牌或核心要素
实施整合营销的目的	促进产品销售，提升品牌知名度，提高站点访问量等
实施整合营销的原因	与获得可观业绩等相关
实施整合营销的受众	受众是谁，主要针对人群

任务二　策划整合营销方案

按照要求，详细说明整合营销的创意、策略、实现手段、要素与实施细则，结果形成

表 10-6。

表 10-6　策划整合营销方案

整合营销目标		目的是什么		
整合营销方式选择				
整合营销方式		实施原因		是否可行
整合营销计划实施				
实施阶段	主要任务	具体内容	落实人	时间段

任务三　整合营销实施方案讲解

各小组安排人员利用 PPT 对各自的方案进行具体讲解，其他人员可以提问，教师给予点评。

参考文献

[1] [美]莫兰，亨特. 搜索引擎营销——网站流量大提速[M]. 第 2 版. 董金伟，祝贺，译. 北京：电子工业出版社，2009.

[2] 严中华. 职业教育课程开发与实施[M]. 北京：清华大学出版社，2009.

[3] 段建，王雁. 网络营销技术基础[M]. 北京：机械工业出版社，2006.

[4] 李颖生，鲁培康. 营销大变革[M]. 北京：清华大学出版社，2009.

[5] 冯英健. 网络营销基础与实践[M]. 北京：清华大学出版社，2007.

[6] 刘东明. 网络整合营销兵器谱[M]. 沈阳：辽宁科学技术出版社，2009.

[7] [德]Smashing Magazine. 众妙之门——网站 UI 设计之道[M]. 贾云龙，王士强，译. 北京：人民邮电出版社，2010.

[8] [美]伯格. 超人气网站是这样建成的[M]. 姚军，译. 北京：人民邮电出版社，2011.

[9] 苏杰. 人人都是产品经理[M]. 北京：电子工业出版社，2010.

[10] 陈永东. 企业微博营销策略、方法与实践[M]. 北京：机械工业出版社，2012.

[11] [美]纳尔蒂. 视频营销[M]. 钱峰，译. 北京：东方出版社，2012.

[12] 李光斗. 事件营销——引爆流行的行销艺术[M]. 北京：清华大学出版社，2012.

[13] 浅析王老吉的地震事件营销，http://view.news.qq.com/a/20080603/000023.htm，2008-06-03.

[14] 网络营销教学网站，http://www.wm23.com.

[15] 教研室，http://www.jiaoyanshi.com.

[16] 博星卓越教学实验网，http://www.boxingzhuoyue.com.

[17] FT 中文网，http://www.ftchinese.com.

[18] 阿里学院，http://www.alibado.com/.

[19] 周鸿祎的新浪微博，http://weibo.com/zhouhongyi.

[20] 新浪科技-互联网，http://tech.sina.com.cn/internet/.

[21] 站长之家，http://www.chinaz.com/.

[22] 速途网，http://www.sootoo.com/.

[23] 艾瑞，http://www.iresearch.cn/.

[24] DoNews，http://www.donews.com/.